NAVIGATION
DE SECOURS

STARPATH

ISBN 978-0-914025-36-8

Starpath Publications

3050 NW 63rd Street, Seattle, WA 98107

www.starpathpublications.com

Remerciements

On ne peut écrire un livre sur la navigation de fortune sans réaffirmer la dette que doivent tous les marins à Harold Gatty, auteur de *The Raft Book: Lore of Sea and Sky* et autres études sur la navigation de fortune en mer ou à terre. J'ai beaucoup appris à la lecture de son travail, qui a été une source de motivation.

Je remercie particulièrement le Docteur David Lewis pour sa relecture du manuscrit ainsi que la préface de ce livre. Son étude *We, The Navigators*, ouvrage de référence sur la navigation Polynésienne fût mon introduction aux techniques de navigation sans instruments. Sa lecture m'a conduit à étudier et développer les applications des méthodes Polynésiennes à d'autres latitudes, puis à entreprendre l'écriture de ce livre.

Le démarrage de ce travail en 1979 n'a été possible que grâce à une bourse obtenue auprès du "Washington Sea Grant Program" sous la référence NOAA Grant No NA 79AA-D- 00054. Leur assistance reste très appréciée.

J'ai été assisté dans la production de ce livre par Tobias Burch dont l'excellent travail a, comme toujours, été extrêmement apprécié. D'autres personnes, ayant contribué à cet ouvrage en y consacrant leur temps et leur perspicacité, sont remerciées au long du texte dans les chapitres adéquats.

Ce fût un plaisir de travailler avec Jean-Yves Guitton et Jean-Philippe Planas à la production de la version française du texte. Ils ont consacré de longues heures pour mettre cet ouvrage à la disposition des plaisanciers francophones et des navigateurs du monde entier. Je leur suis très reconnaissant de leur confiance dans la valeur des concepts exposés ici. Merci à tous les deux.

Nos sincères remerciements à Philippe Posth de Navastro.fr pour sa contribution à l'index de ce livre.

"La chance favorise ceux qui s'y préparent"
— Louis Pasteur

Préface

La première publication de cet ouvrage remonte à 1986, après environ six années de recherche sur la question. Depuis lors, mes collègues de la Starpath School of Navigation et moi-même, travaillant constamment dans le domaine de la navigation maritime, pouvons fièrement affirmer que nous n'avons détecté dans ce livre aucune erreur de concept ou de technique. Par ailleurs, nous n'avons pas identifié de sujet d'importance significative manquant qui devrait être ajouté. Les nouvelles technologies ont apporté quelques options supplémentaires, mais nous en avons aussi perdu quelques-unes. Il est maintenant possible de prendre des hauteurs d'astres avec un téléphone portable, mais il n'est pas possible d'effectuer les calculs avec les fonctions de calcul de routes des GPS (Global positioning system) comme nous le faisions avec des récepteurs Loran.

En 1986, la navigation électronique pour les plaisanciers se bornait au Loran et au système TSN (Transit Satellite Navigation). De nos jours, ces systèmes ont tous été remplacés par le GPS, qui est à la fois plus précis, plus fiable et plus répandu. A côté de tout petits GPS portables, il existe des GPS à brancher sur des ordinateurs portables, des GPS intégrés dans des téléphones cellulaires et même dans des montres-bracelets. On trouve aussi des modèles pas plus gros que des marshmallows communicant par liaisons Bluetooth avec des ordinateurs et des PDA partout dans le bateau. De nos jours, c'est presque une négligence de partir en mer, ou même sur une rivière, sans un GPS portable accompagné de quelques piles de rechange.

Quelques nouvelles techniques de secours ont été ajoutées dans cette édition et d'autres ont été développées comme, par exemple, le rôle du quadrant de fortune et des dispositifs associés pour prendre des hauteurs de soleil. Ces ajouts et développements ont été motivés dans une large mesure par le fait que plusieurs personnes les ont effectivement pratiqués avec succès durant quelques années. Nos recherches sur la "pierre à soleil" des Vikings ont également été intégrées à cette édition sous la forme de l'adaptation des verres solaires polarisés à la recherche de la position du soleil lorsque ce dernier est caché par une couverture nuageuse. Avec le passage du temps, des modifications sont apparues sur presque toutes les pages, parfois de simples révisions de descriptions, mais dues, la plupart du temps, à des changements dans les technologies ou les services publics. Pratiquement toutes les agences gouvernementales et tous les services publics liés à la navigation ont changé de nom ou ont été restructurés d'une façon ou d'une autre. De plus, de nombreuses références Internet riches d'informations sont disponibles maintenant, aussi bien pour toutes les questions abordées dans ce livre que pour la plupart des aspects de la vie courante.

Mais le diable est dans les détails et c'est là que s'insinua l'une des modifications les plus surprenantes dans la préparation de cette seconde édition. En effet les étoiles s'étaient déplacées depuis 1986. Ce que nous appelons des étoiles fixes… les étoiles immuables… l'unique chose sur laquelle nous pouvons toujours compter…et bien elles avaient bougé. Ainsi maintenant, 25 ans après la rédaction de la première édition, *l'étoile Polaire* n'est plus décalée de 48' du pôle mais de 42', ce qui représente un écart de 6 milles nautiques dans la détermination de notre latitude par la Polaire. C'est triste, mais c'est ainsi car le temps passe. Christophe Colomb voyait cette étoile à 3° du pôle il y a 500 ans. C'est évidemment la précession de l'axe de rotation de la terre qui provoque cet écart et non un déplacement des étoiles. Mais du point de vue du navigateur, peu importe la cause du phénomène, ce qui compte c'est que les étoiles ne se situent plus là où les éphémérides de 1986 les indiquaient. Il a donc également été nécessaire de mettre à jour les déclinaisons des étoiles mentionnées dans le texte.

En théorie l'utilité de ce livre devrait décroître. Nous disposons de nos jours de l'application GPS dans la plupart des téléphones cellulaires et un téléphone satellite, fournissant une couverture mondiale, est un investissement raisonnable dans le budget de tout plaisancier hauturier. De même, les chargeurs solaires adaptés à ces matériels s'améliorent régulièrement.

Mais la réalité est tout simplement à l'opposé. En fait, plus les options électroniques deviennent pratiques, moins on passe de temps à apprendre les fondamentaux de la navigation alors que la navigation de secours consiste uniquement en des applications créatives des bases de la navigation. Lorsque les bases ne sont pas assimilées, le navigateur ne dispose plus d'aucune ressource sur quoi s'appuyer. Et quiconque utilise régulièrement des ordinateurs ou des gadgets électroniques sait bien qu'ils ne sont pas fiables. Plus on s'en sert, plus on se convainc de leur vulnérabilité. Il peut tout simplement vous arriver qu'un beau jour vous enfonciez un bouton qui reste coincé en position. C'est la panne totale et vous ne pouvez absolument rien y faire.

Le besoin de formation aux bases de la navigation n'a jamais été aussi fort et la valeur des entraînements aux techniques d'urgence ne s'est pas estompée avec le temps. C'est un peu comme si vous preniez quelques leçons de voltige aérienne durant votre formation initiale au pilotage des avions, de telle sorte que vous sachiez à quoi vous attendre si vous vous retrouviez dans des situations de ce type.

Nous remercions nos lecteurs de consulter le site starpath.com/emergencynavbook pour s'informer sur ce livre et ses mises à jour. Ils pourront également y retrouver des liens vers un cours en ligne sur la navigation de secours qui propose des exercices pratiques, des discussions sur chaque chapitre ainsi que la possibilité de contacter l'auteur pour toute question ou commentaire sur le texte.

Pour terminer, j'ai la tristesse de devoir mentionner le décès de David Lewis qui avait eu la gentillesse de rédiger l'avant-propos de la première édition. C'était quelqu'un d'exceptionnel parmi les grands navigateurs et aventuriers de notre temps. Il disposait d'une expérience inépuisable qu'il aimait partager. David Lewis nous a quittés en 2002 à l'âge de 85 ans, pratiquant toujours la navigation et l'écriture. Il venait juste de terminer une mise à jour de son autobiographie, *Shapes on the Wind* (HarperCollins, 2002). Chaque rencontre avec lui était toujours un plaisir et une occasion d'approfondissement des connaissances.

Contents

1

Introduction

Vous êtes-vous déjà demandé ce que vous feriez si vous vous retrouviez sur un bateau au milieu de l'océan, sans aucun équipement de navigation? Supposons que vous portez une montre, mais que vous n'avez pas d'aide à la navigation électronique telle que le GPS, pas de manuel ni de table de navigation, pas de loch, pas de sextant et pas de compas. Supposons qu'en plus vous n'ayez aucune idée de votre position au moment des faits. Pourriez-vous, à partir de votre montre et des étoiles, déterminer votre position et, de là, prendre un cap à travers l'océan, sans compas? L'un des objectifs de ce livre est de vous enseigner les méthodes permettant d'y parvenir, mais aussi de faire face à des circonstances moins dramatiques.

En mer, tout peut devenir humide, tout peut tomber ou passer par dessus bord. N'importe quel équipement, quel que soit son mode de stockage, peut tomber en panne ou être perdu. Ceci est inévitable et fait partie du défi que nous devons accepter quand nous prenons la mer. Nous devons être autonomes. Si un équipement fait défaut, nous devons être capable de continuer à faire route ou rebrousser chemin, sans l'équipement manquant, ceci sur une distance de un mille ou de 1000 milles.

Aucun instrument ne faisant exception à cette règle, nous devrions, dans le pire des cas, être préparé à naviguer sans aucune de nos aides habituelles. De ce fait, l'acquisition de compétences en navigation sans instrument ne peut être négligée, simplement parce que les chances que nous les utilisions un jour sont faibles. Certes, la probabilité est faible, mais il suffit d'en avoir besoin une seule fois pour donner un sens nouveau aux statistiques.

1.1 Qu'est ce que la navigation de secours?

Ce livre utilise le terme *navigation de secours* d'une manière particulière. Il signifie simplement la navigation ou l'orientation avec peu d'instruments ou avec des instruments de fortune, indépendamment des circonstances. Une situation d'urgence au sens habituel n'est pas requise. En fait, l'un des objectifs de ce livre est justement de montrer le contraire: si le problème auquel nous devons faire face est la perte de nos instruments habituels de navigation, il n'y a pas forcément urgence dans le sens usuel, si nous y sommes préparés.

Un autre objectif de ce livre est de montrer que n'importe quel navigateur hauturier peut apprendre les techniques nécessaires préparant à ce genre d'éventualité. Point n'est besoin d'être un marin diplômé, né et élevé en mer, ou bien d'être un descendant d'une haute lignée de navigateurs polynésiens, pour trouver une position en mer et prendre un cap au travers de l'océan sans aucun instrument conventionnel. Par contre, il vous faudra au préalable étudier, car les océans sont vastes et répandus partout et la direction des vents, des vagues, du soleil et des étoiles change d'heure en heure et de jour en jour, au fur et à mesure d'une traversée en mer. La mer autour de nous peut s'étendre sur des millions de km²; alors que l'île que nous devons atteindre peut n'être visible que dans un rayon de trente milles seulement.

La navigation de secours consiste en des choses évidentes telles que: se diriger sans compas, déterminer la vitesse du bateau sans loch, suivre l'évolution de la position sans sextant. Le sens que l'on y attache dépend en partie de ce à quoi on est habitué. Ce peut être également les principes de base de navigation astronomique ou de navigation côtière que nous n'avons plus utilisés depuis des années, nous reposant entièrement sur l'électronique (comme le radar et le GPS). Jusqu'au jour où celle-ci devient inutilisable en raison de l'humidité, d'une panne d'alimentation ou d'un bris d'antenne dans un coup de vent…

À la dérive dans un canot de survie sans instrument, à 1000 milles d'une terre, il n'est d'autre recours que la navigation de secours. Mais c'est là un cas extrême. Le navigateur confortablement installé dans un yacht bien équipé, avec son seul sextant endommagé ou à la mer, peut aussi faire appel à ces techniques. De même, un pêcheur sportif à un mille des côtes peut ne pas avoir de compas alors que le brouillard tombe. Près d'une côte dangereuse, savoir naviguer sans instrument est alors vital pour cette personne.

La navigation de secours est faite d'approximations et d'astuces. Nombre de ces astuces sont bonnes et les approximations proches de l'exactitude. Dans beaucoup de cas, notre navigation de routine peut tirer parti de ces méthodes. Après tout, la façon dont, en dernier ressort, un instrument est calibré consiste à mesurer la même chose avec des instruments plus rudimentaires. Au final, tous les instruments peuvent se réduire à une règle graduée et une horloge, bien que je ne voudrais pas avoir à vous prouver cela dans le cas du compas.

Avoir des compétences en matière de navigation sans instrument est un capital vital pour tout navigateur. Mais dans cette perspective, le meilleur navigateur n'est pas celui qui peut faire le plus avec le moins, mais celui qui peut faire le plus avec ce qu'il a. L'objectif du navigateur est de connaître exactement sa position et de savoir comment choisir la plus courte route de sécurité vers la destination à atteindre. Ceci, en toutes circonstances et en utilisant tous les équipements de navigation disponibles, que ce soit un GPS, deux radars, un sonar, un gyrocompas, un fax météo, un ordinateur, ou simplement un bâton avec une ficelle attachée au bout.

1.2 Objectif de ce livre

Ce livre n'est en aucune façon un manuel de survie. Le sujet traité se limite à la navigation au sens orientation et toute chose s'y rapportant. Je ne donne aucun avis ou conseil sur des questions de base, telles que: faire route vers la terre ou bien rester au large après un accident en mer; les circonstances de tels évènements n'étant jamais les mêmes. Ce qui est proposé en revanche, c'est l'acquisition d'un ensemble de compétences dans les techniques de secours devant vous aider à prendre toute décision en matière d'orientation, face aux circonstances particulières auxquelles vous pourriez être confronté.

L'objet de ce livre est de montrer les possibilités, ainsi que les limites, des techniques de navigation de secours. Certes, le sujet est restreint, mais il est couvert en détail et avec sens pratique. Les méthodes décrites ne sont pas de simples trucs ou recettes, mais des procédures testées. Leurs erreurs et incertitudes sont également analysées. Ces méthodes peuvent être utilisées sur n'importe quel navire, en tout lieu et à tout moment de l'année; les exceptions étant clairement indiquées. Quelques-unes des procédures développées dans ce livre sont originales. D'autres, plus connues, ont été reformulées afin de montrer leur utilité et leurs limites. Mais la plupart d'entre elles font appel aux principes de base en navigation astronomique ou côtière, mis en pratique à l'aide d'instruments rudimentaires.

Ce livre est abordable par toute personne possédant les rudiments de navigation maritime. Bien qu'un nombre important des méthodes décrites repose sur la navigation astronomique, il n'est pas indispensable d'être un expert dans ce domaine pour en tirer le meilleur parti. Tous les sujets abordés commencent par les fondamentaux. Certes, les navigateurs expérimentés retrouveront des notions déjà assimilées, mais certaines procédures sans instrument plus particulières sont moins connues et devraient intéresser les marins les plus confirmés. Après tout, n'importe quel navigateur gagne en assurance et compétence à mesure qu'il s'affranchit d'aides à la fiabilité aléatoire.

Les seuls instruments de navigation conventionnels utilisés dans certaines procédures sont une montre et des tables de lever et coucher du soleil (tables donnant pour l'année les heures de lever et de coucher du soleil en fonction de la latitude). Une montre est un instrument capital en navigation et il est très probable que vous en portez une, raison pour laquelle nous incluons cet équipement. Bien entendu, les méthodes n'y faisant pas appel sont développées. Les méthodes utilisant les tables de lever et coucher du soleil sont décrites parce ces tables sont disponibles dans de nombreux documents, éphémérides, almanach divers ou annuaires de marées. Parmi tous les documents nautiques se trouvant à bord d'un navire, il y a de bonnes chances d'en trouver. Comme nous le verrons, au-delà de l'heure du lever et du coucher du soleil, il y a énormément à apprendre de ces tables.

Naturellement, si un sextant, un chronomètre et des éphémérides sont disponibles, c'est un plus. L'intérêt de ces aides, dans le cas d'une navigation de secours, est évident. Par exemple, dans certains cas, vous pouvez utiliser la hauteur d'une étoile pour évaluer son azimut afin de vous diriger sans compas. Avec un sextant, vous pouvez mesurer cette hauteur avec précision plutôt que l'estimer.

Ce livre n'a pas été écrit pour être rangé dans un coin, en attendant une situation de détresse. Il est de loin préférable de stocker un compas supplémentaire plutôt qu'un livre sur la façon de se diriger sans compas. Cela prend moins de place. De même, vous n'y trouverez pas de tables spéciales ou de diagrammes pliables, vous aidant à faire votre navigation. Les tables incluses peuvent être utilisées en cas de fortune de mer, mais l'étude et l'entraînement sont leur raison d'être première. Les techniques développées dans ce livre seront d'autant mieux pratiquées qu'elles auront été étudiées au préalable.

Nombre des techniques détaillées peuvent être pratiquées, voire maîtrisées, à terre ou lors de courtes croisières côtières ou en eaux intérieures. Il est judicieux de pratiquer autant que vous le pouvez avant un départ pour une transocéanique. Les longues périodes de temps libre que nous escomptons avoir lors d'une longue et lente traversée ne se matérialisent pas toujours.

D'une certaine manière, ce livre vous offre un hobby, un passe-temps qui exercera votre ingéniosité, votre aptitude à prendre des mesures et votre mémoire. Un hobby qui immanquablement développera votre perception de la mer et du ciel. Un hobby qui peut vous sauver, vous et votre bateau.

1.3 Préparation aux situations de "fortune de mer"

De la même manière, en abordant la préparation aux situations de détresse, nous nous limitons à l'aspect "navigation". Une check-list exhaustive préparant à de telles éventualités comprend : un radeau de sauvetage, des vivres et de l'eau, une pharmacie complète, du matériel de pêche, des équipements de signalisation et un tas d'autres choses. Les manuels de survie en mer détaillent ces préparatifs. Concernant la préparation à la navigation transocéanique, les points suivants sont fondamentaux:

1) La règle cardinale: Savoir au mieux et à tout moment qu'elle est votre position. En haute mer, les skippers de petits navires sont tentés de relâcher leur attention sur la navigation. C'est une mauvaise habitude à éviter. Il se pourrait très bien qu'au moment où vous avez justement besoin d'une position précise, le soleil et les étoiles soient invisibles, ne vous laissant d'autre choix que l'estime pendant une journée ou plus pour déterminer votre route. Proche de votre destination, ceci pourrait être dangereux ou pour le moins inefficace. De même, si vous devez envoyer un appel de détresse par radio, mieux vous connaissez votre position, meilleures sont vos chances d'être retrouvé. Souvenez-vous que du pont d'un navire se déroutant à votre recherche, la visibilité peut être réduite à 10 milles dans des conditions favorables à beaucoup moins par mauvaises conditions, spécialement par gros temps.

2) Porter une montre et surveiller sa marche. Comme nous le verrons, avec une montre pour seul instrument, il est possible de naviguer avec précision autour du monde. C'est l'instrument de navigation le plus important en cas de naufrage.

3) Emporter une balise de détresse 406 MHz EPIRB (emergency position-indicating radio beacon radio/balise de secours indiquant la position). En situation d'urgence, vous activez la balise (ou elle s'active automatiquement lorsqu'elle est submergée) et elle va émettre un signal qui peut être détecté par les satellites ou les avions passant au-dessus de votre zone de naufrage. En quelques minutes le nom de votre bateau, sa position ainsi que la nature de l'urgence seront connus dans le monde entier. Le réseau surveillant ces signaux est le Global Maritime Distress and Safety System (GMDSS) qui dirigera les moyens à votre secours. Les navires commerciaux sont tenus d'emporter ce type de balise EPIRB. Les bateaux de plaisance n'y sont pas tenus mais il est souhaitable de s'équiper de telles balises par prudence élémentaire. Ces balises en 406 MHz sont beaucoup plus chères que les dispositifs précédents (qui ne sont plus autorisés) mais elles sont également beaucoup plus efficaces.

Les émetteurs d'urgences portables sont appelés des transpondeurs de secours et recherches (SART). Dès que ce transpondeur est activé (par vous-même ou par l'eau), ce dernier devient un répondeur radar spécialisé. Dès qu'il est détecté par le radar d'un navire dans le voisinage ou d'un navire participant à votre recherche, il renvoie un signal unique sur l'écran radar de ce navire lui permettant de se diriger à votre secours. Le SART complète l'EPIRB. L'EPIRB donne votre position à 1 mille près (certains intègrent même un GPS pour fournir une position encore plus précise), mais s'il s'arrête de transmettre ou que, le temps que les secours arrivent, vous dérivez par rapport à la position transmise initialement, le SART permettra alors aux secours de se diriger droit sur vous. Il suffit aux secours de se trouver à moins de 8 milles pour détecter votre SART et de se verrouiller sur votre position. Même à des distances beaucoup plus courtes il serait impossible de vous repérer visuellement par mauvaises conditions ou de nuit sans éclairage. Au moment de l'écriture de cet ouvrage (2008) un SART ou un EPIRB coûtent chacun entre 800$ et 1200$.

4) Prévenir quelqu'un de votre itinéraire, lui indiquant le moment probable d'arrivée à destination. De même, avertissez vos correspondants à terre une fois arrivé ainsi que d'éventuels changements de parcours. Cela s'appelle un plan de navigation et c'est un des éléments fondamentaux d'une croisière sans problème, quelle que soit la zone de navigation.

5) Participer à un réseau de suivi par satellite. De nos jours, il est possible, par exemple, d'indiquer votre longitude, latitude, cap et vitesse dans tous les courriels envoyés depuis votre bateau. C'est très

facile et économique à mettre en place avec des logiciels modernes (voir par exemple gmn-usa.com, sailblogs.com, skywave.com) sans aucun investissement en matériel.

6) Savoir exploiter au mieux les différentes possibilités des équipements radio du bord. En particulier, l'utilisation des différentes bandes de fréquences et des canaux d'appels de détresse sur lesquels les garde-côtes veillent en permanence. De même, en cas de besoin, les membres d'équipages doivent savoir utiliser ces équipements. Ce besoin de formation des équipages à l'utilisation des moyens radio reste tout aussi pertinent aujourd'hui qu'il y a vingt ans (bien qu'il soit également probable que nous puissions disposer d'un téléphone satellite, d'utilisation plus facile mais requérant néanmoins des instructions d'utilisation précises).

7) Ecouter les prévisions météorologiques au moins une fois par jour. Les meilleures sources indiquant les horaires et fréquences des bulletins météo du monde entier ont changé au cours des années. Reportez-vous à la section Météorologie et océanographie de la bibliographie pour plus d'informations.

8) Etudier les régimes saisonniers des vents dominants et des courants océaniques dans les zones de navigation envisagées. Pour les eaux côtières et intra-côtières américaines, ces informations sont disponibles dans le manuel *U.S. Coast Pilots* publié par le National Oceanic and Atmospheric Administration (NOAA). On trouve également des publications équivalentes pour les eaux canadiennes, appelées *Sailing Directions*. Complémentant les informations trouvées sur les cartes marines, ces publications regorgent de conseils relatifs à la navigation. Elles donnent des informations sur les vents, le climat et les courants (reportez-vous à la bibliographie). Pour une couverture internationale, des informations similaires sont disponibles dans les *U.S. Sailing Directions*, publiées par le National Geospatial-Intelligence Agency (NGA anciennement National Imagery and Mapping Agency NIMA). De même, publiées par l'administration de l'Amirauté Britannique, les *Pilots* couvrent le monde entier.

Les *U.S. Pilots Charts* sont une source d'information pratique et fiable sur les variations saisonnières des vents et des courants. Ces publications sont éditées par le NGA pour chaque mois par zone de navigation (voir Figure 1-1). On y trouve également la déclinaison magnétique, les routes de grand cercle (orthodromie) et d'autres informations utiles. Il existe également des *Pilots Charts* Britanniques. Reportez-vous à la section Publications d'Aides à la Navigation de la bibliographie.

9) Avec vos équipements de secours, mettez une boussole de randonneur, un sextant en plastique type Davies Mark III (successeur du sextant d'embarcation de secours) ou autre, une montre à quartz étanche dont vous connaissez la marche, les *Pilots Charts* de la zone où vous naviguez, des crayons et un carnet (de préférence avec du papier résistant à l'eau), des éphémérides perpétuelles et des tables de calcul compactes (comme expliqué au Chapitre 14). Tout ceci tient dans une boîte à chaussures (voir Figure 1-2) et reste très abordable. Avec ce kit, vous pouvez vous diriger vers n'importe quel port du monde.

Il va sans dire que pourriez également prévoir une autre boîte de secours contenant un GPS portable, un téléphone satellite et un chargeur solaire comme montré Figure 1-3. Toutefois, le kit précédent est moins vulnérable au temps et à l'environnement. En fait, avec un téléphone satellite dans le sac de secours, vous pouvez composer le 911 (ou 112) depuis n'importe quel point du globe et alerter les secours sur votre situation. Les satellites de télécommunications peuvent trianguler votre appel et déterminer votre position même si vous ne disposez pas d'un GPS. Certains prestataires de

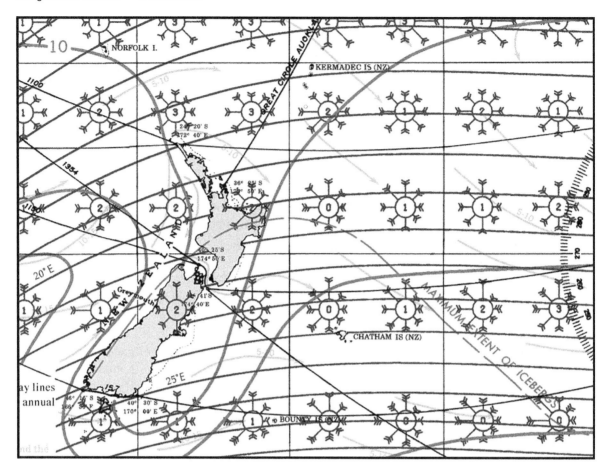

Figure 1-1. *Extrait des* Pilot Charts US *près de la Nouvelle Zélande. Cette section de la carte de Novembre est fournie dans le nouveau format maintenant disponible gratuitement sur internet sous forme d'un fichier PDF. Les Pilot Charts donnent des indications sur les vents à l'aide de roses des vents (la direction des flèches donnant la direction du vent, le nombre de plumes indiquant la force moyenne en Beaufort), la déclinaison magnétique (qui varie de 25° E à 15° E dans cette région), les courants dominants (petites flèches légendées avec la dérive quotidienne en milles), les routes orthodromiques entre les principaux ports, les routes traditionnelles empruntées par les anciens voiliers (dans certains cas particuliers, elles tendent à être trop au portant pour les voiliers modernes) et les limites des icebergs dans ces latitudes élevées. Elles indiquent également le pourcentage du temps où des houles de plus de 12 pieds (3,65m) sont remarquées (lignes pleines pour 10%, 20%, 30%). Sur d'autres cartes constituant le dossier du mois, on trouve des indications relatives à la température de l'eau et de l'air, à la pression atmosphérique, la fréquence des tempêtes ainsi que d'autres détails intéressant la navigation.*

On remarque la route orthodromique d'Auckland à Pago-Pago passant au nord-est de l'Ile du Nord. On voit partiellement la route de Syndney au détroit de Cook (elle fait 1354 milles de long), de même que celle du détroit de Cook à Valparaiso. On remarque également des courants de nord-est de 10 à 15 milles par jour à l'ouest de la Nouvelle Zélande ainsi que des courants de sud-est pour 5 à 10 milles par jour du côté est des îles.On notera que le vent indiqué sur le coin nord-est de cette carte peut souffler de n'importe quelle direction à cet endroit en Novembre (avec un léger biais vers l'Ouest) avec une force de 4 Beaufort (10 à 16 kts). (Pour un autre extrait de Pilot Chart, *reportez-vous Figure 4-4).*

services téléphoniques communiquent sur ce service tandis que d'autres n'en parlent pas, mais tous le pratiquent. C'est de cette façon qu'elles peuvent vous facturer des appels en fonction de là où vous vous trouvez. Les choses ont changé récemment. Lors de la publication de la première édition de cet ouvrage tout ceci était impossible (pas de GPS ni de téléphone satellites à cette époque). Ce qui n'a pas changé est ce que vous devez faire lorsque tous ces moyens électroniques modernes sont indisponibles et c'est l'objet de ce livre de l'expliquer.

10) Surveiller la position du navire par rapport aux routes empruntées par les compagnies maritimes (routes orthodromiques entre les ports principaux) indiquées sur les *Pilots Charts*. Si vous croisez des navires de commerce, il est probable que vous êtes sur l'une de ces routes. Si vous êtes en difficulté et avez besoin d'aide, être sur une route de trafic maritime est idéal. Dans le cas contraire, effectuez une veille particulière sur le trafic maritime. Un cargo peut apparaître à l'horizon et être sur vous en 15mn. Pour naviguer en sécurité et être en conformité avec les règles internationales, il est indispensable d'avoir un équipier de quart en permanence.

11) Dans certaines circonstances il peut s'avérer utile de prendre en considération la possibilité d'un sauvetage par hélitreuillage lors de la détermination d'une route d'urgence. En effet, le rayon d'action des hélicoptères basés à terre est d'environ 250 milles. C'est un paramètre assez difficile à prendre en compte dans la détermination d'une route en conditions normales, mais c'est un chiffre dont il faut être conscient lorsqu'on fait route dans des conditions dégradées.

12) Et finalement, étudier les principes et pratiquer les méthodes de navigation de secours. Toutes les précautions imaginables relatives à la sécurité ne peuvent vous garantir que vous ne finirez pas dans un canot de survie avec seulement votre savoir et vos compétences. Comme nous le verrons, une navigation à l'estime précise est la clé d'une bonne navigation d'urgence comme elle l'est d'une navigation en conditions normales. L'ouvrage *Onboard Navigation Exercise Book* (reportez-vous à la section de la bibliographie Navigation Maritime de Base) fournit un guide pratique ainsi que des outils pour suivre vos progrès.

Si vous faites partie de l'équipage ou si vous êtes passager sur un navire transocéanique, la responsabilité en matière de sécurité et de navigation repose sur le capitaine du navire et ses officiers. Mais même dans ce cas, pour quiconque à bord recherchant une pleine autonomie, le premier et le dernier point de cette liste restent incontournables. Pour autant que vos occupations vous le permettent, sachez qu'elle est votre position et apprenez les rudiments de navigation de fortune. Par exemple, un

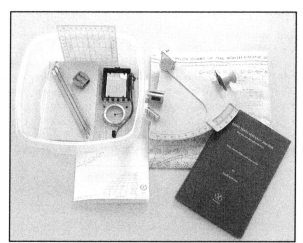

Figure 1-2. *Equipement de navigation de secours. Rangez ces équipements dans un sac étanche, à l'intérieur ou à proximité de votre sac d'urgence. Les procédures de navigation de secours sont détaillées au chapitre 14. Le Long Term Almanac de Geoffrey Kolbe montré ici founit des éphémérides solaires et célestes jusqu'en 2050 de même qu'un ensemble complet de tables de calculs astronomiques de sorte qu'il pourra vous mener en sécurité vers n'importe quel port de monde à conditions toutefois que vous disposiez d'une montre dont vous connaissez la marche, comme expliqué au long de cet ouvrage. Egalement présent sur la figure, un carnet de note marin,* Pilot Chart, *canevas de morcator, crayon, taille crayon et boussole*

GPS portable et un livre de bord personnel peuvent transformer votre cabine ou votre bannette en un petit espace "navigation". Souvenez-vous que dans l'éventualité d'un naufrage, le rôle de leader va toujours à celui qui est le mieux préparé.

Prendre en charge la navigation lors d'un long voyage océanique, sans équipements modernes, est un job à temps complet et requiert une concentration permanente. Mais si vous êtes entraîné, vous pourrez suivre l'évolution de votre position lors de n'importe quelle traversée océanique. Christophe Colomb le fit il y a cinq cents ans avec rien de plus qu'une boussole et un journal de bord, et il ne savait même pas comment elle fonctionnait. Nous serions nettement mieux préparés maintenant pour effectuer un tel voyage avec les mêmes instruments.

Figure 1-3. *Un ensemble moderne d'équipement de navigation de secours électronique. Un téléphone satellite permet des communications téléphoniques dans le monde entier de qualité égale à celle des téléphones ordinaires. Vous pouvez composer le 911 (112) comme à la maison. Egalement présent un GPS portable et des piles de secours. Toutefois, votre position pourra être déterminée par triangulation d'un appel par téléphone satellite si le GPS tombe en panne. On remarquera également une batterie de secours pour le téléphone satellite ainsi qu'un chargeur solaire et une valise de transport étanche-plastique moulé. Avec certains opérateurs téléphoniques il est possible de lancer un appel au secours à partir du moment où une carte SIM (Subscriber Identity Module) est insérée dans l'appareil, même si aucun abonnement n'est activé. Sinon il faut passer la carte SIM correspondant à l'abonnement actif d'un appareil à l'autre. Vérifiez avec votre opérateur téléphonique. (Courtoisie globalmarinenet.net)*

2

Heure et position en mer

En vue des côtes, la meilleure façon de suivre la position d'un navire est de relever des amers, identifiables sur les cartes. Dans le cas d'un appel à l'aide lors d'une navigation côtière, il est préférable de donner une position par rapport à un point connu, exemple: "à 2 milles dans le nord de la pointe des Poulains", que de lire la latitude et la longitude sur une carte ou un équipement électronique. Cette dernière méthode est sujette à plus d'erreur et suppose que votre sauveteur dispose de moyens électroniques de navigation ainsi que d'une carte de la zone. J'insiste sur ce point car de plus en plus de skippers se reposent sur la seule lecture de leur carte électronique, tellement pratique qu'ils peuvent avoir oublié la base de la saisie des waypoints en terme de latitude et longitude, ce qui est effectivement ce qui devrait être fait si ces seuls éléments de votre position leur étaient connus. Si vous disposez de vos longitude et latitude précises et que vous pouvez les transmettre, c'est bien, mais c'est aussi bien de savoir où vous êtes aussi!

Bien que la vocation du GPS soit d'être une aide à la navigation côtière et hauturière, il est néanmoins dangereux de s'en remettre totalement à ce seul équipement. Plus nous nous reposons sur l'électronique et plus nous perdons des compétences en pilotage de base et pratique de l'estime. Bref, nous devenons paresseux. De nombreux rapports font état d'accidents en mer dus à un excès de confiance dans l'électronique. Ces accidents sont parfois induits par des erreurs de manipulation et de lecture où, par exemple on confond la position du bateau avec celle du curseur et ainsi de suite. Une contre-vérification avec les informations du radar permettrait certainement d'identifier ces erreurs.

A l'inverse, en haute mer, sur l'immensité plate des océans, nous n'avons d'autre choix que d'utiliser la latitude et la longitude pour situer notre position. Lors d'une traversée océanique, afin de suivre la progression du navire, on peut utiliser une carte à petite échelle appelée routier, ou bien un canevas de Mercator figurant la latitude et la longitude. En cas de naufrage, une simple feuille de papier blanc sur laquelle nous dessinerons les parallèles sera peut être notre seule ressource. Dans ce cas nous utiliserons une notation hybride pour notre position, donnant notre latitude ainsi qu'une distance estimée parcourue à l'est ou à l'ouest d'une longitude particulière qu'on appelle le *départ*.

Ce que nous utiliserons dépend de ce que nous aurons à notre disposition. Dans des situations extrêmes, nous pouvons estimer notre latitude à partir de la voûte céleste, en utilisant seulement nos doigts, nos mains et nos bras et quelques connaissances simples à acquérir. Cependant, à moins d'avoir une montre au poignet, nous ne pourrons jamais déterminer notre longitude à partir de la seule observation du ciel. Nous pourrons seulement évaluer notre déplacement vers l'est ou l'ouest. Ce qui renforce l'utilité potentielle de la notation hybride.

2.1 Définitions des latitudes et des saisons

En navigation et en météorologie, il est pratique de diviser le globe terrestre en zones de latitude en fonction de la position du soleil par rapport à la terre. Les zones considérées sont les zones tropicales, les zones tempérées et les zones polaires.

La zone tropicale est la ceinture comprise entre la latitude 23°26 sud et 23° 26 nord. Cette valeur de 23°26 provient de l'inclinaison de l'axe de rotation de la terre par rapport au plan de l'écliptique (plan de l'orbite de la terre autour du soleil). Du fait de cette inclinaison, le soleil ne peut être au zénith d'un observateur, qu'en un lieu se situant dans la zone tropicale (se reporter Figure 2-1 et plus loin Figure 11-14). Durant l'automne et l'hiver, c'est-à-dire entre l'équinoxe d'automne le 23 Septembre et l'équinoxe de printemps le 21 Mars, le soleil est au zénith d'un lieu quelconque de latitude sud dans la ceinture tropicale. A l'inverse, au printemps et en été le soleil est au zénith d'un lieu quelconque de latitude nord de la ceinture tropicale. Nous reviendrons sur ce point lors de l'étude de la navigation à l'aide du soleil.

Tout au long du livre, nous ferons référence à l'été et l'hiver en nous considérant dans l'hémisphère nord. Dans l'hémisphère sud les saisons sont inversées. Juillet et Août sont les mois d'été aux Etats-Unis et en Europe, en Australie ce sont les mois d'hiver.

Pour des raisons quelque peu subtiles, en matière de navigation de fortune, les latitudes des tropiques (tropique du Cancer au nord et du Capricorne au sud) ont une signification spéciale. Les mouvements apparents du soleil et des étoiles autour de la terre suivent des équations trigonométriques faisant appel aux fonctions sinus et cosinus de la latitude du lieu d'observation. Dans la zone tropicale où la latitude est faible (0° à 23° 26), ces fonctions peuvent être approximées à leurs valeurs limites respectives, 0 et 1. Ceci simplifie grandement les équations trigonométriques, et permet d'en tirer des règles simples, applicables sous les tropiques. Nous utiliserons ces règles, mais n'entrerons pas dans le détail des équations trigonométriques elles-mêmes. Par exemple, sous les tropiques, il est facile de prévoir l'azimut d'une étoile apparaissant à l'horizon pour pouvoir barrer sans compas. En d'autres endroits du globe, ce n'est pas aussi simple.

Les deux régions polaires sont les régions situées au-delà des latitudes 66° 34 nord et 66° 34 sud. Ce sont les seules régions sur terre où le soleil peut rester au-dessus ou en-dessous de l'horizon plus d'une journée. Dans un sens, les régions polaires sont l'opposées des régions tropicales (la latitude 66°34 vient de 90° - 23°26). Ceci est particulièrement important en navigation de fortune sans instrument. Les techniques de navigation en régions polaires sont très spécialisées et nombre des méthodes de navigation astronomique de secours développées dans ce livre ne peuvent s'appliquer à ces latitudes. Ces restrictions seront clairement signalées au fur et à mesure.

Entre les tropiques et les régions polaires, c'est-à-dire entre 23°26 et 66°34 se trouvent les latitudes ou régions dites tempérées. Au fil des chapitres, l'expression "les latitudes nord" fait référence aux régions tempérées de l'hémisphère nord.

Ces notions de zones définies par le soleil sont importantes en navigation parce que l'on peut s'orienter en fonction de la position du soleil. Elles sont importantes en météorologie car la position moyenne du soleil détermine le climat. Il n'existe aucune répartition similaire du globe terrestre en fonction de la longitude. Du fait de sa rotation quotidienne, la terre est essentiellement symétrique dans le sens est-ouest.

Mesure de la latitude

Il est facile de penser aux différences de latitude en terme de milles nautiques, le mille nautique ayant été inventé pour cela. A des fins pratiques, le mille nautique a été défini comme la distance représentant une différence en latitude de 1 minute d'arc. En terme de degré,

1° de latitude = 60 milles nautiques

Cette relation est la clé pour comprendre la navigation. Si ma latitude est 20°S, je suis à 1200 milles au sud de l'équateur. Si je fais route plein sud du Cap Hatteras situé à 35° de latitude nord vers Nassau situé à la latitude 25° nord, alors à l'arrivée j'aurais parcouru une distance de 10° de latitude cap au 180° réel, soit une distance de 600 milles nautiques. En pratique, il est bon de se rappeler qu'un mille nautique est équivalent à 1852 mètres (soit environ 15 % plus long qu'un mille terrestre). Dans ce livre, les expressions "mille nautique" et "mille" sont utilisées indifféremment et signifient la même chose (MN).

A l'équateur, 1° de longitude vaut également 60 milles nautiques, et pour les raisons mathématiques énoncées auparavant, ceci est à peu près vrai dans la zone tropicale. Mais, en s'éloignant encore plus loin de l'équateur, l'approximation devient fausse. La conversion degré de longitude en mille n'est pas aussi simple que pour la latitude, du fait de la convergence des méridiens de longitude aux pôles. Par exemple, par 48° de latitude, il y a seulement 40 milles nautiques par degré de longitude. Nous reviendrons sur ces notions plus tard quand nous discuterons de la longitude.

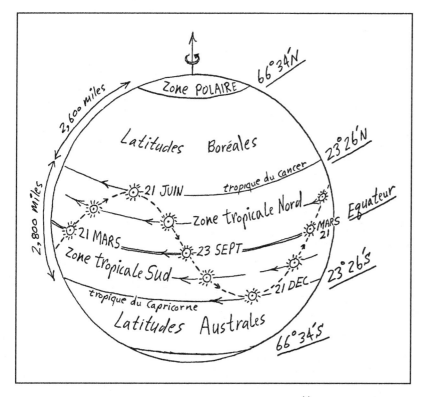

Figure 2-1. *Zones de latitudes en navigation. Le soleil est au zénith en un point situé dans la ceinture tropicale définie par les limites nord et sud de la déclinaison maximale du soleil. Certaines règles et procédures en navigation de secours ne fonctionnent que dans la zone tropicale (40% de la surface du globe) et nombre des méthodes développées ne fonctionnent pas dans les zones polaires (8% de la surface du globe). Les latitudes tempérées situées entre les régions polaires et la zone tropicale représentent 52% de la surface du globe.*

2.2 L'heure en navigation

Dans les manuels de navigation, le temps fait l'objet de nombreuses définitions. On trouve notamment l'heure de la montre, l'heure standard, l'heure de la zone horaire, l'heure du chronomètre, le temps moyen à Greenwich, le temps universel coordonné. On trouve également le temps moyen, le temps apparent, le temps solaire, le temps sidéral, et probablement d'autres. D'entrée, une simplification s'impose, sous peine de s'empêtrer constamment dans ces définitions.

Pour naviguer, une seule référence horaire est indispensable, c'est le temps universel coordonné (abrévié UTC anciennement appelé temps moyen à Greenwich, GMT qui reste probablement le terme le plus familier). Malheureusement, toutes les horloges avancent ou retardent, de telle sorte qu'il est impossible d'avoir une montre calée en permanence avec précision sur UTC.

L'heure que nous lisons sur notre montre s'appelle "l'heure montre" (HM). Nos montres sont calées sur l'heure de la zone horaire dans laquelle nous sommes, différant de UTC d'un nombre entier d'heures. "U.S. Eastern Standard Time" par exemple est en retard de 5 heures sur UTC (ou UTC moins 5 heures). Si je porte une montre calée sur "Eastern Standard Time" avançant de 10 secondes par mois, je pourrais toujours connaître l'heure UTC, à condition de me rappeler à quelle date j'ai mis ma montre à l'heure. Si je l'ai réglée le 4 Juillet, deux mois plus tard quand la montre indique 13:20:45, l'heure précise est 13:20:25, ce qui donne 18:20:25 UTC. Ce résultat est obtenu en soustrayant 20 secondes afin de corriger l'erreur due à la marche de la montre, puis en ajoutant 5 heures pour obtenir l'heure UTC. Notez bien au passage, que peu importe l'endroit où je suis quand je regarde ma montre, je connaîtrai toujours l'heure UTC. Pour dire l'heure, c'est la zone horaire sur laquelle est calée votre montre qui importe, pas la zone horaire où se situe le navire.

Ceci est une procédure standard en navigation astronomique. Le point clé consiste à considérer votre montre comme un chronomètre et d'en connaître la marche (avance ou retard quotidien). Un chronomètre n'est simplement qu'une montre avançant ou retardant régulièrement; dérive que l'on appelle la "marche". Peu importe quelle en est la valeur, pourvu qu'elle soit constante. Une montre moderne à quartz a une marche constante d'à peu près 15 secondes ou moins par mois. Pour connaître et contrôler la marche d'une montre, il faut vérifier celle-ci quotidiennement pendant plusieurs mois en utilisant le site internet du "National Bureau of Standards Time" (nist.gov) ou ses tops horaires radio ou tout autre organisme similaire en d'autres régions du globe. Ces diffusions de tops horaires font référence à UTC par son nom plus officiel: "Universal Coordinated Time". L'UTC est également disponible sur le GPS lorsque celui-ci est en liaison avec la constellation de satellites ou par d'autres sources internet.

Un autre point clé est de ne pas changer les réglages de votre montre une fois en mer. Il peut être tentant, en effet, de vouloir la caler sur les zones horaires que vous traversez, ou bien de corriger sa marche de temps en temps. Cette procédure est dangereuse car il est facile de perdre la référence de temps correct si vous vous trompez dans la séquence de réglage (les boutons poussoirs sont également des sources de pannes par eux-mêmes). Il est de loin préférable d'attendre d'être à destination pour se régler sur la zone horaire locale. Le gain de facilité de lecture en mer ne vaut pas le risque pris. Il vous faudra vous souvenir de plus de choses si vous retouchez à votre montre régulièrement.

Concernant les autres définitions de temps, nous n'en tiendrons tout simplement pas compte. La seule autre notion de temps intéressante en navigation de secours est le Temps Solaire. Nous y reviendrons lorsque nous aborderons les techniques permettant de "suivre" l'évolution de la direction du soleil en cours de journée.

2.3 Trouver la position versus suivre l'évolution de la position

En navigation de secours, il faut faire un distinguo entre trouver la position à partir d'un endroit inconnu et suivre l'évolution de la position à partir d'un endroit connu. Suivre l'évolution d'une position en fonction de la vitesse et du cap du navire s'appelle "l'estime". Comme il n'est pas facile de trouver une position précise avec le soleil ou les étoiles sans instrument, en situation de détresse on utilise énormément la navigation à l'estime (Dead Reckoning ou DR pour nos amis anglophones).

La raison d'être de ce distinguo repose entièrement sur la question de la précision. Avec les aides électroniques modernes tel que le GPS, un navigateur peut lire simplement sa latitude et sa longitude sur un écran avec une précision de quelques centaines de mètres. Mais, aussi bien protégés soient-ils, les instruments électroniques restent toujours vulnérables aux rigueurs de la mer et aux pannes inhérentes à leur nature. Jusqu'à aujourd'hui j'ai déjà été le témoin de quatre pannes de GPS. Deux étaient des instruments enchâssés dans des consoles. Sur l'un d'eux, un bouton est resté bloqué dans sa position et l'autre n'a jamais accepté de démarrer. Les deux autres étaient des GPS portables à terre. La batterie du premier finit par ne plus tenir la charge et l'autre a cessé d'acquérir les signaux de la constellation de satellites. Evidemment il ne faut pas oublier les cas où le bateau perd toute génération électrique. J'ai la conviction que mon expérience recoupe celle d'autres utilisateurs fréquents du GPS. Bien entendu les pannes sont rares au regard du temps d'utilisation, mais l'objet de notre discussion est de savoir que faire dans des circonstances rares.

La navigation astronomique

Mais, tous les navires ne sont pas forcement équipés de l'électronique dernier cri, ou bien celle-ci peut être en panne. L'alternative la plus fiable et la moins onéreuse pour la navigation océanique est la traditionnelle navigation astronomique utilisant un sextant, un chronomètre, des éphémérides et des tables de calcul. Ainsi équipé, un navigateur peut trouver sa position avec une précision de 5 à 10 milles, voire 1 à 2 milles avec une pratique régulière et de bonnes procédures. Avec une grande expérience et des procédures particulières on peut atteindre une précision de 0,5 mille. Néanmoins, ceci n'est pas le cas général, particulièrement sur des navires remuants.

Dès qu'une des ressources (sextant, chronomètre ou tables) fait défaut, on n'a d'autre choix que d'avoir recours aux techniques de navigation de secours. La technique choisie dépend de la précision qu'elle offre.

Pour illustrer ce point, supposez qu'après un amerrissage forcé, vous vous retrouviez dans un canot de survie au milieu de l'océan. Vous n'avez aucun instrument de navigation autre que votre montre de précision, permettant de connaître l'heure UTC à quelques secondes près. En utilisant les techniques de navigation de fortune, vous pourriez, en ne faisant pratiquement rien d'autre que de regarder le ciel, trouver votre position à 300 milles près. Ce niveau de précision peut être obtenu quel que soit le lieu et le jour de l'année, simplement en se basant sur le plus élémentaire des principes et un minimum de connaissances particulières. Si vous avez pratiqué et étudié quelques-unes des techniques les plus spécialisées présentées dans ce livre, vous pourriez améliorer de façon significative la précision obtenue. Dans des conditions favorables, vous pourriez même, éventuellement, trouvez votre position à partir de rien avec une précision de 100 milles, voire 50 milles. Cependant, sans sextant, il est peu probable que vous puissiez obtenir une précision supérieure à 50 milles, quelles que soient les conditions et votre préparation. De plus sans une mesure de temps précise, vous ne pourriez pas trouver votre longitude du tout. Cependant, avec une montre même déréglée, il vous serait possible de suivre l'évolution de votre longitude autrement que par l'estime.

Bien que tout ceci ne soit en aucun cas de la haute précision, déterminer une position à 100 milles près, à partir de zéro, en utilisant votre ingéniosité, une montre et un instrument de fortune, est une performance remarquable, compte tenu des quelques 500 000 000 de kilomètre carré de la surface de la terre. Connaître votre position à 100 milles près, alors que vous ne voyez pas la terre, est suffisant pour vous indiquer quel cap prendre afin d'atteindre une zone de sécurité. Ce livre développe les meilleures façons de trouver votre position à partir de zéro. Cependant, en étant réaliste, c'est une éventualité à laquelle nous avons peu de chance d'être confrontés. De plus, ce niveau de "précision à partir de zéro" ne vous apporterait pas grand-chose si vous étiez en perdition sur l'un des grands lacs américains. En revanche, dans des eaux côtières, elle pourrait bien être utile. A l'approche des côtes d'Amérique Centrale ou de nombreux autres endroits du globe, il pourrait être vital pour votre sécurité de savoir quel est le pays se trouvant devant l'étrave.

La situation la plus probable à laquelle nous devrions être prêts est celle ou une partie de nos équipements standards de navigation sont perdus, tel que GPS, compas, sextant et l'heure. Dans cette situation, nous pouvons présumer démarrer notre navigation de fortune à partir d'une position connue. Dans un tel contexte, il faut savoir que: à partir d'une position connue, Il est possible, en utilisant les méthodes de navigation de secours, de naviguer à l'estime sur une longue distance avant que la position ne devienne incertaine de plus de 100 milles.

Il y a un autre critère renforçant la distinction entre "trouver la position" versus "suivre la position". Les chapitres qui suivent détaillent plusieurs façons de suivre l'évolution en latitude et longitude, en repérant les changements de la voûte céleste. Fondamentalement, les mêmes méthodes sont utilisées pour déterminer une position, la différence consistant à mesurer des angles relatifs et connaître des variations en temps, pour déterminer des variations en position. A contrario, pour trouver réellement la latitude et la longitude à partir de rien, il faut mesurer des angles exacts et connaître avec précision l'heure. Il est beaucoup plus difficile d'avoir des mesures d'angles exactes que d'avoir des mesures relatives.

Pour illustrer ceci plus clairement, si le soleil se couche 5 minutes plus tard aujourd'hui qu'hier, je peux utiliser cette information pour déterminer ma variation de longitude. Par contre, j'ai besoin de savoir qu'elle est l'heure UTC exacte du coucher du soleil pour déterminer ma longitude réelle. De même, une façon de déterminer la latitude consiste à mesurer la hauteur angulaire de *l'étoile Polaire* par rapport à l'horizon. Dans les latitudes hautes, sans sextant, il est difficile d'obtenir une bonne précision. Il est plus facile de déterminer le changement de hauteur depuis la dernière mesure. En bref, de déterminer le changement de latitude.

Encore une fois, c'est une mesure relative et non une mesure absolue. Les mesures relatives sur le soleil et les étoiles procurent à la navigation des informations plus précises que celles consistant à essayer de trouver la position réelle à partir du soleil et des étoiles. Sur une longue traversée, ceci peut améliorer très sensiblement la navigation à l'estime pure.

Cependant, toutes les mesures relatives sont inutiles si vous ne savez pas quel est votre point de départ. La règle essentielle en matière de sécurité et de préparation à une éventuelle fortune de mer est de toujours savoir, au mieux de vos moyens, votre position. Une règle tout aussi importante est de porter une montre précise. Dans chaque aspect de la navigation de secours, l'intérêt d'avoir une montre est crucial. On peut naviguer avec précision autour du monde avec pour tout instrument une montre. Perdez-la, et vous aurez beaucoup de mal à suivre une route rectiligne sur une centaine de milles.

3

Directions en mer

En mer, conserver une direction est beaucoup plus difficile qu'à terre. Sur terre, perdu sans boussole, vous pouvez utiliser le soleil ou les étoiles pour trouver une fois pour toute votre direction et repérer ensuite un point remarquable distant. A partir de là, vous pouvez utiliser ce point remarquable pour conserver cette direction. En mer il n'y a pas de point remarquable permanent. Le vent et la houle peuvent être utilisés sur de courtes périodes, mais en dernier ressort nous devons nous orienter en utilisant les positions mouvantes du soleil et des étoiles.

Dans l'hémisphère nord, par nuit claire, nous pouvons utiliser *l'étoile Polaire* pour nous orienter. C'est la seule étoile qui ne bouge pas et indique toujours le nord. Mais que faire durant les nuits nuageuses et durant la journée? Qu'en est-il également dans l'hémisphère sud? En bref, nous ne sommes pas réellement prêts à l'orientation de secours si la seule chose que nous savons est que *l'étoile Polaire* indique le nord. Par chance, *l'étoile Polaire* n'est pas la seule sur laquelle nous pouvons nous appuyer. Nous pouvons trouver notre direction à partir de différentes étoiles, dans l'hémisphère nord et dans l'hémisphère sud. De même à partir du soleil durant la journée.

A propos de direction en mer, il est important de se rappeler que trouver une direction et la conserver ne garantit pas que vous arriverez à la destination choisie. C'est compter sans la dérive due aux vents et aux courants. Les courants et les vents ont tendance à vous entraîner dans leurs directions (pour le vent dans la direction vers laquelle il souffle). Sur les océans, la majorité des courants suivent la direction générale des vents dominants, de telle sorte que le phénomène de dérive tend à se renforcer. Un voilier par exemple, faisant du nord avec 15 nœuds de vent réel de NE est susceptible de dériver de 10° en fonction de son tirant d'eau. Si le voilier fait du 6 nœuds et qu'un courant de 1 nœud porte à l'ouest, l'action du courant rajoutera à peu près 10° de dérive supplémentaire. Dans de telles circonstances, nous pourrions faire route avec *l'étoile Polaire* en plein sur l'étrave, pensant faire cap au nord, alors qu'en réalité notre cap se situerait à peu près au 340° (voir Figure 3-1)

Orientation et conduite du navire sont des composantes essentielles d'une croisière, mais une navigation de fortune réussie peut tout aussi bien dépendre de votre connaissance des courants et du comportement de votre navire aux diverses conditions de mer et de vent. Nous reviendrons sur ces thèmes plus tard au Chapitre 10, en évoquant quelques trucs pour estimer la dérive d'un bateau. Par exemple, comment ai-je su instantanément, sans l'aide d'aucun diagramme ou calcul savant, qu'un courant de 1 nœud par le travers produit une dérive de 10° sur un navire faisant route à 6 nœuds?

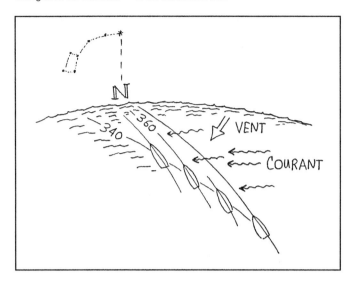

Figure 3-1. *Un voilier cap au nord, faisant une route fond au nord ouest. Les courants océaniques tendent à circuler dans la même direction que les vents dominants. Les erreurs dues au courant et à la dérive sont donc souvent dans la même direction générale. La dérive résultante sur notre route, par vents forts ou faibles est généralement beaucoup plus importante que ce que l'on pourrait supposer avant de la contrôler.*

3.1 Choisir une route

Si une longue traversée doit être entreprise, plusieurs options de route doivent être considérées. Entre deux points, la route la plus communément choisie par les petites embarcations est la route directe sur une carte (loxodromie) qui suit un cap constant joignant ces deux points. Sur une carte nautique, c'est une ligne droite les rejoignant. Le long de cette route, bien que le cap vrai soit constant, le cap compas peut varier en fonction de la déclinaison magnétique. Strictement parlant, ce n'est pas la route la plus courte entre deux points du globe. La plus courte distance séparant deux points du globe emprunte une route de grand cercle ou orthodromie. La différence entre les deux types de route est faible sauf pour les traversées supérieure à 2000 milles, et encore faut-il que les points de départ et d'arrivée se situent tous deux à des latitudes élevées.

En situation de détresse, en fonction des vents dominants et des courants il n'est pas toujours possible de suivre une route directe. Une alternative consiste en une variation de ce qui est appelé la navigation sur latitude. Dans ce cas, vous estimez le cap de la route directe et faites route bien au vent de votre destination. Une fois atteint la latitude de votre destination, vous faites route à cette latitude jusqu'à votre point d'arrivée. C'est la meilleure façon de procéder pour un long voyage avec peu d'instruments, dans la mesure où l'on peut trouver et contrôler la latitude à partir des étoiles sans instrument. A contrario, contrôler la longitude nécessite une montre précise et d'autres données.

La même philosophie devrait être appliquée à l'approche d'une côte. Au lieu de faire une route directe vers votre destination, il est préférable de vous diriger bien au vent de votre point d'arrivée. Dans ce cas, lorsque vous approcherez de la côte, vous saurez de quel côté virer. Si vous faites un cap direct vers un port et que celui-ci ne soit pas en vue au moment où il le devrait, il se peut que vous ne sachiez plus de quel côté aller. Au moteur, dans des vents légers, choisir d'être au vent ou sous le vent de votre destination n'est pas critique, tant que vous savez de quel côté vous êtes. Cependant, en cas de fort coup de vent, même au moteur il peut être préférable de pouvoir étaler en étant bien au large. Dans une mer forte, vous pouvez ne pas avoir d'autre choix sûr que de faire route au portant.

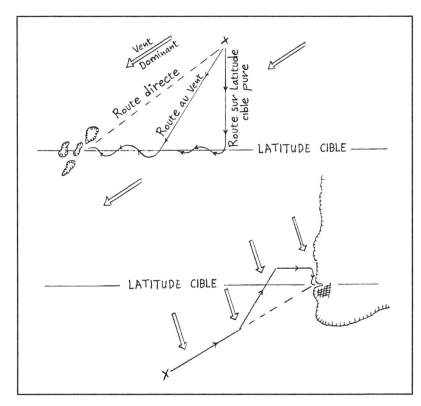

Figure 3-2. *Faire route au vent, comme une variation de la navigation sur latitude. Généralement, la route la plus sûre se situe bien au vent de votre destination. Cependant, avec de l'expérience en navigation de fortune, il n'est pas forcément nécessaire d'être si prudent au point d'adopter une "route sur latitude" pure. Les vents dominants et les variations de vent possibles le long de la route ou à l'approche du littoral doivent aussi être pris en compte. A l'approche d'une côte non identifiée (figure du bas), l'orientation générale de la ligne de côte peut aider à déterminer la position de la zone d'atterrage. Ceci peut néanmoins être trompeur dans des régions côtières irrégulières par visibilité réduite.*

3.2 Contrôles du compas

Une bonne partie du livre concerne l'orientation sans compas. Cependant, un accident en mer ne détruira pas forcément votre compas. Il peut n'être seulement qu'endommagé tout en fonctionnant apparemment parfaitement, la rose de compas tournant quand le bateau tourne. Mais fonctionne-t-il vraiment correctement? Une autre situation est celle où votre compas principal étant détruit, vous devez en installer un de secours et vérifier ses réglages. La foudre peut parfaitement endommager un compas et mettre votre électronique hors d'état de fonctionnement. Contrôlez votre compas si votre bateau a été frappé par la foudre, même si en apparence il fonctionne parfaitement.

Contrôle de la rose de compas

Quelle qu'en soit la raison, si vous suspectez votre compas, la première chose à faire est de vérifier que la rose de compas tourne librement. Ceci peut être testé en perturbant le champ magnétique à l'aide d'un tournevis aimanté ou de l'aimant du haut parleur d'un poste radio. La rose de compas doit revenir doucement à sa position initiale une fois la perturbation supprimée. Si ce n'est pas le cas, ou si le mouvement est saccadé, le pivot est peut être endommagé ou usé. En plein océan, il n'y a pas grand chose à faire, à part s'en rappeler et espérer que les mouvements du bateau n'empêchent pas la rose de compas d'indiquer une direction moyenne correcte. Si le pivot est vraiment endommagé, vous devrez être très méfiant quand vous contrôlerez la déviation de ce compas comme indiqué plus loin. Assurez-vous que la rose de compas n'est pas coincée quand vous faites une lecture pour contrôler une erreur.

Si vous n'avez pas d'objet aimanté pour faire bouger le compas, vous pouvez essayer de faire rouler doucement le bateau et surveiller si les mouvements de la rose de compas sont saccadés.

Contrôle de la ligne de foi

Ensuite, il faut vérifier l'alignement de la ligne de foi. La droite passant par le point pivot du compas et l'index de lecture sur lequel vous lisez votre cap est appelée la ligne de foi. Elle doit être parallèle à la ligne médiane du navire, allant de l'étrave au milieu du tableau arrière. Un écart de plus de quelques degrés peut être normalement repéré par une simple observation par rapport à la ligne médiane du navire. Si la ligne de foi est déréglée, réajustez-la si vous en avez la possibilité. Sinon, tracez une nouvelle marque d'index qui vous donnera une nouvelle ligne de foi parallèle à l'axe du navire, puis lisez votre compas en utilisant ce nouvel index. Une solution équivalente consiste à noter simplement que la lecture de votre compas est faussée, disons par exemple + 5° à tous les caps. L'idée est de corriger chaque lecture d'une valeur constante. Normalement, une vérification soigneuse de la déviation d'un compas doit pouvoir révéler un écart de 1°de la ligne de foi. Mais, sans équipements particuliers, la procédure de secours utilisable en mer ne permet pas cette précision. Il faut faire au mieux pour régler cette ligne de foi, considérer que le réglage est correct et faire route.

Contrôle de la déviation

L'étape suivante consiste à contrôler la courbe de déviation. Souvenez-vous qu'un compas à toujours une erreur dite "erreur de déviation". Cette erreur de déviation est différente pour chaque cap. Bien évidemment, l'erreur qui nous intéresse particulièrement est celle produite dans la direction générale où nous voulons aller. C'est celle que nous vérifions en premier, sans oublier de faire une nouvelle vérification si nous changeons de direction.

Utilisation de la navigation astronomique

En mer, la procédure standard pour vérifier un compas est basée sur la navigation astronomique. Le mode opératoire est le suivant: prendre un cap compas constant puis relever l'azimut du soleil avec ce même compas. Effectuer un calcul classique de position astronomique pour déterminer l'azimut vrai du soleil en ce lieu et à cette heure. Effectuer la correction de déclinaison magnétique (lue sur la carte ou identifiée au GPS) et comparer le résultat avec l'azimut mesuré au compas. Si les deux sont identiques le compas indique le bon cap. Répéter la procédure pour différents caps. Avec un compas monté sur habitacle équipé d'une aiguille de visée dans l'axe, l'azimut du soleil peut être relevé très précisément lorsqu'il est bas sur l'horizon. Utiliser l'azimut réciproque (+180°) de l'ombre portée du soleil sur la rose des caps du compas pour déterminer son azimut.

Alternativement, de nuit vous pouvez gouverner directement vers un astre identifiable se situant au voisinage de votre route, puis calculer l'azimut vrai de cet astre.

Cette procédure classique, requiert l'heure UTC précise, des tables de calcul, des éphémérides et avant tout une position connue. Si vous avez tout cela à votre disposition, c'est de toute évidence la méthode à adopter. Si l'un ou l'autre des pré-requis est manquant, sa mise en œuvre est impossible. Plus loin, dans la section Tout sauf des Ephémérides du Chapitre 14, nous exposons néanmoins un moyen de pallier à un défaut d'éphémérides. Cependant, cette méthode palliative nécessite une mémoire au-dessus de la moyenne.

Technique de "l'aller-retour"

Sans aucune des ces aides, et sans soleil ou étoile visible, il y a néanmoins un moyen de vérifier votre compas hors de vue des côtes, à partir d'une position totalement inconnue. Cette procédure, valable sur tout plan d'eau, est essentielle dans l'optique d'une préparation à une éventuelle fortune de mer. Pour effectuer cette vérification, lancez à la mer un objet flottant tel qu'un gilet de sauvetage, un bidon ou tout autre chose flottant. A partir de cet objet flottant, faites une route opposée à la direction que vous voulez prendre. Notez le cap compas en veillant à conserver un cap constant, l'objet flottant en plein dans l'arrière du bateau. Cela demande un peu de pratique, somme toute simple. Essayez de maintenir l'objet flottant dans l'alignement d'un espar positionné sur l'axe du navire ou de toute surface ou arête parallèle à cet axe, telle qu'une main courante ou la paroi d'une cabine. Il est bien sûr plus facile d'effectuer tout ceci à deux. Quand le cap compas sur ce bord est correctement déterminé, faites un demi-tour, le plus court possible, pour faire route vers l'objet flottant. Notez le cap compas. Si les deux caps compas diffèrent exactement de 180°, votre compas a une déviation nulle sur les deux caps. Votre compas est alors vérifié pour ces deux caps en particulier.

Si, après plusieurs essais et plusieurs aller-retour, vous constatez que les deux caps relevés ne sont pas exactement réciproques (différence exacte de 180°), alors votre compas a une erreur sur chacun des caps. Pour déterminer la valeur réelle de cette erreur procédez comme suit: " La valeur correcte du cap magnétique VERS l'objet flottant se situe au milieu de ce vous avez mesuré et de ce que vous escomptiez ". Prenons un exemple: mon bord m'éloignant de l'objet flottant est au cap compas 40°, sur le bord me ramenant VERS l'objet, le cap compas est 240°. Puisque le cap réciproque de 40° est 220°, la valeur médiane entre le cap attendu 220° et le cap mesuré 240° est 230°. Ainsi, le cap magnétique correct VERS l'objet flottant est 230°, alors que le cap compas est 240°. Sur ce cap compas (240°), mon compas m'indique 10° de trop (voir Figure 3-3).

Après plusieurs essais, vous pouvez déterminer votre erreur compas avec une précision de l'ordre de 5°. Notez cependant que cette procédure prend pour hypothèse que dans des conditions normales, les dérives respectives de l'objet flottant et celle du bateau sont égales. Si la dérive due au vent est plus importante pour le bateau que pour l'objet flottant, vos conclusions concernant votre compas seront fausses. Dans le cas de forts vents par le travers, cette méthode n'est pas fiable. Mais par temps calme ou bien vent debout ou vent arrière, elle fonctionne correctement. Les courants étant alors sans effet puisque leurs actions sont identiques sur le bateau et l'objet. Dans des eaux côtières ou intérieures, cette méthode est facilitée par l'utilisation d'amers distants pris comme objet. En haute mer, si le soleil est en plein sur votre étrave ou sur votre tableau arrière, servez-vous-en. De nuit, il est aussi possible d'utiliser une étoile. Cependant, il est difficile de suivre un cap précis avec une étoile un peu haute dans le dos, même si quelqu'un vous aide à la barre. Dans les deux cas, soleil ou étoile, vous devez effectuer vos deux bords assez rapidement, la voûte céleste apparente tournant. Dans une fenêtre de temps de 10 mn pour les deux bords, les mesures prises seront valables.

Le cap VERS l'objet et le cap ELOIGNANT de l'objet, tels que nous les avons utilisés, sont des caps magnétiques réciproques. Dans cette méthode, l'hypothèse est faite que la déviation du compas est égale en valeur absolue mais de signe contraire pour des caps *magnétiques* réciproques. Strictement parlant, ceci n'est seulement qu'une approximation du principe plus correct stipulant que: la déviation d'un compas est égale et de sens opposé sur des caps *compas* réciproques (qui diffèrent de 180°).

Vérifier d'une façon stricte la déviation d'un compas est beaucoup plus compliqué. Sur le principe, prenez un cap vous éloignant d'un objet, puis faites demi-tour et suivez le cap compas réciproque. En tenant bien ce cap, notez le gisement de l'objet par rapport au cap compas. L'erreur de déviation est alors égale à la moitié de l'angle entre le cap compas et le gisement de l'objet. Cependant, la différence entre ces deux méthodes est généralement insignifiante. Le seul cas où cette différence est significative est quand la déviation sur un cap est importante, disons 20° ou plus. Dans ce cas, il serait judicieux d'utiliser cette méthode comme double vérification.

Si, afin d'éliminer l'erreur de déviation, vous avez l'intention d'effectuer la compensation (régulation) du compas en ajustant les aimants internes mobiles, vous pouvez vous en tenir à la première méthode, même si vous démarrez avec des valeurs de déviation importantes. Votre premier réglage ne sera pas forcément optimal, mais la déviation obtenue sera déjà faible. Avec une faible déviation de départ, la première méthode est suffisamment précise pour un réglage final.

Utilisation d'une direction vraie

Pour vérifier votre compas, une autre alternative consiste à utiliser la direction vraie du soleil ou d'une étoile à l'aide des méthodes détaillées dans les chapitres 5 et 6. Dans ce genre d'approche, vous n'avez pas besoin de connaître la déclinaison magnétique. La méthode la plus précise est celle utilisant *l'étoile Polaire* visible à n'importe quel moment de la nuit dans l'hémisphère nord. De même en toute latitude, le soleil à la méridienne si vous avez une montre. Plusieurs autres méthodes utilisant les étoiles permettent une précision de 5° dans certains cas particuliers. En utilisant l'une ou l'autre de ces directions vraies et une rose de compas de fortune (décrite plus loin dans la section Se Diriger sans Compas de ce Chapitre) dirigez le bateau dans la direction de votre choix, puis lisez votre compas. La différence entre le cap compas lu et la direction vraie suivie est votre erreur compas ou variation. Elle représente l'erreur totale due à la déclinaison magnétique en ce lieu et à la déviation due au compas pour ce cap.

Figure 3-3. *Méthode de fortune pour vérifier un compas en mer. Lancez un objet flottant par dessus bord et faites un bord opposé à la direction que vous voulez prendre, en maintenant bien l'objet en vue sur le tableau arrière. Dans ce cas, le cap magnétique correct sur le bord vous ramenant vers l'objet est égal au cap médian entre le cap compas lu et le cap réciproque attendu (réciproque du cap compas du premier bord). Cette procédure suppose un virement très court pour prendre le bord de retour "VERS" l'objet par rapport à la distance parcourue. Cette méthode peut aussi être utilisée en eaux intérieures ou côtières par visibilité réduite. Si la possibilité existe, il est préférable d'utiliser un corps céleste ou un amer remarquable comme point de référence à la place d'un objet flottant.*

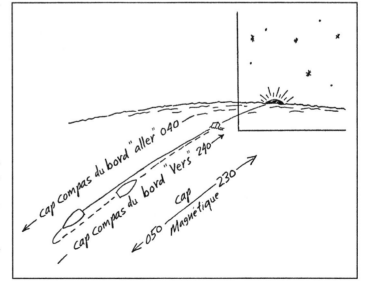

Utilisation d'un compas de relèvement portable

Il existe encore une autre méthode à ne pas négliger, permettant de vérifier un compas sur un bateau non métallique. Elle utilise un simple compas de relèvement pour référence. C'est un instrument standard en navigation côtière ou intérieure, que l'on trouve quasiment sur tous les bateaux. L'avantage de ces compas est qu'ils n'ont pas d'aimants internes de compensation, susceptibles de se dérégler. De plus, quand vous êtes debout en train de faire une mesure, vous êtes en général suffisamment loin des masses magnétiques de telle sorte que ces compas affichent correctement la valeur du champ magnétique terrestre sans perturbation. Pour vérifier votre compas de route de cette façon, lisez le cap magnétique que fait le navire à l'aide du compas de relèvement. Comparez cette valeur avec celle du compas de route. Toute différence est probablement due à une erreur de votre compas de route.

Cette méthode, et les compas de relèvement en général, peut ne pas fonctionner sur les navires à coque métallique du fait de la perturbation magnétique générée. Mais sur n'importe quel bateau, il est important en tout premier lieu de contrôler le compas de relèvement à l'aide de *l'étoile Polaire* ou du soleil afin de s'assurer de son bon fonctionnement, à un endroit choisi sur le pont. Mieux encore, repérez un corps céleste (ou en côtier un amer remarquable distant) et surveillez son relèvement avec le compas de relèvement tout en faisant pivoter le bateau sur lui-même. Si le relèvement du point visé reste constant quel que soit le cap du navire, soyez assuré que votre compas de relèvement n'est pas perturbé par le bateau. Faites attention aux montures de lunettes métalliques, ne vous appuyez pas sur le gréement dormant métallique ou bien ne tenez pas une lampe à éclats trop près du compas. De même, appliquez les procédures et précautions standards lors de vos prises de relèvement.

3.3 Se diriger sans compas

Sans compas, il vous faut obtenir votre direction à l'aide du soleil ou des étoiles. Les directions obtenues de cette façon sont toujours des directions vraies. La déclinaison magnétique ainsi que les perturbations magnétiques dues au navire sont sans importance aucune quand on n'utilise plus de compas magnétique.

Rose de compas de fortune

Une rose de compas de fortune est par contre très utile. Il s'agit simplement d'un cercle dessiné sur une surface plate et gradué en degrés. Dessinez une croix pour indiquer les points cardinaux, puis des diagonales pour les points inter-cardinaux. A partir de là, des subdivisions peuvent être tracées. Une feuille de papier peut être pliée en quatre, puis selon les diagonales deux fois, afin de définir des angles de référence. Il est très pratique d'avoir une rose de compas de fortune dans le cockpit du bateau, près du barreur. Ainsi, le barreur peut diriger le bateau par rapport au soleil ou une étoile, d'une façon plus précise qu'une simple estimation angulaire.

Avec un peu de pratique vous devriez être capable de diviser un cercle en intervalles précis de 5°. Il y a de nombreuses façons d'improviser. On peut toujours tracer un cercle avec un lacet et une pointe. Un autre truc consiste à tracer un cercle de rayon de 57 unités. Le cercle ainsi obtenu sera alors de 360 unités, chaque unité valant 1°. L'unité peut être n'importe quoi, des millimètres, un pouce ou toute distance entre deux marques faites sur une feuille de papier (voir Figure 3-4). La rose de compas de n'importe quelle carte est une solution prête à l'emploi. Elle peut être découpée, collée sur une plaque et les rayons prolongés pour une meilleure précision.

Les utilisations d'une rose de compas, que l'on peut même fabriquer à partir d'une assiette, sont nombreuses. Par exemple, en utilisant la méthode du Temps Solaire (voir Chapitre 6), vous pouvez trouver que le soleil se trouve à 30° à l'est du sud vrai, soit à l'azimut 150°. Vous pouvez alors orienter votre rose de compas en pointant le 150° vers le soleil et lire le cap du bateau ou la direction de la houle. La Figure 3-5 montre comment déterminer la direction des vents avec une rose de compas portative.

Une autre chose utile dans la détermination des directions ou dans d'autres aspects de la navigation de secours, est la capacité à évaluer des angles en utilisant l'une de vos mains bras tendu (voir Figure 3-6). Fondamentalement, il n'y a pas de différence avec une visée faite au compas, et dans certains cas cela peut même être plus précis. La longueur de votre bras correspond au rayon de votre compas, plus ce rayon est grand, meilleure est la précision des mesures angulaires obtenues.

Identifier une direction sans compas

Dans la plupart des circonstances, les étoiles sont les meilleures sources de direction. Mais à l'exception de *l'étoile Polaire* dont l'utilisation n'est pas considérée comme "naviguer aux étoiles", leurs directions ne seront pas précises au degré près. Cependant, quel que soit le moment, il y a généralement plusieurs façons de s'orienter à partir des étoiles. La meilleure approche consiste à utiliser toutes les méthodes, puis à en faire la moyenne. Par exemple, supposons que vous ayez une étoile brillante près de l'horizon. Une des méthodes peut vous indiquer que sa direction est 40° au sud de l'ouest. Une autre méthode, complètement indépendante, peut vous laisser penser que son relèvement est 20° au sud de l'ouest. Si ce sont les seuls éléments à votre disposition, sans raison particulière

Figure 3-4. *Rose de compas mobile. Les utilisations de ces roses de compas sont nombreuses en navigation de secours. Déterminez une direction à partir de corps célestes, orientez la rose de compas et utilisez-la comme un compas. Des Quadrants de rose de compas (essentiellement similaire à un rapporteur) sont utiles dans la mesure d'angles relatifs dans de nombreuses applications.*

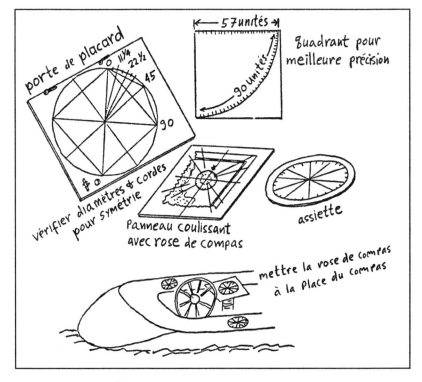

pour préférer l'une ou l'autre méthode, au moins à ce moment précis, il vous faut considérer que son relèvement est 30° au sud de l'ouest, avec une incertitude de ± 10°.

Vous pouvez vous diriger vers une étoile ou bien vers une formation nuageuse sur l'horizon pendant une courte période de temps. Les vents de surface et la houle peuvent même être utilisés comme direction de référence sur de longues périodes ; la houle particulièrement, quand elle est bien établie depuis plusieurs jours. Dans les latitudes tempérées, un autre repère possible peut être fourni par les vents en altitude, reconnaissables à leurs formes de vagues, dans les couches hautes et moyennes de l'atmosphère. Ces vents, également appelés Jetstream, sont beaucoup plus stables que les vents de surface, mais leur direction ne peut être déterminée qu'en de rares occasions.

Généralement, la marche à suivre consiste à se diriger à l'aide des vents de surface et de la houle, en contrôlant constamment leurs directions. Plus vous contrôlez leurs directions en utilisant des méthodes variées, plus votre route devient précise.

En fait, le mouvement même du soleil et des étoiles rendant la détermination d'une direction difficile, tend à faire en sorte que la moyenne des directions estimées est plus précise. En général, une méthode générant une erreur quand on la pratique vers l'est, produira une erreur opposée quand on la pratiquera vers l'ouest. Si on considère par exemple le soleil dans les latitudes nord, il indique le sud vrai à midi. Si mon objectif est de faire du sud, je peux simplement suivre le soleil durant la

Figure 3-5. *Utilisation d'une rose de compas de fortune. Ici le vent à l'aube est utilisé comme direction de référence pour déterminer la direction du soleil au lever. La planète Vénus est souvent une référence intéressante, aussi bien pour déterminer la direction d'une étoile que celle du soleil. Elle est en effet souvent visible à l'œil nu la nuit et dans la partie la plus lumineuse du crépuscule. Voir aussi Figure 7-7.*

journée. Mon erreur sera "est" toute la matinée, mais elle sera "ouest" toute l'après-midi, et de la même quantité. Le résultat net sera une route au sud plutôt bonne, mais pas très optimisée. Il est possible de faire nettement mieux.

Suivre les erreurs de cap

Pour avoir une idée de l'amélioration possible, nous devons faire une distinction entre l'erreur de cap à un moment donné et la moyenne de l'erreur sur une longue distance. Ce qui nous importe de savoir c'est l'erreur de route due simplement à nos erreurs d'orientation sur une certaine distance. Les courants et la dérive nous déroutent également, mais ceci est un autre sujet.

Si un navigateur utilisait toutes les méthodes décrites aux chapitres 5 et 6 pour trouver sa direction, en utilisant chaque méthode de nombreuses fois et sur une longue période de temps, chaque fois comparant le résultat avec la direction correcte donnée par un compas, alors la valeur moyenne de toutes les erreurs serait d'environ 12° ou éventuellement un petit peu plus. L'erreur la plus importante serait aux environs de 30°, si l'on exclu les méthodes donnant des directions générales telles que est, ouest, nord et sud.

Si nous avions un moyen sûr de suivre une route parfaitement droite avec une erreur de 6°, alors tous les 10 milles parcourus, nous serions décalés d'un mille, soit une erreur en position de 10%. Ce raisonnement peut être extrapolé avec une amélioration de la précision par un facteur 5 (voir Figure 3-7). Une erreur constante de 12° produit un pourcentage d'erreur de 20% (2 x 10%), et une erreur constante de 18° donne une erreur de 30% (3 x 10%). Une erreur constante de 12° sur une course de 1000 milles vous met à 200 milles du point où vous pensiez arriver. En d'autres termes, une erreur *constante* de 12° induit une erreur importante sur un long voyage. Cependant, si on y regarde de plus près, la situation n'est pas aussi sombre. Les erreurs ne sont pas constantes.

Les erreurs produites en se dirigeant grâce aux étoiles sont dues à deux facteurs. Tout d'abord, certaines méthodes ne sont pas strictement exactes dans le principe, ou leur précision n'est bonne que sous certaines conditions. Par exemple, dans les latitudes nord, une ligne imaginaire coupant *Procyon* et passant entre *Castor* et *Pollux* se projette sur l'horizon près du sud vrai. Ceci est vrai à condition que *Procyon* soit dans la moitié supérieure de la voûte céleste apparente. Quand ces étoiles sont hautes dans le ciel sans être pour autant au zénith, la méthode est précise. Quand elles sont dans leur phase ascendante, l'erreur produite est Est. Quand elles sont dans leur phase descendante, l'erreur est Ouest. La condition "qu'elle soit dans la moitié supérieure de la voûte céleste apparente" permet de limiter l'importance de l'erreur.

La seconde source d'erreur provient de la mise en oeuvre de ces méthodes. Dans l'exemple Gémeaux-*Procyon* précédent, le navigateur doit d'une manière ou d'une autre projeter une ligne imaginaire sur l'horizon. Ceci peut être fait au jugé ou bien à l'aide d'un bâton. Cependant, quelle que soit la façon adoptée, on ne peut espérer une précision de l'ordre du degré. L'erreur générée dépend de chaque individu et de son entraînement à ce genre d'exercice. Evidemment cela dépend aussi des conditions de mer rencontrées. Même avec de la pratique, une erreur de ± 5° est difficile à éviter.

Néanmoins, dans la majorité de cas, les erreurs de principe et les erreurs de mode opératoire ne sont pas liées. Il y a autant de chances pour qu'elles s'annulent les unes avec les autres, ou qu'elles s'ajoutent. Comme il a déjà été dit plus haut, l'effet combiné de toutes ces erreurs est de l'ordre de 12° en moyenne. Pour déterminer votre propre erreur moyenne, vous pouvez pratiquer à terre et vérifier vos estimations avec un compas ou l'orientation des rues.

Figure 3-6. *Estimation d'angle à l'aide de la main et des doigts à bout de bras tendu. Les mesures d'angles indiquées ne sont que des moyennes. Avec un sextant, étalonnez votre propre main en utilisant des amers remarquables éloignés dont vous avez mesuré la distance angulaire. Savoir mesurer ou estimer des angles manuellement est un avantage certain à la fois en navigation de détresse ainsi qu'en navigation de routine. Des étalonnages similaires peuvent être mis en œuvre en mer en utilisant la distance angulaire entre des étoiles. Faites attention à ce que la distance entre vos yeux et votre main, bras tendu, reste la même lors de mesures pratiquées dans un plan horizontal et dans un plan quelconque. Si elle change, l'étalonnage change. Reportez-vous au Chapitre 11 pour des instruments de fortune de mesures angulaires plus précises.*

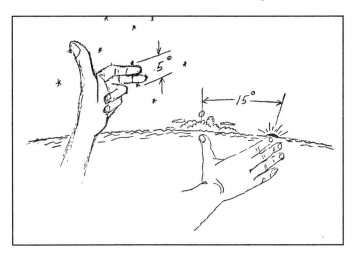

Une fois encore, cette erreur de 12° n'est que la moyenne typique sur laquelle vous pouvez tabler pour n'importe quelle mesure. Ce qui sauve tout, c'est que l'erreur suivante, sur une autre étoile, peut être dans la direction opposée. Quand vous faites la moyenne des deux, vous avez à peu près 50 % de chance que cette moyenne soit plus précise que chacune des deux mesures. La probabilité d'annulation des erreurs lors de la détermination de la moyenne des estimations, augmente avec le nombre de mesures et la variété de méthodes utilisées.

Par nuit claire, il y a de nombreuses étoiles disponibles à un instant donné, de telle sorte qu'une moyenne précise peut être obtenue rapidement. Si vous êtes limité à une méthode, telle que le soleil durant la journée ou bien quelques étoiles par nuit légèrement brumeuse, il est possible que votre direction soit erronée de 20° ou plus à un instant donné. Cependant votre route moyenne sur une journée ou une nuit sera plus précise. D'une manière générale, plus la distance parcourue dans une direction donnée est longue, plus la direction obtenue est précise. Ceci est vrai à condition de vérifier constamment cette direction avec les étoiles.

La précision requise dépend bien évidemment des circonstances. A 100 milles des côtes au large de New York, la seule chose dont vous ayez besoin est de savoir où est l'ouest. Par contre, si la terre la plus proche est une île isolée avec 1000 milles d'océan sur 360°, et qui plus est visible dans un rayon de 30 milles seulement, alors la notion de direction est plus critique. Cependant, il faut toujours remettre ceci en perspective. Supposons que nous soyons à 200 milles de cette île et que nous fassions route à 3 nœuds. Sur une route directe, nous sommes à peu près à trois jours de l'île. Si nous avons une erreur nette de direction de 6°, au bout de trois jours nous serons à 20 milles par le travers de l'île, que nous pourrons néanmoins apercevoir. Si, comme il est fréquent autour des îles, il y a des courants dans cette zone, notre bateau peut facilement dériver de 12 milles par jour, voire du double comme c'est souvent le cas en zone tropicale. Pour peu que ce courant soit par le travers et s'ajoute à notre erreur de cap (6°) sans que nous nous en apercevions (et donc que sans que nous puissions le compenser), nous passerons au mieux à 56 milles de l'île, en la manquant. Dans cet exemple, connaître les courants est tout aussi critique que savoir se diriger à l'aide du soleil ou des étoiles.

Un point pratique important qu'il faut mentionner plutôt deux fois qu'une est l'effet de la pluie et des nuages bas sur la visibilité. Dans notre exemple, l'île est théoriquement visible dans un rayon de 30 milles par temps clair et mer calme (voir la section Portée Visuelle des Phares et de la Terre du Chapitre 13). Par temps couvert, avec un plafond nuageux bas, elle peut n'être visible que dans un rayon de 10 milles, voire moins. Plus il faut attendre que le temps se dégage, et plus il est important de connaître l'impact possible des courants.

Heureusement, dans la plupart des endroits, les courants dominants suivent la direction des vents dominants. Comme dans bien des cas, en situation de détresse, nous ferons route au portant vers une zone d'atterrage. Il est donc peu probable que nous coupions directement un courant traversier. Même sans connaître avec précision la force de ce courant, son impact sera moindre. Seule la durée de la traversée sera changée. Néanmoins, il faut toujours prendre en considération les courants si tout laisse à penser qu'ils peuvent être importants.

Sous voiles, aux allures de près, il faut tenir compte de la dérive due à l'action du vent sur votre bateau. Pour un quillard conventionnel, elle se situe typiquement entre 5° et 15° en fonction de la force du vent, du bateau et de l'allure. Nous reviendrons sur ce point à la section Erreurs d'Estime Dues au Courant et à la Dérive du Chapitre 10. Les effets dûs à cette dérive et ceux dûs aux courants diffèrent de façon importante. Il est possible d'évaluer de façon réaliste la dérive due au vent dans diverses conditions, alors que l'on ne peut seulement qu'essayer de deviner l'importance du courant.

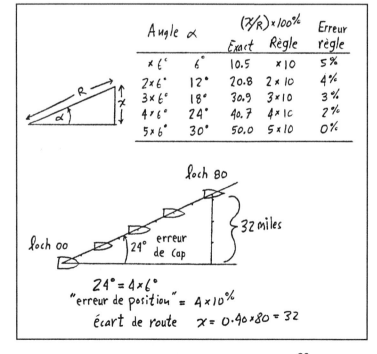

Figure 3-7. *Estimation de l'écart en distance en fonction de l'erreur sur le cap suivi. Ce truc peut aussi s'avérer très utile pour construire des instruments de fortune servant à mesurer des angles. Le Chapitre 10 propose une variante de cette procédure très efficace pour estimer les effets des courants et de la dérive au vent.*

4

Se diriger à l'aide du vent et de la houle

Se diriger à l'aide du vent et de la houle signifie suivre une route régulière et stable en utilisant leurs directions comme références. Sans compas, le cap réel de la route à suivre doit être déterminé par le soleil ou les étoiles. Une fois en route, il faut chercher un repère temporaire sur l'horizon, situé dans le prolongement de l'étrave. En tenant bien ce cap, on note le gisement du vent et de la houle. Ensuite, la méthode adoptée pour se diriger diffère peu de celle utilisée en temps normal.

L'objectif le plus immédiat est de maintenir l'étrave toujours pointée vers votre repère temporaire. De nuit, ce repère temporaire sera très probablement une étoile. De jour, ce peut être une formation nuageuse sur l'horizon ou même un léger changement de nuance dans la couleur du ciel.

Chaque fois que l'étrave s'écarte du repère visé, il faut la ramener sur le bon cap. Puis, une fois que le bateau pointe de nouveau dans la bonne direction, il vous faut vérifier que la direction relative du vent est correcte. Tôt ou tard, cette direction ne sera plus correcte par rapport à l'étrave alignée sur le repère. Si c'est le cas, contrôlez la direction des vagues et de la houle par rapport au vent. Si les deux sont toujours identiques, alors il est temps d'ajuster votre cap et de trouver un nouveau repère temporaire. Très généralement, si vous faites une route de près, c'est le vent que vous devriez d'abord contrôler, si vous êtes au portant, c'est la mer. Dans des conditions normales de navigation, Il se peut très bien que vous ne jetiez un coup d'œil à votre compas qu'à ce moment là.

En reprenant votre cap par rapport à un nouveau repère, il se peut que vous deviez le maintenir en plein sur l'étrave ou un peu en arrière sur le balcon avant. En tous cas, faites aux mieux pour maintenir le vent à l'angle correct et prenez si nécessaire un autre repère. Dans tout ceci, l'hypothèse a été faite que c'est le repère temporaire qui a bougé, pas le vent ni la houle. Mais comme nous n'avons pas de compas pour vérifier cette hypothèse, nous ne pourrons procéder à de nombreux réajustement sans devoir contrôler la direction du vent et de la houle à l'aide du soleil ou des étoiles.

Il est également possible de gouverner sans repère temporaire en utilisant seulement la direction du vent et de la houle. Cependant en pratique, il est plus facile de barrer en s'aidant d'un repère si l'occasion vous en est donnée. Exceptions faites des nuits nuageuses les plus noires, il y a généralement toujours quelque chose devant vous pouvant servir de repère vers lequel pointer l'étrave. Rares sont les jours où il n'y a pas de ceinture nuageuse sur l'horizon.

Un repère temporaire tel qu'une formation nuageuse, peut rester dans une direction constante pendant une heure ou plus. Il arrive que cette formation change de forme tout en indiquant toujours la même direction. Cependant, des nuages situés en face de vous peuvent se déplacer sur l'horizon très rapidement et ne vous être d'aucune utilité. Tout dépend de la distance à laquelle ils se trouvent et de leur direction de déplacement. Le déplacement du soleil et des étoiles est par contre beaucoup plus facile à prévoir (sujet couvert en détail plus loin). Le déplacement apparent le plus rapide sur l'horizon de n'importe quelle étoile est 15° par heure, à condition qu'elle soit basse dans le ciel. En bref, un repère situé droit devant a une chance de rester dans la même direction au mieux pendant une heure. Bien sûr, Il y a des exceptions que nous étudierons en détail au chapitre traitant de la navigation à l'aide des étoiles (chapitre 5), mais celles-ci ne sont pas dues au hasard. Ceci arrive quand, par bonheur, nous nous dirigeons vers une étoile dont la direction, sur une longue période de temps, varie peu.

Loin des zones de météorologie perturbée, la direction du vent est généralement stable sur des périodes de temps beaucoup plus importantes. Avec un peu de chance, le vent peut rester stable une journée complète ou plus. Ceci varie en fonction du lieu et de la saison.

Dans certaines circonstances sous spinnaker, le fait de garder l'étrave orientée sous le même point du pied de la voile peut être un excellent moyen de conserver une route constante par rapport au vent apparent alors que vous êtes ballotés par les vagues.

Ainsi, si vous disposez d'un équipier pouvant vous aider à tenir le cap, ce qui est appréciable dans une phase de navigation d'urgence, il ne lui est pas nécessaire de toujours devoir regarder droit devant. Une méthode simple et souple consiste à avoir quelqu'un assis dans le cockpit et surveillant l'horizon par le travers en relation avec la position de winches ou d'autres pièces d'accastillages ou repères sur le bateau (voir Figure 4-1). S'il maintient sa tête dans sensiblement la même position, il lui est possible de surveiller facilement d'une position très confortable le cap du bateau en relation avec la position de nuages ou d'étoiles sur l'étrave.

Cependant, quel que soit le lieu, la navigation ne peut être basée uniquement sur le vent et la houle. Cette méthode n'est à utiliser qu'entre deux contrôles de direction à partir du soleil ou des étoiles. Sans soleil ou étoile pour se diriger pendant de longues périodes de temps, il se peut qu'il faille tout simplement stopper et attendre.

Le laps de temps pendant lequel on peut se diriger grâce au vent et à la houle dépend de la zone de navigation, de la connaissance de sa climatologie et de son océanographie. Ce sujet n'entre pas dans l'objectif de ce livre. Ces questions relèvent plus de la préparation à une traversée qu'à une situation de détresse. Néanmoins, nous mentionnerons quelques points importants au fur et à mesure.

4.1 Lire le vent

Diriger un voilier simplement en se basant sur le vent est une chose tout à fait naturelle. Certains voiliers, à certaines allures, peuvent même le faire tout seul. Des régulateurs d'allure et autres équipements peuvent également être mis en place à de telles fins. Cependant, en plein océan, un bateau s'orientant uniquement par rapport au vent est susceptible de tourner en rond si la direction du vent varie et fait le tour du compas. Même les plus réguliers des vents tels que les fameux alizés peuvent tourner de 90° sans prévenir. Il est donc simplement impossible de se diriger à la voile sur de longues distances en ne se fiant uniquement qu'au vent. Il faut sans cesse en vérifier la direction en utilisant le soleil ou les étoiles.

Les penons

Pour surveiller la direction du vent, il est extrêmement utile d'installer des penons. Ils sont constitués d'une mince bande de tissu léger fixée dans les haubans et la voilure, en des endroits dégagés (voir Figure 4-2). Des bandes de sac plastique ou des morceaux de bande magnétique font parfaitement

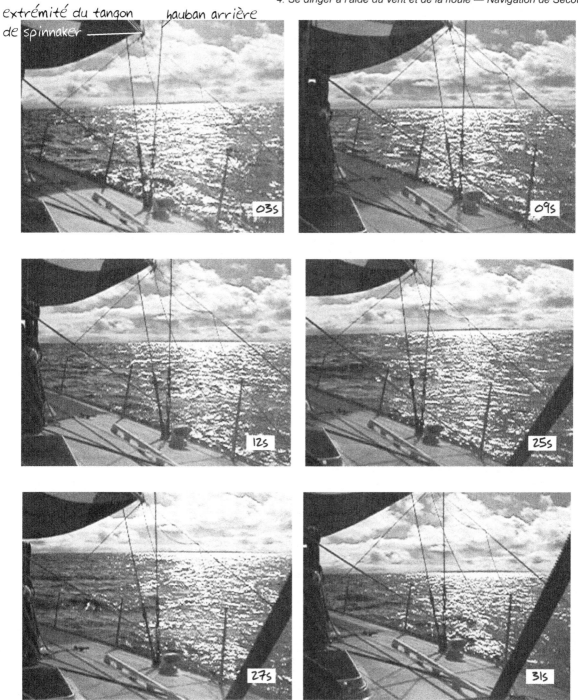

Figure 4-1. *Tenir le cap à l'aide des nuages. Remarquez la position du hauban arrière par rapport au sommet du cumulus juste à côté de l'extrémité du tangon de spinnaker. A l'instant "3 secondes" il se situe juste à la gauche du sommet et à 9 secondes il est à juste à droite. Les nuages ne sont pas des références permanentes, mais ce type d'alignement est meilleur que tenter de courrir après une rose de compas de fortune (si vous en avez une) et est même un indicateur pour appliquer des ajustements de route immédiats.*

l'affaire, surtout par temps de pluie. Les penons indiquent la direction instantanée du vent. Très courants sur les voiliers, on en voit moins sur les bateaux à moteur. Mais sur n'importe quelle embarcation, si vous vous retrouvez sans compas et devez surveiller avec soin la direction du vent, la première chose à faire est d'en installer. Ce sont des indicateurs fiables. Un penon proéminent sur la proue d'un bateau à moteur peut s'avérer extrêmement précieux dans certains cas, même lorsque tous vos équipements de navigation fonctionnent correctement. Cela peut même être encore plus précieux sur un kayak.

Vent apparent versus vent réel

Il faut cependant garder à l'esprit que la direction qu'ils indiquent est celle du vent apparent, et non celle du vent réel. Cette distinction est fondamentale en ce qui concerne la navigation des petits bateaux. Le *vent apparent* est la combinaison du *vent réel* et du *vent relatif* résultant de la seule vitesse de déplacement du bateau. La différence entre le vent apparent et le vent réel dépend de la vitesse de déplacement du bateau relativement au vent réel. Pour des vitesses de déplacement inférieures à 10 ou 20 pour cent de la vitesse du vent réel, la différence est négligeable. Dans ce cas, on peut déterminer la direction réelle du vent directement sur l'observation des penons.

Quand le bateau fait route, la direction du vent réel se situe toujours en arrière du vent apparent. Si vous êtes face au vent apparent se situant par le travers, il faut vous tourner vers l'arrière pour regarder la direction du vent réel. Ceci est vrai quelle que soit l'allure du bateau. Si le vent apparent est à 45° de

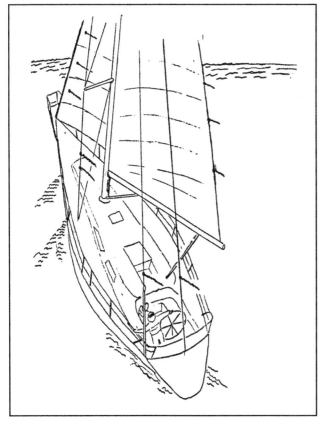

Figure 4-2. *Utilisation de penons pour repérer la direction du vent apparent. Ici, ils flottent sur le guindant du foc, la chute de la grand voile, le hauban et la bastaque au vent, ainsi que le pataras. Des penons longs, flottants au-dessus de la tête du barreur sont souvent utiles pour barrer au portant.*

l'étrave, alors le vent réel est plus près du travers. Si le vent apparent est au ¾ arrière, le vent réel est plus près de la poupe (voir Figure 4-3).

La valeur exacte de la différence angulaire entre vent apparent et vent réel dépend de l'allure du voilier et de sa vitesse relative par rapport au vent réel. Quelle que soit la vitesse, la différence angulaire est maximale quand le vent apparent est par le travers. Typiquement, elle se situe entre 10° et 40°. De même, plus le bateau est performant, plus la différence est importante.

Quand on s'appuie sur la direction du vent pour se diriger, c'est sur le vent réel qu'il faut se baser. Les directions respectives du vent apparent et du vent réel ne diffèrent pas toujours suffisamment pour en tenir compte. Cependant, il faut toujours avoir à l'esprit leur écart potentiel. Il faut se rappeler des cas suivants:

(1) Vent de travers, le vent réel peut être bien en arrière du vent apparent. Par exemple, par vent réel de 5 à 10 nœuds, la vitesse d'un voilier " standard " est de 0,6 à 0,7 fois la vitesse du vent réel. Si le vent apparent est par le travers, à 0,65 fois la vitesse du vent réel, celui-ci sera à 41° en arrière du vent apparent.

(2) A vitesse du bateau restant constante, si la vitesse du vent réel varie, la direction du vent apparent changera, quand bien même la direction du vent réel resterait la même. Par exemple, vent apparent par le travers, un bateau marche à 7 nœuds dans un vent réel de 10 nœuds. Si le vent réel monte à 15 nœuds

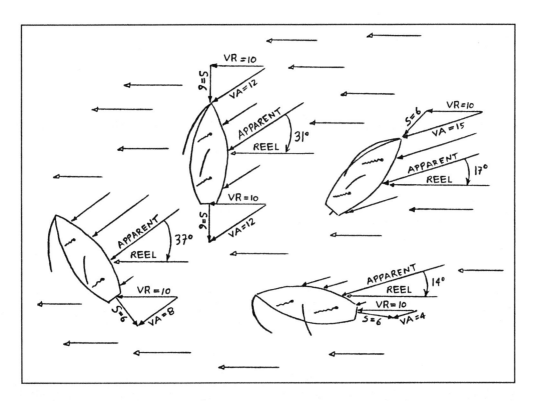

Figure 4-3. *Vent réel et vent apparent. Le vent réel est toujours en arrière du vent apparent. L'écart angulaire entre les deux directions est maximal quand le vent apparent est par le travers. Chaque bateau se déplace à 6 nœuds (S=vitesse du bateau) dans un vent réel (VR) valant 10 nœuds. Le vent apparent résultant (VA= vent apparent) est indiqué pour chaque cas.*

alors que la vitesse du bateau reste constante, le vent apparent tournera de quelques 20° sur l'arrière, la direction du vent réel n'ayant pas changé du tout.

(3) Faisant route au portant, vent réel bien dans l'axe, une petite variation de vent réel peut résulter en une variation importante de la direction du vent apparent. Par exemple, à une vitesse de 6 nœuds par 12 nœuds de vent réel à 170° du cap suivi, si le vent réel refuse (se rapproche de l'axe du bateau, vers l'avant) de 20° et chute à 10 nœuds, la vitesse du bateau restera probablement la même. Cependant, le vent apparent refusera lui de quelques 40°. Si le cap suivi l'est en fonction du vent apparent, une mauvaise interprétation de la direction de ce vent est vite faite.

Une façon évidente de contrôler la direction du vent réel consiste à stopper le bateau. Cependant, il n'est généralement pas utile d'aller jusque là. Il est possible de vérifier la direction du vent réel à partir de la direction des vagues ou du clapot de surface. Le clapot est constitué de petites vaguelettes à la surface de l'eau ressemblant à des écailles de poisson. Les vagues les plus grosses indiquent la direction du vent si celui-ci est stable et établi. Cependant, quand il tourne, la direction des vagues ne change pas tout de suite. Au contraire, le clapot de surface sur la crête des vagues suit instantanément les variations de direction du vent et forme des zébrures comme si la surface de l'eau était frappée avec un pinceau. Quelquefois il est nécessaire de regarder fixement la surface de l'eau pendant un certain temps pour distinguer ces zébrures. Cependant, à partir de quelques nœuds de vent ces marques sont visibles et permettent de repérer la direction du vent réel.

Se diriger à l'aide du vent

Se diriger à l'aide des penons, consiste à maintenir le cap du bateau de telle sorte que le ou les penons utilisés flottent toujours dans la même direction par rapport à un point de référence sur le bateau. Il faut se baser sur un penon situé " au vent " bien dégagé du pont. Au portant, un long penon fixé sur le pataras, peut flotter au-dessus de votre tête, pendant que vous êtes à la barre. Si vous êtes au près bon plein, vous pouvez vous aidez des penons de manière classique. Coller ces derniers sur la voile d'avant au milieu de chaque laize (pas sur les coutures) à une trentaine de centimètres du guindant. Puis, voiles réglées correctement, conserver le cap en veillant à ce qu'ils flottent librement bien en arrière le long de la voile (écoulement laminaire).

Gouverner sans compas requiert plus de concentration durant la journée que par nuit claire étoilée. Pour conserver une orientation précise durant la journée, il vous faut non seulement surveiller les penons et les nuages distants, mais aussi les vagues et la houle, les ombres projetées sur le bateau et même les nuages en déplacement autour du ciel. En un sens, diriger un bateau durant la journée consiste principalement à conserver un cap aussi régulier que possible, jusqu'à la tombée de la nuit. Ceci est particulièrement vrai quand le soleil est caché pendant la journée, ou si vous n'avez pas de montre alors que le soleil est visible. De nuit, il est possible de se diriger avec précision à partir des étoiles, quasiment continuellement.

Les vents dominants

Pour tirer un parti maximal des vents dans votre navigation, il est judicieux d'en étudier les régimes dominants sur la route envisagée, avant le départ. Il est de même conseillé de comprendre quelques faits de bases sur les variations des vents attendues dans différentes situations météorologiques. C'est une procédure de préparation classique pour une croisière à la voile, moins pratiquée cependant sur les navires dont la force propulsive est mécanique. A cette fin, les Pilot Charts ainsi que les *Instructions Nautiques* du SHOM (Service Hydrographique et Océanographique de la Marine) sont les documents de référence les plus pratiques. Dans les Pilot Charts, sont données la direction et la force des vents mensuellement, pour tous les océans. L'information est présentée sous forme de rose des vents indiquant la probabilité de la force de vent susceptible d'être rencontrée en divers endroits (voir Figure 4-4). Un vent dominant est simplement celui ayant la plus grande probabilité d'occurrence. Pour les zones côtières, des informations similaires peuvent être trouvées dans les *US Coast Pilots* (publiés par NOAA) ou leurs équivalents internationaux. Les vents locaux sont également étudiés dans les chapitres dédiés à la météorologie régionale.

Le degré de probabilité qu'un vent a d'être dominant indique la fiabilité que l'on peut y attacher pour évaluer une direction. Les alizés de la ceinture tropicale sont à cet effet les plus remarquables. Il y a dans l'hémisphère nord une probabilité de 80% ou plus pour qu'ils soufflent du secteur nord-est à est. Dans l'hémisphère sud ils soufflent du secteur sud-est à est avec la même probabilité. Dans les deux cas, leur force moyenne est 10 à 15 nœuds, mais des vents de 5 ou 20 nœuds ne sont pas rares. La direction des alizés peut rester stable pendant plusieurs jours ou plus.

Un autre exemple de vent dominant sur une grande échelle est la circulation dans le sens des aiguilles d'une montre des anticyclones dans la partie nord de l'Atlantique et du Pacifique. A l'inverse (dans une moindre mesure) dans la partie sud de l'Atlantique et du Pacifique ces hautes pressions circulent dans le sens contraire des aiguilles d'une montre. Les centres de ces vastes zones de haute pression connaissent des périodes de calme avec peu ou pas de vent durant de nombreux jours. Dans l'objectif d'une préparation aux situations d'urgence, il importe de connaître les conditions de vent susceptibles d'être rencontrées afin de planifier les meilleures options possibles. Savoir que le pot au noir sépare les alizés du nord-est et ceux du sud-est, etc… Se reporter à la section Météorologie et océanographie de la bibliographie.

Avec de l'expérience, dans des conditions particulières, on peut quasiment deviner la direction du vent à partir du temps qu'il fait. Par exemple, en été dans plusieurs zones de hautes latitudes tempérées, des vents stables modérés avec un ciel dégagé sont généralement du quart nord-ouest, alors que par mauvais temps, les vents forts sont habituellement de secteur sud (sud ouest vers sud-est). Mais tout ceci n'est rien d'autre qu'expérience accumulée avec les conditions météorologiques dominantes d'une zone donnée. Sur une longue distance, cette connaissance n'est pas suffisante pour une orientation précise.

Pour s'orienter à l'aide des vents, on n'est pas obligé de toujours s'appuyer sur les vents de surface. Parfois, il est possible de repérer la direction des vents d'altitudes, grâce à leurs déplacements, leurs formes et leurs structures. La direction des vents en haute atmosphère diffère de celle des vents de surface, mais elle reste constante pendant des périodes de temps plus longues.

Puisqu'une direction de référence peut être déterminée à partir des seuls nuages, ce sujet sera abordé ultérieurement, dans la section traitant des nuages, des oiseaux et des avions au Chapitre 7.

4.2 La houle, les vagues et le clapot

Il est habituellement possible de distinguer trois sortes de mouvements ondulatoires à la surface de la mer: le clapot ou clapotis, les vagues et la houle (voir Figure 4-5). Nous avons discuté du clapotis plus haut. Ce sont ces petites vaguelettes ou zébrures à la surface de l'eau qui indiquent la direction

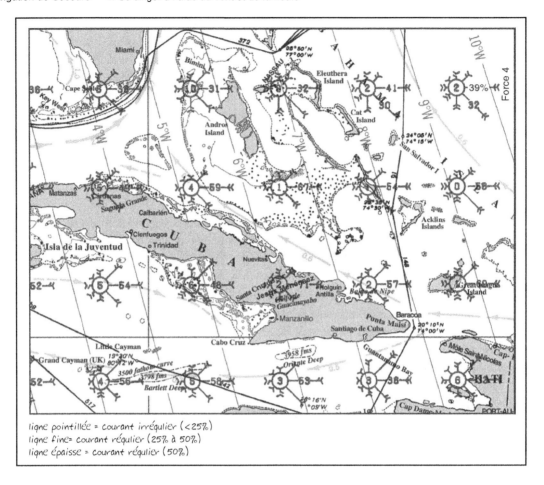

ligne pointillée = courant irrégulier (<25%)
ligne fine= courant régulier (25% à 50%)
ligne épaisse = courant régulier (50%)

Figure 4-4. *Extrait des Pilot Charts près de Cuba. En Août, les vents près de Cuba sont donnés tous les 2° de Lat-Long. Dans le coin haut droit, le vent présente une probabilité de 39% d'être d'est et de 32% d'être du sud-ouest. Lorsque la probabilité est inférieure à 29%, elle est représentée par la longueur de la ligne en relation avec une échelle disponible sur le document et non représentée ici. La force des vents prévus est donnée en échelle Beaufort, chaque tiret sur la flèche représentant une unité de force. Dans le coin haut droit, les vents de sud et sud-est sont de Force 4 (11 à 16 nœuds); les vents beaucoup moins probables du nord-est seraient de Force 3 (7 à 10 nœuds). Les numéros cerclés sont les pourcentages de calmes à chaque endroit. Les flèches des courants sur cette carte sont marquées avec les vitesses en nœuds, la constance étant indiquée par le style des lignes; une ligne épaisse indique une régularité de 50%, les lignes plus fines indiquent une régularité de 25% à 50% tandis qu'une flèche de courant pointillées indique une régularité de moins de 25%. On remarquera le Gulf Stream régulier vers la Floride et le faible contre-courant irrégulier au sud de Cuba. D'autres Pilot Charts ne présentent pas de d'information de régularité et d'autres encore fournissent les vitesses en milles nautiques de dérive par jour au lieu de nœuds. La déclinaison magnétique ainsi que quelques segments de routes loxodromiques incluants des waypoints et des distances intermédiaires sont également présentées. (Voir Figure 1-1 pour un autre exemple de pilot chart).*

instantanée du vent. Ces petites vaguelettes n'ont aucune inertie et disparaissent dès que le vent tombe, ou changent de direction dès qu'il tourne. Ces changements de direction sont instantanés en fonction des bourrasques de vent ou des risées (elles répondent vite car ce sont des *vagues capillaires*, dont les forces de réactivation sont une tension de surface par opposition aux plus grandes vagues qui se réactivent par gravité). Ces petites vaguelettes se situent à la surface des vagues comme si elles les chevauchaient. Les vagues, elles "chevauchent" souvent la masse liquide animée du lent et régulier mouvement qui caractérise ce que l'on appelle la houle.

La distinction entre vague et houle est quelquefois difficile à faire, particulièrement quand les vagues sont plus hautes que la houle. Mais, quand la houle est au moins aussi haute que les vagues, son mouvement est prédominant. La houle peut exister sans les vagues et il n'est pas rare d'avoir une mer calme, plate, sans vagues, mais animée d'un mouvement ondulatoire régulier. Cependant, l'état de la mer est généralement une combinaison agitée de la houle et des vagues. Pour s'orienter à partir de la mer, il faut faire la distinction entre vagues et houle. Celle-ci peut fournir une direction de référence fiable, malgré des changements de direction du vent et des vagues.

Les vagues sont créées par le vent local. Elles grossissent ou s'apaisent avec le vent dont elles suivent la direction. Au contraire, la direction et l'importance de la houle ne sont pas liées aux vents locaux. Le mouvement de la houle peut suivre ou être opposé à la direction du vent local, ou bien être orienté à tout autre angle relativement au vent.

L'origine de la houle se situe généralement très loin des conditions locales. La houle est ce qui reste des vagues alors que le vent qui les a créées ne souffle plus. Soit elles ont dépassé la zone de tempête, soit le vent s'est arrêté ou changé de direction. Une fois établie, la houle continue à onduler sur son inertie qui est très importante. Quand la houle n'est pas contrecarrée par des vents contraires, elle peut se faire sentir sur une distance supérieure à 1000 milles et persister durant plusieurs jours ou plus. Dans certaines zones et à certaines saisons, il existe une houle dominante résultant des trains de tempêtes saisonnières se succédant en des régions distantes.

Afin de bien distinguer la houle des vagues, il faut rappeler ce qui définit une vague. La hauteur d'une vague est la distance verticale entre le creux et la crête. Sa longueur est la distance horizontale entre deux crêtes, mesurée dans la direction du mouvement des vagues. Et finalement, la largeur est la dimension transversale, perpendiculaire à la direction du déplacement de la vague.

La hauteur des vagues dépend de la force du vent, de la distance sur lequel le vent souffle (le fetch) et de la durée du coup de vent. Dans les manuels d'océanographie, on trouve des tables ou des abaques donnant la hauteur des vagues en fonction des trois paramètres évoqués. Un vent de 20 nœuds peut générer des vagues de 6 à 8 pieds (1,80m à 2,44m), appelées "vagues de hauteur significative", ceci faisant référence à la hauteur moyenne du tiers des vagues les plus hautes, le vent soufflant pendant une journée ou un peu plus, sur une distance d'une centaine de milles.

La hauteur de la houle dépend de la hauteur des vagues qui en sont l'origine et de la distance parcourue depuis la source du phénomène. À mesure que la houle s'éloigne du vent qui l'a créée, sa hauteur décroît lentement alors que sa longueur augmente; elle devient moins prononcée. Cependant, en général, les houles les plus fortes ne sont pas aussi escarpées que la plus petite des vagues.

Bien que la houle ne soit pas aussi raide ou escarpée que les vagues, sa caractéristique première est sa forme. Les crêtes de la houle sont rondes et lisses, alors que les crêtes des vagues sont abruptes et saillantes. Les vagues peuvent déferler, la houle non. De même, la houle peut être beaucoup plus large que les vagues, jusqu'à sembler parfois illimitée. Les creux formés par une houle bien établie sur une mer calme, peuvent ressembler à des autoroutes se prolongeant au-delà de l'horizon. Ce peut être une très bonne direction de référence. Au contraire, la largeur des vagues n'est qu'un simple multiple de leur longueur. Elles apparaissent encore plus étroites du fait que leur hauteur maximale se situe en leur milieu. De même, les ondulations successives de la houle sont remarquablement régulières comme les rainures d'une planche à laver, alors que les vagues générées par le vent ont des profils irréguliers. Si nous n'avons que des vagues pour nous aider, leurs hauteurs sont variables.

Déterminer sa direction en utilisant la houle

La direction des vagues peut parfois être intéressante pour repérer la direction du vent ou occasionnellement les changements de direction du vent. Mais comme première direction de référence, c'est la houle qui nous importe, et non les vagues. La direction de la houle peut rester stable pendant plusieurs heures, voire plusieurs jours dans certains cas; indépendamment des changements de direction des vagues et du vent. En journée ou par nuit sans étoiles, une houle bien formée fournit la meilleure direction de référence pour se diriger.

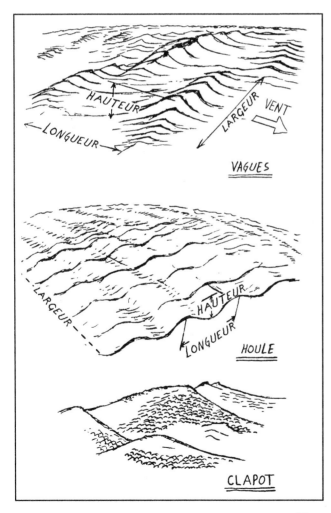

Figure 4-5. La houle, les vagues et le clapot. La houle peut fournir une direction de référence pendant plusieurs heures et mêmes jours. Bien qu'une seule houle soit dessinée ici, il peut y avoir plusieurs houles ondulant dans des directions différentes en même temps. La direction d'une houle n'est pas liée à la direction locale du vent. A contrario, les vagues du vent, elles, suivent la direction du vent existant pour peu qu'il soit établi et stable. Si le vent change de direction, les vagues s'orienteront rapidement sur cette nouvelle direction. Par contre, le clapot à la surface de la houle ou des vagues suit les variations instantanées du vent. Un clapot persistant en travers des vagues peut être le signe d'un changement de direction du vent.

La première tâche consiste à identifier la ou les houles. Quelquefois c'est chose aisée, alors qu'à d'autres moments cela requiert de la concentration. Il peut y avoir en même temps deux ou trois houles ondulant dans des directions différentes. Dans ce cas, il faut choisir la houle la plus forte. Généralement, plus une houle est grosse, meilleur cela est; simplement du fait que les houles les plus grosses se repèrent facilement et durent plus longtemps. Cependant, quelquefois une houle plus faible mais située dans l'axe du batcau ou en plein par le travers sera plus facile à utiliser pour se diriger, qu'une autre plus forte mais orientée de biais.

Un truc aidant souvent à identifier les différents trains de houle consiste à fermer les yeux pour mieux ressentir les mouvements rythmiques de la mer. Une meilleure façon consiste à s'allonger dans le cockpit ou à l'intérieur sous le pont, où l'on peut se relaxer sans être distrait. Une fois que vous êtes imprégné des séquences rythmiques de la mer dues aux différentes houles, vous pouvez étudier la surface de l'eau pour identifier la houle prédominante, générant cette cadence. Il peut aussi être intéressant de se concentrer sur l'importance relative du tangage et du roulis associés aux diverses houles. En se positionnant sur un point élevé (être debout sur la bôme par exemple), la physionomie d'une houle peut être mieux appréciée.

Pour détecter des changements dans les systèmes de houle, notez leurs diverses directions, leurs hauteurs approximatives, ainsi que leurs périodes, allant normalement de quelques secondes à une quinzaine de secondes. Souvenez-vous que la période que vous détectez peut dépendre de votre vitesse et de votre cap par rapport à la direction de la houle. Si vous changez de cap, il se peut que vous deviez en tenir compte. Il se peut également que vous ayez constaté que la houle provient généralement d'une direction prédominante. Si tel est le cas et que vous vous retrouviez bloqué par mer calme, sans soleil et sans étoiles, ceci peut vous aider à déterminer la direction de la houle quand elle réapparaîtra.

Le site internet du National Buoy Center (ndbc.noaa.gov) présente une section spéciale dédiée aux bouées côtières, le "Detailed Wave Summary" qui fournit les périodes et hauteurs des vagues et de la houle pour chaque bouée. Un excellent moyen de se documenter sur ces modèles ou régimes de houle consiste à combiner ces observations avec les cartes météorologiques.

Quand vous atteindrez enfin la terre, il se peut que vous ayez à entrer dans un port en embouquant un chenal ou en passant la barre d'une rivière. Il se peut également que vous deviez arriver sur une plage dans un canot de survie ou un dinghy. Rappelez-vous alors que ce qui vu du large apparaît calme et paisible est peut-être une violente déferlante. Soyez extrêmement vigilant à la fin de votre voyage. Les barres d'entrée des rivières sont notoirement dangereuses quand la houle du large rencontre le flux de jusant.

4.3 Changements de direction du vent

Le problème le plus compliqué est de se diriger par gros temps sans compas, le soleil et les étoiles n'étant plus visibles, les nuages près de l'horizon changeant rapidement, la direction du vent variant constamment. Une option consiste à s'arrêter et attendre la fin de la tempête. Il se peut que dans certaines circonstances cela soit la bonne option. Mais, aussi tentante pour certains que puisse être cette option, s'arrêter (en mettant à la cape), n'est pas toujours la chose la plus prudente à faire. Dans une mer démontée, ce peut être dangereux. Si vous devez faire route dans la tempête tout en suivant l'évolution de votre position avec comme seule référence le vent et les vagues, il peut être bénéfique d'avoir quelque expérience dans l'évaluation des changements de direction du vent. Alors, vous pourrez faire des évaluations un peu plus consistantes du déroulement des circonstances. Plus tard, en reconsidérant les évènements, vous serez à même d'estimer votre écart de route avec plus de justesse.

Par brise légère et temps clément, les variations soudaines du vent sont faciles à détecter par rapport à des repères sur l'horizon, particulièrement si une houle bien établie aide à cette vérification. Par vent fort, les vagues peuvent masquer la houle et rendre cette observation difficile. Mais, par vent fort, les vagues sont plus grosses et permettent généralement de détecter si un changement de vent significatif a eu lieu. Bien que les vagues du vent se déplacent dans la même direction que le vent existant, il leur faut un certain temps pour répondre à un changement du vent. Durant cette transition, le vent et les vagues sont dans des directions légèrement différentes. Si vous corrigez votre route en fonction du vent qui a tourné, alors vous croisez les vagues (ou elles vous croisent) à un angle différent de celui auquel vous étiez habitué. Et ceci est souvent facile à remarquer.

Mais il faut faire très attention avant d'appeler une telle observation un changement de direction du vent. Occasionnellement, la rencontre de votre bateau et d'une nouvelle houle produira pratiquement le même résultat. Une nouvelle houle, arrivant par la diagonale, peut passer en-dessous des grosses vagues et modifier leur direction apparente, bien avant que cette houle ne devienne elle-même le phénomène prépondérant. Quand ceci arrive, il faut vérifier l'effet du vent sur les vagues elles-mêmes, en contrôlant la direction du clapot par rapport à la direction des vagues. De même, quand la direction du vent change, on peut souvent apercevoir des embruns sur la crête des vagues indiquer une direction différente. Il peut également y avoir un biais remarquable sur le rouleau des vagues déferlantes qui peut vous indiquer un changement de direction du vent.

Nous avons insisté sur l'intérêt que présente une houle formée et établie pour se diriger durant de longues périodes de temps. Mais ceci n'est pas toujours vrai. On peut rencontrer une houle forte durant une courte période de temps, comme si quelqu'un avait lancé une gigantesque pierre quelque part dans l'océan. Généralement, ces houles à caractère plus temporaire tendent à être plus prononcées, plus abruptes, impliquant une origine plus locale. Les houles les plus régulières et persistantes sont plutôt longues et lentes, d'origine lointaine. Au contraire, les houles d'origine locale, plus abruptes et temporaires, peuvent donner l'impression d'un changement de direction du vent sur les vagues. Ce phénomène est bien connu en navigation. Vous êtes en train de gouverner en gardant une allure régulière, quand soudain les vagues arrivent d'une direction différente, mais votre cap compas n'a pas changé. Puis, après vingt minutes ou un peu plus, tout revient à la normale.

Types de météorologies

Pour anticiper les changements de direction du vent, vous devez vous familiariser avec les rythmes météorologiques de la région où vous êtes. Dans les latitudes tempérées de l'hémisphère nord, par exemple, si les nuages vous laissent augurer l'approche d'un front, vous pouvez compter sur un changement de direction du vent au moment du passage du front, quelle qu'en soit la nature (voir Figure 4-6). En d'autres termes, si vous êtes face au vent dans l'attente du front, au passage de celui-ci, le vent virera à droite. Si de plus, à partir des nuages, vous savez dire quel type de front approche, alors vous pouvez être plus ambitieux dans vos prévisions. Les fronts froids apportent avec eux des vents plus forts avec une rotation vers la droite beaucoup plus prononcée que dans le cas des fronts chauds. Chaque type de front correspond à des conditions météorologiques et des systèmes nuageux distincts.

Coup de vent

Les coups de vent orageux localisés ou grains, ont des comportements différents en termes de rotation des vents. Les grains sont communs à toutes les étendues d'eau, mais ils sont plus faciles à repérer dans les eaux chaudes où ils se forment généralement en soirée. Ce sont des zones très localisées constituées de cumulus à fort développement avec un plafond bas et de fortes pluies, facilement reconnaissables. Les grains sont des systèmes convectifs complexes avec des changements de direction de vent tout aussi complexes (voir Figure 4-6). Ils aspirent en leur centre l'air chaud et humide vers le haut, ce qui graduellement modifie les vents de surface à leur approche. Puis, sur leur face antérieure, l'air est expulsé soudainement, formant un dôme de vents rabattants froids soufflant en bourrasques. En situation de détresse il est préférable, si possible, de les éviter. Mais comme on en a rarement les moyens, il est intéressant d'avoir une idée de ce qui se passe. Dans le cas contraire, il est facile de perdre toute orientation si on rencontre une série de grains par nuit bouchée.

Figure 4-6. *Rotation du vent au passage d'un front froid. Dans l'hémisphère nord, les vents de surface virent à droite à la rencontre d'un front (froid ou chaud). Faisant face au vent, au passage d'un front, le vent virera pour venir de votre droite. Typiquement, les fronts chauds sont d'abord précédés de nuages au plafond de plus en plus bas, de pluies abondantes et régulières; le vent virant d'abord graduellement vers le sud avant de virer au nord. Souvent, les fronts froids suivent de près les fronts chauds, dans des secteurs chauds avec plafond nuageux disloqué et vents réguliers. Ils apparaissent comme une ligne remarquable de cumulus à fort développement, accompagnés de fortes pluies. Etant une combinaison de fronts froids et chauds, les fronts occlus ne peuvent être caractérisés aussi facilement sur leur apparence. Cependant, le vent de surface devrait également virer à leur passage. (Les vents sont représentés par des flèches habituelles. Chaque long tiret vaut 10 nœuds tandis qu'un tiret court représente 5 nœuds)*

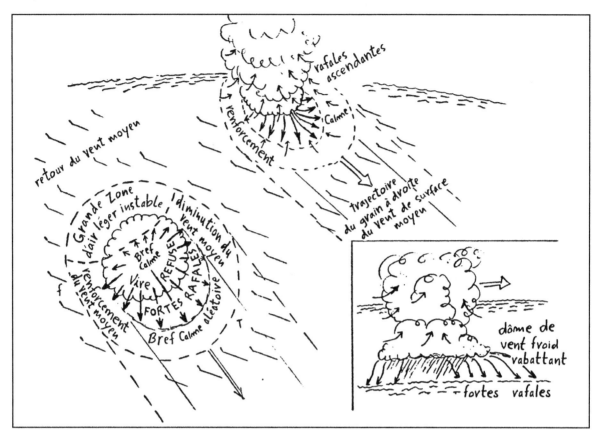

Figure 4-7. *Structure des vents autour d'un grain. A la proche périphérie de la zone de fortes rafales, les vents ascendants tendent à renforcer les vents de surface en direction du grain et à diminuer les vents de surface éloignant du grain. Les fortes rafales de vent froid rabattant sont accompagnées de pluie abondantes. Si la zone de grain est coiffée d'un plafond de nuages noirs et qu'il ne pleut pas, le pire est encore à venir. Si le grain approche accompagné de légères pluies, le pire est derrière. En général, il y a une longue période de calme variable derrière le grain.*

Conduite à tenir pour une perte d'orientation minimale dans un grain.

Aux allures de près—virez pour vous éloigner de la trajectoire du grain

Aux allures portantes—empanner pour vous rapprocher de la trajectoire du grain

Ces règles sont illustrées dans la Figure 4-8. Elles sont bien évidemment basées sur un régime de vent idéalisé autour d'un grain, ce qui ne sera jamais le cas. De même, il n'est pas toujours facile d'évaluer correctement la trajectoire d'un grain, ce qui peut être critique dans le choix de l'option à prendre. Surveillez le centre de la structure nuageuse ou de la zone pluvieuse comme vous le feriez pour un navire, afin d'évaluer vos routes relatives. A cet égard le radar est d'une aide précieuse (se reporter au livre du même auteur *Radar for Mariners* pour des développements sur cette question). Néanmoins, il est utile d'avoir quelques règles pour aborder ces circonstances.

La meilleure façon de tester ces règles dans des conditions de navigation normales est de les essayer. À l'approche d'un grain, quand il devient évident que vous ne pourrez l'éviter, écartez-vous, virez ou empannez sur la route recommandée. Mais n'attendez pas trop longtemps, la face frontale du dôme froid porteuse de mauvaises nouvelles peut s'étendre sur plusieurs milles à l'avant des nuages et de la pluie. Plus tard, une fois le grain passé, essayez de reconstituer le déroulement des événements en prenant des notes. Si les règles ont été efficaces, alors vous n'aurez plus besoin de virer, empanner et/ou de vous diriger vers la Chine ou toute autre destination lointaine quant un grain s'annonce. Au contraire si vous échouez dans la mise en oeuvre de ces règles, le grain peut faire virer ou empanner le bateau pour vous. Sans compas, dans des conditions de visibilité mauvaise vous pourriez errer pendant quelque temps dans la zone de calme qui suit le grain, en vous demandant quelle direction choisir.

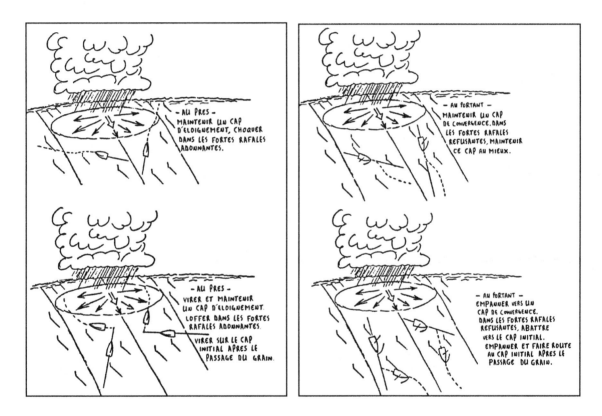

Figure 4-8. *Consigne pour un écart de route minimal au passage d'un grain. A l'approche du grain, s'attendre à une brève accalmie des vents de surface moyens; puis leur direction changeant régulièrement, à une brusque montée en puissance des rafales de vent. Notez qu'il est essentiel de déterminer la route suivie par le grain (et votre position relative) avec le plus grand soin. Une première estimation peut indiquer que le grain vient de la droite de la direction du vent de surface. Mais les grains les plus violents sont constitués de nuages à fort développement vertical, pouvant atteindre la très haute atmosphère, et être sous l'influence de vents soufflant à ces altitudes dans une direction très différente des vents de surface.*

Surveillez si possible le déplacement du grain avec autant d'attention que vous le feriez dans le cas d'un navire sur une route de collision. Par nuit sombre, vous ne les verrez pas arriver. Ces croquis vous aideront peut-être à choisir vos options de route pour le restant de la nuit, si vous en croisez un.

Bien qu'habituellement isolée, l'occurence d'un grain signifie que les conditions météorologiques sont favorables à la formation d'autres grains ceux-ci se déplaçant dans la même direction.

Typiquement, le passage d'un grain peut durer de une demi-heure à une heure. Mais occasionnellement, si vous êtes au portant et à bonne vitesse, il se peut que vous soyez en phase avec le déplacement du grain et restiez sur sa partie avant pendant plusieurs heures. Généralement cependant, dans de telles circonstances les variations de vent sont temporaires et le vent moyen que vous aviez avant le grain sera bientôt de retour. A contrario, la rotation du vent au passage d'un front a un caractère beaucoup plus permanent, le phénomène météorologique étant beaucoup plus vaste.

Pour pratiquer la "lecture" du vent, au cours de vos navigations habituelles, pensez aux règles régissant la rotation des vents au passage de fronts et de grains. Si leur mise en application vous convainc de leur véracité, alors vous serez prêt à les utiliser, et à vous diriger grâce au vent sans compas.

5

Se diriger à l'aide des étoiles

Les étoiles font partie de notre environnement et nous pouvons nous fier à elles quel que soit l'endroit où nous sommes. Que ce soit dans l'Arctique, dans le désert ou en mer à plusieurs milliers de milles de la terre, quand vous repérez une étoile qui vous est familière, c'est comme si vous rencontriez un ami de confiance. En toutes circonstances, Il est rassurant de reconnaître une partie de l'environnement, ne serait-ce que pour retrouver une direction. En ayant cela à l'esprit, connaître le nom des étoiles et les observer à l'occasion, sans nécessité particulière, peut être un jour salvateur.

5.1 Connaître la voûte céleste

Les méthodes de navigation aux étoiles présentées ici utilisent des étoiles situées en des endroits divers de la voûte céleste et fonctionnent en tous lieux. La clé dont dépend une navigation aux étoiles fiable, consiste à connaître au mieux la voûte céleste. Ceci est vrai pour deux raisons. Premièrement, toutes les méthodes d'orientation se basant sur les étoiles n'ont pas la même précision. Par exemple, la méthode basée sur *l'étoile Polaire* est précise à 1 degré près. D'autres donnent de bons résultats seulement lorsque telle constellation particulière est haute dans le ciel ou au contraire telle autre basse sur l'horizon. Ceci étant fonction de la saison et de l'heure. Même si une méthode fonctionne parfaitement sur le principe, des erreurs de jugement et de mesure ne peuvent être évitées. Néanmoins, quand on combine plusieurs méthodes indépendantes pour trouver une direction, les erreurs individuelles propres à chaque méthode tendent à s'annuler les unes avec les autres, pour produire une orientation précise.

Par nuit claire, on s'oriente à l'aide de la conformation globale de la voûte céleste, plutôt que sur un seul repère. Cela ressemble beaucoup à regarder une carte du ciel. La plupart des gens sont capables en regardant une carte de l'Europe de l'ouest, quelle que soit son orientation, même en rotation, de dire où

Où est le Nord?

Figure 5-1. *La façon d'identifier le pôle à partir de groupes d'étoiles connues. Le truc est de mémoriser l'orientation des groupes d'étoiles comme nous le faisons pour les États et les pays. Quelle que soit l'orientation de la carte, au premier coup d'œil vous êtes capable d'identifier la direction du nord vrai, dans le cas de la figure, le coin en haut et à gauche. A l'aide de quelques groupes d'étoiles clés, il vous est possible de déterminer approximativement au premier regard le pôle céleste (et donc la direction du nord vrai à l'aplomb de ce dernier). C'est une des composantes de la méthode permettant de se diriger à l'aide de la physionomie du ciel complet.*

se trouve le nord. Ils en sont capables car ils ont appris la forme et l'orientation de ce continent comme montré Figure 5-1. Le même procédé s'applique à l'orientation à l'aide des étoiles.

La seconde raison, sans doute la plus importante, pour laquelle connaître la voûte céleste est important, tient au fait que dans des circonstances particulières, par temps nuageux, il se peut que seule une partie limitée du ciel soit visible. Le but à atteindre est d'être capable de trouver une direction à partir d'une portion isolée de la voûte céleste, au pire une seule étoile non identifiée, quelle qu'elle soit. C'est dans cet objectif que nous donnons plusieurs méthodes pour situer *l'étoile Polaire*. Par temps clair, une seule méthode suffit pour la situer. Mais, quand la voûte céleste est bouchée, n'importe laquelle des six constellations l'entourant peut se substituer à elle pour trouver le nord vrai.

5.2 Le déplacement des étoiles

Gouverner un bateau en se fiant aux étoiles durant de courtes périodes est une pratique courante en navigation. Tout marin sait qu'il est plus facile de barrer en direction d'une étoile que de suivre un cap compas. Mais, la direction des étoiles changeant à mesure qu'elles bougent dans le ciel, on ne peut s'y fier indéfiniment. Pour se diriger à l'aide des étoiles sur une longue période de temps, il est important de connaître la façon dont elles se déplacent.

Toutes les étoiles se lèvent à l'est et se couchent à l'ouest. À mi-chemin entre le lever et le coucher, une étoile atteint sa hauteur maximale dans le ciel. Quand une étoile atteint cette hauteur, elle est orientée soit plein nord soit plein sud. Malheureusement, en raison de la difficulté qu'il y a de nuit et sans horizon à déterminer si une étoile à atteint sa hauteur maximale, on ne peut utiliser souvent cette propriété pour déterminer le nord ou le sud vrai.

Plus utile est la direction donnée par le relèvement d'une étoile brillante au moment du lever ou du coucher. Pour une latitude donnée, l'endroit sur l'horizon où une étoile se lève reste le même tout au long de l'année, et ceci d'année en année. Dans la plupart des cas, si votre latitude change, l'azimut de l'étoile à son lever changera avec votre latitude. Cependant, il y a des exceptions dont nous tirerons profit pour nous diriger.

La terre tournant autour du soleil en une année, à mesure que les saisons progressent, de nouvelles étoiles deviennent visibles. L'heure du coucher change avec les saisons, mais indépendamment du moment du coucher, toutes les étoiles se lèvent quatre minutes plus tôt chaque nuit en raison du déplacement de la terre sur son orbite. Cela signifie que si vous regardez vers l'est au même moment chaque nuit, vous trouverez les étoiles légèrement plus hautes chaque nuit successive. De même, si vous regardez vers l'ouest chaque nuit à la même heure, les étoiles seront légèrement plus basses chaque nuit successive. Les étoiles proches de l'horizon à l'ouest au moment du crépuscule, disparaîtront bientôt pour la saison (voir Figure 5-2).

La saison d'une étoile dépend de l'endroit où l'on est et de l'endroit où est l'étoile. Certaines étoiles sont visibles toute la nuit, toute l'année. D'autres ne sont visibles que pendant quelques heures durant quelques mois. Mais quelle que soit la saison d'une étoile donnée, cette saison reste la même d'année en année. Chaque étoile dans le ciel, qu'elle soit visible ou non à notre latitude, coupe notre méridien à minuit local un jour particulier de l'année. Ce jour ne dépend pas de l'endroit où nous sommes. D'une certaine manière, chaque étoile dans le ciel a un anniversaire, c'est-à-dire le jour précis pour lequel elle atteint sa hauteur maximale à minuit (dans ce cas minuit signifie littéralement le milieu de la nuit, non pas 24 heures mais le temps médian entre le coucher et le lever du soleil).

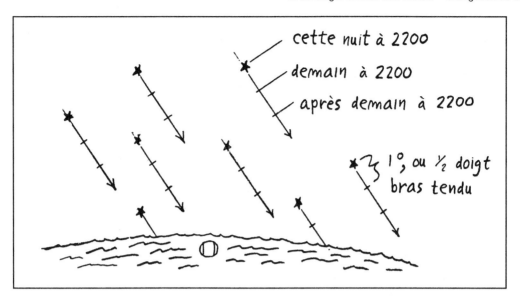

Figure 5-2. *Progression nocturne des étoiles. Du fait du déplacement annuel de la terre autour du soleil, toutes les étoiles apparaissent avec un décalage de 1° sur leur trajectoire chaque nuit successive, quand on les observe au même moment. Les étoiles dans l'est sont plus hautes, les étoiles dans l'ouest étant plus basses.*

En ce sens, les étoiles pourraient constituer un excellent calendrier, si seulement minuit n'était pas un moment si peu pratique pour lire un calendrier (le crépuscule serait préférable). Malheureusement, l'heure du crépuscule dépend de l'heure du coucher du soleil, qui lui dépend de la latitude du lieu d'observation. De ce fait, si nous faisons route vers le nord ou vers le sud, l'heure d'apparition des étoiles variera en fonction de la latitude. Cependant, à n'importe quelle latitude on peut toujours se fier à la saison des étoiles, déterminée par le "calendrier de minuit". Par exemple, Orion sera sur notre méridien durant le milieu de la nuit à la mi-décembre. Scorpion sera là début juin, indépendamment du fait que nous soyons en Australie ou au Canada, à New York ou à Hong Kong.

Comme il est dit précédemment, l'étude de la voûte céleste est comparable à l'étude de la géographie. Pour mieux percevoir cela, il est pratique de se représenter les étoiles comme des points sur un globe de verre entourant la terre. Les étoiles sont regroupées en constellations dont la position sur ce globe (la voûte céleste) est permanente, tout comme les villes sont groupées dans des pays dont la position est fixe sur la terre (nous ne parlons pas de politique ici). En considérant ce modèle, la terre reste stationnaire alors que le globe de verre figurant la voûte céleste effectue une révolution suivant l'axe des pôles en une journée. Ce modèle montre comment une étoile, ou du moins sa projection (appelée pied de l'étoile) sur la surface terrestre, tourne autour de la terre à une latitude constante, indéfiniment. Cette latitude, unique pour chaque étoile, est appelée la déclinaison de l'étoile.

Par exemple, l'étoile brillante *Arcturus* a une déclinaison nord de 19° 08'. Cela signifie qu'elle tourne autour de la terre à la verticale de la latitude 19° 8' nord, qui est la latitude de l'île Wake dans le Pacifique ouest, Hawaï au milieu du Pacifique, ou Grand Caïman dans les Caraïbes. Un observateur situé en ces lieux, ou tout autre point de la terre situé à cette latitude, voit *Arcturus* passer directement au zénith une fois par jour, chaque jour de l'année. Durant la fin de l'hiver et au printemps ceci a lieu la nuit, quand *Arcturus* est visible. Mais, même pendant les autres saisons durant lesquelles elle n'est pas visible en raison du soleil qui est levé, elle passe une fois par jour (voir Figure 5-3).

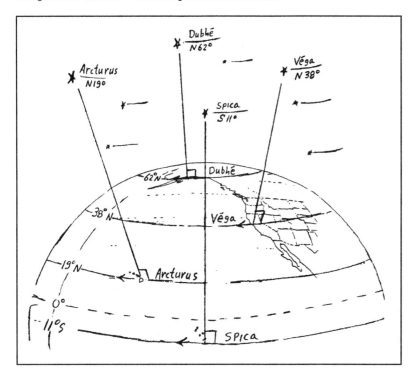

Figure 5-3. *"Colonne de lumière". Chaque étoile circule autour de la terre quotidiennement au-dessus d'une latitude spécifique égale à la déclinaison de l'étoile. Ici nous voyons Dubhé passant au dessus d'Anchorage, Véga passant au-dessus de San Francisco, Arcturus passant au-dessus d'Hawai et Spica au-dessus des Marquises. Cette figure est essentiellement schématique, la longitude céleste de ces étoiles ne pouvant les placer au-dessus de ces lieux au même moment.*

La très remarquable constellation Orion chevauche l'équateur, avec sa partie supérieure dans les latitudes nord et sa partie inférieure dans les latitudes sud. *Mintaka*, la plus occidentale des étoiles formant la ceinture d'Orion, a une déclinaison très proche de 0°; ce qui la situe juste au-dessus de l'équateur. Des observateurs situés dans l'hémisphère nord peuvent voir Orion vers le sud, suivre une trajectoire allant de la gauche vers la droite. Au même moment, des observateurs situés dans l'hémisphère sud peuvent voir Orion vers le nord, suivre une trajectoire allant de la droite vers la gauche. Dans les deux cas, cette constellation se déplace de l'est vers l'ouest. Uniquement à l'équateur, latitude de *Mintaka*, un observateur situé en ce lieu pourra voir Orion se lever plein est, passer à son zénith, et se coucher plein ouest.

Si nous faisons route vers l'équateur, en provenance du sud ou du nord, nous pouvons voir chaque nuit Orion monter de plus en plus en plus haut dans le ciel à mesure que nous approchons de la latitude 0°. Quand finalement l'équateur sera atteint, la ceinture d'Orion passera à notre zénith. En jetant un coup d'œil prématuré au chapitre 11 consacré à la latitude, on peut déjà retenir que: notre latitude est égale à la déclinaison de l'étoile qui passe à notre zénith.

Dans ce chapitre, les étoiles ayant des déclinaisons sud circulent autour de la terre au-dessus d'un parallèle de latitude sud et seront appelées des "étoiles sud". Les étoiles ayant des déclinaisons nord circulent autour de la terre au-dessus d'un parallèle de latitude nord et seront appelées des "étoiles nord". A ce stade, un point important sur lequel nous reviendrons doit être énoncé: Les "étoiles sud" se lèvent toujours au sud de l'est vrai et se couchent au sud de l'ouest vrai. De même, les "étoiles nord" se lèvent toujours au nord de l'est vrai et se couchent au nord de l'ouest vrai (voir Figure 5-4). Ceci est vrai quel que soit le lieu d'observation.

5.3 L'étoile Polaire (Polaris)

L'étoile la plus près du nord est *l'étoile Polaire*. *L'étoile Polaire* est située sur le pôle nord céleste par lequel passe l'axe de rotation de la terre. Elle peut donc être considérée comme le centre (ou pôle) du ciel de l'hémisphère boréal. Toutes les étoiles tournent autour de ce pôle dans le sens contraire des aiguilles d'une montre.

Cependant, pour être strictement précis, il faut remarquer que *l'étoile Polaire* ne se situe pas exactement sur le pôle nord, seulement très près de lui. Située exactement sur le pôle nord, sa déclinaison serait exactement de 90° nord, alors qu'elle n'est seulement que de 89° 18' nord, ce qui la situe à 42' du pôle nord. De ce fait, *l'étoile Polaire* tourne autour du pôle nord céleste comme le font les autres étoiles, mais sa trajectoire est un cercle si petit (d'un rayon de 42') qu'elle semble être stationnaire dans le ciel. Il est possible de déterminer la latitude d'un point sur le globe terrestre à partir

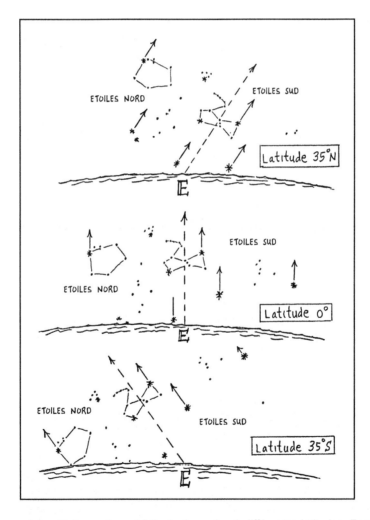

Figure 5-4. *Déplacement des étoiles se levant à l'est, observées à différentes latitudes. Remarquez la façon dont les étoiles de l'hémisphère sud et celles de l'hémisphère nord se lèvent respectivement au sud et au nord de l'est vrai, indépendamment de la latitude d'observation.*

de la hauteur de *l'étoile Polaire*. Mais, quand on procède de la sorte, il faut tenir compte de son léger mouvement autour du pôle. Cependant, dans une situation d'urgence ou de détresse, cette correction n'est pas significative.

L'étoile Polaire indique toujours le nord vrai. Avec cette étoile positionnée droit devant l'étrave, on peut être certain de faire route plein nord. Quand elle est visible, c'est probablement la première référence utilisée. Quelle que soit la direction choisie, dirigez-vous en la maintenant sur un point fixe: sur l'étrave, le travers du bateau ou la partie arrière (la poupe). Par exemple, pour faire route vers l'ouest, maintenez *l'étoile Polaire* sur le travers tribord. La hauteur de cette étoile au-dessus de l'horizon est égale à votre latitude. Cependant, elle n'est visible que dans l'hémisphère nord. Dans les latitudes nord élevées, *l'étoile Polaire* est haute dans le ciel et à mesure que l'on fait route vers le sud, sa hauteur sur l'horizon diminue en même temps que la latitude. En France, sur la côte atlantique où la latitude se situe grossièrement entre 43°N et 48°N, on peut voir *l'étoile Polaire* à mi-hauteur dans le ciel. Dans la zone tropicale nord, *l'étoile Polaire* est basse dans le ciel jusqu'à ce que l'on coupe l'équateur où elle disparaît derrière l'horizon. Cependant, en raison de nuages bas et de brumes fréquentes sur l'horizon, en pratique elle est rarement visible à des latitudes inférieures à 5 ° nord.

Se diriger à l'aide de *l'étoile Polaire* et d'une rose de compas portative est presque aussi facile que barrer au compas. Savoir trouver cette étoile parmi les autres est essentiel en navigation de secours. *L'étoile Polaire* est de faible luminosité et brille autant que les étoiles formant la constellation de la Grande Ourse.

L'étoile Polaire (Polaris) à partir de la Grande Ourse (Ursa Major)

Deux des étoiles (*Dubhé* et *Mérak*) formant la constellation de la Grande Ourse, également connue sous le nom de Grande Casserole, indiquent la direction de *l'étoile Polaire*. Ces deux étoiles, représentant la hauteur de la Grande Casserole, servent de pointeurs vers *l'étoile Polaire*. La distance séparant *Dubhé* de *l'étoile Polaire* est égale à cinq fois la distance séparant *Dubhé* de *Mérak*. Si la distance entre ces deux étoiles est égale à la largeur de deux doigts bras tendu, alors la distance séparant *Dubhé* de *l'étoile Polaire* est égale à la largeur de dix doigts bras tendu, mesurée à partir de *Dubhé* dans la direction *Mérak—Dubhé* (voir Figure 5-5).

Etoiles de tête et étoiles de queue

Les pointeurs de la Grande Casserole, situés à l'avant de la constellation par rapport au sens de rotation autour de *l'étoile Polaire*, sont également appelés les "étoiles de tête". Rappelons que toutes les étoiles effectuent un tour complet autour de *l'étoile Polaire* en vingt-quatre heures, dans le sens contraire des aiguilles d'une montre. Les étoiles de tête de la Grande Ourse forment en quelque sorte l'avant-garde de la constellation dans sa course autour de *l'étoile Polaire*. Celles qui sont à l'arrière de la constellation sont appelées les "étoiles de queue". Si on considère la Grande Casserole, la casserole mène la course alors que la poignée suit.

Pour s'orienter, il est très pratique d'apprendre quelles sont les "étoiles de tête" d'une constellation. Il se peut même que ce soit la plus importante des choses à retenir car, une fois que vous les avez reconnues, vous pouvez savoir d'un coup d'œil comment se déplace la constellation. De nuit et sans horizon, il est difficile d'évaluer le déplacement d'une constellation par sa simple observation. Cela

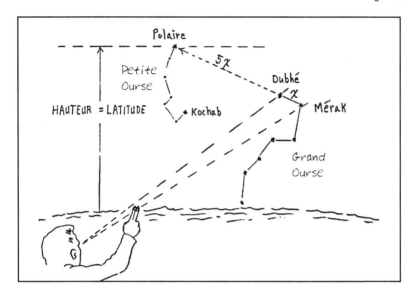

Figure 5-5. *Trouver l'étoile Polaire à l'aide des pointeurs de la Grande Casserole. La distance à l'étoile Polaire est égale à cinq fois la distance entre les pointeurs.*

prend trop de temps et nécessite la mémorisation de beaucoup trop de choses. Cependant, dès que l'on en connaît les étoiles de tête, une constellation est une véritable flèche indicatrice dans le ciel. A l'aide de ces flèches indicatrices et en se souvenant de leur rotation autour de leur pôle respectif, il est facile de s'orienter.

Les étoiles se lèvent à l'est et se déplacent vers l'ouest. Si nous savons situer l'est, nous pouvons dire de quelle façon se déplacent les étoiles. L'astuce consiste à savoir comment elles se déplacent de manière à pouvoir déterminer où est l'est.

Etoiles circumpolaires

Les étoiles qui, lors de leur rotation autour de *l'étoile Polaire*, ne passent jamais au-dessous de l'horizon sont toujours visibles. Ces étoiles sont dites "circumpolaires". Une étoile circumpolaire est visible toute la nuit, chaque nuit de l'année. Dans les latitudes nord élevées, *l'étoile Polaire* étant haute dans le ciel, de nombreuses étoiles sont circumpolaires. A mesure que l'on se déplace vers le sud, celles étant situées au-delà du pôle nord céleste et dont la trajectoire apparente tangente l'horizon, commencent à disparaître sous l'horizon. Pour une étoile donnée, une latitude particulière (égale à 90° moins la déclinaison de l'étoile) marque sa limite circumpolaire. Toutes les étoiles de la constellation de la Grande Ourse, sont circumpolaires pour les latitudes supérieures à 41° nord. Par exemple, si vous êtes situés au nord du cap Mendoceno sur le Pacifique, ou bien à New York sur l'Atlantique, l'intégralité de la constellation la Grande Ourse est visible toute la nuit, tout au long de l'année.

Les étoiles circumpolaires de l'hémisphère nord tournent autour du pôle nord céleste dans le sens contraire des aiguilles d'une montre. Dans l'hémisphère sud, les étoiles circumpolaires tournent autour du pôle sud céleste dans le sens des aiguilles d'une montre (voir Figure 5-6). Ceci implique que toutes les étoiles situées au-dessus du pôle céleste autour duquel elles tournent se déplacent vers l'ouest. Les étoiles circumpolaires sont à leur hauteur maximale dans le ciel quand elles sont situées directement au-dessus de leur pôle de rotation. Inversement, elles sont à leur point le plus de bas quand elles sont situées directement en dessous de leur pôle de rotation. Dans l'hémisphère nord, il y a une étoile située au pôle, c'est *l'étoile Polaire*. Dans L'Hémisphère sud, aucune étoile n'est positionnée sur le pôle sud.

L'éclat des étoiles

Dans la pratique, les étoiles circumpolaires ne sont pas toujours visibles dans la partie la plus basse de leur trajectoire circulaire. Il faut une nuit exceptionnellement claire pour apercevoir celles passant près de l'horizon. Cela est dû à l'épaisseur de l'atmosphère. C'est quand on regarde dans la direction de l'horizon que l'épaisseur de la couche atmosphérique est la plus importante. Au contraire, quand on regarde vers le zénith, l'épaisseur de la couche atmosphérique est à son minimum. Il en résulte que les étoiles s'évanouissent à mesure qu'elles descendent vers l'horizon, les étoiles les plus faibles quant à elles disparaissant (voir Figure 5-8). Si vous en apercevez une isolée et basse sur l'horizon, vous pouvez parier que c'est une étoile brillante même si elle ne luit que faiblement. Comme les plus brillantes sont très connues, cette simple observation permet souvent l'identification de l'étoile en question. Il y a une vingtaine d'étoiles très brillantes, dites de magnitude 1. A peu près la moitié d'entre elles sont situées dans l'hémisphère nord, incluant *Véga, Capella*, et *Arcturus*. Dans l'hémisphère sud, les deux plus brillantes étoiles de la voûte céleste sont *Sirius* et *Canopus*.

Après les étoiles de magnitude 1, les soixante-dix étoiles les plus brillantes qui suivent sont dites "étoiles de magnitude 2". En moyenne, ces étoiles sont deux à trois fois plus faibles que celles de magnitude 1. Typiquement, les étoiles formant la constellation de la Grande Ourse sont des étoiles de magnitude 2. La plupart d'entre elles ont des noms propres en plus des labels scientifiques qui leur ont été attribués.

Les étoiles de magnitude 3 sont encore deux à trois fois plus faibles que les étoiles de magnitude 2. Celles formant la constellation de la Petite Ourse sont typiquement des étoiles de magnitude 3, exception faite de *Kochab* et de *l'étoile Polaire*, toutes deux de magnitude 2. Il y a environ 200 étoiles de magnitude 3, mais seules quelques-unes d'entre elles ont des noms propres. Par nuit claire, un nombre plus important d'étoiles sont visibles à l'œil nu, mais elles sont trop faibles pour pouvoir être utilisées en navigation. Généralement parlant, la centaine d'étoiles les plus brillantes dont la moitié est visible chaque nuit, sont plus que suffisantes pour la navigation. Alors qu'il est indispensable de connaître quelques-unes d'entre les plus brillantes, par chance il n'est pas impératif de connaître par leurs noms propres chacune des étoiles potentiellement utilisables. Si vous en trouvez une qui vous convient pour le cap que vous suivez, mais ne connaissez pas son nom, donnez-lui en un. La chose importante à connaître est la position relative de cette étoile par rapport à d'autres que vous connaissez.

La plupart des étoiles ont une couleur ou une teinte, différente du blanc. Mais, dans la plupart des cas il faut un œil très entraîné pour pouvoir distinguer cette couleur. Les exceptions sont peu nombreuses mais remarquables et très belles. Il y a celles qu'on appelle les "Géantes Rouges" qui peuvent être rouge, orange ou jaune, même pour les yeux d'un néophyte. Cette caractéristique, si on sait la distinguer, facilite grandement la reconnaissance de ces étoiles et de celles avoisinantes. Les plus remarquables d'entre elles sont *Antarès* dans la constellation du Scorpion, *Arcturus* dans la constellation du Bouvier, *Aldébaran* dans la constellation du Taureau, *Bételgeuse* dans la constellation Orion. *Castor* et *Pollux* dans la constellation du Gémeaux constituent un bon test pour distinguer la couleur d'une étoile. Ces deux étoiles sont brillantes et proches l'une de l'autre, mais seule *Pollux* dans le sud en direction de *Procyon*, est légèrement rouge.

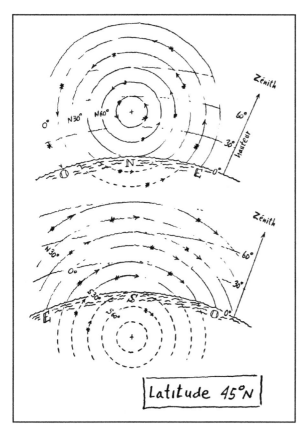

Latitude 45°N

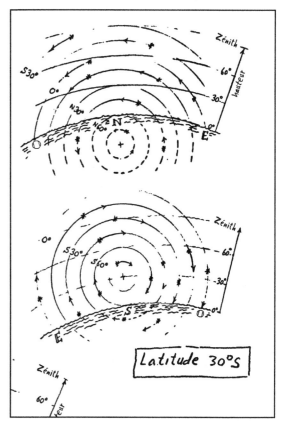

Latitude 30°S

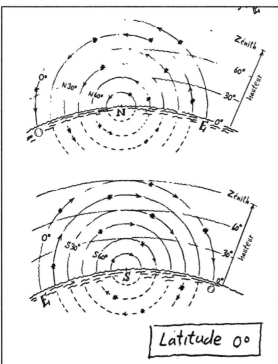

Latitude 0°

Figure 5-6. *Etoiles situées autour des pôles, vues vers le sud et le nord à partir de latitudes différentes. Les étoiles circumpolaires sont celles inscrites dans le cercle tangent à l'horizon. Comme elles ne couchent jamais, les étoiles circumpolaires sont visibles toute la nuit, toute l'année. La terminologie suivante peut être utilisée pour classifier les étoiles circumpolaires. Les étoiles de "même-nom" sont celles dont la déclinaison est du même côté que votre latitude (toutes les deux nord ou toutes deux sud). A l'opposé elles sont de "nom-contraire". Remarquez que l'ensemble des étoiles que vous apercevez à un moment donné s'étend de la latitude nord (90° moins votre latitude) à la latitude sud (90° moins votre latitude). Les étoiles de déclinaison de même nature que votre latitude (nord ou sud) et supérieure à 90° moins votre latitude sont circumpolaires. Les étoiles de déclinaison contraire à votre latitude (nord ou sud) et supérieure à 90° moins votre latitude ne sont jamais visibles. A l'équateur, sur une année, on peut voir toutes les étoiles de la voûte céleste.*

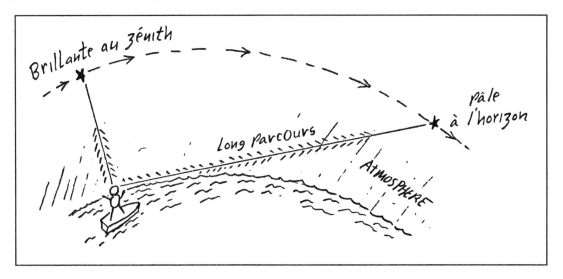

Figure 5-7. *Toutes les étoiles pâlissent à mesure qu'elles descendent sur l'horizon. Leur éclat lumineux devient diffus et perd de son intensité durant son passage dans l'atmosphère. Il en résulte que plus l'épaisseur de la couche atmosphérique à traverser est importante et plus l'éclat sera affaibli. Il faut une nuit exceptionnellement claire pour apercevoir des étoiles près de l'horizon. Ceci est vraiment dommage car l'observation des étoiles situées près de l'horizon est très précieuse en navigation de fortune.*

L'étoile Polaire (Polaris) à partir de Cassiopée (Cassiopeia)

Si la Grande Ourse n'est pas visible, la constellation de Cassiopée indique la direction de *l'étoile Polaire* tout aussi facilement. Cassiopée, la reine d'Éthiopie, est située à l'opposé de la Grande Ourse par rapport à *l'étoile Polaire*. Cassiopée ressemble à un M ou un W majuscule, en fonction de sa position dans le ciel (voir Figure 5-8). Cette constellation est pratiquement symétrique, bien que les étoiles de tête soient plus brillantes que les étoiles de queue. De même, la queue de Cassiopée est légèrement aplatie. Mais il y a un moyen encore plus facile pour déterminer la façon dont se déplace cette constellation. Considérée à partir de *l'étoile Polaire* qui est au centre de sa trajectoire circulaire, Cassiopée ressemble toujours à un M.

La distance séparant Cassiopée de *l'étoile Polaire* est égale à deux fois la longueur de la base du M. Pour situer *l'étoile Polaire*, il faut mesurer cette distance sur un angle droit ayant pour côté la base du M et l'étoile de queue comme sommet. Au nord du cap Hatteras, en Caroline du nord ou à Point Conception en Californie, Cassiopée est circumpolaire.

L'étoile Polaire (Polaris) et la Petite Ourse (Ursa Minor)

L'étoile Polaire est la dernière étoile constituant la constellation de la Petite Ourse (connue également sous le nom de Petite Casserole). Les étoiles de cette constellation sont de faible luminosité, exceptées *l'étoile Polaire* et *Kochab* (Ko-Kob). *L'étoile Polaire* est l'extrémité de la queue de la Petite Casserole, *Kochab* à l'opposé en constitue le "bec verseur". Souvent quand le ciel est voilé, *l'étoile Polaire* et *Kochab* sont les deux seules étoiles visibles dans la portion de ciel compris entre Cassiopée et la Grande Ourse. Les règles utilisées pour trouver *l'étoile Polaire* à partir de Cassiopée ou la Grande

Ourse permettent de savoir laquelle des deux (*Kochab* ou *l'étoile Polaire*) est *l'étoile Polaire*. Par nuit claire et bien noire, nombre d'étoiles sont visibles autour du pôle céleste. Il est pratique alors de se rappeler que *l'étoile Polaire* est à l'extrémité de la poignée de la Petite Casserole.

Les poignées de la Petite et de la Grande Casserole sont inclinées dans des directions opposées, les deux casseroles ayant sept étoiles. Tout ce qui déborde d'une des casseroles tombe dans l'autre. La Petite Ourse est circumpolaire à partir de la latitude de 18° N, ou plus simplement au nord du tropique du cancer.

L'étoile Polaire (Polaris) à partir du Cocher (Auriga)

La constellation du Cocher forme un pentagone remarquable de cinq étoiles. Cette constellation est entraînée dans le ciel par son étoile de tête *Capella*, l'une des plus brillantes étoiles de l'hémisphère céleste boréal. Le côté de tête du pentagone est repéré par les Enfants, trois étoiles de faible luminosité formant un triangle près de *Capella*. Les deux étoiles (*Menkalinam* et *Theta Aurigae*) formant le côté postérieur du pentagone sont les deux pointeurs de *l'étoile Polaire*. La distance séparant *Menkalinam* de *l'étoile Polaire* est à peu près égale à cinq fois la distance séparant les deux pointeurs. Les pointeurs du Cocher, et plusieurs autres façons de trouver *l'étoile Polaire* sont illustrés en Figure 5-9.

Capella est suffisamment brillante pour être vue près de l'horizon, se couchant dans le nord-ouest quand vient le soir en début d'été, ou se levant dans le nord-est dans les soirées de fin d'été. *Capella* est circumpolaire pour les latitudes nord supérieures à 45° N.

Son nom "Le Cocher" vient du mot latin Auriga. Cette constellation est habituellement représentée par un cocher (sans son coche) portant un petit bouc, *Capella*, sur une épaule avec ses enfants à la main.

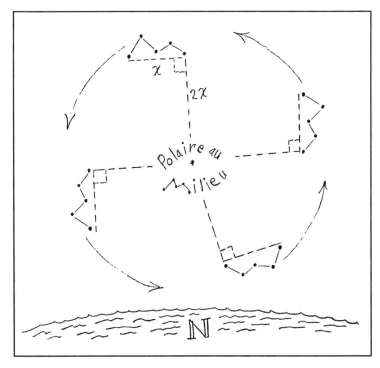

Figure 5-8. *Trouver l'étoile Polaire à partir de Cassiopée. N'importe quel aperçu de Cassiopée vous indiquera la direction du nord. Observez cette constellation suivant un angle vous la faisant apparaître comme un M. Puis, du pied de la jambe droite du M, imaginez une perpendiculaire à la base du M. Sur cette perpendiculaire, l'étoile Polaire se situe à une distance de deux fois la base du M.*

5.4 Le Triangle d'Eté

Tout au long de l'été et de l'automne, trois des premières étoiles apparaissant au crépuscule forment un triangle rectangle parfait, appelé le Triangle d'Eté ou quelquefois le Triangle du Navigateur (voir Figure 5-9). Le Triangle d'Eté n'est pas une constellation, il est constitué des plus brillantes étoiles de trois constellations différentes. *Véga* est au sommet de l'angle droit, c'est l'étoile de tête qui emmène le triangle dans sa course céleste. *Deneb* est l'étoile de queue vers l'est sur la Figure 5-9 et *Altaïr* au sud complète le triangle. Ce triangle est vaste et couvre une large partie du ciel au-dessus de nous.

Quand le Triangle d'Eté est haut dans le ciel (l'étoile la plus basse étant au moins dans la moitié supérieure de la voûte céleste), la droite joignant *Deneb* et *Véga* indique grossièrement la direction est - ouest, avec l'étoile beaucoup plus brillante *Véga* située à l'ouest puisque c'est l'étoile de tête. Si le triangle est bas dans le ciel, la direction est-ouest ne peut être déterminée de cette façon, mais le nord se trouve toujours du côté du segment *Deneb-Véga*, qui est le côté opposé à *Altaïr*.

L'étoile Polaire à partir de la Croix du Cygne (Croix du nord)

Le Triangle d'Eté est le moyen le plus facile permettant de trouver la constellation du Cygne, connue également sous le nom de Croix du nord. *Deneb*, l'étoile la plus septentrionale, est à l'extrémité de la Croix du Cygne. *Deneb* et l'étoile de queue, Gienah, de la constellation du Cygne, sont les deux pointeurs de *l'étoile Polaire* (voir Figure 5-9). Une fois encore, la distance à *l'étoile Polaire* est égale à cinq fois la distance séparant les deux pointeurs. Bien que la Croix du Cygne soit symétrique, il est néanmoins facile de repérer l'étoile de queue, la Croix faisant partie du Triangle d'été avec *Véga* comme étoile de tête. Cette dernière est l'étoile la plus brillante de l'hémisphère nord céleste.

Exception faite de *Deneb*, les étoiles de la Croix du Cygne sont peu brillantes, mais sa géométrie symétrique fait qu'elle est remarquable dans le ciel.

5.5 Le Carré de Pégase

Tout comme le Triangle d'Eté, le Carré de Pégase est vaste. Pratiquement, tous les observateurs situés en des lieux quelconques des États-Unis pourraient observer le carré de Pégase au-dessus de leur tête en même temps. Le Carré de Pégase est la casserole d'une super Grande Ourse ou d'une Casserole Géante dont la poignée s'étend sur deux constellations en direction de *Capella*. De même qu'avec la grande casserole, les deux étoiles de tête de cette "casserole géante" (*Scheat* et *Markab*) sont les deux pointeurs de *l'étoile Polaire*. Une fois encore, la distance (bien connue maintenant) à *l'étoile Polaire* est égale à cinq fois la distance séparant les pointeurs (voir Figure 5-9). Si la poignée de cette grande casserole ne peut être aperçue, un petit triangle équilatéral dont l'étoile *Scheat* est un des sommets, permet d'en repérer le bord antérieur. On peut aussi penser à un petit triangle qui entraîne le Carré de Pégase au travers du ciel.

Les arêtes qui forment le dessus et le fond de la casserole (perpendiculaires aux pointeurs) sont de bons indicateurs de la direction est-ouest à condition que le carré soit haut dans le ciel. Les étoiles constituant le carré de Pégase ne sont pas brillantes, mais la régularité et la symétrie de ce carré en font une figure remarquable dès qu'il est haut dans le ciel.

Les cinq étoiles régulièrement espacées, allant du bout de la casserole jusqu'au bout de la poignée forment un arc remarquable dans la voûte céleste, même quand le carré de Pégase est difficile à apercevoir.

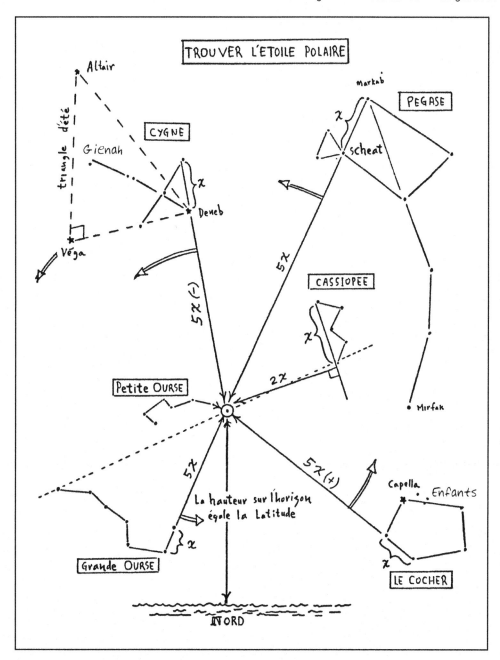

Figure 5-9. *Différentes façons de trouver* l'étoile Polaire. *N'importe laquelle de ces constellations distinctes permet de trouver le nord. Le signe + ou − indique que la distance au pôle est légèrement supérieure ou inférieure à cinq fois la distance séparant les pointeurs. Cependant il est plus simple et adéquat de se rappeler le facteur 5 "Vous pointez avec vos doigts, chaque main a cinq doigts".*

5.6 Trouver le nord sans l'étoile Polaire

Il n'est pas indispensable d'apercevoir *l'étoile Polaire* pour trouver le nord. Si vous pouvez pointer l'endroit où *l'étoile Polaire* devrait être en l'absence de nuages, cela est suffisant. C'est justement ce que les étoiles qu'on appelle "les pointeurs" permettent de faire. Toutes les constellations remarquables de l'hémisphère nord que nous avons vues, la Grande Ourse, Cassiopée, le Cocher, le Cygne et le Carré de Pégase, ont des pointeurs. Etudiez et mémorisez ces pointeurs, et n'importe laquelle de ces constellations est presque aussi valable que *l'étoile Polaire* pour trouver le nord. Par exemple, dans la constellation du Cocher l'étoile *Capella* est l'étoile de tête, et le côté postérieur du pentagone formé par les deux pointeurs (*Menkalinam* et Theta Auriga), indique la direction de *l'étoile Polaire*. Repérez ces deux pointeurs et à partir de *Menkalinam* pointez avec un doigt l'endroit situé à cinq fois la distance les séparant. Dès lors, qu'il y ait des nuages ou non, le pôle nord céleste est repéré. Le nord vrai sur l'horizon se situe directement à la verticale de votre doigt. Il vous suffit seulement de vous rappeler quelles étoiles sont les pointeurs. La distance est toujours la même, cinq fois la distance séparant les deux pointeurs. Un bon moyen mnémotechnique est le suivant: "vous pointez avec votre doigt, chaque main à cinq doigts, cinq pointeurs; la distance est cinq fois celle séparant les pointeurs". Ce n'est pas si difficile que cela, et si ce moyen un peu simplet vous aide à mémoriser ce facteur cinq, il aura néanmoins rempli son office.

Techniquement, le facteur n'est pas exactement égal à cinq dans tous les cas, mais il en est suffisamment proche pour justifier cette règle simple et éviter toute mémorisation supplémentaire. Puisque l'on peut trouver des pointeurs en toute partie du ciel, il y a des chances pour que dans un petit coin de ciel clair, on puisse en repérer deux.

Entraînez-vous avec un compas quand *l'étoile Polaire* est cachée (voir Figure 5-10). Il est pratique d'utiliser un bâton que l'on tient bras tendu. Alignez le bâton sur les pointeurs et marquez la distance les séparant à l'une des extrémités du bâton. Reprenez votre bâton et faites une marque à cinq fois cette distance à partir de la même extrémité. Réalignez le bâton avec les pointeurs en positionnant la marque sur le pointeur intérieur (celui le plus proche de *l'étoile Polaire*). L'extrémité du bâton vous indiquera alors la position de *l'étoile Polaire*. Si celle-ci est haute dans le ciel, vous pouvez attacher un fil lesté à l'extrémité du bâton. Lorsque le bâton est en place, le fil plombé coupe l'horizon en un point vous indiquant le nord vrai. La simplicité et la souplesse qu'offre cette façon de trouver le nord est la juste récompense du temps nécessaire à la mémorisation des pointeurs.

5.7 Orion

Orion le chasseur circule autour de la terre, juste au-dessus de l'équateur. Durant l'hiver, tout le monde peut admirer cette majestueuse constellation d'étoiles brillantes. En raison de sa position unique qui la situe avec précision au-dessus de l'équateur, l'étoile de tête de la ceinture d'Orion, *Mintaka*, se lève plein est et se couche plein ouest. En matière d'orientation avec les étoiles, cette constellation doit être parfaitement connue. Quand la ceinture d'Orion se lève à l'horizon, c'est comme s'il y avait un grand E indiquant l'est. Quand elle se couche sur l'horizon c'est comme s'il y avait un grand O indiquant l'ouest (voir Figure 5-11). Ceci est vrai quel que soit le moment où vous l'apercevez sur l'horizon, indépendamment de votre position géographique, de l'heure, de la saison et de l'année. La ceinture d'Orion, constituée de trois étoiles en ligne au centre de la constellation, est facile à repérer.

Les étoiles brillantes constituant la constellation Orion forment une figure géométrique globalement symétrique. Il est de ce fait difficile de différencier les étoiles de tête des étoiles de queue. Mais la

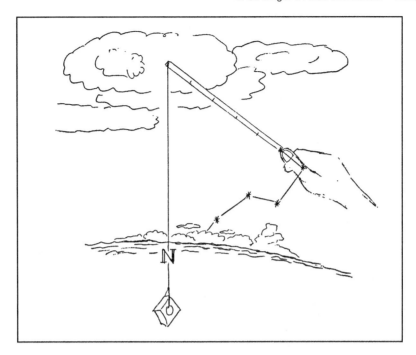

Figure 5-10. *Utilisation des pointeurs quand* l'étoile Polaire *est cachée. Bras tendu, positionnez un bâton aligné sur les pointeurs. Marquez par des repères sur le bâton la distance séparant les pointeurs et indiquez cinq fois cette distance à partir de l'extrémité du bâton. Positionnez le bâton comme indiqué sur la figure et vous avez trouvé le nord. La cordelette plombée est rarement nécessaire.*

mythologie des étoiles environnantes nous indique d'une jolie manière "qui va ou?". Orion combat le Taureau placé là dans le ciel par Atlas pour protéger ses filles, les sept sœurs connues sous le nom des "Pléiades". Cette formation constitue le peloton de tête, suivie par le Taureau qui les protège, lui-même poursuivi par Orion et ses fidèles chiens de chasse, *Sirius* et *Procyon* tout proches. Cette histoire décrit une flèche dans le ciel allant des Pléiades à *Sirius*, montrant d'un seul coup la direction de nombreuses étoiles. Orion est devancé par le Taureau dont l'œil brillant, *Aldébaran*, est rouge. Suivant de près Orion, se trouve l'étoile du chien *Sirius*, qui est l'étoile la plus brillante de toute la voûte céleste.

Pour un observateur situé dans les latitudes nord, Orion se lève penché sur un côté puis se redresse dans le sud sud-ouest. Le même observateur dans les latitudes sud, verra Orion traverser le ciel la tête en bas. Mais dans les deux cas, la suite constituée par les Pléiades - le Taureau - Orion - *Sirius* est toujours la même.

Même après que la ceinture d'Orion soit levée au-dessus de l'horizon, nous pouvons toujours l'utiliser pour déterminer l'est. Pendant un couple d'heures suivant son lever, nous pouvons mettre à profit notre connaissance du déplacement des étoiles pour retracer le chemin invisible parcouru par *Mintaka* depuis son apparition. Cette trajectoire commence sur l'horizon en plein est.

Toute étoile indiquant l'est ou l'ouest vrai (dont la déclinaison est égale à 0°) quitte l'horizon selon une trajectoire formant un angle avec l'horizon égal à 90° moins la latitude du point d'observation. A la latitude 50°, les étoiles venant de l'est s'élèvent au-dessus de l'horizon selon un angle de 40°. A la latitude 20° cet angle vaut 70° et pour un observateur situé sur l'équateur, les étoiles se levant à l'est quittent l'horizon selon un angle de 90°. Ces mêmes étoiles se couchent à l'ouest en descendant sur l'horizon suivant le même angle selon lequel elles se sont levées. C'est la raison pour laquelle le crépuscule dure plus longtemps dans les hautes latitudes qu'à l'équateur. A l'équateur, le soleil plonge directement sur l'horizon alors que dans les hautes latitudes il se couche derrière l'horizon selon un angle faible. Il en résulte que le soleil se maintient beaucoup plus longtemps juste sous l'horizon, d'où un crépuscule plus long.

Pour retracer le chemin parcouru par *Mintaka*, positionnez un bâton passant par cette étoile et orientez le vers l'horizon avec un angle égal à 90° moins votre latitude. Le point d'intersection du bâton avec l'horizon indique l'est vrai (voir Figure 5-12).

Les angles de lever et de coucher pour des azimuts différents de l'est ou de l'ouest vrai seront étudiés ultérieurement au chapitre 6 paragraphe 2. On peut également utiliser *Mintaka* quand elle se couche pour déterminer l'ouest. Positionnez un bâton passant par *Mintaka* et descendant vers l'horizon avec l'angle approprié. Le point d'intersection entre le bâton et l'horizon indique l'ouest vrai. Ne soyez pas trop soucieux de la précision de l'angle d'incidence sur l'horizon. Même si vous faites une légère erreur, vous obtiendrez néanmoins une bonne indication de l'est ou de l'ouest vrai en utilisant cette méthode. Pratiquez, contrôlez vos résultats avec un compas et vous n'oublierez plus cette méthode. Le même procédé sera utilisé pour retrouver l'azimut du soleil au lever après qu'il ait quitté l'horizon.

5.8 Gémeaux et Procyon

Castor et *Pollux* sont les deux étoiles brillantes de la constellation du Gémeaux. Elles se situent au nord de *Procyon*, l'étoile du Petit Chien suivant Orion. Une ligne imaginaire passant entre *Castor* et *Pollux* puis par *Procyon*, donne une direction nord-sud précieuse en de nombreuses latitudes. Pour des latitudes comprises entre 30°N et 50°N, cette ligne se positionne souvent de manière pratique pour donner une direction nord-sud, alors que la ceinture d'Orion s'éloigne de l'est (voir Figure 5-13). Quand cette ligne est visible, elle donne une indication générale de la position de votre méridien. Cependant, cette méthode n'est précise que lorsque ces étoiles sont hautes dans le ciel, c'est-à-dire quand la plus basse d'entre elles est au moins à mi-hauteur de la voûte céleste. Au sud de la latitude 50°N, il est plus facile de repérer le nord que le sud en utilisant cette ligne. Cet alignement est également utile aux alentours de 15°S où les étoiles du Petit Chien et du Grand Chien, *Procyon* et *Sirius* forment un triangle équilatéral avec *Bételgeuse*, la "Géante Rouge" brillante et rougeâtre constituant l'épaule arrière d'Orion.

La ligne Gémeaux - *Procyon* est juste un exemple de direction dans le ciel qui peut s'avérer utile pour s'orienter. Une fois que vous avez déterminé des directions à partir d'étoiles connues, recherchez dans le ciel alentour d'autres paires d'étoiles remarquables pouvant vous indiquer le nord ou le sud à la latitude où vous êtes. Puis, contrôlez-les de temps en temps tout au long de la nuit, la fiabilité de la direction indiquée peut n'être bonne que pendant une certaine partie de la nuit. Par exemple, pour un observateur situé dans une bande de 15° de latitude de part et d'autre de l'équateur, toute paire d'étoiles se levant en même temps donne une bonne indication de la direction du pôle céleste élevé, jusqu'à ce que la plus haute des deux soit à mi-hauteur dans le ciel.

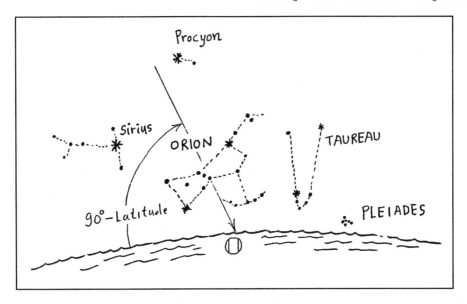

Figure 5-11. *Orion sur l'horizon. D'un quelconque point d'observation sur terre, et à tout moment de la nuit, la ceinture d'Orion se lève à l'est vrai et se couche à l'ouest vrai. Les sept sœurs constituant les Pléiades mènent la chasse aux étoiles environnantes. Le Taureau suit, combattant Orion dont les fidèles chiens de chasse Sirius et Procyon ferment la marche. Bételgeuse, située à la base du bras levé d'Orion et Aldébaran figurant l'œil du Taureau sont deux "Géantes Rouges" brillantes.*

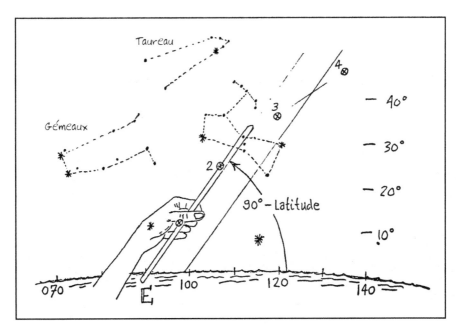

Figure 5-12. *Pointage arrière de Mintaka (étoile la plus occidentale de la ceinture d'Orion) permettant de trouver l'est. L'angle d'ascension de cette étoile est de 90° moins la latitude du lieu d'observation. La figure illustre ceci pour une latitude de 35°N (l'angle d'ascension est de 55°) 2,5 heures après le lever de Mintaka. Cette méthode fonctionne pour la majorité des latitudes pendant 2 à 3 heures après le lever de l'astre pointé. Etant grossièrement à l'échelle, appliquée 3,5 heures après le lever de l'étoile la même méthode produirait une erreur de 10°. Les positions horaires de Mintaka sont repérées par un X cerclé.*

5.9 Scorpion

Sur la sphère céleste, la constellation du Scorpion se trouve à l'opposé d'Orion par rapport au soleil. La terre circulant sur son orbite autour du soleil chaque année, nous apercevons Orion en hiver et le Scorpion en été. Cette constellation ressemble à un scorpion et se déplace comme tel, la tête en avant, la queue en arrière. A l'endroit figurant le cou, se trouve l'étoile *Antarès*. La constellation du Scorpion passe au-dessus de l'Australie mais la plus grande partie peut être aperçu bas sur l'horizon sud à des latitudes septentrionales aussi élevées que la frontière Américano-Canadienne. Cependant, à ces latitudes, son apparition est de courte durée et souvent obscurcie. A mesure que l'on fait route vers le sud, Scorpion s'élève pour devenir une impressionnante partie du ciel d'été (voir Figure 5-14).

Chaque fois que l'on aperçoit, à partir de latitudes nord élevées, la constellation Scorpion dans son intégralité, elle se trouve près du sud. Pour déterminer le sud vrai, il faut cependant repérer, sous réserve que la visibilité sur l'horizon le permette, si c'est la tête ou la queue qui se tient droit sur l'horizon. La tête est au sud vrai quand la queue est droite sur l'horizon. A l'inverse quand la tête est droite sur l'horizon, c'est la queue qui indique le sud vrai.

5.10 La Croix du sud et le pôle sud

La Croix du sud est une petite croix de quatre étoiles facilement repérables grâce aux deux très brillantes étoiles qui la suivent de près. Comme son nom le suggère, ce sont des étoiles de l'hémisphère sud, la croix ne pouvant être aperçu dans son intégralité par un observateur situé au nord des tropiques. Observée à partir de la zone inter-tropicale, elle se lève penchée sur le côté puis se redresse dans le sud sud-est, pour être verticale au moment où elle passe en plein sud. Puis, elle continue sa course en basculant de l'autre côté pour se coucher dans le sud sud-ouest. Quand vous voyez la Croix du sud bien droite, elle indique le sud vrai (voir Figure 5-15). Les deux étoiles brillantes qui la poussent au travers du ciel permettent de dire d'un seul coup d'œil dans quelle direction elle se déplace.

La Croix du sud peut aussi être utilisée quand elle n'est pas verticale puisque les deux étoiles constituant son axe principal pointent vers le pôle sud céleste. Pour un observateur situé au sud de l'équateur, le pôle sud céleste est au-dessus de l'horizon. Cependant, il n'existe pas "d'étoile du sud" à ce pôle. En effet, il n'existe aucune étoile brillante aux alentours du pôle sud. Néanmoins, ce pôle peut être utilisé pour trouver une direction de manière similaire au pôle nord quand *l'étoile Polaire* est cachée.

Le pôle sud est l'image miroir du pôle nord. Quand vous coupez l'équateur en vous dirigeant vers le sud, le pôle nord céleste (où se situe *l'étoile Polaire*) se couche derrière l'horizon alors que le pôle sud céleste se lève au-dessus de l'horizon, mais sans étoile pour marquer ce point. A mesure que vous faites route plus au sud, le pôle sud céleste continue de monter dans le ciel, très exactement d'un degré pour chaque degré de latitude gagné dans le sud. De ce fait, quel que soit votre lieu d'observation dans l'hémisphère sud, la hauteur du pôle sud céleste au-dessus de l'horizon est égale à votre latitude sud. Tout comme, dans l'hémisphère nord la hauteur du pôle nord céleste égale votre latitude nord.

La seule différence entre ces deux pôles est le mouvement de rotation apparent des étoiles autour d'eux. Quand on fait face au nord, on voit les étoiles se déplacer dans le sens contraire des aiguilles d'une montre autour du pôle nord. Quand on fait face au sud, la même rotation est-ouest de la voûte céleste résulte en un mouvement circulaire des étoiles dans le sens des aiguilles d'une montre autour du pôle sud céleste. Pour un observateur placé précisément sur l'équateur, le pôle nord est situé sur

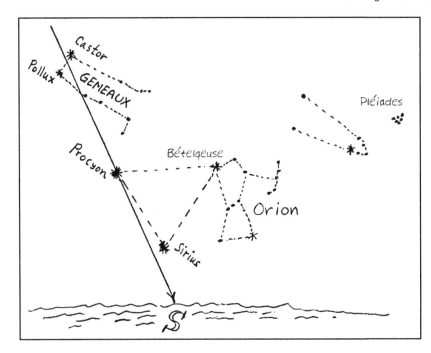

Figure 5-13. *La ligne Gémeaux–Procyon. A des latitudes grossièrement comprises entre 50°N et 30°N, et entre 5°N et 15°S, cette ligne coupe l'horizon près du méridien sur lequel vous êtes. Ceci à condition que la plus basse des deux étoiles soit au moins à mi-hauteur de la voûte céleste. Une fois que votre direction est établie à partir d'autres étoiles, recherchez d'autres lignes similaires dans le ciel. De nombreuses paires d'étoiles indiquant le méridien sur lequel vous êtes peuvent être trouvées. Cependant, elles ne fonctionnent pas toujours correctement quand la ligne les joignant passe aux environs de votre zénith, même si elles sont hautes dans le ciel.*

Figure 5-14. *Détermination du sud avec Scorpion. A partir des latitudes nord élevées, cette constellation peut être vue plein sud. Par des latitudes plus basses, contrôlez l'orientation relative de la tête et de la queue de cette constellation. Essayer "la tête au sud quand la queue est verticale, et la queue au sud quand la tête est verticale". Vous pouvez également trouver votre propre truc pour déterminer le sud à partir de la géométrie de Scorpion quand votre direction est connue grâce à d'autres étoiles. La mise en application de cette façon de trouver le sud demande quelque pratique, la tête de Scorpion n'étant pas un alignement d'étoiles tout à fait rectiligne.*

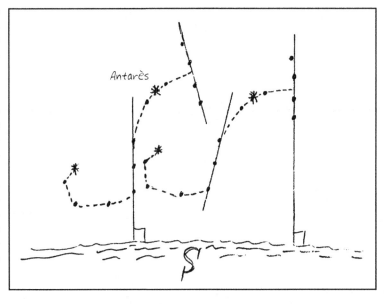

l'horizon nord et le pôle sud est situé sur l'horizon sud. Mais, à toute autre latitude, un seul pôle est situé au-dessus de l'horizon. Néanmoins, les mouvements apparents des étoiles autour des pôles resteront les mêmes quelle que soit la latitude d'observation, nord ou sud.

Les pointeurs du pôle sud sont les deux étoiles qui forment la partie verticale ou l'axe principal de la Croix du sud. Une fois encore, la distance au pôle est égale à cinq fois la distance séparant les pointeurs. Connaissant les pointeurs et la façon de s'en servir, il est aisé de comprendre pourquoi la

Croix du sud est verticale quand elle indique le sud vrai. Ceci, et d'autres façons de trouver le pôle sud céleste sont illustrées dans la Figure 5-15.

Le pôle sud à partir de Achernar et Canopus

Quand la Croix du sud est sous l'horizon, deux très brillantes étoiles traversent le ciel suivant une trajectoire similaire à celle la Croix du sud. Ce sont *Achernar*, en tête vers l'ouest, suivie de la brillante *Canopus*. Ces étoiles ne sont pas situées à proximité l'une de l'autre, mais elles sont si brillantes qu'elles se détachent clairement de leurs voisines. Avec *Achernar* et *Canopus*, le pôle sud constitue le troisième sommet d'un triangle équilatéral. Le sud vrai se situe directement en-dessous du sommet invisible de ce triangle. Si vous vous souvenez que la hauteur des pôles est égale à votre latitude, vous ne devriez pas avoir de problème à imaginer où doit se trouver le troisième sommet de ce triangle. Même dans le cas où vous êtes au nord de l'équateur, le pôle sud étant sous l'horizon, vous pouvez néanmoins utiliser cette méthode pour estimer la direction du sud vrai (voir Figure 5-17).

Canopus, la seconde étoile plus brillante dans le ciel se situe à mi-chemin entre le pôle sud et *Sirius*, la plus brillante des étoiles. Quand *Sirius* est haute dans le ciel, la ligne *Sirius - Canopus* coupe l'horizon près du sud vrai. *Sirius* passe au-dessus de Tahiti (latitude 17° S) alors que *Canopus* passe au-dessus des îles Falkland (latitude 53° S).

Le pôle sud à partir des nuages de Magellan

La méthode du triangle équilatéral utilisée pour déterminer le pôle sud à partir de *Achernar* et *Canopus* peut aussi être appliquée avec les nuages de Magellan (voir Figure 5-16 et 5-17). Ce sont

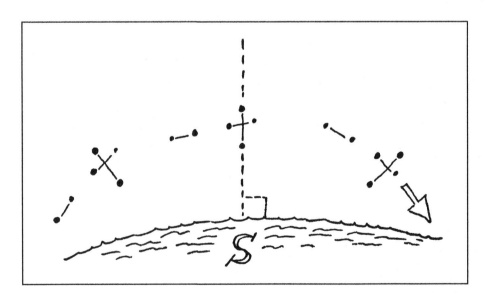

Figure 5-15. *La Croix du sud. Quand la Croix est verticale, elle indique le sud vrai. Cette règle est particulièrement pratique quand la Croix n'est pas trop haute dans le ciel. Elle est plus facile à utiliser que les règles similaires relatives à Scorpion puisque les étoiles formant l'axe principal de la Croix sont les pointeurs du pôle sud, contrairement à la tête et à la queue de Scorpion.*

deux objets flous dans l'hémisphère sud céleste, ressemblant à des petits morceaux de la Voie Lactée. En réalité ce sont des galaxies indépendantes très éloignées de la nôtre, formant elles aussi un triangle équilatéral avec le pôle sud céleste.

Les nuages de Magellan se situent à peu près à mi-chemin entre la ligne *Achernar - Canopus* et le pôle sud. Etant situés plus près du pôle, il est plus facile d'imaginer le triangle formé. Malheureusement, la luminosité de ces deux objets est faible alors qu'*Achernar* et *Canopus* sont très brillantes. Les nuages de Magellan se trouvant dans la même portion de ciel, cette méthode n'est pas forcément meilleure que la précédente. Cependant, par nuit claire, elle offre un moyen supplémentaire d'orientation à ne pas négliger. Toute information fiable peut aider.

5.11 Etoiles zénithales

Quand le ciel est bouché, il se peut que vous ne puissiez voir qu'une ou deux étoiles non identifiées, situées au-dessus de votre tête. Il est néanmoins possible de déterminer une direction à partir de ces étoiles, puisque toute étoile passant à votre zénith se déplace vers l'ouest vrai, quel que soit l'endroit où vous êtes. D'où, en repérant la direction que suit une étoile passant à votre zénith, vous êtes en mesure de situer l'ouest vrai.

Amarré au quai, il est facile de repérer la direction suivie par une étoile passant à votre zénith en regardant vers le ciel le long du mât. Les étoiles se trouvant dans le prolongement d'un mât de

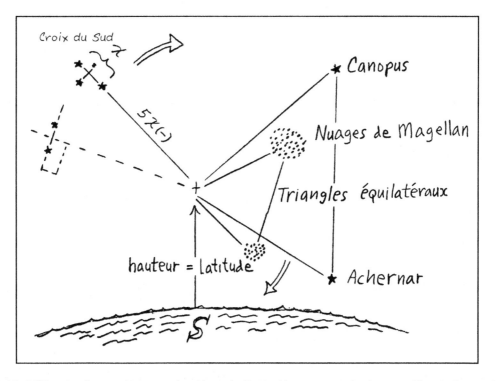

Figure 5-16. *Différentes façons de trouver le pôle sud céleste. Vous pouvez également utiliser la ligne médiatrice au segment joignant les deux étoiles brillantes suivant la croix (Rigil Kentaurus et Hadar) pour trouver le sud lorsque le pôle est sous l'horizon (i.e dans l'hémisphère nord). L'utilisation de la Croix du sud et des différents triangles d'étoiles remarquables est illustrée en détail dans les Figures 5-15 et 5-17.*

cinquante pieds (15 mètres) s'en éloignent à une vitesse apparente de un pied (30 centimètres) toutes les cinq minutes. Situation confortable qui vous permet de trouver l'ouest en cinq ou dix minutes.

En mer, la chose est moins aisée et prend beaucoup plus de temps. Tout d'abord, il vous faut maintenir une route constante et stable pendant que vous observez les étoiles, problème auquel vous n'êtes pas confronté quand vous êtes dans un port ou à terre. On peut y parvenir en se dirigeant grâce au vent apparent ou à la houle. Cependant, la principale difficulté provient des déplacements du mât dûs aux mouvements du bateau. Même par mer calme, le mât bouge, décrivant des mouvements réguliers dans le ciel. La tâche consiste alors à repérer le déplacement de l'étoile par rapport à la position moyenne de la tête du mât alors que celle-ci oscille, décrivant une ellipse grossière. Le point de référence étant moins précis du fait de son instabilité, le déplacement de l'étoile doit être plus important pour pouvoir repérer la direction de l'ouest. Si la mer est agitée, vous aurez d'aussi bons

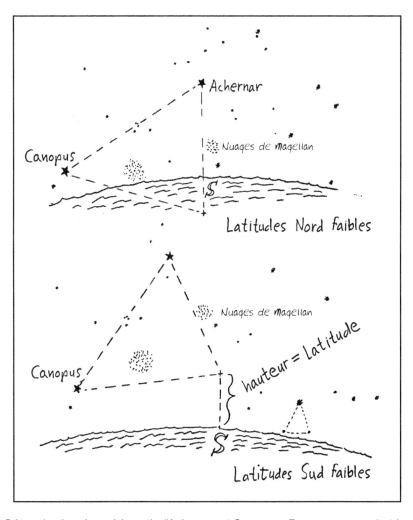

Figure 5-17. *Détermination du sud à partir d'Achernar et Canopus. Remarquez que le triangle équilatéral dont le pôle sud est l'un des sommets peut aussi être utilisé à partir des latitudes nord de faibles valeurs, même si le pôle sud est sous l'horizon.*

résultats en regardant directement les étoiles. Néanmoins, une heure ou plus peut être nécessaire pour pouvoir déterminer la direction de l'ouest de cette manière (voir Figure 5-18).

Une autre méthode consiste à utiliser un fil lesté attaché à l'extrémité d'un bâton. Maintenez le bâton au-dessus de votre tête et observez le ciel en prenant le fil comme ligne de mire en utilisant l'extrémité du bâton comme point de référence. Le lest oscillera avec les mouvements du bateau mais vous pouvez l'arrêter et recommencer l'observation à nouveau. Indépendamment de la méthode choisie, il faut généralement, sauf si la mer est d'huile, une heure ou plus pour que l'étoile se soit déplacée suffisamment afin de pouvoir déterminer la direction qu'elle suit.

Si une étoile n'est pas située directement à votre zénith, mais seulement très haute dans le ciel, l'une ou l'autre de ces méthodes donnera tout de même de bons résultats. Souvenez-vous cependant que c'est toujours la direction du déplacement qui indique l'ouest, pas la direction de l'étoile. A moins qu'elle ne soit directement à votre zénith, son azimut peut être bien au sud ou au nord de l'ouest, alors que sa course suit une trajectoire plein ouest.

5.12 La règle de la demi-latitude

La méthode des étoiles zénithales décrite dans la section précédente nécessite du temps pour trouver une direction. De ce fait, on ne l'utilise que lorsque ces étoiles sont les seules visibles. Néanmoins,

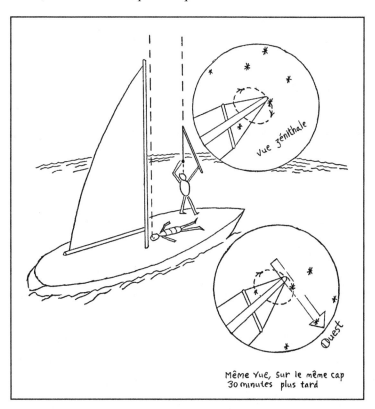

Figure 5-18. *Trouver l'ouest à partir d'étoiles zénithales. Toute étoile passant à votre zénith se déplace vers l'ouest au moment où elle s'éloigne de ce point. Souvenez-vous cependant que c'est la direction de son déplacement qui indique l'ouest, et non l'azimut de l'étoile.*

même par nuit claire les étoiles zénithales sont extrêmement intéressantes pour exploiter la méthode qui suit.

Si une étoile passe juste à votre zénith ou très près de lui, alors la direction qu'elle suit indique l'ouest vrai durant un certain temps après son passage. Si vous êtes situé près de l'équateur, n'importe quel corps céleste passant à votre zénith vous indique ensuite l'ouest vrai durant toute la nuit jusqu'à son coucher. Si vous reconnaissez ce corps céleste la nuit suivante, alors vous saurez qu'il vous indique l'est vrai toute la nuit jusqu'à ce qu'il soit à votre zénith.

Rappelons les principes. Les étoiles de l'hémisphère nord (ou tout corps céleste ayant une déclinaison nord) se couchent toujours au nord de l'ouest vrai et les étoiles de l'hémisphère sud se couchent toujours au sud de l'ouest vrai. En conséquence, tout corps céleste ayant une déclinaison égale à 0° ne se couche ni au nord ni au sud, mais exactement dans l'ouest vrai. Des exemples sont l'étoile *Mintaka*, le soleil au moment des équinoxes, la lune et les planètes quand il leur arrive d'être sur l'équateur. Au lever, de façon similaire, tout corps céleste de déclinaison 0°, observé depuis l'équateur se lève à l'est vrai et indique l'est vrai jusqu'au moment où il passe au zénith de l'observateur. Puis, dépassant le zénith, il indique l'ouest vrai et suit une trajectoire orientée plein ouest vers le point où il se couche, poursuivant sa course plein ouest toute la nuit.

Cependant, à des latitudes différentes, la vie n'est pas si simple. Loin de l'équateur, l'azimut des étoiles change à mesure qu'elles s'éloignent de votre zénith. Au nord de l'équateur, les étoiles zénithales se couchent au nord de l'ouest vrai. Ainsi, à mesure qu'elles descendent sur l'horizon elles remontent vers le nord. D'une manière similaire, dans les latitudes australes les étoiles zénithales se dirigent vers le sud à mesure qu'elles descendent sur l'horizon.

Par chance, une règle simple nous dit pendant combien de temps nous pouvons suivre une telle étoile. Quand une étoile zénithale est descendue jusqu'à une hauteur au-dessus de l'horizon égale à votre latitude, son azimut s'est éloigné de l'ouest vrai d'une valeur égale à la moitié de votre latitude. Cette règle s'appelle "*la règle de la demi-latitude pour les étoiles zénithales*".

Par exemple, supposons que vous soyez à une latitude de 40°N, en train d'observer une étoile passant à votre zénith. Au moment où elle quitte votre zénith, vous pouvez être certain qu'elle se dirige vers l'ouest vrai. Lors de sa descente vers l'horizon, son azimut se déplace lentement vers le nord. Quand sa hauteur au-dessus de l'horizon est 40°, son azimut est alors 20° au nord de l'ouest (voir Figure 5-19). Le travail du navigateur consiste à utiliser cette information pour estimer la direction d'une étoile lors de sa descente. Par exemple, quand la hauteur de l'étoile se situe à mi-chemin entre votre zénith et 40° (à une hauteur d'environ 65 °), une estimation de son azimut la situerait 10° au nord de l'ouest. Cette procédure fonctionne de manière identique quelle que soit la latitude, nord ou sud. Cependant, pour des latitudes australes, l'azimut de l'étoile se déplacerait de la même valeur, mais cette fois au sud de l'ouest.

Dans la pratique, il n'est pas difficile d'estimer une hauteur approximativement égale à votre latitude, particulièrement dans l'hémisphère nord, puisque c'est la hauteur de *l'étoile Polaire*. Normalement, vous surveillerez très certainement la hauteur de cette étoile pour contrôler votre latitude, et quelle que soit la méthode utilisée, elle peut l'être également pour estimer la hauteur d'une autre étoile. Bien évidemment, si *l'étoile Polaire* est visible, ce sera votre principale référence pour vous diriger. Un astuce consiste à noter sa hauteur quand elle est visible en utilisant la largeur de vos mains. Puis, quand elle est cachée, cela vous donne un moyen pratique de mesure vous permettant d'utiliser la règle

Figure 5-19. *Application de la règle de la demi-latitude. Quand une étoile zénithale est à une hauteur égale à votre latitude, son azimut s'est éloigné de l'ouest d'une valeur égale à la moitié de votre latitude. Cette règle fonctionne partout, hormis dans les zones polaires.*

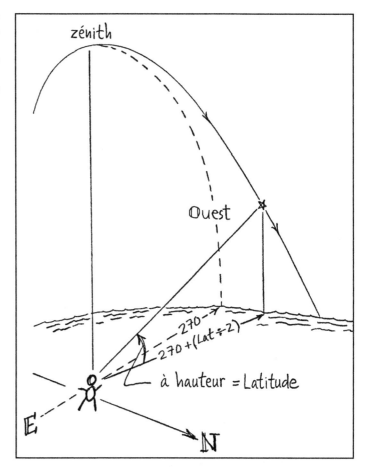

de la demi-latitude. Dans l'hémisphère sud, utilisez l'une ou l'autre méthode des triangles ou bien les pointeurs de la Croix du sud pour déterminer la position du pôle sud. Sa hauteur est égale à votre latitude sud.

Bien que les étoiles les plus basses soient d'habitude plus faciles à utiliser quand elles sont visibles, par nuit claire, rien n'oblige à n'utiliser qu'une seule étoile zénithale jusqu'à ce qu'elle soit trop basse pour être utilisable. D'autres étoiles passent en permanence à votre zénith et, l'une après l'autre, suivent une trajectoire est-ouest au travers du ciel. Notez cependant que plus votre latitude est basse, plus longtemps vous pourrez utiliser une étoile donnée.

L'intérêt principal de cette méthode est qu'il n'est pas nécessaire de connaître l'étoile sur laquelle vous vous basez. Vous pouvez même utiliser un point vide de la voûte céleste situé entre deux ou trois étoiles. Donnez simplement un nom à ce point, ou à cette étoile, pour vous en rappeler. Il peut être pratique que vous définissiez votre propre constellation à partir d'étoiles zénithales. Si votre latitude varie peu, vous pouvez utiliser les mêmes étoiles chaque nuit. De même, après la première nuit vous pouvez utiliser ces étoiles alors qu'elles arrivent de l'est. Elles deviennent utiles quand elles ont atteint une hauteur égale à votre latitude, vous indiquant à partir de ce moment l'est, plus ou moins la valeur de votre demi-latitude (au nord ou au sud de l'est suivant l'hémisphère où vous êtes), puis se rapprochant de l'est vrai alors qu'elles montent à votre zénith.

A mesure que votre latitude change, les étoiles zénithales changent également puisque chaque étoile est restreinte à une latitude donnée. Mais cela n'est pas un problème. Quand vous remarquez qu'une étoile s'est éloignée de votre zénith, choisissez-en une nouvelle et utilisez-la. Ainsi, vous devriez commencer à comprendre comment il est possible d'utiliser les étoiles zénithales pour suivre l'évolution de votre latitude, à condition de les reconnaître et de connaître leur déclinaison.

Faisant route vers l'est ou l'ouest, vous pouvez littéralement suivre n'importe quelle étoile zénithale inconnue en utilisant la règle de la demi-latitude. Si le soleil, la lune ou une planète passe à votre zénith vous pouvez l'utiliser exactement de la même manière. Cependant, pour utiliser le soleil ou une planète de cette façon, il vous faut être sous les tropiques. La lune peut passer au zénith de latitude aussi haute que 29°, mais elle ne peut être utilisée qu'une fois; de votre zénith jusqu'à son coucher. En effet, sa position dans le ciel change rapidement de jour en jour. La règle de la demi-latitude est précise à 5° près, pour toute latitude en dehors des régions Polaires (voir Figure 5-20).

La règle des tropiques

La règle de la demi-latitude fonctionne n'importe où dans le monde (en dehors des régions polaires), toute l'année. Mais, quand on navigue sous les tropiques, on peut en utiliser une version améliorée, permettant de suivre la direction d'une étoile zénithale jusqu'à l'horizon. Elle ne fonctionne uniquement que dans la zone inter-tropicale, mais quand vous êtes là, elle est très pratique. Quelle que

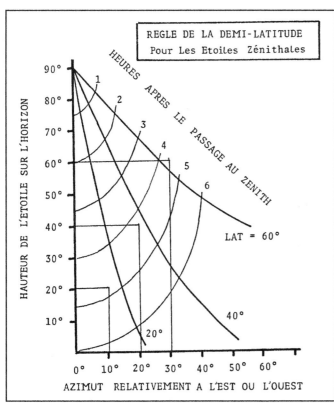

Figure 5-20. *Précision donnée par la règle de la demi-latitude. Les courbes en gras représentent l'azimut réel d'une étoile zénithale lors de sa descente. Les coins des rectangles indiquent les prévisions données par la règle de la demi-latitude. Par exemple, à la latitude 40° (N ou S), une étoile zénithale descend à une hauteur de 40° en 4,5 heures. A ce moment son azimut diffère de l'ouest vrai de 23°, au nord dans les latitudes nord, au sud dans les latitudes sud. L'erreur de la règle à cette latitude n'est seulement que de 3°. Rappelez-vous cependant que même si cette règle est bonne sur le principe, en pratique il est illusoire de rechercher une telle précision. Si une précision constante et régulière de 10° à 20° est obtenue de cette façon, c'est parfait.*

soit votre position dans cette zone (latitude 23° 26' nord à latitude 23° 26' sud), n'importe quelle étoile passant à votre zénith se couchera en un point sur l'horizon dont l'azimut diffère de l'ouest vrai d'un nombre de degré égal à votre latitude. A une latitude de 20° N, les étoiles passant à votre zénith se coucheront à 20° au nord de l'ouest vrai et se lèveront 20° au nord de l'est vrai. A une latitude de 10° S, une étoile zénithale se lèvera 10° au sud de l'est et se couchera 10° au sud de l'ouest.

La règle est simple et précise. Une fois encore, il n'est pas indispensable que vous connaissiez le nom des étoiles passant à votre zénith pour la mettre en pratique. Sous les tropiques, avec l'aide de cette règle, vous pouvez suivre n'importe quelle étoile passant à votre zénith tant qu'elle est visible, à condition que vous connaissiez votre latitude estimée. Quand l'une de ces étoiles est à une hauteur sur l'horizon égale à votre latitude, son azimut diffère de l'ouest d'une valeur égale à la moitié de votre latitude. Quand elle se couche, l'écart entre l'ouest et son azimut est égal à votre latitude.

Cette version améliorée de la règle de la demi-latitude est un cas spécifique d'un principe beaucoup plus puissant fonctionnant également dans la zone tropicale. A ces latitudes, cette règle vous permet de dire en quel point de l'horizon une étoile quelle qu'elle soit (pas seulement les étoiles zénithales) se lève et se couche, à condition d'en connaître la déclinaison. En d'autres termes, pour un observateur situé dans la zone tropicale, l'endroit où une étoile se lève et se couche dépend uniquement de sa déclinaison, et non de la latitude de l'observateur.

Cette règle s'appelle *"la règle des tropiques"*. Pour un observateur situé entre les deux tropiques, l'azimut du lever et du coucher d'une étoile, diffère respectivement de l'est vrai et de l'ouest vrai de la valeur de sa déclinaison. Passant au-dessus de Tahiti en Polynésie Française et au-dessus du lac Titicaca au Pérou, *Sirius* a une déclinaison à peu près égale à 17°S. Chaque fois qu'un observateur situé à ces latitudes verra *Sirius* se coucher, son azimut sera 17° au sud de l'ouest. *Capella* l'étoile brillante de l'hémisphère boréal, a une déclinaison de 46°N. Elle passe au-dessus de l'embouchure de la Columbia River, sur la frontière séparant l'état de Washington et de l'Oregon; et au-dessus de l'île de Cape Breton dans la partie nord de la Nouvelle Ecosse. Un observateur situé sous les tropiques verra *Capella* se lever en un point sur l'horizon dont l'azimut est 46° au nord de l'est, soit le nord-est. De même, sous les tropiques, *Capella* se couche toujours au nord-ouest.

L'utilisation de cette règle est limitée à la zone tropicale car en général l'azimut du lever et du coucher d'une étoile dépend d'une part de la latitude de l'observateur et d'autre part de la déclinaison de l'étoile. Ce point sera abordé plus loin dans ce chapitre. Mais, dans une bande de 20 degrés de part et d'autre de l'équateur, l'influence de la latitude du point d'observation est si faible qu'elle peut être négligée. Cependant, pour des latitudes supérieures à 24 degrés, l'azimut d'une étoile sur l'horizon varie beaucoup plus rapidement avec la latitude du point d'observation. En conséquence, cette règle n'est pas fiable pour des latitudes supérieures à 24 degrés. La règle, telle que nous l'avons appliquée avec les étoiles zénithales au paragraphe 5.20, est applicable même si nous ne connaissons pas le nom des étoiles. Elle fonctionne car nous savons que la déclinaison des étoiles passant à notre zénith est égale à notre latitude.

La règle des tropiques montre tout l'intérêt qu'il y a à connaître la géographie des étoiles. Si nous devons utiliser les azimuts d'étoiles sur l'horizon pour déterminer notre direction, il nous faut en connaître la déclinaison, la plupart d'entre elles ne passant pas à notre zénith. La règle des tropiques prend tout son intérêt pour les étoiles à mesure qu'on en connaît de plus en plus. Il y a cependant une façon de contourner cette limitation, à condition d'améliorer votre savoir-faire en matière de mesures.

Latitude, déclinaison et amplitude

Si vous avez repéré une étoile qui vous semble pratique, mais qu'elle ne soit pas zénithale et que vous ne connaissiez pas sa déclinaison; il vous est néanmoins possible de déterminer sa déclinaison par rapport à votre latitude.

Mais ceci n'est pas quelque chose que l'on peut mettre en oeuvre ex nihilo. Pour pouvoir déterminer la déclinaison d'une étoile, il vous faut avant tout connaître vos directions cardinales, particulièrement le nord et le sud. C'est un processus circulaire, un exemple de lecture et d'orientation grâce à la voûte céleste. Vous utilisez quelques étoiles pour trouver des directions, puis connaissant ces directions, vous pouvez trouver la déclinaison d'une étoile inconnue. Alors, vous pouvez utiliser cette étoile inconnue pour déterminer une nouvelle direction.

Pour trouver la déclinaison d'une étoile, il vous faut déterminer la distance zénithale de cette étoile quand elle est plein nord ou plein sud (sur votre méridien), à sa hauteur maximale dans le ciel. Si une étoile passe dans votre nord, à une distance zénithale de 10°, la déclinaison de cette étoile est égale à 10° au nord de votre latitude. Supposons que vous aperceviez au crépuscule une étoile en plein sud, à une hauteur d'environ 30° au-dessus de l'horizon. Puisque la hauteur maximale d'un astre est 90°, une étoile située à 30° au-dessus de l'horizon se trouve à 60° de votre zénith. La déclinaison de cette étoile est donc 60° au sud de votre latitude (voir Figure 5-21). Si vous êtes à la latitude 15°N, la déclinaison

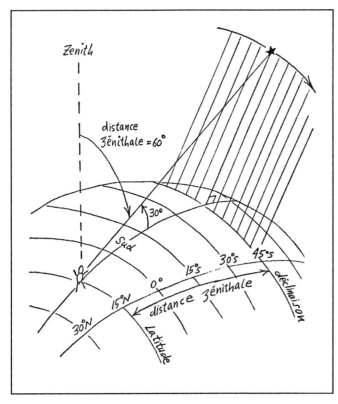

Figure 5-21. *Détermination de la déclinaison d'une étoile inconnue à partir de sa hauteur de culmination (passage au méridien). Située dans l'hémisphère nord, une étoile passant sur votre méridien avec une hauteur angulaire de 30° au-dessus de l'horizon est à 60° de votre zénith. Cela signifie que sa déclinaison est 60° au sud de votre latitude puisque la distance entre vous et le pied de l'étoile (point de projection de l'étoile sur la surface terrestre) est toujours égale à la distance zénithale de cette étoile. Ceci est vrai même quand l'étoile n'est pas sur le méridien de l'observateur. Cependant, quand c'est le cas, on peut utiliser cette propriété pour en déterminer la déclinaison. Avec des instruments de fortune, la hauteur de culmination d'une étoile peut être déterminée avec une bonne précision quand cette hauteur est soit faible (10° ou moins) ou très élevée (aux alentours de 10° du zénith). Des méthodes de mesure permettant de déterminer la latitude seront étudiées au chapitre 11. Cependant, pour trouver l'azimut d'une étoile il n'est pas utile de déterminer sa déclinaison avec une très grande précision.*

de cette étoile est de 45°S. Pour un observateur situé dans la zone tropicale, cette étoile se lève en un point de l'horizon situé à 45° au sud de l'est vrai et se couche à 45° au sud de l'ouest vrai. Cette méthode est utilisable pour déterminer la déclinaison d'une étoile quel que soit l'endroit où vous êtes. Mais, la règle des tropiques vous indique sa direction sur l'horizon uniquement quand vous êtes sous les tropiques.

La détermination de la déclinaison d'un astre par cette méthode, à partir d'une latitude d'observation connue et une direction nord–sud connue (au moins temporairement) peut s'avérer très intéressante pour retrouver la déclinaison des planètes brillantes, Vénus et Jupiter. En raison de leur luminosité, ce sont des guides très pratiques pour s'orienter, mais leur déclinaison ne peut être mémorisée puisque qu'elle change constamment tout au long de l'année de manière irrégulière. Les méthodes de fortune permettant de mesurer des hauteurs angulaires au-dessus de l'horizon ainsi que les distances zénithales sont détaillées dans le chapitre 11 traitant de la latitude.

Une fois que vous connaissez la déclinaison d'une étoile ou d'une planète, vous pouvez déterminer l'endroit où elle se lèvera et se couchera à l'aide d'une astuce graphique, et ce quelle que soit la latitude du point d'observation. Afin de mieux expliquer cela, nous avons besoin de définir un nouveau terme. La direction d'une étoile au lever, relativement à l'est, ou au coucher relativement à l'ouest, est appelée l'amplitude de l'étoile. Une étoile ayant une déclinaison nord se lève au nord de l'est et se couche au nord de l'ouest. Une telle étoile est dite avoir une amplitude nord. L'amplitude est ainsi qualifiée nord ou sud en fonction de la déclinaison du corps céleste considéré. Ultérieurement, nous utiliserons l'amplitude du soleil pour suivre son relèvement. Compte tenu de cette nouvelle définition, nous pouvons reformuler la règle des tropiques d'une façon plus simple: *En tout point d'observation situé sous les tropiques, l'amplitude d'une étoile est égale à sa déclinaison.*

En dehors des tropiques, l'amplitude d'une étoile est supérieure à sa déclinaison. Il est néanmoins possible de déterminer de quelle quantité, en utilisant la procédure graphique illustrée en Figure 5-22. Avec cette technique, le ciel commence à s'ouvrir un peu plus pour vous permettre de vous diriger grâce aux étoiles. A partir de n'importe quelle latitude connue, vous pouvez déterminer la déclinaison d'une étoile proéminente, et ainsi, déterminer l'azimut de son lever et de son coucher.

5.13 Chemins d'étoiles

Chemins d'étoiles Polynésiens

Le concept de "chemin d'étoiles" nous vient des navigateurs de la zone tropicale du Pacifique. La notion de "chemin" implique une séquence d'étoiles ayant à peu près la même déclinaison. Cela signifie que sous les tropiques, ces étoiles se lèvent à peu près au même endroit sur l'horizon (Règle des Tropiques). En mémorisant la séquence relative à une direction permettant d'aller d'une île à une autre, les navigateurs Polynésiens ont, par essence, établi un ensemble de routes de navigation céleste. Suivre une route consiste à suivre une étoile à mesure qu'elle se lève au-dessus de l'horizon jusqu'à ce que la prochaine dans la séquence apparaisse. A ce moment, il faut suivre cette nouvelle étoile pour être dans la bonne direction. De cette façon, il est possible de conserver une direction sur l'horizon, tout au long la nuit. La même méthode peut être utilisée avec des étoiles qui se couchent. Il est facile de comprendre comment ces chemins d'étoiles ont pu évoluer pour produire des routes très précises, prenant en compte les courants dominants et la dérive des embarcations traditionnelles. Les mauvais

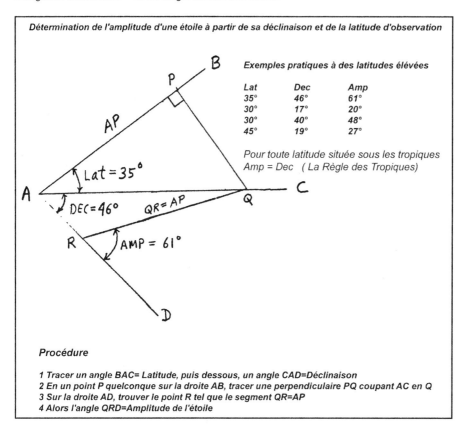

Détermination de l'amplitude d'une étoile à partir de sa déclinaison et de la latitude d'observation

Exemples pratiques à des latitudes élevées

Lat	Dec	Amp
35°	46°	61°
30°	17°	20°
30°	40°	48°
45°	19°	27°

Pour toute latitude située sous les tropiques
Amp = Dec (La Règle des Tropiques)

Procédure

1 Tracer un angle BAC= Latitude, puis dessous, un angle CAD=Déclinaison
2 En un point P quelconque sur la droite AB, tracer une perpendiculaire PQ coupant AC en Q
3 Sur la droite AD, trouver le point R tel que le segment QR=AP
4 Alors l'angle QRD=Amplitude de l'étoile

Figure 5-22. *Solution graphique permettant la détermination de l'amplitude. Avec cette méthode, on peut déterminer l'amplitude de n'importe quelle étoile dont la déclinaison est connue ou déterminée. Remarquez que la latitude décroissant, le point P se rapproche du point Q et que le point R se rapproche du point A. Il en résulte que l'amplitude tend à être égale à la déclinaison – La Règle des Tropiques. Avec une calculette, la formule à résoudre est Sin (Amp)= Sin (Dec)/ Cos(Lat)*

choix étaient éliminés par sélection naturelle.

Malheureusement, cette méthode d'orientation aux étoiles n'est pas aussi souple en dehors des tropiques. A des latitudes plus hautes, l'ascension des étoiles au-dessus de l'horizon ne suit pas une trajectoire aussi verticale et rapide que sous les tropiques (l'angle de leurs trajectoires égale 90 degrés moins la latitude du lieu d'observation). Ainsi, leurs azimuts varient beaucoup plus vite à mesure qu'elles s'élèvent. Il en résulte qu'à ces latitudes, on ne peut suivre une étoile longtemps. Un autre problème est qu'en dehors des tropiques, l'azimut sur l'horizon varie avec la latitude. Dans les latitudes élevées, ceci restreint d'autant l'utilisation de cette méthode à des voyages suivant la direction est-ouest.

Réduit à une navigation aux étoiles sous les tropiques, il est cependant possible d'utiliser la méthode du chemin d'étoiles directement (voir Figure 5-23). Contrairement à nos homologues polynésiens, nous ne connaîtrons pas à l'avance quelles étoiles constituent le chemin que nous devons suivre, à moins d'avoir une table des déclinaisons. Cependant, on peut trouver un "chemin" adéquat en utilisant pour se diriger les diverses méthodes détaillées précédemment, tout en notant la séquence d'étoiles se levant droit devant sur l'horizon. Lorsque nous nous dirigeons sans compas, ce procédé est utilisé quasiment automatiquement puisque l'on suit sur de courtes périodes les étoiles situées droit devant. Il reste à visualiser et s'imprégner de la géométrie des constellations et à donner des noms aux étoiles que nous avons l'intention de suivre chaque nuit.

Au sens le plus large, suivre un chemin d'étoiles n'est rien d'autre qu'utiliser la même suite d'étoiles au long de nuits successives. Dans cette optique, le concept de chemin d'étoiles est utilisable à n'importe quelle latitude, plus particulièrement si la route suivie est ou ouest. Un exemple déjà mentionné, est l'utilisation de la règle de la demi-latitude avec les étoiles zénithales lorsque celles ci approchent du zénith en venant de l'est ou s'en éloignent en direction de l'ouest. Une fois identifiées les étoiles zénithales correspondant à notre latitude, il est possible d'utiliser cette trajectoire au travers du ciel comme un chemin d'étoiles vers l'est ou l'ouest, quand bien même notre route diffère de ces directions. Par exemple, en suivant une route légèrement sud, nous pouvons surveiller chaque nuit les étoiles situées juste au sud de notre zénith, de manière à anticiper quelles nouvelles étoiles deviendront zénithales au cours de notre progression.

Chemins d'étoiles circumpolaires

Dans les latitudes élevées, nous pouvons nous inspirer du concept de chemin d'étoiles Polynésiens en cherchant en différents endroits du ciel des étoiles dont la direction reste stable durant de longues périodes. Sous les tropiques, en regardant vers l'est ou l'ouest, les étoiles près de l'horizon s'élèvent presque à la verticale avec peu de variation azimutale. A des latitudes plus hautes, en regardant de part et d'autre du pôle visible, il est possible de trouver des étoiles offrant des caractéristiques similaires. Dans cette zone d'observation, on trouve des étoiles circumpolaires se déplaçant quasiment verticalement dans la partie est ou ouest de leur trajectoire circulaire autour de leur pôle. Dans les latitudes encore plus élevées, on peut profiter du plus grand nombre d'étoiles circumpolaires ayant la même déclinaison. Ces étoiles, de même déclinaison et circumpolaires, sont situées sur un même cercle autour de leur pôle de rotation et forment en quelque sorte un chemin d'étoiles lors de leur passage à gauche ou à droite de ce pôle.

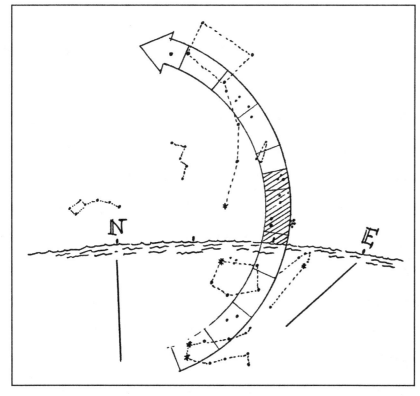

Figure 5-23. *Chemin d'étoiles Polynésiens. Toute suite d'étoiles de même déclinaison se lève au même endroit sur l'horizon. Sous les tropiques, les angles d'ascensions vers l'est ou l'ouest sont raides (proche de 90°), permettant ainsi de suivre la direction d'une étoile jusqu'à ce que la suivante dans la séquence se lève. L'exemple indiqué se situe par 15° de latitude nord, en utilisant des étoiles de déclinaison égale à 30°. La règle des tropiques nous dit que ce chemin d'étoiles se lève à 30° au nord de l'est. Chaque portion de chemin indique une durée de 1 heure. Ce chemin d'étoiles pourrait très bien être utilisé toute la nuit alors que l'étoile Polaire disparaît au gré des nuages.*

Dans ces parties de leur trajectoire, elles se déplacent presque verticalement et de ce fait ont un azimut quasiment constant durant un long moment. Il est ainsi possible de constituer l'un de ces "chemins d'étoiles" en repérant les étoiles équidistantes du pôle, mesure relative somme toute facile à mettre en oeuvre. Ces étoiles seront sur le chemin à suivre quand elles seront situées grossièrement à la même hauteur que leur pôle de rotation. C'est-à-dire, un peu en-dessous ou au-dessus d'une hauteur égale à notre latitude (voir Figure 5-24).

A une latitude de 45° nord, l'étoile *Dubhé*, à l'extrémité de la Grande Casserole, variera de 5° autour de l'azimut 320° et ce pendant un peu plus de cinq heures alors que sa hauteur passera de 65° à 30° à l'ouest du pôle. Lors de sa montée par le côté est autour du pôle, elle sera dans le 40° pendant

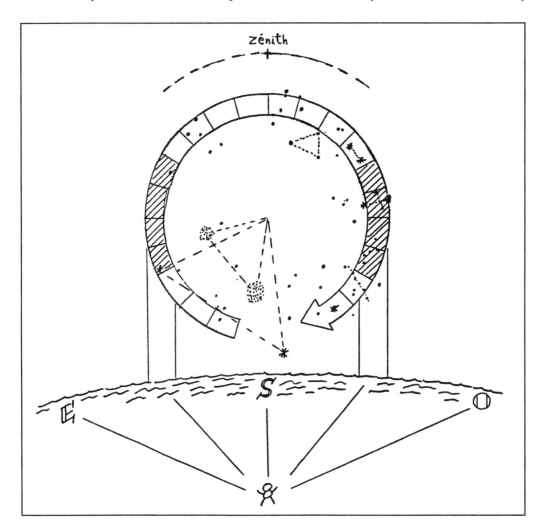

Figure 5-24. *Chemin d'étoiles circumpolaires. A des latitudes plus élevées, les étoiles circumpolaires forment une manière de chemin d'étoiles. A leur passage à droite et à gauche de leur pôle de rotation, elles conservent un azimut constant pendant plusieurs heures. Cet exemple est donné pour une latitude de 45°S en utilisant des étoiles circumpolaires de 60°S de déclinaison. Les secteurs segmentant le chemin représentent 1 heure de temps. Sans aucune montre ou chronomètre, vous pourriez utiliser la hauteur d'étoiles proéminentes le long de ce chemin pour contrôler l'écoulement du temps.*

le même laps de temps. *Dubhé* est suffisamment éloignée de *l'étoile Polaire* pour pouvoir être utilisée quand celle-ci est cachée. Cependant cette technique est potentiellement beaucoup plus intéressante dans les latitudes Australes élevées.

Dans le ciel de l'hémisphère sud, il y a pratiquement toujours une couronne d'étoiles proéminentes ayant une déclinaison d'à peu près 60°. Ces étoiles sont circumpolaires pour toutes les latitudes situées au delà de 30°S. La Figure 5-23 montre comment, pour une latitude de 45°S, ces étoiles forment un chemin d'étoiles pratique. Il faut néanmoins garder à l'esprit que l'azimut de ces étoiles change à mesure que la latitude d'observation change. Mais ce changement est graduel et peut être contrôlé. La vertu première de cette approche est qu'elle donne une direction d'un seul coup d'œil, sans avoir à tracer des lignes imaginaires au travers de la voûte céleste.

5.14 Chronométrer les étoiles basses

Si vous avez une montre, n'importe quelle étoile, connue ou non, située dans le premier quart de la voûte céleste, peut être utilisée pour déterminer des directions d'une manière très pratique à n'importe quel moment de la nuit. La méthode est identique à celle appelée dans le paragraphe 6.4 "la méthode du Temps Solaire" permettant de s'orienter sur soleil. Dans le cas des étoiles, elle s'applique encore plus facilement. Les principes étant détaillés plus loin, nous ne ferons qu'en donner le mode opératoire.

Tout d'abord, déterminez avec précision plusieurs directions en utilisant n'importe laquelle, de préférence un grand nombre, des méthodes étudiées précédemment. Puis, utilisez une rose de compas portable afin de noter la direction de quelques étoiles basses dans le ciel, situées grossièrement à l'opposé du pôle visible. C'est-à-dire, utilisez des étoiles situées dans le nord quand vous êtes dans l'hémisphère sud et inversement, servez-vous des étoiles situées dans le sud quand vous êtes dans l'hémisphère nord. Notez l'heure de votre montre. Cette heure peut être fausse, un top horaire précis n'est pas nécessaire, seules des mesures de temps relatifs nous importent. Rappelons que ces étoiles basses se déplacent vers l'ouest le long de l'horizon à une vitesse de 15° par heure. Si, à un moment donné nous connaissons leurs directions, on peut donc rapidement déterminer leurs nouvelles directions à un moment ultérieur quelconque.

Exemple: Par 35° de latitude nord, à 22h30 heure de la montre, j'aperçois *Antarès* dans le sud-est au cap 140°, direction préalablement déterminée par d'autres méthodes. A 2h30 à ma montre, le lendemain matin, soit quatre heures plus tard, *Antarès* sera dans le 140° + (15°x 4) = 200°.

L'astuce consiste ici à utiliser différentes méthodes pour déterminer les directions initiales de plusieurs étoiles et de là, suivre leurs courses dans le ciel.

A mesure qu'elles approchent de l'horizon ouest, utilisez leurs positions et directions pour déterminer la direction de nouvelles étoiles apparaissant dans l'est sur la même trajectoire. C'est le moyen le plus simple pour suivre l'évolution de différents relèvements à l'aide des étoiles. Essentiellement, durant la nuit il vous faudra utiliser une fois ou deux d'autres méthodes pour vérifier votre étalonnage sur ces étoiles basses. Cependant, une montre est indispensable. Voir Figure 5-25.

De même, les étoiles n'ont pas nécessairement besoin d'être très basses. Comme il est expliqué plus loin au paragraphe 6 dans la section Méthode du Temps Solaire, tant que leurs hauteurs maximales sont inférieures à 45° au-dessus de l'horizon, l'erreur induite par cette méthode dépasse rarement 5°. De plus, les erreurs sont égales mais de sens opposé de part et d'autre de votre méridien. Si, de cette manière, vous suivez une étoile d'un côté à l'autre de votre méridien, les erreurs s'annuleront.

Figure 5-25. *Contrôle de l'azimut d'étoiles par chronométrage d'étoiles basses. Toute étoile culminant à moins de 45° au-dessus de l'horizon se déplace vers l'ouest à une vitesse de 15° à l'heure. Si vous disposez d'une montre, une fois trouvées des directions par d'autres moyens, vous pouvez utiliser cette méthode toute la nuit. C'est l'équivalent, appliqué aux étoiles, de la méthode du Temps Solaire décrite au paragraphe 6, Figures 6-9 et 6-10.*

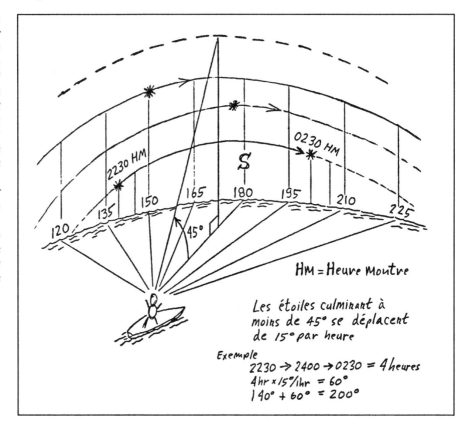

De même, plus basse est l'étoile choisie, plus précise est la méthode, mais plus courte en est la durée d'utilisation. Généralement, ne sachant pas la hauteur maximale que va atteindre une étoile choisie au hasard dans l'est, il est préférable de démarrer avec des étoiles proches de votre méridien. Simplement, observez le ciel en direction de votre méridien et n'importe quelle étoile brillante située à moins de 45° au-dessus de l'horizon fera l'affaire. La nuit suivante, quand vous les voyez arriver, vous savez que vous pouvez vous appuyer sur elles.

C'est tout ce qu'il y a à en dire et bien que demandant peu d'explications, l'extrême utilité et souplesse de cette méthode n'est pas à négliger. Avec une montre en main, c'est un puissant moyen d'orientation. La rotation de 15° à l'heure est facile à mémoriser, la terre effectuant 360° en 24 heures soit 15° à l'heure.

6

Se diriger à l'aide du soleil

Gouverner sans compas durant la journée diffère totalement de barrer la nuit grâce aux étoiles. Par nuit claire, on peut jeter un coup d'œil aux étoiles et déterminer très facilement n'importe quelle direction souhaitée. On ne peut faire la même chose aussi souvent avec le soleil, et de plus sans montre on ne peut rien faire du tout. Pour déterminer la direction du soleil, il faut procéder à quelques calculs ou surveiller l'évolution de l'ombre portée du soleil. On peut toujours obtenir des directions à partir du soleil, mais ce n'est pas aussi simple et pratique qu'avec les étoiles.

En journée pour gouverner, le gros avantage c'est que l'on peut voir les vagues, la houle et d'autres signes variés tels l'action du vent sur la surface de l'eau et sur le bateau. Sans parler de l'horizon visible toute la journée, permettant de mesurer la hauteur du soleil. Typiquement, durant la journée, on s'appuie sur le vent et la houle pour barrer, en vérifiant de temps à autre la direction du soleil afin de contrôle. Mais quand la houle est faible et les vents variables, on n'a pas d'autre ressource que de barrer en s'appuyant sur le soleil toute la journée.

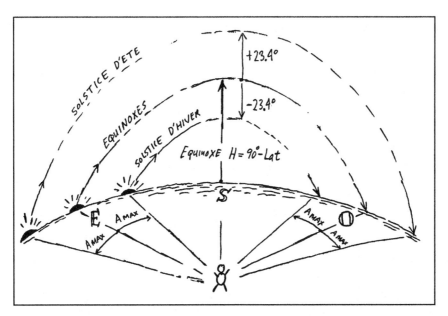

Figure 6-1. *Trajectoire du soleil observée à partir de latitudes nord montrant la hauteur maximale ainsi que le lever et le coucher du soleil sur une année. Cette trajectoire est symétrique par rapport au méridien d'observation: quand le soleil se lève à 20° au sud de l'est, il se couche à 20° au sud de l'ouest. Les amplitudes maximales sont représentées dans la Figure 6-2.*

6.1 Lever et coucher du soleil

Pour obtenir des directions à partir du soleil dans la matinée, il faut connaître l'azimut du lever du soleil. Le soleil se lève toujours à l'est, mais rarement à l'est vrai. La plupart du temps, dans la majorité du monde, le lever du soleil se situe à ± 30° de l'est vrai. Ainsi, le lever du soleil ne donne qu'une grossière estimation de l'est et il est impossible de diriger un bateau avec une telle marge d'incertitude.

La direction précise du lever du soleil dépend de la latitude d'observation et de la date. Durant l'automne et l'hiver (entre les deux équinoxes, du 23 Septembre au 21 Mars), la déclinaison du soleil est sud. Le soleil se lève donc au sud de l'est, voir Figure 6-1. L'amplitude du soleil est maximale pendant un mois de part et d'autre des solstices, soit le 21 Décembre et le 21 Juin. Seulement aux équinoxes, pendant une période d'une semaine de part et d'autre de ces dates, on peut être sûr que le lever du soleil sera dans l'est vrai avec une marge d'erreur maximale de 5°.

Une méthode permettant de déterminer l'azimut du lever du soleil en fonction de la latitude de l'observateur et de la date est donnée plus loin. Mais, celle-ci mise à part (nécessitant une bonne mémoire), le moyen le plus facile pour déterminer la direction du soleil au lever consiste à utiliser les étoiles. Juste avant l'aube, repérez avec précision votre cap et la direction du vent et de la houle en utilisant les étoiles disponibles. Dans l'hémisphère nord, quand *l'étoile Polaire* est visible, il est préférable, si possible, de mettre cap au nord pour effectuer cette mesure. Alternativement, en d'autres lieux, il peut être judicieux de suivre un cap parallèle ou perpendiculaire à la houle.

Dans la pratique, il est conseillé de donner des valeurs numériques aux caps que l'on détermine, le vôtre et celui de la houle, plutôt que des qualificatifs vagues comme "nord-ouest", même si les relevés que vous faites ne sont pas très précis (excepté en cas d'utilisation de *l'étoile Polaire*). Vous préparant par exemple à effectuer cette mesure, vous modifiez votre cap et faites route droit sur la houle dont vous savez qu'elle vient du 50° grâce aux étoiles, le vent venant par le travers tribord. Vous réglez le bateau à cette allure et maintenez un cap constant jusqu'au lever du soleil. Si le soleil apparaît à 30° sur la droite de votre étrave, alors votre rose de compas de fortune vous indiquera que l'azimut du soleil est 80°. Une fois que l'on connaît cet azimut, il est plus pratique de s'en rappeler par rapport à l'est vrai. Dans notre exemple, cela serait 10° au nord de l'est (voir également Figure 3-5 pour une autre méthode).

La différence entre l'azimut du lever du soleil et l'est vrai (ou du coucher par rapport à l'ouest vrai) est l'amplitude du soleil. Dans cet exemple, l'amplitude serait 10°N. Le qualificatif nord ou sud de l'amplitude est toujours identique à celui de la déclinaison. Le soleil se lève et se couche au nord (de l'est ou de l'ouest) quand la déclinaison est nord. L'amplitude est la notion à se rappeler car elle varie systématiquement tout au long de l'année et s'applique de manière identique au lever comme au coucher. Il est plus difficile de se rappeler les changements d'azimut. Aux équinoxes, l'amplitude du soleil est 0°. Au delà des équinoxes, elle augmente régulièrement de jour en jour pour atteindre sa valeur maximale aux solstices. Les variations de l'amplitude en fonction de la date et la valeur maximale atteinte en fonction de la latitude, sont illustrées dans les Figures 6-2 et 6-3.

L'amplitude du soleil ne variera pas beaucoup sur une période d'une semaine, à moins que votre latitude ne change de plusieurs centaines de milles. Néanmoins, c'est une excellente pratique que de la vérifier tous les jours. Après plusieurs contrôles, vous en connaîtrez la valeur avec précision. On peut également déterminer l'amplitude du soleil en utilisant les premières étoiles au crépuscule, au moment du coucher du soleil. Déterminez le relèvement du soleil à son coucher par rapport à votre cap ou bien faites une route directe vers le point du coucher sur l'horizon. Maintenez ce cap jusqu'à ce que des

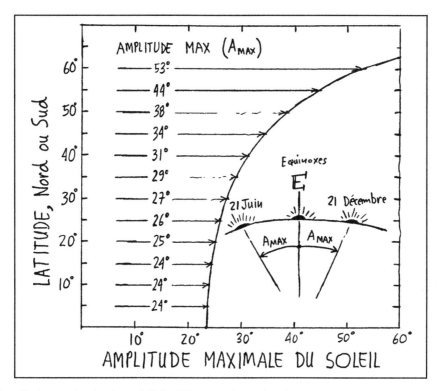

Figure 6-2. *Amplitude maximale du soleil à différentes latitudes. Les valeurs maximales apparaissent aux solstices. Mais, durant le cours de l'année, l'amplitude est sud quand la déclinaison du soleil est sud (en automne et en hiver), et nord quand cette déclinaison est nord (au printemps et en été).*

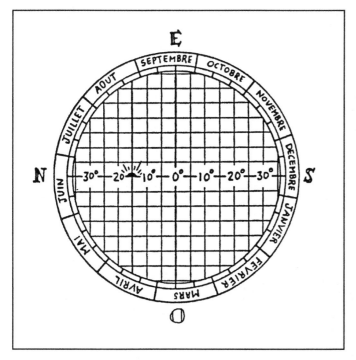

Figure 6-3. *Variation de l'amplitude du soleil en fonction de la date. Tracez un cercle et graduez le avec des angles de 1° par jour, en positionnant les solstices aux points d'intersection avec le diamètre horizontal. Graduez ce diamètre horizontal en fonction de l'amplitude maximale pour une latitude donnée. Dans cet exemple, la latitude est de 48°N, où l'amplitude maximale est de 37°N. A cette latitude, l'amplitude au 15 Avril et au 25 Août est 15°N. Ce schéma montre également la variation de l'amplitude; plus lente près des valeurs maximales au moment des solstices, comparée à la variation aux moments des équinoxes.*

étoiles apparaissent, puis déterminez votre direction à partir de ces étoiles. Ceci vous donne la direction du coucher du soleil. Partant de cette direction, déterminez l'amplitude afin de pouvoir l'utiliser le jour suivant pour vous orienter. En vous souvenant que la trajectoire du soleil est symétrique, la direction du coucher vous donne la direction du lever du soleil. Si l'amplitude du soleil est 20° N, le soleil se couche à 20° au nord de l'ouest et se lèvera le matin suivant à 20° au nord de l'est.

Dans la section La règle des tropiques du paragraphe 5 (Figure 5-21) nous avons montré comment déterminer l'amplitude d'une étoile à partir de sa déclinaison et de la latitude du lieu d'observation. Cette méthode peut aussi être appliquée au soleil. Une procédure permettant de déterminer la déclinaison du soleil en fonction de la date est donnée plus loin dans la section Latitude par la Méridienne du paragraphe 11.

6.2 Soleil du matin et soleil de l'après-midi

Une fois connue la direction du soleil au lever, il est possible de suivre l'évolution de la direction indiquée par le soleil durant deux ou trois heures. Ceci s'effectue en traçant la trajectoire suivie par le soleil depuis son point d'émergence au lever.

La méthode consiste à déterminer le point sur l'horizon, dont la direction est connue, où le soleil s'est levé; puis d'estimer l'écart angulaire avec la direction du soleil au moment de l'observation. Il y a deux façons de procéder, l'une nécessite une montre, l'autre non.

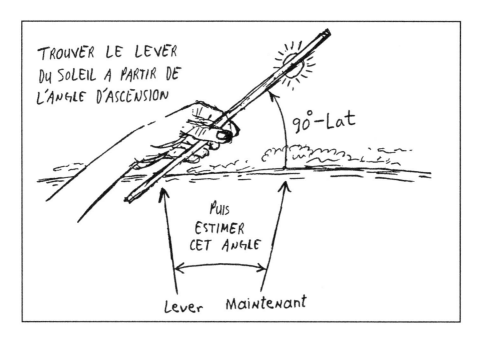

Figure 6-4. *Une fois déterminé, grâce à l'angle d'ascension, le point sur l'horizon du lever du soleil dont la direction est connue, il est possible d'en déduire la direction à l'instant présent du soleil. La même méthode peut être utilisée avant le coucher. Des informations complémentaires sur les angles de lever et de coucher du soleil sont données en Figure 6-5 et table 6-1.*

Sans montre

Sans montre, la méthode de pointage sur l'horizon du point où le soleil s'est levé est identique à celle utilisée pour déterminer le point sur l'horizon d'où la ceinture d'Orion (*Mintaka*) a émergé (voir Figure 6-4). Imaginez une ligne passant par le soleil faisant un angle avec l'horizon égal à 90° - votre latitude. Cette ligne coupe l'horizon au point où le soleil s'est levé. Par exemple, à une latitude de 30°

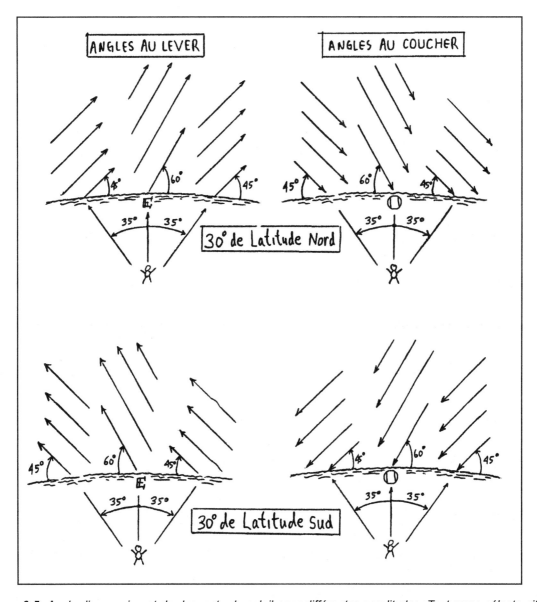

Figure 6-5. *Angle d'ascension et de descente du soleil pour différentes amplitudes. Tout corps céleste situé à un azimut donné se lève et se couche en suivant une trajectoire dont l'inclinaison est identique. Plus l'azimut de l'astre sur l'horizon est proche de l'est ou de l'ouest vrai et plus cette inclinaison est prononcée. Quand l'azimut est l'est ou l'ouest vrai, l'angle de l'inclinaison est égal à 90°- la latitude de l'observateur. Des valeurs numériques sont données dans le tableau 6-1.*

```
┌─────────────────────────────────────────────────────────────────────┐
│                  TABLE 6-1. ANGLES  D'ASCENSION *                     │
╞═══════════════════════════════════════════════════════════════════════╡
```

		Amplitude (Nord ou Sud)											
		0	5	10	15	20	25	30	35	40	45	50	55	60
	0	90	85	80	75	70	65	60	55	50	45	40	35	30
	5	85	83	79	74	69	65	60	55	50	45	40	35	30
	10	80	79	76	72	68	63	59	54	49	44	39	34	29
	15	75	74	72	69	65	61	57	52	48	43	38	34	29
	20	70	69	68	65	62	58	54	50	46	42	37	33	28
Latitude (Nord ou Sud)	25	65	65	63	61	58	55	52	48	44	40	36	31	27
	30	60	60	59	57	54	52	49	45	42	38	34	30	26
	35	55	55	54	52	50	48	45	42	39	35	32	28	24
	40	50	50	49	48	46	44	42	39	36	33	29	26	23
	45	45	45	44	43	42	40	38	35	33	30	27	24	21
	50	40	40	39	38	37	36	34	32	29	27	24	22	19
	55	35	35	34	34	33	31	30	28	26	24	22	19	17
	60	30	30	29	29	28	27	26	24	23	21	19	17	14

* *Angles d'ascension et amplitudes sont illustrés   en Figure 6-5.*

N ou S, le soleil s'élève avec une pente de 60°. Ceci est vrai pour des latitudes nord ou sud, la seule différence étant l'inclinaison de la trajectoire du soleil. Dans les latitudes nord, il s'élève en direction du sud et inversement, dans les latitudes sud il s'élève vers le nord (voir Figure 6-5). A une latitude de 10°, l'angle d'inclinaison (au lever comme au coucher) se situe aux alentours de 80°. Un bâton et un rapporteur de fortune (rose de compas portable) permettent d'évaluer cet angle. Mais, pour déterminer la direction du lever du soleil, point n'est besoin d'une très grande précision. Simplement, rappelez-vous que plus basse est votre latitude, plus l'angle est droit. De même, pendant une heure ou deux avant le coucher, il est possible d'utiliser la même procédure pour anticiper le point où le soleil va se coucher.

Strictement parlant, cette méthode est une approximation car l'angle d'inclinaison utilisé ici n'est vrai que si le soleil indique l'est ou l'ouest vrai, au moment où nous pointons le bâton vers l'horizon. Le cas le plus défavorable a lieu dans les hautes latitudes nord au solstice d'hiver quand le soleil se lève bien au sud de l'est et s'éloigne encore plus de l'est à mesure qu'il s'élève. Mais la plupart du temps, dans la majorité des cas, cette approximation est largement acceptable, en partie parce qu'en été dans l'hémisphère nord et en hiver dans l'hémisphère sud, le soleil se situe près de l'est ou de l'ouest au moment ou cette procédure est praticable, même si l'amplitude est importante. Le tableau 6-1 donne l'angle d'inclinaison en fonction de l'amplitude.

Avec une montre

Avec une montre, l'endroit sur l'horizon où le soleil s'est levé peut être pointé d'une autre façon, qui peut s'avérer plus précise que la méthode précédente. Pour la mettre en pratique, il vous faut connaître le temps écoulé depuis le moment du lever. Puis, il faut convertir cette durée en distance le long d'une règle ou d'un bâton gradué, en utilisant un facteur de conversion approprié.

Le facteur de conversion dont nous avons besoin est "1 pouce (2,54 cm) par 10mn, bras tendu". Pour comprendre l'origine de ce facteur, imaginez que vous puissiez, d'une quelconque manière, voir la trajectoire du soleil au travers du ciel. Si vous teniez une règle graduée bras tendu, alignée sur cette trajectoire, vous verriez le soleil se déplacer le long de cette règle à une vitesse de 1 pouce tous les 10mn. La valeur exacte de ce facteur de conversion dépend de la longueur de votre bras. La valeur choisie ici suppose une distance entre vos yeux et la règle égale à 2 pieds (61cm), ce qui est une moyenne réaliste. Ce facteur de conversion est le même que celui utilisé au paragraphe 5.11 dans la détermination du mouvement apparent des étoiles zénithales. Tout dans le ciel se déplace à cette vitesse puisque "1 pouce par 10mn, à 2 pieds" est équivalent à 15° par heure.

Bien évidemment on ne peut voir la trajectoire du soleil au travers du ciel, ce qui après tout est ce que nous voulons déterminer. Mais si nous connaissons l'heure du lever de soleil et l'heure du moment présent, nous connaissons la distance angulaire parcourue par le soleil depuis son lever. L'astuce consiste à tracer un repère sur la règle ou le bâton gradué, à une distance en nombre de pouces ou

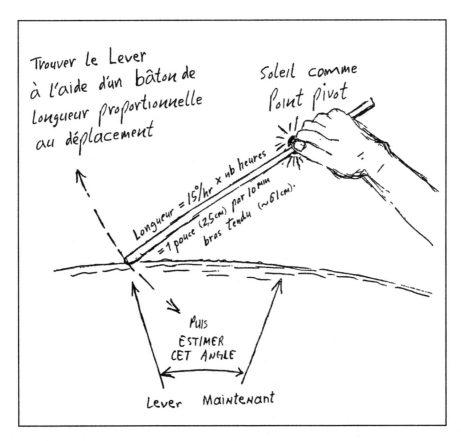

Figure 6-6. *Règle ou bâton gradué permettant de déterminer la position du soleil à son lever. L'après-midi, la même procédure peut être utilisée pour déterminer la position du coucher du soleil, à condition d'en connaître l'heure. L'azimut du soleil à un instant quelconque est déterminé à partir de l'azimut connu du soleil à son lever ou à son coucher.*

en centimètres correspondant à la distance parcourue par le soleil depuis son lever. Cette distance se déduit à partir du temps écoulé depuis le lever du soleil et du facteur de conversion.

Ensuite, en tenant le bâton avec le pouce placé sur le repère, positionnez celui-ci sur le soleil et faites pivoter le bâton autour de ce point de telle manière que l'extrémité du bâton touche l'horizon. Là se situe le point où est apparu le soleil. Ce point est le seul endroit sur l'horizon d'où le soleil a pu émerger pour se déplacer jusqu'à sa position actuelle, entre l'heure de son lever et l'heure présente. Voir Figure 6-6.

Durant l'après-midi, la même méthode est utilisable pour déterminer à l'avance le point du coucher du soleil. Si vous n'avez pas de règle ou de bâton à votre disposition, vous pouvez utiliser votre main bras tendu (voir Figure 3-6). Le facteur de conversion d'une main tendue doigts écartés, se situe entre 80 et 100 minutes, en fonction de la taille de votre main.

Mais, quelle que soit la méthode utilisée pour pointer le soleil sur l'horizon, n'oubliez pas les principes de bases: Dans les latitudes nord (au sens défini au paragraphe 2.1), face au soleil, celui-ci se déplaçant vers la droite; le matin vous pointez le lieu de son lever vers la gauche. L'après-midi, vous pointez le lieu de son coucher vers la droite.

Dans les latitudes sud, c'est l'inverse; le déplacement vers l'ouest du soleil se faisant vers la gauche quand vous lui faites face. Pointer le lieu du lever ou du coucher du soleil peut être pratiqué à n'importe quel moment dans l'année, sous n'importe quelle latitude. Contrairement à la méthode approximée de l'angle d'ascension, cette procédure est précise (pendant une heure ou deux après le lever et avant le coucher), indépendamment de l'azimut du soleil. Ceci est juste un exemple de l'intérêt d'être capable d'évaluer des angles à mains nues.

6.3 La méridienne

La clé pour se diriger grâce au soleil au milieu de la journée est d'avoir une montre et de connaître le Temps Solaire. Le Temps Solaire est déterminé par rapport à la moitié du jour. La méridienne est l'heure de passage du soleil sur le méridien du lieu d'observation. A ce moment, le soleil culmine dans le ciel indiquant le sud vrai pour un observateur situé dans les latitudes nord (au-delà du tropique du Cancer) et inversement le nord vrai pour un observateur situé dans les latitudes sud (au-delà du tropique du Capricorne). Connaître le Temps Solaire vous assure d'une direction précise chaque jour au moment de la méridienne. Dans beaucoup de cas, cette connaissance peut être utile tout au long de la journée. Indépendamment de son intérêt dans la détermination des directions par le soleil, le Temps Solaire est également indispensable pour suivre l'évolution de la longitude. Interrompons donc brièvement le sujet sur la détermination des directions pour clarifier quelques points.

L'heure de la méridienne ne doit pas être confondue avec le 12h00 indiqué par votre montre. Il est, en effet, hautement improbable que votre montre indique exactement 12h00 au moment de la méridienne. Peu importe d'ailleurs la zone horaire sur laquelle votre montre est calée, même si elle est réglée sur la zone du lieu où vous êtes. L'heure à laquelle le soleil est sur votre méridien dépend de votre position dans la zone horaire sur laquelle est réglée votre montre.

Si vous avez une montre, mais qu'elle donne une indication fausse (peut être est-elle arrêtée, sans que vous ne sachiez depuis combien de temps) et que vous ne connaissez pas votre position, le mieux est de déterminer le moment de la méridienne par la culmination du soleil et de régler votre montre à

12h00 à cet instant. De cette façon, elle sera calée sur un système horaire connu, même si celui-ci est lié à une longitude et une date.

Il est facile de régler une montre sur le Temps Solaire. Mais, si elle est calée sur une autre zone horaire, quelle qu'elle soit, vous ne devez absolument pas modifier son réglage. Une mesure de temps précise est essentielle au calcul de la longitude, et pour des navigations au long cours, l'heure est beaucoup plus importante que l'orientation au soleil. Il est important de ne pas effectuer sur votre montre un quelconque réglage qui lui ferait perdre la précision de l'heure indiquée, indépendamment de la zone horaire sur laquelle elle est calée. Si votre montre vous donne une heure précise, n'y touchez pas. Déterminer l'heure de la méridienne sera toujours possible quand nécessaire, même si cette heure diffère largement du 12h00 de votre montre.

Détermination de la méridienne à partir des heures de lever et coucher du soleil

A partir d'une position fixe, la méridienne a lieu exactement entre le lever et le coucher du soleil. Dans le cas d'une navigation de fortune, à moins de faire plus de 200 milles par jour, on peut considérer la position d'une embarcation comme étant stationnaire Pour trouver l'heure de la méridienne, notez l'heure du lever et l'heure du coucher du soleil, additionnez les deux et divisez par deux. Ce n'est pas plus compliqué.

Peu importe ce que vous considérez être le lever et le coucher du soleil, l'important est d'être homogène dans les deux cas. Habituellement, la définition du lever du soleil est le moment où le limbe supérieur apparaît à l'horizon. Le disque solaire n'est entièrement visible que deux ou trois minutes plus tard, ce délai variant avec la latitude et la date. La définition correspondante du coucher serait le moment où le limbe supérieur du soleil disparaît derrière l'horizon. Dans les deux cas, la mesure doit être faite quand le soleil coupe l'horizon vrai et non une couche basse de nuages. Quand l'horizon est obscurci par quelques petits amas nuageux, plus petits que le demi-diamètre du soleil, il est encore possible d'estimer la différence entre le lever ou le coucher apparent et le lever ou le coucher vrai.

Par exemple, supposons qu'à ma montre l'heure du lever du soleil est 09h15 et l'heure du coucher 19h33. L'heure de la méridienne est:

$$\frac{19h\ 33mn + 9h\ 15mn}{2} = \frac{28h\ 48\ mn}{2} = 14\ h\ 24mn$$

La culmination du soleil a eu lieu à 14h24 à cette montre. Si je désire caler cette montre sur le temps solaire, je peux la retarder de 2h24 (quelle que soit l'heure à laquelle j'effectue ce réglage). Il est également possible de laisser les choses en l'état, tout en sachant qu'avec cette montre le soleil indiquera le sud vrai à 14h24 le lendemain. Cela est vrai, indépendamment de la zone horaire sur laquelle elle est réglée.

Il n'est pas nécessaire d'effectuer les mesures du lever et du coucher le même jour. On peut très bien chronométrer le soleil à son coucher un soir, puis à son lever le lendemain matin. Ces opérations peuvent même être espacées de quelques jours si la position varie peu, disons 200 milles au maximum. Dans cette limite, l'heure de la méridienne ne varie pas de plus de 5 à 10 minutes sur une période de quelques jours. Si tout ce que nous voulons c'est trouver une direction grâce au soleil, une précision

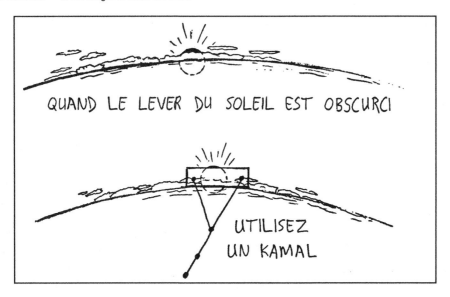

Figure 6-7. *Un kamal peut être utilisé pour repérer le moment où le soleil atteint une hauteur déterminée au-dessus de l'horizon. A mi-chemin entre la visée du matin et celle de l'après-midi, se situe le moment de la culmination, lorsque le soleil est sur le méridien de l'observateur. C'est l'heure de la méridienne. Un kamal est simplement une petite plaque, telle une carte de crédit, tenue à bout de bras. Une cordelette à nœuds est fixée sur cette carte et maintenue entre les dents, de manière à assurer une distance fixe entre la carte et les yeux.*

plus grande n'est pas nécessaire. En revanche, si nous voulons déterminer la longitude, une plus grande précision est indispensable.

Détermination de la méridienne avec un kamal

Trouver la méridienne à partir du lever et du coucher du soleil est pratique, malheureusement il est rarement possible d'observer le soleil sur une ligne d'horizon nette. Même par temps clair, la ligne d'horizon est souvent encombrée de nuages ou de brumes. Une façon de circonvenir ce problème consiste à improviser un "sextant" rudimentaire, signifiant ici un ustensile permettant de mesurer des angles. Il est possible de cette façon de chronométrer le temps nécessaire au soleil pour aller d'une hauteur déterminée le matin vers la même hauteur l'après-midi. La trajectoire du soleil étant symétrique, l'heure de la méridienne sera toujours entre les deux temps de passages.

Le meilleur sextant de fortune permettant de mesurer des petits angles s'appelle un "kamal". D'origine arabe, il était utilisé sur les dhows durant les navigations dans le Golfe Persique et le long des côtes d'Afrique Orientale. Un kamal n'est rien d'autre qu'un petit bâtonnet plat ou une petite plaque, telle une carte de crédit; une cordelette à nœuds y étant reliée. Utiliser le kamal consiste à coincer la cordelette à nœuds entre les dents et de tenir la plaquette d'une main de telle sorte que la cordelette soit tendue, l'autre main libre vous permettant d'assurer une position stable sur le bateau. La cordelette tendue permet de maintenir la plaquette à une distance fixe des yeux. De même, si vous reliez la cordelette à la plaquette à l'aide d'une bride, son orientation sera constante. Le kamal est un ustensile de mesures répétées de petits angles, très fiable.

Pour effectuer la visée, il suffit d'aligner le bord inférieur de la plaquette sur l'horizon et de noter l'heure (juste après l'aube), au moment où le limbe supérieur émerge au-dessus du bord supérieur de

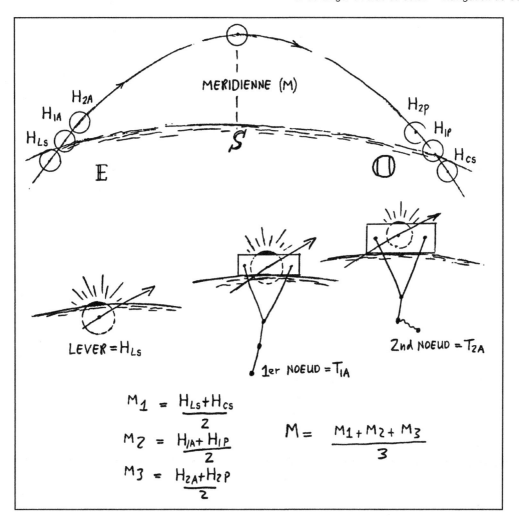

Figure 6-8. *Détermination de l'heure de la méridienne. La moyenne de plusieurs mesures est plus précise qu'une seule des mesures considérée isolément.*

la plaquette. En fin de journée (avant le crépuscule), il suffit simplement d'effectuer la visée inverse, c'est-à-dire noter l'heure du moment où le limbe supérieur du soleil disparaît derrière le bord supérieur de la plaquette, le bord inférieur de celle-ci étant aligné sur l'horizon (voir Figure 6-7). La valeur de la hauteur mesurée ainsi importe peu, à condition de rester homogène entre le matin et le soir.

En plaçant plusieurs nœuds sur la cordelette, il est possible de pratiquer des mesures à différentes hauteurs, chaque nœud donnant un couple de mesure, chaque temps médian donnant une valeur de l'heure de la méridienne. En raison des erreurs de mesure, les différentes heures de méridienne obtenues ne seront pas exactement les mêmes, mais leur moyenne sera plus précise qu'une seule mesure isolée (voir Figure 6-8). Une fois encore, une très grande précision n'est pas nécessaire s'il s'agit seulement de déterminer une direction. Cependant, cette méthode est suffisamment précise pour suivre l'évolution de la longitude, comme nous le verrons plus loin.

Si vous n'avez pas ce qu'il faut pour fabriquer un kamal, vous pouvez utiliser vos doigts, bras tendu. Avec un peu de pratique, cette méthode peut même être aussi précise que l'utilisation d'un kamal. A l'opposé, si vous avez un sextant à votre disposition, utilisez-le.

Sans sextant, le principal problème lors d'une mesure de hauteur de soleil est l'éblouissement. Habituellement, il faut se limiter à des mesures de très faibles hauteurs, pendant qu'il est encore possible de regarder le soleil en face. Par chance, il suffit que le soleil se soit élevé d'une hauteur équivalente à la largeur d'un doigt, pour que l'horizon s'éclaircisse. Dans tous les cas, de faibles angles (inférieur à 10°) sont de loin préférables à des angles importants car la précision de leurs mesures est meilleure. Si vous devez absolument mesurer des hauteurs de soleil importantes, alors que son éclat est au plus fort, assurez-vous d'utiliser une quelconque protection oculaire. Ceci n'est pas un problème facile à solutionner, bien qu'une bonne paire de lunettes de soleil fasse quelquefois l'affaire aux angles de faibles valeurs. Un morceau de pellicule photo peut servir d'écran solaire, ainsi que du papier cellophane teinté. Une possibilité consiste à fumer un morceau de plastique translucide en faisant brûler un morceau de papier ou de tissu imbibé de gasoil. Souvenez-vous que vos yeux peuvent être très rapidement et gravement blessés si vous regarder directement le soleil (particulièrement si son éclat est dégagé).

Détermination de la méridienne à partir des tables de lever et coucher du soleil

Jusqu'ici, nous avons étudié la manière de déterminer l'heure de la méridienne à l'aide d'une montre. Pour y parvenir, il n'est pas utile de connaître la position du bateau ni même de savoir si la montre utilisée est correctement réglée sur une zone horaire quelconque et indique l'heure exacte. De même, nous n'avons besoin d'aucune aide ou document particulier. L'étape suivante consiste à montrer qu'avec une table de lever et coucher du soleil, la connaissance de votre position et une montre à l'heure, réglée sur une zone horaire quelconque mais connue, il est possible de déterminer l'heure de la méridienne sans aucune mesure à effectuer. Si toutes ces conditions sont réunies, on peut généralement déterminer cet instant d'une manière plus précise que ne le permettent les mesures.

Des tables de lever et coucher du soleil sont disponibles dans les éphémérides de l'année ou dans d'autres publications. Il y a donc une bonne probabilité pour qu'il y en ait à bord. Recherchez dans ces tables l'heure du lever et du coucher à la date du jour et à votre latitude. Déterminez l'heure médiane entre les deux valeurs trouvées, comme dans l'exemple précédent. Cet horaire médian sera l'heure UTC de la méridienne pour un observateur situé sur le méridien de Greenwich. Il faut ensuite convertir votre longitude supposée connue en valeur de temps en utilisant les facteurs de conversions suivants: 15° = 1 heure ou 15' = 1 minute (ce qui est le même facteur exprimé en unités plus petites). Dans les mêmes documents, des tables facilitent cette conversion. Puis, si votre longitude est ouest, ajoutez la valeur convertie à l'heure UTC de la méridienne à Greenwich (Temps de passage du soleil au méridien de Greenwich) pour obtenir l'heure GMT de la méridienne à votre longitude. A l'inverse, si votre longitude est Est, il faut soustraire la valeur de votre longitude, convertie en temps, à l'heure UTC de la méridienne à Greenwich pour obtenir l'heure UTC de la méridienne à votre longitude. Cette procédure est expliquée en détail au paragraphe 12.2, traitant de la détermination de la longitude.

Remarquez qu'il est possible de trouver les heures de lever et de coucher à partir de tables d'une quelconque année. Ces heures (dont la précision nous importe) dépendent seulement de la latitude et de la date, non de l'année. En fait l'heure de la méridienne ne dépend pas de la latitude, bien que l'heure du lever et celle du coucher en soient dépendantes. Vous pouvez vérifier que si vous utilisez la table d'un jour donné, vous trouverez la même heure de méridienne quelle que soit la latitude. Vous pouvez également obtenir le moment de la méridienne sur les stations radio commerciales ou dans un journal récent traînant à bord. Les horaires figurants sur les journaux sont habituellement accompagnés de la correction en longitude nécessaire pour la ville où le journal a été imprimé.

Il est également possible d'avoir une idée de l'écart horaire entre la méridienne et l'heure du lever du soleil si vous connaissez votre latitude et disposez des horaires de lever et coucher du soleil. Vous pouvez alors utiliser une montre pour marquer l'heure de la méridienne. Par exemple, si le lever du soleil est à 05h 59mn et que son coucher est à 17h 29mn alors:

Heure de la méridienne = (17h29mn+05h59mn)/2=11h44mn

Ainsi le passage du soleil à votre méridien intervient 5 heures et 45 minutes après le lever du soleil, quelle que soit votre longitude (11h44mn-05h59mn=05h45mn).

L'heure de la méridienne à Greenwich (Temps de passage du soleil au méridien de Greenwich) est directement donnée dans les éphémérides; seule la correction de longitude reste à faire pour obtenir l'heure de la méridienne au lieu où vous êtes situé. Nous avons inclus la méthode utilisant les tables de lever et de coucher pour ceux qui se retrouvent de manière imprévue au large (quelles qu'en soient les circonstances), sans éphémérides, à rechercher une direction sur le soleil. Dans ce genre de circonstances, il est probable que vous ayez une montre, qu'elle indique l'heure correcte et que vous connaissiez votre position, au moins à un niveau de précision suffisant (qui n'est pas très élevé), permettant la mise en œuvre de cette méthode.

6.4 La méthode du temps solaire

Déterminer des directions à l'aide d'une montre et du soleil est particulièrement facile tant que la hauteur de culmination du soleil est inférieure à 45° au-dessus de l'horizon, c'est-à-dire inférieure à la mi-hauteur entre l'horizon et le zénith. Dans ce cas, il vous faut seulement connaître l'heure de la méridienne et l'heure en cours pour obtenir des directions précises tout au long de la journée. L'heure de votre montre n'a même pas besoin d'être calée sur une quelconque zone horaire, seule la connaissance l'heure de la méridienne en fonction de votre montre est nécessaire comme expliqué dans le paragraphe précédent.

Pour contrôler la hauteur du soleil au moment de la culmination, utilisez ce que l'on appelle un gnomon et vérifiez son ombre portée aux alentours de midi. Un gnomon est une simple tige (style) verticale plantée sur une plan horizontal. Tant que le soleil est suffisamment bas et satisfait la condition énoncée au paragraphe précédent, sa hauteur varie peu durant le laps de temps d'une heure de part et d'autre de la culmination. Dans ces conditions, le moment précis auquel vous pratiquez ce test n'est pas critique. Si l'ombre portée est plus grande que le gnomon, la hauteur du soleil est inférieure à 45°. Dans ce cas vous pouvez utiliser la méthode du Temps Solaire pour déterminer des directions tout au long de la journée.

Ce test est facile et devrait être pratiqué dès qu'il y a un doute sur la hauteur de culmination. La méthode du Temps Solaire telle que développée plus loin peut générer des erreurs importantes si le soleil est trop haut. Quand le test est mis en œuvre, le gnomon, qui peut être un bâtonnet, doit être

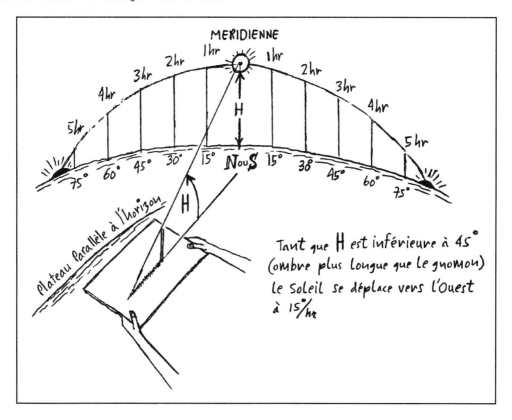

Figure 6-9. *Principe de la méthode du Temps Solaire. Cette méthode nécessite au préalable le contrôle de la hauteur de culmination du soleil au moment de la méridienne. Bien qu'étant une approximation, elle est cependant utilisable tant que la hauteur maximale du soleil est inférieure à 45°.*

perpendiculaire à l'horizon, la surface sur laquelle l'ombre apparaît étant alignée avec l'horizon (dans un plan parallèle à la surface de l'eau). Une pointe clouée perpendiculairement à une plaque maintenue parallèle à l'horizon est aussi une manière de procéder, mais il est facile d'en improviser d'autres.

Le contrôle de la hauteur de culmination au moment de la méridienne est important car cette hauteur détermine en effet la vitesse apparente du déplacement du soleil durant la journée. Le soleil se déplace en permanence dans le ciel le long d'une trajectoire invisible à une vitesse de 15° à l'heure. Mais, seulement lorsque la hauteur méridienne est inférieure à 45°, la direction apparente du soleil par rapport à l'horizon change-t-elle avec une vitesse presque constante de 15° à l'heure. Dans ces conditions, cette approximation est correcte toute la journée, du lever au coucher du soleil (voir Figure 6-9). Par ailleurs, puisque le soleil est sur notre méridien au moment de la culmination (hauteur méridienne), si nous connaissons l'heure de la méridienne nous pouvons, en fonction de l'heure du moment présent, déterminer facilement des directions à partir du soleil toute la journée. Dans les latitudes nord, l'azimut du soleil au moment de la méridienne est 180°. Une heure plus tard, le soleil s'étant déplacé de 15° vers l'ouest, son azimut est donc 195°.

Autre exemple plus complet. Vous êtes dans les latitudes nord, à votre montre il est 11h20 et vous savez que la méridienne aura lieu à 13h40 (heure de votre montre). Comme vous êtes 2h20 (ou 2,33h) avant le moment de la culmination (la méridienne) vous savez que le soleil doit parcourir 2,33 x 15°

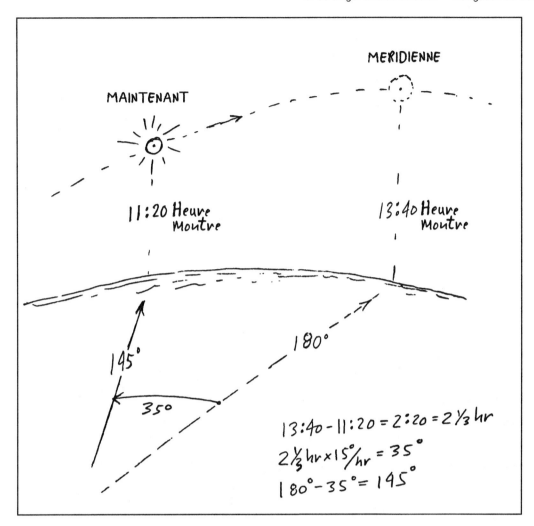

Figure 6-10. *Utilisation de la méthode du Temps Solaire. Une fois déterminé l'instant de la méridienne, vous pouvez déterminer l'azimut du soleil toute la journée, simplement avec l'heure. Rappelons que cette méthode ne fonctionne que lorsque sa hauteur maximale est inférieure à 45°.*

soit 35° avant de vous indiquer le sud. En d'autres termes, au moment présent à 11h20, l'azimut du soleil est 180°-35° = 145° (voir Figure 6-10).

Strictement parlant, la méthode du Temps Solaire ne fournit qu'une direction approximative du soleil. Cependant, tant que la hauteur méridienne du soleil est inférieure à 45° cette approximation est acceptable. Comme expliqué dans le paragraphe précédent, il est facile de déterminer l'heure de la méridienne à 10 minutes près, même en se déplaçant. Une fois déterminé ce moment, la méthode du Temps Solaire donne la direction du soleil à 5° près et souvent mieux que cela. Rappelez-vous que 15° par heure reviennent au même que 1° toutes les 4 minutes de telle sorte que si votre heure est fausse de 4 minutes, votre direction ne sera fausse que de 1°.

Dans les latitudes septentrionales, à midi le soleil est plus bas en hiver qu'en été. Il en résulte qu'à moins d'être très au nord, cette méthode peut n'être utilisable que durant la moitié hiver de l'année. Mais indépendamment de l'endroit et de la date, si l'ombre portée du gnomon, vérifiée dans les conditions décrites plus haut, est plus longue que ledit gnomon, vous pouvez utiliser cette méthode toute la journée.

La méthode du Temps Solaire ainsi appelée, est une amélioration d'une méthode enseignée aux scouts. Celle-ci consiste à pointer l'aiguille des heures d'une montre vers le soleil (la montre doit être réglée sur l'heure solaire), le sud étant dans ce cas indiqué par la direction de la bissectrice de l'angle formé par l'aiguille des heures et le repère 12h. Les sévères limitations de cette méthode devraient être évidentes compte tenu de ce qui a été expliqué précédemment.

6.5 La méthode de l'extrémité de l'ombre portée

Alors que le soleil se déplace vers l'ouest, l'extrémité d'une ombre portée se déplace vers l'est, telle qu'illustrée en Figure 6-11. A partir du déplacement de l'extrémité de l'ombre portée, il est possible de

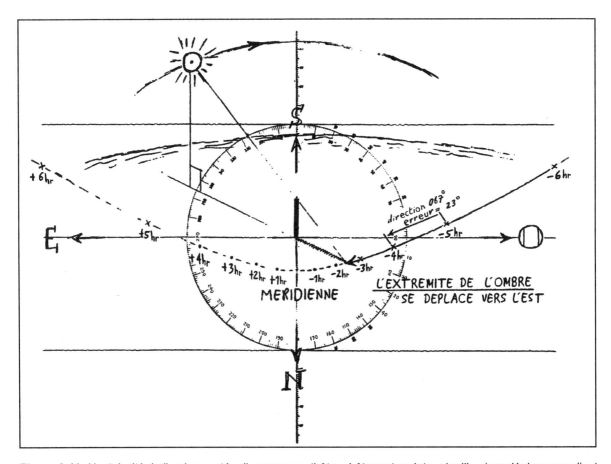

Figure 6-11. *L'extrémité de l'ombre portée d'un gnomon (bâton, bâtonnet, pointe, aiguille,..) se déplace vers l'est toute la journée. La différence entre l'est vrai et la direction suivie par l'extrémité de l'ombre dépend de la latitude, de l'heure et de la date dans l'année. Cette erreur est toujours de même nature (nord ou sud) que l'amplitude du soleil le matin et de nature contraire l'après-midi. La table 6-2 donne des valeurs numériques de l'erreur induite par cette méthode. L'exemple donné dans cette figure représente ce que l'on obtiendrait un 14 Juillet par 45° de latitude nord.*

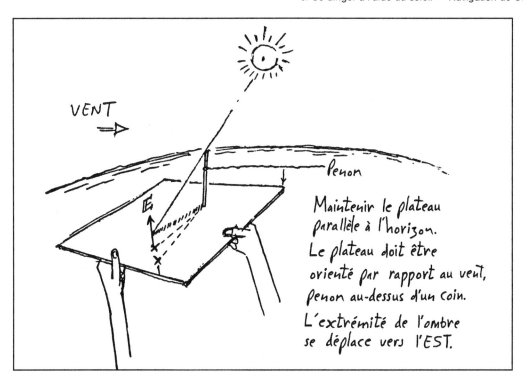

VENT

Penon

Maintenir le plateau
parallèle à l'horizon.
Le plateau doit être
orienté par rapport au vent,
penon au-dessus d'un coin.

L'extrémité de l'ombre
se déplace vers l'EST.

Figure 6-12. *Surface de projection portable servant à trouver l'est. Orientez d'abord le plateau en utilisant la direction du vent ou de la houle. Puis, marquez la position de l'extrémité de l'ombre portée. Il est préférable d'avoir un ensemble de points afin de tracer une direction moyenne, permettant de "lisser" les erreurs d'orientation du plateau.*

déterminer une direction est-ouest comme nous l'avons fait avec les étoiles zénithales. Mais, puisque c'est une ombre que nous observons, il n'est pas utile que le soleil soit au zénith. Aux alentours de la mi-journée, toutes les ombres se déplacent vers l'est vrai, quelle que soit votre position et le moment de l'année.

Quand le soleil est haut dans le ciel et que vous n'avez pas de montre, la méthode de l'extrémité de l'ombre portée est le meilleur moyen de déterminer des directions à partir du soleil.

Surveillez le déplacement de l'extrémité d'une ombre portée n'est pas chose aussi aisée en mer qu'à terre. Néanmoins, l'exercice est loin d'être impossible. Dans tous les cas, il vous faudra improviser. Les conditions nécessaires sont que le cap du navire soit maintenu et que la surface sur laquelle l'ombre se porte soit alignée et maintenue parallèle à l'horizon. Le gnomon (un bâtonnet, une pointe, etc..) qui génère l'ombre n'a pas à être perpendiculaire à l'horizon, bien que cela soit peut être la solution la plus pratique. Cependant, son orientation relative à l'horizon doit être la même chaque fois que vous faites une observation.

L'extrémité d'une ombre portée d'un gnomon incliné se déplace dans la même direction que celle d'un gnomon vertical. Certains manuels traitant de l'orientation à terre à partir du soleil, suggèrent de l'orienter vers le soleil, de manière à démarrer l'exercice sans ombre aucune. Au moment où celle-ci commence à apparaître à la base du gnomon, son extrémité se déplace vers l'est. Cette méthode ne présente pas d'avantage particulier. Son seul effet est de diminuer la longueur effective du gnomon, rallongeant d'autant le temps nécessaire aux observations.

Strictement parlant, le cap du bateau peut varier durant l'exercice. Mais, lorsque vous contrôlez réellement le mouvement de l'extrémité de l'ombre portée pour en marquer le déplacement, le bateau doit être remis sur son cap initial. Il se peut que vous souhaitiez aligner le navire par rapport à la mer pour procéder aux observations. De même, si vous disposez d'une large plaque, vous pouvez la réorienter chaque fois que vous faites une observation, sans plus vous soucier du cap du navire. La Figure 6-12 montre comment procéder à l'orientation d'une telle plaque en fonction du vent apparent et d'un penon

En l'absence d'une surface de projection aussi pratique, la procédure globale consiste à orienter le bateau sur un cap que vous pouvez maintenir ou reprendre, et de marquer l'extrémité de l'ombre portée lorsque le navire ne gîte plus. Quand l'extrémité de l'ombre s'est suffisamment déplacée, marquez un second point sur la surface, puis répétez l'opération plusieurs fois. Ces marques devraient former une ligne, suivant une direction ouest–est.

Si vous utilisez le pont du navire comme surface de projection, vous pouvez y fixer perpendiculairement un bâtonnet et contrôler que le bateau ne gîte pas en observant l'inclinaison du bâtonnet par rapport à l'horizon. Dans un radeau de survie vous n'avez pas d'autre choix que de tenir ce bâtonnet verticalement et d'estimer le déplacement de l'ombre portée du mieux que vous pouvez.

Le temps nécessaire à la détermination précise de la direction indiquée par le déplacement de l'extrémité d'une ombre portée dépend des conditions de mer et de la longueur de votre bâtonnet. Plus le bâtonnet est long et plus l'ombre portée se déplace de manière sensible. A terre, avec un bâton de 1 m, on peut facilement trouver la direction de l'est en 10 mn. Sur une mer agitée, il faut plus de temps, quelquefois jusqu'à une heure et plus. Parfois les conditions de mer sont telles qu'il est impossible de mettre en œuvre cette méthode.

Utilisant cette méthode, vous pouvez espérer une précision de l'ordre de 10° (sur le principe, à condition de conserver un cap constant), pendant deux à trois heures de part et d'autre du moment de la méridienne (culmination). Ceci est vrai quels que soient le lieu et la date. Une semaine avant et après les équinoxes la précision obtenue est la meilleure. A ces dates précises, cette méthode fonctionne avec exactitude tout au long de la journée en quelque lieu que ce soit. Mais aux dates éloignées des équinoxes, ce qui est généralement le cas, cette méthode n'est pas fiable en début de matinée et en fin d'après-midi. Dans certaines conditions, elle fonctionne encore très bien à des moments éloignés de la mi-journée. Dans d'autres circonstances l'erreur peut être de l'ordre de 30°.

Le tableau 6-2 indique les erreurs en fonction des moments où la méthode est pratiquée (écart par rapport à l'heure de la méridienne), à différentes latitudes et déclinaison.

6.6 La règle des tropiques pour le soleil

Sous les latitudes tropicales, l'orientation à l'aide du soleil offre des avantages et des inconvénients spécifiques. L'un des inconvénients est que la méthode du Temps Solaire ne peut pas être utilisée. En revanche l'un des avantages tient au fait que la "règle des tropiques" nous donne la direction du lever et du coucher du soleil si nous en connaissons la déclinaison. De même, sous ces latitudes, l'inclinaison de la trajectoire du soleil à son lever et à son coucher par rapport à l'horizon est proche de 90°, ainsi l'azimut du soleil peut être utilisé une bonne partie de la journée.

TABLE 6-2. ERREURS DE L'OMBRE PORTEE *

Ecart Horaire / Méridienne	Déclinaison Similaire					Déclinaison Contraire				
	23.45	18	12	6	0	6	12	18	23.45	
0-1	3	2	2	1	0	1	2	2	3	
0-2	10	7	5	2	0	2	5	7	10	
2-3	15	11	7	4	0	4	7	11	15	Latitude
3-4	19	15	10	5	0	5	10	15	19	0°
4-5	22	17	11	6	0	6	11	17	22	
5-6	23	18	12	6	0	6	12	18	23	
0-1	3	2	2	1	0	1	2	3	4	
1-2	9	7	5	2	0	3	5	9	12	
2-3	14	11	7	4	0	4	8	13	18	Latitude
3-4	19	15	10	5	0	5	11	17	22	20°
4-5	22	17	12	6	0	6	12	19	25	
5-6	24	19	13	6	0	6	13	—	—	
0-1	3	2	2	1	0	1	2	4	5	
1-2	9	7	5	3	0	3	6	10	14	
2-3	14	11	8	4	0	4	10	15	21	
3-4	19	15	10	5	0	6	12	19	25	Latitude
4-5	23	18	12	6	0	7	14	21	27	30°
5-6	26	20	14	7	0	—	—	—	—	
6-7	27	21	—	—	—	—	—	—	—	
0-1	3	3	2	1	0	1	3	4	7	
1-2	9	7	5	3	0	3	7	12	18	
2-3	15	12	9	5	0	5	11	18	26	
3-4	20	16	11	6	0	7	14	22	30	Latitude
4-5	25	20	14	7	0	8	16	24	—	40°
5-6	28	22	15	8	0	8	—	—	—	
6-7	31	24	16	—	—	—	—	—	—	
0-1	3	3	2	1	0	1	3	6	11	
1-2	10	8	6	3	0	4	10	17	27	
2-3	16	13	10	5	0	6	14	24	35	
3-4	22	18	13	7	0	8	17	28	38	Latitude
4-5	28	22	16	8	0	9	19	29	—	50°
5-6	32	26	18	9	0	—	—	—	—	
6-7	36	28	19	—	—	—	—	—	—	
0-1	4	3	2	1	0	2	5	11	25	
1-2	11	9	7	4	0	6	14	28	48	
2-3	18	15	11	6	0	9	20	36	53	
3-4	25	21	16	9	0	11	24	38	—	Latitude
4-5	32	26	19	10	0	12	25	—	—	60°
5-6	38	31	22	12	0	—	—	—	—	
6-7	44	35	24	12	—	—	—	—	—	
	81	40	32		59	32	40	81		
	— jours —				jours	— jours —				

Ecart entre la direction indiquée par le déplacement de l'extrémité d'une ombre portée et l'est vrai. Cet écart dépend de la latitude, de la déclinaison du soleil et de la distance en temps à l'heure de la méridienne. Cependant, cette erreur est toujours de même nature que l'amplitude du soleil le matin et de nature contraire l'après-midi. A la latitude 30°N par exemple, avec une déclinaison du soleil de 18°N, le déplacement de l'extrémité de l'ombre portée pointe à 11° au nord de l'est en matinée, 2 à 3 heures avant l'heure de la méridienne. L'après-midi, 1 à 2 heures après la méridienne, le déplacement de l'extrémité de l'ombre portée pointe à 7° au sud de l'est. Le nombre de jours où la déclinaison du soleil se situe dans les fourchettes de valeurs choisies (0,6,8,12,18,23.45) est indiqué en bas de la table. Exemple, le nombre de jours où la déclinaison du soleil est entre 12° et 18° est 40 jours. Dans cette table, le — indique qu'il n'y a pas de valeur, le soleil n'étant pas visible à ce moment de la journée.

La section La Règle des Tropiques du paragraphe 5 décrit ce qui est appelé "la règle des tropiques" servant à déterminer l'azimut d'une étoile à son lever ou à son coucher. Cette méthode n'est exploitable que dans la zone tropicale, pour des latitudes comprises entre 23° 26' N et 23° 26' S. Dans cette zone, la règle des tropiques est également applicable au soleil. Elle est d'autant plus utile avec le soleil que l'on aperçoit celui-ci bas sur l'horizon beaucoup plus facilement que les étoiles.

Pour utiliser cette règle, il vous faut connaître la déclinaison du soleil, celle-ci variant lentement de 23°26' N le 21 Juin, à 23°26'S le 21 Décembre. La variation maximale de la déclinaison du soleil est d'un demi-degré par jour, la variation typique journalière se situant à la moitié de cette valeur. Ainsi, connaissant par exemple la déclinaison du soleil une semaine auparavant, cette valeur ne serait pas très éloignée une semaine plus tard et parfaitement utilisable. La section Latitude par la Méridienne du paragraphe 11 traite de la détermination de la déclinaison du soleil à partir de la date. Si vous prenez comme valeur de déclinaison maximale 23.4°, moyen mnémotechnique simple, vous êtes très près de la valeur exacte. C'est également une façon très simple de vous souvenir de la position des tropiques.

La "règle des tropiques" pour le soleil est simple. D'un quelconque lieu situé sous les tropiques, l'amplitude du soleil est égale à sa déclinaison. Par exemple, le 23 Juillet la déclinaison du soleil est 20°N. A cette date, à partir d'un lieu quelconque d'observation situé dans la ceinture tropicale, le soleil se lèvera à 20° au nord de l'est et se couchera à 20° au nord de l'ouest.

Quand le soleil passe à votre zénith, votre latitude est égale à la déclinaison du soleil. Dans ce cas, vous pouvez utiliser la règle sans avoir à déterminer au préalable la déclinaison. Dans les faits, connaissant votre latitude, en naviguant à l'aplomb du soleil vous connaissez sa déclinaison.

6.7 Soleil coupant l'est ou l'ouest

Durant la moitié de l'année, le soleil ne se situe jamais à l'est vrai ou à l'ouest vrai. Observé à partir des latitudes nord en hiver, le soleil se lève au sud de l'est, reste au sud toute la journée, se couchant au sud de l'ouest. En été, le soleil se lève au nord de l'est, passe au-dessus de l'est vrai dans sa course vers le sud où il reste durant la journée. En fin de journée, lors de sa descente pour se coucher, le soleil coupe l'ouest vrai avant de disparaître derrière l'horizon au nord de l'ouest vrai.

La méthode suivante, permet de déterminer le moment où le soleil d'été indique l'est vrai ou l'ouest vrai pour un observateur situé dans les latitudes nord. Cette méthode fonctionne d'une manière symétrique en hiver pour un observateur situé dans l'hémisphère sud. Pour la mettre en œuvre, il vous faut une montre, une table de lever et de coucher de soleil ainsi que votre latitude à 1 ou 2 degrés près.

A une date donnée pour les latitudes nord, l'exercice consiste à rechercher l'heure du lever du soleil pour votre latitude puis de rechercher l'heure du lever du soleil pour une latitude hypothétique située à 90° dans votre sud. La différence entre ces deux valeurs horaires, est la durée de temps nécessaire au soleil pour atteindre l'est après son lever. Dans les latitudes sud recherchez l'heure du lever pour une latitude située à 90° dans votre nord. Par exemple, à la latitude 40°N le 10 Juin, l'heure de lever du soleil est selon les éphémérides 04h31. A la latitude 50° S (qui est 90° plus au sud), l'heure du lever du soleil est 07h54. La différence est 3 heures et 23 minutes. Dans ce cas le soleil indiquera l'est vrai 3 heures et 23 minutes après son lever. De même, le soleil indiquera l'ouest vrai 3 heures et 23 minutes avant qu'il ne se couche. Remarquez que vous n'avez pas besoin de connaître votre latitude avec une grande précision pour utiliser cette méthode (seulement à quelques degrés près). De même, l'heure exacte n'est pas nécessaire, seuls les temps relatifs important.

Bien que spécialisée, cette procédure peut néanmoins s'avérer être pratique un jour ou l'autre. Les éphémérides donnent les heures du lever et du coucher pour des latitudes 56° S à 70° N. Ceci signifie que, dans les latitudes nord, cette méthode n'est utilisable qu'au-dessus de la latitude de 34° N. De même, dans les latitudes sud, elle n'est utilisable qu'en dessous de 20° S. Mais comme les heures de lever et du coucher sont symétriques par rapport à la date et la latitude, vous pouvez, dans les latitudes nord, étendre l'utilisation de cette méthode jusqu'à 20° N. Simplement, supposez que vous êtes à une latitude sud et à une date située 6 mois plus tard que le jour présent.

6.8 Compas solaire

Avec une montre

Si la hauteur de culmination du soleil est inférieure à 45°, et si de plus vous avez une montre, la méthode du Temps Solaire est presque aussi bonne que l'utilisation d'un compas. Cette méthode vous donne la direction du soleil tout au long de la journée et, à partir de la direction du soleil, vous pouvez trouver n'importe quelle direction choisie. Pour diriger un bateau de cette façon, il est recommandé d'utiliser une rose de compas portable telle que décrite en section 3.3. Avec une telle rose de compas positionnée par rapport au soleil, la lecture de différents caps est directe. Pour simplifier encore plus les choses, vous pouvez même indiquer sur votre rose de compas les heures de passage du soleil pour différents caps. Ceci évite les calculs arithmétiques à chaque contrôle de direction. En effet, une fois déterminé le sud à la méridienne, toutes les autres directions s'en déduisent par le ratio 15° par heure.

Si vous avez une montre mais que la hauteur du soleil au moment de la méridienne ne permet pas l'utilisation de la méthode du Temps Solaire, il est néanmoins possible de graduer une rose de compas avec différentes directions du soleil. L'un des repères sera le sud obtenu à la méridienne, un autre indiquera la direction du soleil au lever. Une heure ou deux après le lever le soleil, il est possible de déterminer par pointage arrière le lieu où le soleil s'est levé sur l'horizon (voir paragraphe 6.2). Une heure ou deux avant la culmination, un autre repère peut être obtenu par la méthode de l'extrémité de l'ombre portée. Ceci couvre la journée, les temps intermédiaires pouvant être estimés. Vous obtenez un compas solaire alors que la méthode du Temps Solaire n'est pas praticable.

Sans montre

Il est également possible de fabriquer un compas solaire sans pour autant avoir une montre. Avec ce compas, vous suivez la direction du soleil à partir de sa hauteur. A cette fin, il vous faut improviser un moyen de mesurer des hauteurs relatives du soleil sur l'horizon. Il n'est pas nécessaire de connaître la hauteur réelle du soleil en degrés. Seul vous importe de savoir quand le soleil atteint une hauteur donnée, indépendamment de sa valeur. Un kamal où un sextant à ombre portée fait l'affaire (voir Figure 6-13). Si rien d'autre n'est disponible, utilisez votre main doigts écartés, bras tendu. Vous pourrez trouver à la fin de la section Latitude par la Méridienne du Chapitre 11 des façons plus précises de fabriquer des instruments de fortune destinés à mesurer des hauteurs de soleil.

Un instrument pratique pour surveiller l'évolution de la hauteur du soleil est constitué d'une baguette ou d'un bâton plat de 1 mètre environ. Deux lattes de voiles ficelées ensemble font parfaitement l'affaire. Pour indiquer la hauteur du soleil, tenez le bâton à bout de bras. Tout en maintenant le bâton

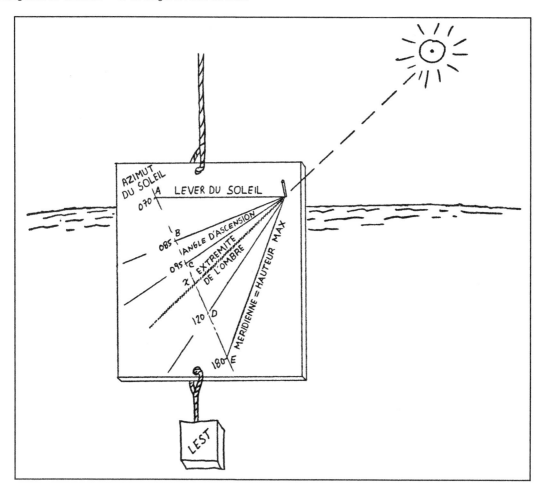

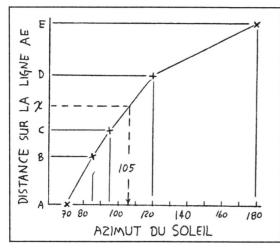

Figure 6-13. *Un compas solaire à ombre portée. Le plateau, maintenu verticalement grâce au lest, est orienté à la main jusqu'à ce que l'ombre du gnomon (horizontal cette fois) puisse être repérée. Associé à un repère de hauteur, l'azimut du soleil, déterminé ou estimé par les méthodes expliquées précédemment (angle d'ascension, extrémité de l'ombre portée, méridienne), est indiqué. Ces indications peuvent être utilisées l'après-midi (par symétrie) ou le jour suivant pour déterminer des directions. Des azimuts intermédiaires peuvent être estimés par interpolation graphique des distances le long de n'importe quelle ligne AE, comme indiqué sur la figure. L'exemple montré se situe par 35° de latitude et une déclinaison de même nature (nord ou sud) de 15°. Cet appareil fonctionne pour les azimuts mais n'est pas suffisamment précis pour déterminer la latitude à partir de la hauteur du soleil (voir paragraphe 11.7).*

verticalement, amenez le bord supérieur du bâton à tangenter le bord supérieur du soleil de façon à ce que celui-ci soit juste caché, le pouce de votre main tenant le bâton étant aligné sur l'horizon. Faites un repère sur le bâton au droit de votre pouce (voir Figure 6-14). Vous obtenez ainsi la hauteur du soleil en terme de longueur de bâton. Si vous améliorez ce bâton (ou plaque, ou livre) en un large kamal par l'adjonction d'une bride et d'une ficelle destinée à être coincée entre vos dents, la mesure sera plus facilement reproductible. Dans le cas contraire, et si vous éprouvez des difficultés à reproduire les mesures, essayez de caler votre tête entre vos épaules lors de vos mesures. Ceci peut permettre de maintenir constante la distance séparant vos yeux du bâton.

L'astuce consiste à repérer la hauteur du soleil et sa direction juste après avoir trouvé sa direction à partir de la méthode de l'angle d'ascension (voir Figure 6-4). Faites-le deux ou trois fois, à peu près toutes les heures après le lever du soleil. Puis, démarrez une mesure par l'ombre portée, ce qui peut prendre une heure ou plus. Et quand vous trouvez l'est puis la direction du soleil, repérez une fois encore la hauteur et l'azimut sur le bâton. Ainsi, vous obtenez un bâton vous indiquant les changements de direction du soleil en fonction de sa hauteur. Et ceci sans montre. Alors vous savez que durant l'après-

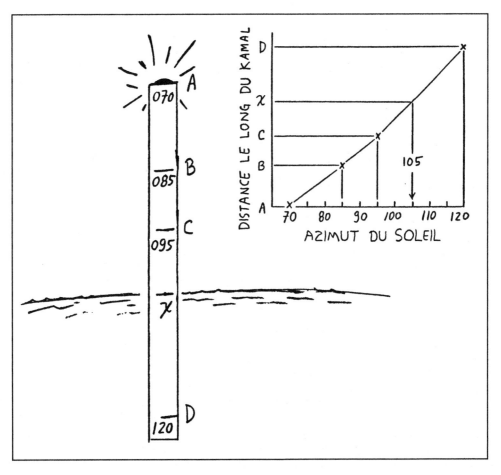

Figure 6-14. *Un bâton, un kamal ou un compas solaire peut être utilisé pour déterminer le moment où la hauteur du soleil à atteint une certaine valeur. Le bâton nécessaire fait à peu près 1 m et est maintenu à bout de bras (environ 60 cm). Les valeurs numériques de l'exemple sont identiques à celles de la Figure 6-13.*

midi quand le soleil redescend à ces hauteurs, son cap relativement à l'ouest sera le même qu'il a été le matin, relativement à l'est.

Les mesures étant pratiquées face au soleil brillant, il vous faut faire très attention. Si possible, fixez un filtre solaire de fortune sur le côté ou à l'extrémité du bâton. Dans les cas d'une baguette large ou d'une plaque, couvrez entièrement le soleil et, petit à petit, laissez glisser le bâton dans votre main jusqu'à ce que l'éclat du soleil apparaisse à l'extrémité supérieure du bâton. Dans tous les cas, quelle que soit la méthode adoptée, faites très attention quand vous regardez vers le soleil.

Dans des conditions favorables, il se peut que vous ayez durant la nuit une houle ou un vent bien établi qui dure toute la matinée. Connaissant leurs directions à partir des étoiles ou du lever du soleil, vous pouvez utiliser cette référence pour calibrer un compas solaire depuis le lever du soleil jusqu'à midi. Si la houle ou le vent change, vous aurez toujours un compas solaire pour vous diriger.

Lorsque le soleil est haut, vous ne pourrez pas utiliser de bâton (comme sous les tropiques vers midi), mais vous verrez que cela fonctionne bien le matin et l'après-midi. Quand le soleil est haut vous devrez utiliser un quadrant à pinnules ou un autre instrument similaire (reportez-vous à la Section Latitude par la Méridienne du Chapitre 11).

Quand la hauteur du soleil est élevée, il est pratiquement impossible d'en faire l'estimation avec des instruments de fortune. En raison de cette hauteur élevée, vous ne pourrez pas utiliser de bâton gradué (voir Figure 6-14) sous les tropiques à la mi-journée. Cependant, il sera toujours utile en début de matinée et en fin d'après-midi.

Il est important de se rappeler qu'une mesure de hauteur du soleil, la plus rudimentaire soit-elle, est plus précise qu'une simple supposition. Quand le soleil est bas sur l'horizon, sa hauteur est trompeuse. Dans ces conditions, le soleil apparaît toujours plus gros et plus haut qu'il n'est en réalité. La taille apparente du soleil couchant, comparée à ce qu'elle est en journée est juste un exemple des phénomènes d'illusion d'optique (appelée techniquement "illusion de lune") qui conduisent à surestimer les hauteurs angulaires près de l'horizon. Avec un sextant, vous pouvez mesurer le diamètre du soleil et vérifier qu'il est vraiment le même toute la journée. Le changement de taille n'est qu'apparent. Le même phénomène intervient également avec la lune près de l'horizon ce qui a donné son nom à cet effet.

Si vous devez entreprendre un long voyage, en temps ou en distance, il vous faudra de temps en temps calibrer de nouveau le compas solaire. En moyenne, il devra être vérifié à peu près tous les 200 milles, ou au moins une fois par semaine même si votre déplacement est faible. De plus, il ne sera pas précis la première fois. Il vous faudra un peu de pratique avec des mesures répétées avant que vous soyez confiant dans les résultats obtenus avec cet instrument. Pratiquer la navigation sans instrument est un job à temps complet, et il n'y a aucun moyen d'y échapper.

Avec un star finder

Si un "Star Finder" ou chercheur d'étoiles est disponible (voir la Section Tout sauf un compas du chapitre 14), n'oubliez pas le bénéfice que l'on peut en tirer pour se diriger au soleil. Il n'est pas nécessaire d'avoir des éphémérides pour le régler, seul l'azimut du soleil au lever suffit. Positionnez le soleil sur le "star finder" en fonction de son azimut, à une hauteur de 0°, sur le gabarit correspondant à votre latitude. Peu importe que vous ayez indiqué une longitude céleste du soleil fausse, sa latitude (ou déclinaison) sera correcte si l'azimut du soleil à son lever est correct, et c'est tout ce dont nous avons besoin. Avec le soleil positionné correctement sur le gabarit par rapport à son lever, vous avez un compas solaire qui fonctionnera toute la journée.

Si vous avez une montre, notez l'heure du lever du soleil et indiquez-la sur le cercle gradué en temps. Chaque rotation de 15° du gabarit correspond à 1 heure de temps écoulé. Il suffit de faire tourner le gabarit tout au long de la journée et de lire l'azimut du soleil. Un compas solaire gradué en temps fonctionnera quelle que soit la hauteur de culmination du soleil. Sans montre vous pouvez toujours déterminer l'azimut du soleil en fonction de sa hauteur repérée sur un compas solaire à ombre portée, ou bien déduire cet azimut à partir d'un bâton gradué et calibré.

Reportez-vous à l'ouvrage *The Star Finder Book*: *A complete Guide to the Many Uses of the 2102-D Star Finder* (voir la Section de la bibliographie les Etoiles et leur Identification) pour des explications détaillées sur cette aide puissante à la compréhension et à la prédiction des mouvements des astres.

Prendre la mer sans compas

Jusqu'ici nous avons débattu de la possibilité de fabriquer un compas solaire, une fois en mer. S'il se trouve que vous soyez isolés quelque part sur terre, sans compas, et que vous deviez entreprendre une navigation vers un lieu plus sûr, vous pouvez assez facilement vous fabriquer un compas solaire que vous pourrez embarquer lors de votre départ. Utilisez l'une quelconque des méthodes décrites plus haut pour déterminer la direction nord-sud vraie. Puis, inscrivez la hauteur du soleil sur un kamal ou équivalent au fil des heures ou utilisez la méthode de l'ombre portée. On a toutes les raisons de penser que c'est la méthode que pratiquaient les Vikings ou leurs homologues des régions tropicales du Pacifique durant leurs longues traversées océaniques. En fait il serait même difficile d'imaginer qu'un navigateur intelligent ne procède pas ainsi tout naturellement. Dans ces deux cultures nous trouvons des sanctuaires élaborés ou des monuments construits sur des sites côtiers qui auraient pu être utilisés pour de telles observations.

On peut procéder de la façon identique avec des étoiles brillantes. De tels instruments (pour le soleil et les étoiles) fonctionneront durant des périodes relativement longues si le voyage n'induit pas un fort écart de latitude. Des corrections approximatives prenant en compte la durée ainsi que la variation de latitude peuvent être appliquées en s'appuyant sur le sens de l'évolution de la déclinaison du soleil durant le temps du voyage.

6.9 Si le soleil est caché

Dans certaines circonstances, lorsque le soleil est caché par des nuages ou des bancs de brouillard, ou quand le soleil est juste sous l'horizon, il existe encore une chance de trouver la direction précise du soleil. Plusieurs techniques sont esquissées au début de Chapitre 8. La dernière section du Chapitre 8, Trouver le Soleil à la façon des Vikings, décrit comment trouver le soleil à l'aide de lunettes de soleil Polarisée. Les verres polarisés sont un substitut moderne à la "pierre à soleil" car il est peu probable que disposiez d'un morceau de spath d'Icelande (cristal de calcite) à bord.

7

Se diriger à l'aide d'autres objets dans le ciel

La hauteur et l'azimut de tous les corps célestes sont prévisibles à partir des lois physiques de la nature. La seule incertitude provient de notre capacité à apprendre, interpréter et appliquer ces lois. En navigation de secours, la lune et les planètes constituent un groupe séparé du fait de leurs propres trajectoires orbitales, compliquant leurs mouvements apparents dans la voûte céleste. De ce fait, leur intérêt en matière de navigation de fortune tient plus à leurs proéminences dans le ciel qu'à leurs prédictibilités à apparaître. Elles brillent d'une forte luminosité et peuvent donc servir de références intéressantes, une fois seulement établi ce que doivent être leurs déplacements apparents à partir du lieu d'où nous les observons. Par nuit obscurcie, il se peut qu'elles soient les seuls points de repères disponibles.

S'il nous arrive de faire route la lune et les planètes étant visibles, n'importe laquelle des méthodes d'étoiles zénithales décrites dans le chapitre 5 peut être utilisée. De même, si une planète se situe parmi la séquence d'étoiles constituant un "chemin d'étoiles" que nous utilisons, ce sera un point de repère supplémentaire à ne pas négliger pendant le laps de temps où il est utilisable.

D'autres objets dans le ciel tels des nuages, des oiseaux ainsi que des avions peuvent aussi aider à notre navigation dans certaines circonstances. Cependant, en haute mer, il conviendra de qualifier avec le plus grand soin l'information que nous déduisons de leur occurrence. Par exemple, à l'approche de la destination finale, des nuages peuvent nous aider à nous en rapprocher encore plus et l'apparition d'oiseaux peut nous épargner une journée supplémentaire de navigation. A maintes reprises par le passé, de nombreux marins épuisés se sont aidés des nuages et des oiseaux pour toucher terre.

7.1 La lune

La lune est le corps céleste le plus insaisissable. En apparence, elle se déplace chaque jour vers l'ouest comme les étoiles, du fait de la rotation de la terre. Mais, en même temps, elle se déplace vers l'est par rapport aux étoiles, en raison de sa propre trajectoire orbitale autour de la terre. Effectuant un tour complet de la terre en un mois, elle progresse au milieu des étoiles à une vitesse approximative de 360° sur une période de 30 jours, soit à peu près 12° par jour. Si une nuit donnée la lune est proche de l'étoile *Aldébaran*, la nuit suivante elle sera à peu près à 12° à l'est de cette même étoile (ce qui représente à peu près la moitié de la largeur d'une main doigts écartés, bras tendu). Voir Figure 7-1.

Le soleil également glisse en apparence vers l'est en raison du déplacement orbital de la terre autour du soleil. Cependant ce déplacement s'effectue au rythme de 360° en 365 jours, soit à peu près 1° par jour. Par rapport au présent sujet, cette valeur peut être négligée et l'on peut considérer que la lune se déplace par rapport au soleil de 12° vers l'est chaque jour. Néanmoins, le déplacement de la

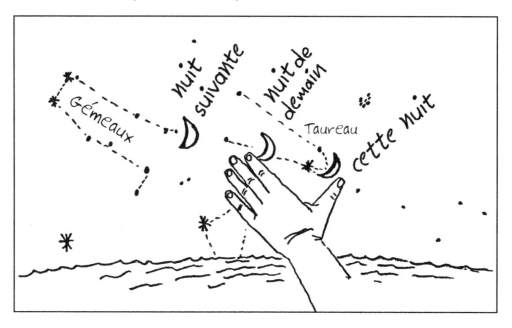

Figure 7-1. *Le déplacement vers l'est de la lune au travers des étoiles. La lune se déplace de 12° vers l'est quotidiennement dans la zone zodiacale. Dans l'exemple, la lune s'est déplacée de la constellation du Taureau vers celle du Gémeaux.*

lune dans la voûte céleste est complexe. Il est tout simplement impossible de prévoir son azimut d'un jour à l'autre, comme il est couramment pratiqué avec le soleil et les étoiles. Cependant, ceci ne doit pas nous inciter à ignorer la lune en tant qu'aide potentielle à la navigation. Par temps bouché, il se pourrait qu'elle soit tout ce que nous ayons.

Le Temps Solaire et la Pleine lune

Si vous avez une montre et connaissez le Temps Solaire, la lune peut être utile lors de circonstances particulières. Lorsque la lune est pleine, son comportement est similaire à celui du soleil. Simplement, il faut non plus considérer le soleil à la méridienne (midi solaire) mais le soleil à minuit solaire (heure de la méridienne + 12 heures). A ce moment précis, la lune se situe sur le méridien de l'observateur. Par exemple, si le soleil est plein sud à 13h30 à ma montre (à cet instant il est sur le méridien à partir duquel je l'observe), durant la nuit suivante la pleine lune indiquera le sud à 13h30 + 12h = 1h30. De plus, au moment de la pleine lune, celle-ci se comportant exactement comme le soleil (à 12h près), il est possible de déterminer sa direction à d'autres moments de la nuit en utilisant la méthode du Temps Solaire décrite au paragraphe 6.4. Cependant les mêmes restrictions s'appliquent. La hauteur de culmination de la lune doit être inférieure à 45°. Quand cette condition est satisfaite, la méthode du Temps Solaire peut être appliquée à la lune durant toute la nuit. Dans l'exemple précédent, à 4h30, soit 3h après le minuit solaire, la lune indiquerait le cap 180°+ (3x15°) = 225°.

Quand la hauteur de culmination de la lune est légèrement supérieure à 45°, la méthode du Temps Solaire n'est utilisable que pendant une heure de part et d'autre de l'heure de la culmination. Quand cette même hauteur est notablement supérieure à 45°, elle n'est tout simplement pas utilisable. Si la pleine lune est suffisamment brillante pour que l'ombre portée d'un gnomon soit visible, contrôlez la hauteur méridienne de la lune en vérifiant la longueur de l'ombre portée (voir Figure 6-9). Sinon, estimez sa hauteur en utilisant n'importe quelle surface carrée; vous n'avez même pas besoin d'un horizon clair. Maintenez le carré vertical, grossièrement parallèle à la surface de l'eau et prenez la diagonale comme ligne de mire pour déterminer la position relative de la lune par rapport à l'angle de 45° formé par la diagonale.

Appliquée à la lune, la méthode du Temps Solaire donne des résultats moins précis qu'avec le soleil. Ceci tient au fait que l'utilisation de cette méthode nécessite de connaître avec exactitude la phase dans laquelle se trouve la lune. Il y a pleine lune uniquement une fois par mois et une certaine pratique est nécessaire pour repérer ce jour par la simple observation de cet astre. Par nuit claire, il est possible de deviner à un jour près si c'est le jour de la pleine lune. Malheureusement, c'est quand la voûte céleste est encombrée, voire bouchée, que nous avons le plus besoin de la voir. Une incertitude d'une journée dans la détection correcte de la phase lunaire génère une erreur de direction de 12°, compte tenu du déplacement quotidien de 12° de la lune par rapport au soleil. Mais ce n'est pas tout. Techniquement, la pleine lune n'a lieu qu'à un instant précis; et ce moment varie d'un mois à l'autre. En bref, cette méthode induit une erreur intrinsèque de ± 12° au mieux. Ceci même si vous êtes en mesure de repérer à coup sûr le jour de la pleine lune.

Généralement, en considérant ces incertitudes (qui ne sont pas indépendantes), et quelle que soit la façon et le moment où la direction de la lune a été déterminée, il faut compter sur une erreur de 20°. Celle-ci peut sembler importante, mais la direction ainsi trouvée sera toujours précieuse si vous n'avez rien d'autre. Avec un calendrier ou des tables indiquant avec précision les différentes phases de la lune, l'erreur redescend vers 12°.

Quand la hauteur de culmination de la lune est inférieure à 45°, la méthode du Temps Solaire peut être utilisée pendant deux ou trois jours avant et après la pleine lune, sans perte importante de précision. Quand la lune est exactement pleine, le soleil et la lune sont en opposition par rapport à la terre. C'est ce qui explique le décalage d'exactement 12 heures de leur passage sur un même méridien. De même, cela explique avec une bonne approximation le fait que la pleine lune se lève quand le soleil se couche et qu'inversement elle se couche quand le soleil se lève. Les jours suivants, elle se déplacera chaque jour de 12° à l'est du soleil. Ainsi, la lune et le soleil se déplaçant tous deux en apparence vers l'ouest, si la lune s'est éloignée dans l'est du soleil, le décalage entre le passage du soleil et celui de la lune sera plus important. Le passage de la lune au méridien d'un observateur à minuit solaire se fera plus tard les jours succédants celui de la pleine lune. A minuit solaire, la lune n'aura pas encore atteint le méridien de l'observateur. Si de l'observation de la lune, ou de toutes autres sources d'information, vous avez déterminé que la pleine lune est passée d'une journée alors, à minuit solaire, son azimut sera 12° à l'est de votre méridien. Deux jours après la pleine lune son azimut sera, au même moment, 24° à l'est de votre méridien.

Le même raisonnement montre que durant les jours précédents celui de la pleine lune, le décalage entre le passage du soleil et celui de la lune sera inférieur à 12 heures. Le passage de la lune au méridien de l'observateur se fera alors avant minuit solaire. De manière analogue à l'exemple précédent, si vous avez déterminé que la pleine lune aura lieu dans deux jours, à minuit solaire l'azimut de la lune sera 24° à l'ouest de votre méridien. La lune sera passée à votre méridien avant minuit.

Compte tenu de l'incertitude concernant la détection de l'instant de la pleine lune, on peut considérer, sans grande perte de précision que le déplacement quotidien de la lune de 12° peut être

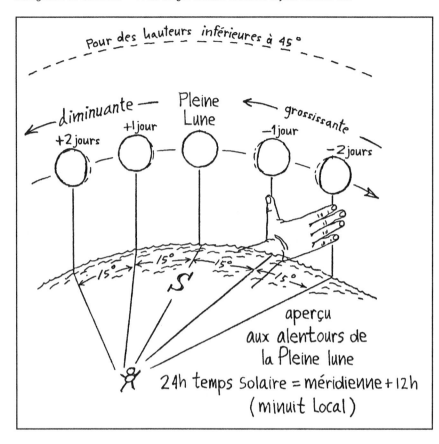

Figure 7-2. *Aux alentours de la pleine lune à minuit solaire local. La pleine lune est sur le méridien à 24h00 temps solaire. Un jour avant la pleine lune, la lune est sur le méridien 1heure avant 24h00 (à 23h00 temps solaire). Un jour après la pleine lune, la lune est sur le méridien 1heure après 24h00 (à 1h00 temps solaire). De même, "deux jours avant" signifie 2 heures avant; "deux jours après" signifie 2 heures après. Quand la hauteur maximale de la lune est inférieure à 45°, le temps de passage au méridien peut être pris comme référence pendant plusieurs heures de part et d'autre pour déterminer la direction de la lune.*

"arrondi" à 15° et assimilable en fait aux 15° de rotation horaire de la terre. Cette approximation étant faite, l'exemple précédent peut être reformulé de la manière suivante: la lune étant 2x12° à l'ouest du méridien de l'observateur, est équivalent à 2x15° soit 2 heures en avance lors de son passage sur le méridien par rapport au minuit solaire. Plus simplement, deux jours avant la pleine lune, celle-ci sera sur notre méridien 2 heures avant le minuit solaire, soit 22 heures temps solaire.

En s'appuyant sur ce mode d'explication, on peut reformuler le comportement de la lune d'une façon plus simple à mémoriser: La pleine lune est sur notre méridien à minuit solaire. Un jour avant, celle-ci est sur le méridien une heure avant minuit solaire. Un jour après, elle est sur le méridien une heure après minuit solaire. Deux jours avant, deux heures avant; deux jours après, deux heures après (voir Figure 7-2).

Après observation de la lune et une fois déterminé son écart en jour par rapport à la pleine lune, reste à qualifier cet écart. La lune observée se situe-t-elle avant ou après la pleine lune? En d'autres termes, est-elle dans sa phase grossissante ou diminuante? Le côté éclairé de la lune indique toujours la direction du soleil et son déplacement quotidien par rapport au soleil se fait vers l'est. Dans l'hémisphère nord, si le côté droit de la lune est éclairé, elle est dans sa phase nouvelle, apparaissant plus pleine chaque nuit. Si c'est le côté gauche qui est éclairé, la lune diminue de nuit en nuit. Dans l'hémisphère sud le raisonnement est inverse. Le point clé à mémoriser est que la lune se déplace vers l'est. Si son

Figure 7-3. *Le côté éclairé de la lune indique la direction du soleil. De nuit, la flèche figurée sur la lune pointe en direction de la bande zodiacale des constellations (la trajectoire de la lune au travers des étoiles). Dans l'hémisphère nord, ou plus spécifiquement quand la latitude d'observation est au nord de la déclinaison de la lune, celle-ci est dans sa phase grossissante quand son côté droit est éclairé. Elle est dans sa phase diminuante quand son côté gauche est éclairé. La règle s'inverse quand vous êtes dans le sud de la lune.*

déplacement la rapproche du soleil (le précédant dans son déplacement apparent sur la voûte céleste), alors elle diminue. Si son déplacement l'éloigne du soleil (le suivant dans son déplacement apparent sur la voûte céleste) alors elle grossit. Savoir repérer les positions relatives de la lune et du soleil demande de la pratique, qu'il est plus facile à mettre en œuvre lorsque la lune est visible en journée. Dans ces conditions, le soleil et la lune sont tous deux visibles, facilitant ainsi l'observation. Une fois compris les déplacements relatifs de la lune et du soleil en plein jour, l'observation nocturne devrait être plus facile.

Dans l'hémisphère nord, une autre astuce consiste à tirer un segment de droite vertical joignant les deux pointes du croissant de telle sorte à former soit la lettre d soit la lettre b. La lettre b veut dire "bigger" (plus grand) et la lune est croissante. La lettre d veut dire "declining" ou décroissante. Dans l'hémisphère sud, c'est l'inverse. On peut également s'aider du vieux dicton des marins français; "la lune est une menteuse" car dans l'hémisphère nord, lorsque la forme du croissant est un D (qui semblerait suggérer décroître), la lune est en fait croissante et lorsque la forme du croissant est C (comme croître), cette dernière est alors décroissante,

Les autres phases de la lune

Il est également possible de déterminer des directions à partir des deux demi-lunes (grossissante et diminuante), comme illustré en Figure 7-4 et 7-5. Une demi-lune dans sa phase diminuante sera sur le méridien d'un observateur à 6h00 en temps solaire (6 heures avant l'instant de la méridienne du soleil).

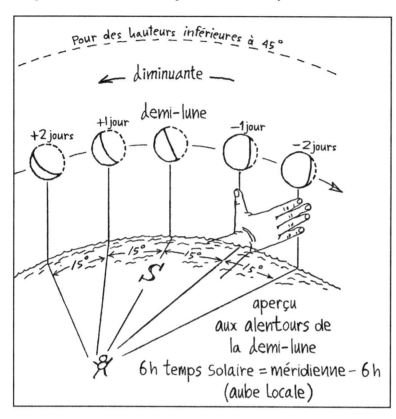

Pour des hauteurs inférieures à 45°

← diminuante

demi-lune

+2 jours +1 jour —1 jour —2 jours

15° 15° 15° 15°

S

aperçu
aux alentours de
la demi-lune
6h temps solaire = méridienne – 6 h
(aube locale)

Figure 7-4. *Demi-lune diminuante vue en début de journée (aube locale). La demi-lune passe sur le méridien de l'observateur à 6h00 temps solaire. Un jour avant la date de la demi-lune, celle-ci est sur le méridien 1 heure avant 6h00 (à 5h00 temps solaire). Un jour après la date de la demi-lune, celle-ci est sur le méridien 1 heure après 6h00 (à 7h00 temps solaire). De même, "2 jours avant" signifie 2 heures avant; "2 jours après" signifie 2 heures après. Quand la hauteur maximale de la demi-lune est inférieure à 45°, le temps de passage au méridien peut être pris comme référence pendant plusieurs heures de part et d'autre pour déterminer la direction de la lune.*

Une demi-lune dans sa phase grossissante sera sur le méridien d'un observateur à 18h00 en temps solaire (6 heures après l'instant de la méridienne du soleil).

De même que pour la pleine lune, ce doit être le jour exact de la demi-lune. Il n'est pas toujours facile de déterminer ce jour par la simple observation de l'astre. Mais ce n'est pas plus difficile que dans le cas de la pleine lune. Nombre de personnes dont moi-même trouvent plus facile de repérer la phase d'une demi-lune que celle d'une pleine lune. Avec de la pratique, ce moment peut être repéré à un jour près. De manière similaire à la pleine lune, les mêmes procédures et les mêmes erreurs intrinsèques sont à considérer. Si vous considérez que vous êtes deux jours avant la demi-lune diminuante, alors vous pouvez vous attendre à l'observer sur votre méridien 2 heures avant 6h00 en temps solaire. La règle est la même: avant la demi-lune, avant 6h00 temps solaire; après la demi-lune, après 6h00 temps solaire. Qu'elle soit sur le méridien en matinée ou en soirée est lié à sa nature, grossissante ou diminuante, en repérant le côté de la lune qui est éclairé. Au moins pour s'entraîner, la demi-lune est plus commode que la pleine lune pour déterminer des directions, les moments où on peut l'utiliser étant plus pratiques.

La plupart des tables de marée et certains calendriers indiquent les phases lunaires. Dans les calendriers, une demi-lune dans la phase grossissante est dite dans son "premier quartier". Une demi-lune dans la phase diminuante est dite dans son "dernier quartier". A l'aide des tables de marée ou d'un calendrier, la levée de l'incertitude sur la phase lunaire en cours est immédiate.

Figure 7-5. *Vue locale crépusculaire d'une demi-lune grossissante. La demi-lune grossissante est sur le méridien à 18h00 solaire. Un jour avant la demi-lune, elle est sur le méridien 1 heure avant 18h00 (à 17h00 solaire). Un jour après la demi-lune, elle est sur le méridien 1 heure après 18h00 (à 19h00 solaire). De même, "2 jours avant" signifie 2 heures avant; "2 jours après" signifie 2 heures après. Quand la hauteur maximale de la demi-lune est inférieure à 45°, le temps de passage au méridien peut être pris comme référence pendant plusieurs heures de part et d'autre pour déterminer la direction de la lune.*

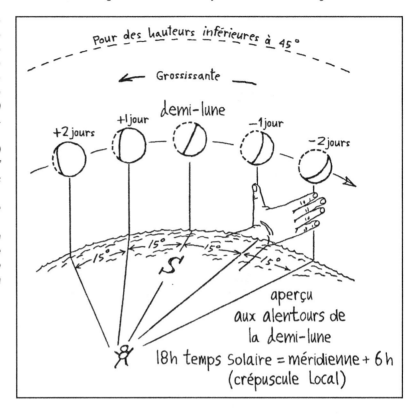

Si vous avez les tables de marée américaines ou autres du moment, une heure précise et une longitude approximative, vous pouvez très simplement tirer un profit considérable de la lune pour vous diriger. Ces tables donnant le lever et le coucher de la lune, vous pouvez considérer qu'elle sera sur le méridien d'origine à mi-temps entre l'heure du lever et l'heure du coucher. Le résultat obtenu sera précis à une heure près mais, plus important, vous pourrez déterminer ce moment à n'importe quel jour du mois (bien que la lune soit de peu d'intérêt quand elle est près du soleil). Cependant, les tables à utiliser doivent être de l'année en cours, les tables périmées n'étant utilisables qu'avec le soleil. Vous devrez également procéder à la correction de longitude telle que décrite dans le paragraphe 6.3 (également décrite dans les tables). Une latitude précise n'étant pas indispensable, choisissez une latitude approximative.

Si vous n'avez pas d'heure précise ou ne connaissez pas votre position, vous pouvez néanmoins tirer parti de ces tables pour vous diriger à l'aide de la lune. Il est en effet possible de déterminer le temps de passage de la lune sur votre méridien relativement au temps de passage du soleil (heure de la méridienne de soleil). A partir d'une latitude approximative à une date donnée vous pouvez déterminer le temps médian entre le lever et le coucher de la lune ainsi que le temps médian entre le lever et le coucher du soleil. Vous obtenez ainsi le temps de passage au méridien de référence du soleil et de la lune. Si le temps de passage du soleil est 12h10 et le temps de passage de la lune 20h30, vous en déduisez simplement que la lune sera sur votre méridien 8 heures et 20 minutes après le soleil, indépendamment de sa phase et sans connaître celle-ci. Une fois déterminée l'heure de la méridienne,

TABLE 7-1 RESUME DU COMPORTEMENT DE LA LUNE				
Phase	Age (jour)	Lever	Passage au méridien	Coucher
Nouvelle lune grossissante	0-3	Juste après le lever du soleil	A la mi-journée	Juste après le coucher du soleil
Demi-lune grossissante	7-8	A la mi-journée	Au coucher du soleil	Minuit solaire
Pleine lune	14-15	Au coucher du soleil	Minuit solaire	Au lever du soleil
Demi-lune diminuante	22-23	Minuit solaire	Au lever du soleil	A la mi-journée
Lune diminuante	26-29	Juste avant le lever de soleil	A la mi-journée	Juste avant le coucher de soleil

comme expliqué au paragraphe 6.3, vous pourrez obtenir des directions à partir du soleil et de la lune. Le soleil sera sur votre méridien au moment de la culmination et la lune sera là 8 heures et 20 minutes plus tard, ceci sans connaître ni votre latitude ni votre longitude. Il est ensuite possible d'utiliser la méthode du Temps Solaire (voir paragraphe 6.4) pour déterminer des directions à partir du soleil et de la lune à d'autres moments de la journée.

Le comportement de la lune est résumé dans la table 7-1.

Si vous vous contentez d'une direction approximative du sud vrai, vous pouvez encore vous servir de la lune et identifier l'orientation de la ligne joignant les pointes du croissant comme montré Figure 7-6. Durant pas mal d'heures des jours encadrant la demi-lune, cette ligne est approximativement orientée au sud lorsque vous vous situez au nord de la lune et orientée au nord lorsque vous êtes au sud de cette dernière. Toutefois, c'est vraiment très approximatif et cela marche mieux à certains moments du mois ou de l'année qu'à d'autres. Nous n'avons pas encore déterminé les conditions de précision de cette méthode mais nous diffuserons les résultats sur starpath.com/emergencynavbook au fur et à mesure que nous les obtiendrons. C'est une idée intéressante à creuser lorsque vous observez la lune parcourir le ciel.

7.2 Les planètes

Cinq planètes sont visibles à l'œil nu: Mercure, Mars, Saturne, Jupiter et Vénus. Les trois premières ne sont pas particulièrement utiles en navigation de fortune et en navigation astronomique en général. Quand elles sont visibles, elles apparaissent similaires à des étoiles, Mars étant la seule de couleur

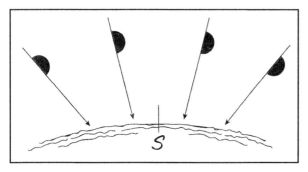

Figure 7-6. *Utilisation des pointes du croissant de lune pour indiquer le nord et le sud. Il est possible d'utiliser les pointes du croissant de lune pour identifier le la direction du sud lorsque vous êtes au nord de la lune et celle du nord quand vous êtes au sud. C'est une indication approximative de l'horizon sud durant la plupart du temps où la lune est visible.*

rougeâtre. Mercure (la planète la plus proche du soleil) n'est que rarement visible. On l'aperçoit près du soleil, soit juste avant le lever du soleil ou juste après le coucher. Tous les deux mois environ, d'astre visible le matin elle devient visible le soir et vice-versa. L'inconvénient principal de ces trois planètes en navigation astronomique est qu'on les confond facilement avec des étoiles (voir Figure 7-7). Comme toutes les planètes et la lune, elles circulent dans la bande zodiacale d'une façon difficile à prévoir.

S'orienter avec Jupiter et Vénus

Au contraire, Jupiter et Vénus du fait de leur éclat remarquable, peuvent être des points de repères très intéressants pour se diriger. Bien qu'à l'œil nu elles ressemblent également à des étoiles, elles sont toujours plus brillantes que celles qui les environnent. Quand elles apparaissent au moment du coucher du soleil, ce sont les premières à être visibles. Par nuit couverte ou brumeuse, elles peuvent être les seuls points de repères que vous aperceviez. L'éclat de Vénus est particulièrement remarquable, tel un spot dans le ciel. Comme Vénus se lève dans les basses couches de l'atmosphère, son éclat augmente très rapidement, ce qui peut donner l'impression d'un navire avec un seul feu de position (illégal!!!) fonçant droit sur vous.

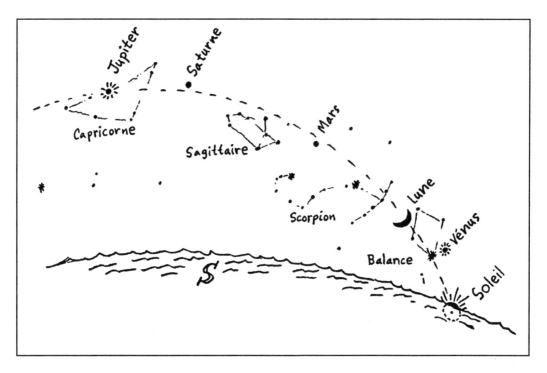

Figure 7-7. *Identification des planètes: (1) elles ne scintillent pas comme les étoiles, (2) elles apparaissent comme des petits disques au travers de jumelles de grossissement 10, (3) elles changent de position et d'éclat au travers des étoiles, (4) elles se situent toujours en ligne, en fait un grand arc de cercle, avec le soleil et la lune, (5) elles sont toujours situées dans une constellation. Vénus et Jupiter sont toujours plus brillantes que les étoiles. Un objet brillant aperçu pendant une courte période au lever ou au coucher du soleil et très près de lui est probablement la planète Mercure.*

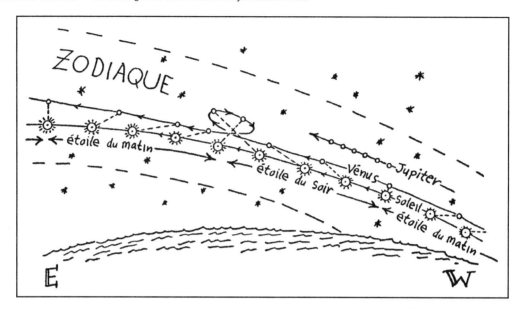

Figure 7-8. *Représentation schématique du déplacement apparent vers l'est au travers des étoiles de Vénus et Jupiter. Pour comprendre les périodes où nous apercevons Vénus, imaginez chaque paire Soleil-Vénus montrée au fil des semaines. Puis, imaginez la rotation de la voûte céleste vers l'ouest chaque jour, amenant le Soleil, les étoiles et Vénus au-dessus de l'horizon est, pour finir par se coucher vers l'horizon ouest. Quand Vénus est à l'ouest du Soleil, elle se lève avant le Soleil comme une étoile du matin que nous apercevons jusqu'à ce que l'éclat du Soleil empêche de la voir. Quand Vénus est à l'est du Soleil, elle suit le Soleil vers l'horizon ouest et nous l'apercevons comme une étoile du soir, se couchant très peu de temps après le soleil. Jupiter se déplace vers l'est le long de la bande zodiacale, beaucoup plus lentement. Elle se déplace d'à peu près une constellation par an.*

Bien que Vénus et Jupiter soient plus brillantes que les étoiles, leur éclat varie durant leurs déplacements dans la voûte céleste. Alors qu'elles suivent globalement la même trajectoire vers l'est en balayant les douze constellations zodiacales indiquant la position mensuelle du soleil, elles se déplacent à des vitesses différentes, parfois dans des directions apparentes contraires.

L'orbite de Vénus (comme celle de Mercure) est intérieure à celle de la terre, plus près du soleil. Il en résulte que son mouvement apparent tout au long de l'année se complique d'allers et retours d'un côté à l'autre du soleil, tout comme Mercure (voir Figure 7-8). Durant à peu près sept mois, Vénus est un astre du matin, puis elle disparaît pendant quatre mois derrière le soleil pour réapparaître le soir. Pendant les sept mois qui suivent Vénus sera un astre du soir. Puis, elle disparaîtra à nouveau derrière le soleil durant un mois pour redémarrer le cycle complet.

Ce cycle est régulier, mais sans éphéméride il est difficile de prévoir la position de cette planète à une date future quelconque.

Jupiter est une planète lointaine se déplaçant lentement vers l'est le long de la bande zodiacale à raison d'une constellation par an. Au moment de la rédaction de cet ouvrage (2008), Jupiter venait de quitter la constellation du Scorpion et se dirigeait vers celle du Sagittaire. La saison de Jupiter est identique à celle de la constellation dans laquelle elle est située.

Vénus se déplace au travers des étoiles beaucoup plus rapidement que Jupiter. Cependant, le diamètre de son orbite est tel qu'elle n'est jamais à plus de 45° du soleil. Quand le soleil se couche, elle ne peut être que dans la moitié inférieure de la voûte céleste, sachant que dans la plupart des cas elle sera plus proche du soleil. Quand Vénus est un astre du soir, elle suit le soleil vers l'horizon ouest, ne se couchant jamais plus de quatre heures après lui. Quand Vénus est un astre du matin, elle se lève au plus tôt quatre heures avant le soleil.

Quand ces planètes sont près de l'horizon, elles donnent une grossière indication de l'est ou de l'ouest, d'une manière analogue au soleil. Empruntant la même trajectoire que le soleil au travers de la voûte céleste, Vénus et Jupiter se lèvent et se couchent en des endroits où le soleil se lève et se couche également à un moment ou à un autre de l'année. Par exemple, à la mi-Juin 2007 Jupiter se trouvait juste au nord-est de l'étoile rouge et brillante *Antarès* (déclinaison 21° 47') là où se trouve le soleil au début de Décembre. Ainsi en Juin 2007 Jupiter se levait et se couchait là où le soleil le faisait en Décembre ou début Janvier puisque le soleil se situe deux fois par an à la même déclinaison. Bien qu'il ne soit pas pratique de raisonner en s'appuyant sur ces phénomènes, il peut être intéressant de se rappeler simplement que l'amplitude de n'importe quelle planète est toujours inférieure à celle du soleil pour une latitude donnée.

En raison de leur éclat particulièrement brillant, Vénus et Jupiter sont d'excellents repères. Mais pour obtenir des directions plus précises à partir de ces deux planètes, il vous faudra prendre la peine de déterminer leur azimut par rapport à d'autres étoiles, ce qui, d'ailleurs, ne sera jamais du temps perdu. Ceci sera particulièrement intéressant si la déclinaison de l'une ou l'autre est proche de 0° au moment de votre voyage. Dans ce cas son comportement sera similaire à celui de *Mintaka* (située sur la ceinture d'Orion), indiquant l'est ou l'ouest vrai. Les sections La Règle des Tropiques du chapitre 5 et Latitude par l'Etoile Polaire du chapitre 11 détaillent différentes façons d'estimer la déclinaison d'une planète observée à partir d'une latitude connue. Malheureusement, Jupiter n'est seulement sur l'équateur que durant un mois ou deux, tous les six ans. En revanche, Vénus s'y trouve chaque année pendant une période beaucoup plus longue.

Dans tous les cas, il est profitable de repérer ces planètes et la façon dont elles se déplacent par rapport aux étoiles que vous utilisez comme références. Alors si ces astres brillants sont les seuls points de repères que vous apercevez à travers la brume, vous ne serez pas perdu. Par exemple, Il est possible d'utiliser *l'étoile Polaire* et une rose de compas portable pour noter l'azimut de Jupiter toutes les heures de la nuit. Puis, après avoir contrôlé suffisamment de fois cet azimut, si vous faites route vers l'est ou l'ouest à une latitude à peu près constante, vous pouvez considérer que les directions relevées seront valides pendant un mois voire plus. Jupiter se déplaçant si lentement, son comportement peut être assimilé à celui d'une étoile fixe. En revanche, le déplacement rapide de Vénus au travers des étoiles nécessite de contrôler son azimut au bout de quelques jours. Dans tous les cas, si votre latitude varie de manière sensible, il vous faudra tout vérifier de nouveau, comme pour le soleil.

Vénus et Jupiter ou toute autre planète brillante, (Mars se trouve être aussi très brillante à certaines époques) sont extrêmement utiles si vous disposez d'un cherche étoile 2102-D comme mentionné dans la section Tout Sauf un Compas du Chapitre 14. Avec cet instrument tout à fait ordinaire et une montre, il vous est possible d'utiliser les planètes toute la nuit pour déduire des caps précis.

7.3 Les nuages, les oiseaux et les avions

Dans ce paragraphe, nous faisons le distinguo entre aides à l'orientation et signes à l'approche d'une terre. Les nuages et les oiseaux (et dans une certaine mesure les avions) sont souvent des signes révélateurs de la proximité d'une terre. D'une certaine manière, si nous les suivons, ils peuvent être considérés comme des aides à l'orientation. Mais ceci sera abordé plus loin, au paragraphe 13.1 traitant cette question. Ici, nous nous intéresserons à leur valeur pour s'orienter en haute mer, loin de toute terre. Quand ce qui importe est de conserver au mieux un cap, tous les moyens doivent être considérés. De même quand il faut estimer si une terre est proche ou non. Cependant, il est tout aussi important de ne pas se méprendre sur la valeur que l'on attache aux différents signes que l'environnement peut nous offrir.

Les nuages

Les nuages sont souvent très intéressants pour s'orienter. Par exemple, dans la ceinture des alizés, les petits cumulus qui passent durant la nuit sont un indicateur visuel rapide de la direction du vent réel. Ce sont des nuages bas soumis aux vents de surface dont la direction est déjà connue. Néanmoins, ce sont des références pratiques. D'une manière générale, les nuages de basse altitude, quelqu'en soit le type, se déplacent avec les vents de surface.

Il est même possible de préciser quelque peu cette affirmation. Dans les latitudes nord, faisant face au vent réel, les nuages bas viennent légèrement de la droite. L'écart entre les deux directions varie de 10° à 30°, en fonction de plusieurs facteurs, principalement l'état de la mer. Plus la mer est forte et plus cet écart est important. Dans les latitudes sud, c'est l'inverse.

Pour s'orienter, les nuages de haute et moyenne altitude sont potentiellement plus intéressants que les nuages de basse altitude. On peut parfois les utiliser pour évaluer la direction des vents de haute atmosphère. Nous avons maintenant trois différentes sortes de vents: les vents de surface, les vents de faible altitude situés juste au-dessus des vents de surface et entraînant les nuages bas, et enfin les

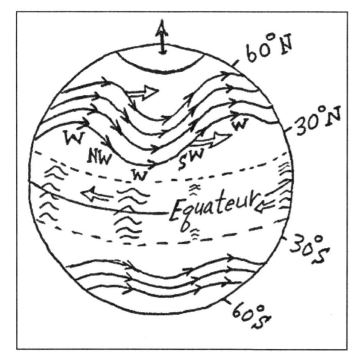

Figure 7-9. *Vents d'altitude. Aux latitudes tempérées des deux hémisphères, les vents dominants de hautes altitudes (a partir de 5000 metres) sont de secteur ouest. Ces vents entrainent les systèmes météorologiques de surface autour du globe. Leurs trajectoires suivent de larges ondulations se déplaçant vers l'est. En un lieu donné, ce déplacement génère de lentes variations de direction du vent, du nord-ouest au sud-ouest. Ce phénomène n'est cependant pas prévisible au-delà d'une semaine.*

A l'inverse, sous les latitudes tropicales, les perturbations météorologiques de secteur est se deplacent regulierement vers l'ouest, altérant temporairement le flux des alizés sur leur passage.

vents de haute altitude. Ces derniers sont situés dans la moitié supérieure de l'atmosphère à plus de 5000 mètres. Ces distinctions sont importantes quand on parle d'orientation à l'aide des vents et des nuages.

Dans les latitudes moyennes de chaque hémisphère (de 30° à 60°), les vents de haute atmosphère circulent d'ouest en est. Cependant, ils ne soufflent pas nécessairement de l'ouest vrai. Dans ces zones, ils serpentent autour du globe (voir Figure 7-9), leur directions allant du nord-ouest au sud-ouest. A ces latitudes, Il est vraiment très rare que les vents proviennent de l'est de votre méridien.

Dans les latitudes tempérées, les vents de haute atmosphère ne doivent pas être confondus avec les vents de surface et les vents de faible altitude. Ils sont de secteur ouest indépendamment de la direction ou des changements de direction des vents de surface. A ces latitudes, les systèmes de dépressions et de fronts qui génèrent les vents de surface sont entraînés vers l'est par les vents dominants de haute altitude.

L'intérêt de ces vents tient à leur constance. Leur direction, variant du nord-ouest au sud–ouest, peut rester constante pendant plusieurs jours ou plus, indépendamment des variations quotidiennes des vents de surface. Si vous pouvez en repérer la direction à l'aide des nuages de haute atmosphère, vous obtiendrez là, une référence de plus grande durée. Sur de nombreux points, les vents de haute altitude sont aux vents de surface ce que la houle est aux vagues.

Les nuages les plus hauts sont les cirrus. Ce sont des nuages minces, effilés, apparaissant souvent isolément sur un ciel clair. Composés uniquement de cristaux de glace, Ils ont l'aspect d'une queue de

Figure 7-10. *Des cirrus sont un signe de vent en altitude. Les queues de cirrus sont habituellement orientées dans une direction opposée à celle du vent en altitude. Cependant, ce signe peut être difficile à "lire", à moins qu'elles ne soient dirigées dans la même direction quel que soit l'endroit du ciel. De même, des bandes de cirrus dans le prolongement de ces queues doivent être repérables. Des vents forts en altitude sont reconnaissables par des cirrus aux formes torturées avec des queues proéminentes et surtout, par un déplacement important des nuages. De faibles vents en altitude, sont reconnaissables à des nuages de formes boursouflées moins tourmentées, d'apparence immobile et sans traîne. Généralement, de forts vents en altitude génèrent des conditions météorologiques de surface également fortes. Les sommets en forme d'enclume des cumulonimbus et des cumulus congestus sont également un signe de vents forts en altitude.*

cheval tombant doucement. Et, rencontrant des vents plus chauds, des traînées nuageuses se forment à mesure qu'ils s'évaporent. Ces traînées nuageuses indiquent souvent la direction des nuages de l'étage supérieur (voir Figure 7-10).

En s'épaississant, les cirrus s'agrègent parfois en une structure nuageuse de cirrocumulus en forme d'écaille, appelée "ciel de maquereau". De manière similaire, on peut souvent apercevoir, à une altitude inférieure, une structure identique mais plus prononcée d'altocumulus. Cette structure nuageuse en forme de vaguelette est formée par les nuages de haute altitude, tout comme les vagues sont formées par les vents de surface. Ainsi pour évaluer la direction des vents de la haute atmosphère, imaginez-les soufflant au-dessus des nuages en générant la structure de vague que vous apercevez. Parfois, ces structures nuageuses se subdivisent en larges bandes. Il arrive qu'une de ces bandes ait également l'apparence d'une structure de vagues. Cependant, cela ne doit pas vous induire en erreur, la direction des vents de haute altitude est parallèle à ces larges bandes et perpendiculaire aux vaguelettes apparentes. Les vagues sur les cirrocumulus ressemblent aux ondulations du sable sur les dunes, alors que celles des altocumulus sont comparables à des moutons empilés les uns sur les autres (voir Figure 7-11).

Le sommet des cumulus indique également la direction des vents de haute atmosphère. De même, les cumulo-nimbus se développent en altitude jusqu'à atteindre la haute atmosphère, où les vents

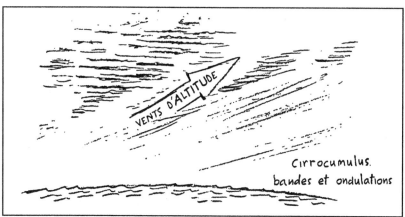

Figure 7-11. *Ondulations sur des cirrocumulus et des altocumulus. Les vents en altitude génèrent des ondulations sur les nuages inférieurs de manière similaire aux vagues créées par le vent à la surface de la mer. La direction des vents d'altitude est perpendiculaire aux ondulations et parallèle aux rangées de nuages. Les ondulations de cirrocumulus sont plus délicates, telles les vaguelettes sur les dunes de sables. Au contraire, les ondulations d'altocumulus apparaissent comme des rangées de moutons. Les deux structures sont transitoires, se formant et disparaissant pour mieux réapparaître encore dans un autre coin du ciel.*

dispersent leurs sommets dans la direction où ils soufflent. Il est même parfois possible de repérer cette direction à partir de la déformation du sommet des plus grands cumulus.

Les structures nuageuses sont toutes éphémères. Une structure en forme de vagues indiquant la direction du vent peut durer entre un quart d'heure et une heure, parfois plus. Se reformant plus loin, vous devriez pouvoir en déduire la même direction de référence. Celle-ci est particulièrement intéressante quand le soleil est caché derrière une couche d'altocumulus en forme de vagues, ou des stratus dans une autre partie du ciel. Cependant, ceci n'est pas très fréquent. Généralement le soleil, ou tout au moins son azimut, est repérable quand on peut déterminer des directions à partir des nuages. Dans ce cas, ce sera une référence supplémentaire à surveiller. De plus, même si cette direction ne vous est pas indispensable pour vous diriger à un moment donné, elle vous indiquera néanmoins d'où viendra le mauvais temps. Les dépressions et les fronts sont entraînés par ces vents.

Les oiseaux

Les oiseaux et la direction vers laquelle ils se dirigent sont intéressants en navigation de secours, mais seulement à l'approche d'une terre. Quel que soit l'endroit où vous êtes, vous en apercevrez certainement. Il est amusant et instructif de les reconnaître et admirer leur vol. Cependant, on se demande généralement toujours ce qu'ils font là. Dans le Pacifique sud, des oiseaux peuvent être en route pour le cercle arctique ou tout simplement être perdu comme vous et en plus grand danger. En bref, l'apparition d'oiseaux isolés quand vous savez que vous êtes à plus de 80 ou 90 milles de la terre la plus proche ne vous sera d'aucune aide pour vous orienter. Epargnez-vous de faux espoirs tant que vous n'êtes pas plus proche d'une terre et que vous n'apercevez pas d'oiseaux en nombre important. Il peut être intéressant de les étudier au travers de livres afin de vous aider à reconnaître ceux qui parcourent les océans, vous évitant ainsi des illusions. Les oiseaux en tant que signes d'approche d'une terre sont étudiés au Chapitre 13.

Les avions

Les avions sont des oiseaux d'un autre plumage mais peuvent être utiles pour s'orienter. Par exemple, si vous êtes à 100 milles des Bermudes ou de Hawaii et que vous aperceviez plusieurs fois par jour des avions allant vers ou provenant de la même direction, il y a de fortes chances pour qu'il y ait un aéroport dans cette direction. Cependant, même dans ce cas, vous devez garder à l'esprit que les procédures standards d'approche des aéroports peuvent complètement fausser votre raisonnement. Les avions doivent être considérés comme les oiseaux. Prenez en compte l'information qu'ils suggèrent en fonction de leur nombre et de votre position approximative, en ayant soin d'évaluer soigneusement l'incertitude de vos déductions.

La fréquence de passage des avions susceptibles d'être vus dépend de leur position par rapport aux routes de grand cercle (orthodromie) entre les aéroports principaux. Cependant, cela est moins vrai pour les avions que pour les navires. Le trafic aérien suit des couloirs spécifiques dans certaines régions et des routes plus variables dans d'autres. En effet, les plans de vol des avions sont souvent modifiés en fonction des conditions météorologiques afin de tirer parti ou d'éviter les vents de haute altitude. Des exemples sont donnés en Figure 7-12 et 7-13. Par ciel dégagé il est possible que vous puissiez voir des avions plusieurs fois par heure tandis que dans d'autres parties du monde vous n'en verrez aucun.

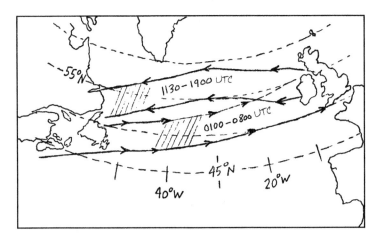

Figure 7-12. *Couloirs aériens dans l'Atlantique nord. La plupart des avions suivent ces couloirs se dirigeant vers l'est la nuit et vers l'ouest le jour. Si vous avez voyagé récemment entre l'Europe et les États-Unis, vous pourrez vérifier que vos horaires de voyage sont en accord avec cette disposition. En dehors des créneaux horaires indiqués, qu'ils se dirigent vers l'est ou l'ouest, les avions ont le choix de leur route.*

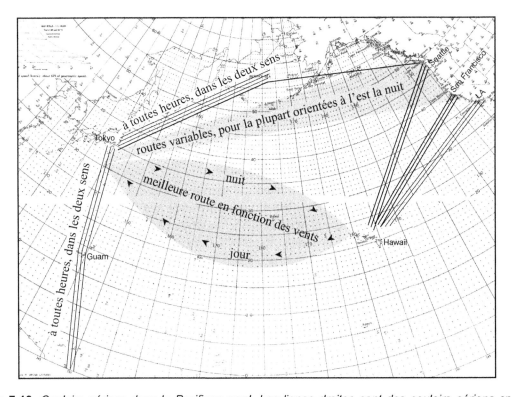

Figure 7-13. *Couloirs aériens dans le Pacifique nord. Les lignes droites sont des couloirs aériens spéciaux utilisés dans les deux sens quelle que soit l'heure de la journée. A l'intérieur des zones ombrées le trafic aérien peut choisir la meilleure route en fonction des vents et de la saison. Il existe également une activité aérienne d'Hawaii vers les Iles Société au sud (Nos remerciements au Commandant Jay Towne pour ces indications sur les couloirs aériens).*

Pour illustrer ceci avec un exemple situé dans le Pacifique nord, l'auteur a effectué une traversée de 17 jours de Kauai jusqu'au détroit de Puget en suivant une route ne coïncidant avec aucune des routes orthodromiques du Pacifique nord-est. Aucun avion ne fut aperçu durant cette traversée, malgré des conditions météorologiques favorables 75% du temps. En revanche lors d'une traversée de 13 jours de San Francisco à Maui suivant relativement bien une route orthodromique aérienne, un avion était aperçu presque quotidiennement. Certains jours, trois avions purent être aperçus. A chaque fois, y compris de nuit, la direction d'Hawaii ou de San Francisco pu être déterminée à partir de la trajectoire suivie par ces avions. Durant ce voyage, les conditions météorologiques furent clémentes 95% du temps.

Partant du principe que nombre d'avions ainsi que la plupart des navires empruntent des routes de grand cercle, plusieurs observations successives donnent plus d'informations qu'une simple direction. Si vous observez un trafic important, vous pouvez considérer que vous êtes sur l'une de ces routes orthodromiques. Si vous avez les Pilot Chart indiquant ces routes, vous avez déterminé une ligne de position approximative.

Les satellites

Les satellites mis en orbite par les humains sont des nouveaux points du ciel nocturne. Ils se déplacent rapidement au travers de la voûte céleste, parfois avec un faible éclat, d'autre fois très brillant. En aucun cas, leur trajectoire peut être considérée comme un élément d'information fiable pour se diriger. Il y a de nombreux satellites autour de la terre, allant dans toutes les directions. Il est toutefois parfois possible d'étudier les trajectoires de certains satellites avant de partir. Ils peuvent alors se révéler utiles. Il existe de nombreux programmes sur Internet téléchargeables sur votre ordinateur qui permettent de suivre les satellites visibles. Il convient de mettre le programme à jour régulièrement pour disposer des dernières informations. Dans ce cas il vous est possible de prédire les heures de passage précises ainsi que les trajectoires de satellites donnés depuis n'importe quel endroit sur terre.

8

Navigation dans le brouillard ou par ciel couvert

Quand le ciel est nuageux ou couvert, on perd l'aide du soleil ou des étoiles pour naviguer. Toutefois, le vent et la houle peuvent fournir une aide temporaire. Parfois, le disque solaire étant masqué, il est néanmoins possible d'utiliser des ombres légères si on les cherche bien. Si on décèle de légères ombres on peut encore se diriger à l'aide du soleil.

Une lame de couteau tenue perpendiculairement à l'ongle de votre pouce ou d'ailleurs à n'importe quelle surface blanche est une bonne méthode de détection d'ombres diffuses. En faisant tourner la lame, son ombre projetée peut apparaître suffisamment pour donner une idée de sa direction. Ceci, alors même que vous auriez juré qu'aucune ombre n'aurait pu être visible.

Mais attention, il faut utiliser cette méthode avec précaution. En fait, en raison des variations présentées par la couche nuageuse, la direction identifiée est celle de la zone la plus lumineuse dans le ciel, qui peut être différente de celle du soleil. Une trouée dans la couche nuageuse située loin du soleil peut être votre source lumineuse principale, vous induisant en erreur. Il n'y a rien que vous ne puissiez faire à part observer le ciel et essayer de deviner où se situe le soleil en réalité. Néanmoins, il est toujours possible de naviguer approximativement car la source lumineuse ne peut jamais en être très distante.

Dans le cas d'une orientation grossière, il est souvent possible de discerner de quel côté de la couverture nuageuse se trouve le soleil juste en comparant la luminosité relative du ciel. La différence est plus notable en mer qu'à terre. De subtiles différences de luminosité se discernent mieux en raison du contraste offert par le panorama complet du ciel. Ceci est particulièrement vrai durant les périodes proches de l'aube et du crépuscule. De même, lorsque le soleil est bas dans le ciel et à condition que ce dernier présente une trouée au-dessus de vous, vous disposez également d'une chance d'identifier précisément la direction d'un soleil voilé en utilisant une paire de lunettes de soleil à verres polarisés (reportez-vous à la dernière section de ce chapitre, Trouvez le soleil à la manière des Vickings).

Un temps couvert peut être accompagné ou non de vent. En l'absence de vent établi ou de visibilité pour distinguer le ciel et la mer, il n'y a plus de guide naturel pour vous aider. Mais il vous reste quelques recours avant de tout arrêter. Avant cela, il y a encore quelques options basées sur des constructions techniques à essayer. Deux d'entre elles, un compas magnétique de fortune et une radio AM pour identifier la direction d'émissions radioélectriques, peuvent très bien vous permettre de continuer à avancer, même dans le brouillard.

En fait, dans certaines conditions, l'une ou l'autre de ces options peut fonctionner suffisamment bien pour être votre moyen principal de navigation, même par temps clair. Toutefois, dans l'éventualité où ces dernières options ne peuvent être mises en œuvre ou sont défaillantes, vous laissant sans possibilité

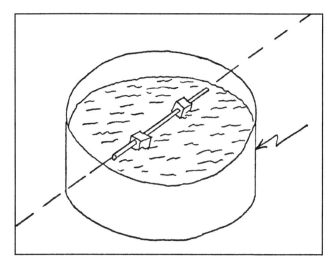

Figure 8-1. *Un compas de fortune. Toute pièce d'acier fine et longue convient pour former une aiguille flottante. Par exemple un fil de fer, une bande tirée d'un couvercle de boîte de conserve, un trombone déplié, une agrafe de stylo. Les petites aiguilles métalliques fournies dans le capuchon des porte-mines mécaniques pour déboucher ou chasser une mine cassée dans ces derniers sont idéales. En revanche, le récipient d'eau ou d'huile doit être exempt d'acier ou de matériau magnétique. Si vous disposez d'un aimant, frottez d'abord votre aiguille sur ce dernier (ou laissez l'aiguille collée sur l'aimant durant une nuit) et votre compas n'en fonctionnera que mieux.*

de tenir une route stable dans une direction connue, il ne vous resterait alors d'autre choix que de mettre en panne et d'attendre que le temps se dégage.

8.1 Fabriquer un compas magnétique

C'est un exercice de leçon de choses à l'école primaire. Il vous suffit d'introduire une aiguille dans une paille et de faire flotter cette dernière sur une surface d'eau. L'aiguille commence d'abord par osciller puis se stabilise et s'oriente dans une direction nord-sud. C'est tout. Il n'est pas même nécessaire que cela soit une aiguille à coudre ou une aiguille droite. N'importe quel morceau de fer ou d'acier, un trombone déplié ou l'agrafe de poche d'un stylo bille, fera l'affaire. Il est juste nécessaire que l'objet soit léger, long, fin et qu'il puisse être équipé pour flotter (se reporter Figure 8-1) et bien entendu que cela soit attiré par un aimant. Quelques (pas tous) aciers inoxydables sont amagnétiques et ne conviennent pas. Il suffit de vérifier avec un aimant si l'objet est attiré ou non. Si c'est le cas, cela fonctionnera, quelle que soit la façon dont on s'y prendra pour faire flotter l'aiguille. Mais, plus on minimisera la trainée plus ce compas sera réactif. Essayez d'enfiler l'aiguille au travers de petits bouts de papier, de bois, ou des matériaux d'emballage.

De nombreuses pièces métalliques ressemblant à des aiguilles peuvent s'orienter au nord sans besoin de magnétisation supplémentaire. Cependant, leur fonctionnement sera amélioré en les frottant sur un aimant permanent, objet que l'on trouve couramment à bord. Tous les haut-parleurs de poste de radio en sont équipés et certains tournevis sont magnétiques. Une aiguille qui a été frottée sur un aimant indiquera invariablement le nord, au point d'y paraître rivée. En revanche le récipient contenant le liquide doit être exempt d'acier. Il faut utiliser un récipient en plastique, en aluminium ou en papier. Les boîtes de conserve doivent être écartées car elles contiennent de l'acier qui perturbe le champ magnétique terrestre.

Par contre, un couvercle de boîte de conserve s'orientera très bien dans le champ magnétique. Mais comme sa forme n'est ni droite ni allongée elle n'indique pas la direction nord-sud. Cependant, vous pouvez tracer à l'avance une flèche sur ce couvercle dans la direction de l'Etoile Polaire après l'avoir identifiée. Vous disposez ainsi d'un compas pointant dans la direction du nord vrai du lieu où vous

vous situez. On détermine que le couvercle s'oriente correctement si, après avoir été marqué, il se réoriente dans la même direction après en avoir été écarté.

Un compas de fortune fournit la direction nord-sud magnétique, mais il vous reste à discriminer le nord du sud. Une ombre du soleil dans le ciel, même la plus diffuse, vous permettra cette identification. Et, par ailleurs, si vous naviguez au compas sur de grandes distances, il vous faut disposer de la déclinaison magnétique locale.

Un compas de fortune ne fonctionnera jamais aussi bien que le compas du bord. N'étant pas amorti, il va osciller de part et d'autre en fonction des mouvements du bateau, vous obligeant éventuellement à tenir le récipient en mains pour les compenser. Mais cela marchera et il est bien rare de trouver un bateau ne possédant pas les différents éléments permettant d'en fabriquer un. Il existe de multiples possibilités d'amélioration de cette technique. Prenez un peu temps pour vous amuser à en fabriquer un et vous serez surpris de constater comme c'est facile.

8.2 Fabriquer un radiocompas avec une radio portable.

Le radiocompas, ou radiogonio, fut un temps un moyen technique habituel de navigation côtière par temps de brouillard ou juste au-delà de la portée visuelle des côtes.

Des radiobalises, dont la position était portée sur les cartes marines, transmettaient leurs indicatifs d'identification en code Morse. Ceux-ci étaient captés par des récepteurs radio spéciaux embarqués sur les bateaux. L'antenne du récepteur était orientée pour pointer dans la direction de telle ou telle source d'émission. Ceci permettait en retour de naviguer en utilisant cette information de la même façon qu'un amer côtier. La plupart de ces récepteurs permettait également de capter les stations commerciales en AM, en orientant l'antenne. Ceci augmentait l'utilité de ces appareils en cas d'urgence car les stations AM ont une plus grande portée. La portée maximale de la majorité des radiobalises spécialisées se situait entre 10 et 150 milles nautiques.

En 2008, année de rédaction de ce livre, les services des phares et balises et les Gardes Côtes de plusieurs pays maintiennent encore en opération des radiobalises. Si par hasard vous disposez d'un récepteur gonio en état de fonctionnement (ce qui est très peu probable de nos jours) ainsi que des cartes marines adaptées, il vous sera toujours possible de trouver votre route dès que vous arriverez à portée des radiobalises encore existantes. Leurs positions, fréquence et portée sont indiquées dans des documents publiés par les Etats-Unis, le Canada ou le Royaume Uni. Ces documents figurent dans la section Publications d'Aides à la Navigation de la bibliographie. Toutefois, depuis l'introduction du GPS, bien peu de navires utilisent de nos jours la radiogoniométrie au quotidien, a fortiori en situation d'urgence. Néanmoins, il vous sera toujours possible d'utiliser cette méthode si vous disposez d'un récepteur AM à bord.

Vous l'avez peut-être déjà remarqué, un récepteur AM, spécialement s'il est de petite taille et bon marché, présente une meilleure réception pour une orientation spécifique. En effet, pour une station donnée, il faut tourner le poste de radio jusqu'à obtenir la réception la plus forte. La sensibilité de l'antenne interne dépend de l'orientation de cette dernière par rapport aux ondes radio émises par la station émettrice. Le principe et le résultat sont exactement les mêmes que ceux décrits dans le cadre de la radionavigation traitée plus haut.

Figure 8-2. *Utilisation d'un poste radio transistor AM pour s'orienter. Lorsque la réception est la plus faible, l'antenne (un noyau de ferrite sur lequel est bobiné du fil de cuivre) est dans la direction de la station émettrice. Le graphe de sensibilité de l'antenne montre pourquoi il est plus précis de localiser la direction de la station en utilisant la réception la plus faible, que le contraire. On obtiendra une meilleure précision de la direction du zéro en prolongeant l'axe de l'antenne par une tige montée parallèlement à cet axe. Par cette méthode on peut localiser la direction d'une source d'émission distante de plusieurs centaines de milles.*

Il y a deux façons d'orienter un poste radio AM. Vous pouvez le faire tourner jusqu'à trouver la réception la plus forte ou la plus faible. L'orientation correspondant à la réception la plus faible, appelée le zéro, est la meilleure à utiliser pour identifier l'azimut de la station (voir Figure 8-2).

Déterminer l'orientation de réception maximum est beaucoup moins précis. Autour de la direction de réception maximale, il vous est possible de tourner le poste radio de 30° ou même plus avant de pouvoir détecter une modification du niveau de réception. Le zéro (si toutefois il est existe un), situé à angle droit par rapport au maximum peut habituellement être détecté avec une précision de quelques degrés. Parfois le zéro est si précis qu'il suffit de tourner le poste de quelques degrés pour couper complètement la réception. A d'autres moments ou avec d'autres stations, il arrive qu'on ne puisse pas identifier de zéro. Dans ce cas, la station émettrice n'est tout simplement pas utilisable depuis votre position. De même, si depuis le pont d'un bateau métallique, il vous est impossible de trouver un zéro quelles que soient les stations émettrices, alors il vous faut essayer un autre endroit sur le pont. Il est possible que le bateau lui-même interfère avec la réception. Ceci est rarement le cas sur des bateaux non métalliques, quelle que soit la nature du gréement.

Vous devez connaître le positionnement de l'antenne interne de votre radio pour pouvoir identifier la direction de la station émettrice une fois que vous avez trouvé le zéro. L'antenne est constituée de fil de cuivre enroulé sur un noyau de ferrite, situé à l'intérieur du poste. Il vous faut ouvrir le poste de radio au moins une fois pour vérifier cette disposition. Au zéro, le noyau de ferrite est orienté dans la direction de l'antenne de la station émettrice.

Toutefois, vous serez dans l'impossibilité de savoir vers quelle extrémité de l'antenne se situe la station émettrice, le diagramme de sensibilité étant symétrique. Cependant, habituellement on connaît grossièrement la direction de l'émetteur, par exemple sud ou nord, et cela suffit pour lever le doute. Si vous ne connaissez pas du tout votre position relative à l'émetteur, il vous faudra alors chercher d'autres émetteurs pour vous mettre sur la voie. Vous pouvez également lever le doute pour des émetteurs proches en effectuant un transport de ligne de position en utilisant des relèvements radio comme expliqué au chapitre 13 dans la section Positionnement à l'aide de relèvements radio successifs.

Notez bien que l'antenne d'une station radio n'est pas toujours installée à proximité de la station. Les cartes marines fournissent l'emplacement de nombreuses antennes AM ainsi que leur fréquence et leurs codes d'identification. Mais, même si vous n'êtes pas sûr de la localisation de l'antenne de la station émettrice, un bon "zéro" vous fournit tout de même une route pour gouverner dans le brouillard. Si c'est votre objectif principal, recherchez dans la gamme de fréquences disponibles celle qui vous donne le meilleur "zéro". Faisant route vers la terre, il est fort probable que vous trouviez une station émettrice vous guidant dans cette direction.

Il est même possible que vous soyez en mesure d'obtenir plus d'information qu'une simple direction relative de votre radiocompas de fortune. Vous pourriez par exemple trouver la route vraie vers une ville, ou même obtenir un point grossier à partir de l'intersection de plusieurs relèvements vrais de stations. Toutefois, dans ces opérations, gardez à l'esprit certaines contraintes et limites. Tout d'abord votre radiocompas de poche ne sera jamais aussi fiable qu'un instrument réel. Le récepteur ainsi que la disposition de l'antenne ne sont pas conçus pour cette fonction. Vous devriez déjà être satisfait si vous obtenez un résultat utilisable. Par ailleurs, les précautions à prendre lors de la mise en œuvre d'un véritable radiocompas doivent être appliquées, même si ces dernières ne sont plus enseignées de nos jours. Les relèvements sont peu fiables à l'aube et au crépuscule. De même, les signaux vous parvenant après avoir franchi des terrains montagneux sont moins fiables en termes d'obtention de direction que ceux issus de plaines. Ces précautions sont applicables même en présence d'un bon "zéro".

En revanche, un émetteur situé sur une île peut fournir des relevés de direction très fiables vers cette dernière, à des distances de plusieurs centaines de milles en mer. Avec un poste à transistor valant 6$, et très sensible à l'orientation, il m'est arrivé de capter un émetteur situé à Honolulu, à une distance de 420 milles. Ce petit transistor aurait pu nous guider jusqu'à Hawaii les yeux fermés. Toutefois, comme pour toutes les techniques décrites dans ce livre, je vous encourage à vous entraîner à la pratique de la radionavigation à l'aide d'une radio AM avant d'avoir à y recourir en urgence.

Pour cette application les transistors bon marché sont meilleurs que les postes de radio plus coûteux, équipés de circuits supplémentaires et de meilleures antennes éliminant les effets de « zéro ». En effet, les postes de radio de prix sont conçus pour limiter l'affaiblissement du niveau de réception lorsque vous les tournez de 5°. Qualité inverse de ce qui recherché dans le cas qui nous intéresse. Il est fort probable que maintenant les iPods ou appareils similaires ont remplacé tous ces petits transistors AM presque partout dans le monde. Mais, si vous en avez encore un quelque part ou que vous en trouviez un à vendre au fin fond d'un pays reculé, saisissez l'occasion. Ce sont des aides précieuses à la navigation.

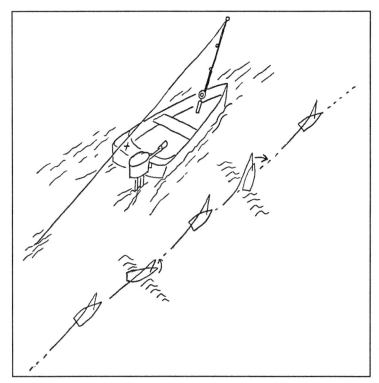

Figure 8-3. *Traîner une ligne par l'arrière pour gouverner par temps de brouillard. Quand une vague pousse l'étrave hors de la route désirée, gouvernez pour ramener la ligne sur sa position d'origine. Cette méthode ne peut être utilisée que sur des distances réduites, mais elle peut se révéler utile si vous êtes pris sans compas ou GPS dans un brouillard épais.*

8.3 Traîner une ligne orientée selon la ligne de foi

Parfois, une ligne de pêche ou toute autre longue ligne assez légère, peut s'avérer d'une aide précieuse pour gouverner par mauvaise visibilité. Par exemple, cela peut être particulièrement utile à un petit bateau sans compas pris au large dans le brouillard. C'est une solution qu'il faut garder à l'esprit dans les situations d'urgence créées par une visibilité réduite.

Il s'agit simplement de traîner une ligne depuis l'étrave ou le centre du bateau au-delà de la poupe. Laissez filer une bonne longueur de ligne puis gouvernez pour maintenir la ligne centrée sur la poupe (voir Figure 8-3).

On peut naviguer de cette façon sur de longues distances en fonction des conditions de mer rencontrées. Mais il est également possible que la trajectoire résultante soit un grand cercle si votre erreur de barre est constamment du même côté. Gardez un œil sur le vent, si toutefois il y en a, et sur la houle ou les vagues pour vous aider à vous appuyer sur ces références. En présence de clapot, ce truc vous permet de revenir rapidement sur votre route initiale après avoir été chahuté par une vague.

8.4 Trouver le soleil à la façon des Vikings

Leif Karlsen, dans son livre Secrets of the Viking Navigators (reportez-vous à la section Navigation sans instrument de la bibliographie), explique comment les Vikings utilisaient des cristaux de spath d'Icelande pour trouver la direction du soleil quand ce dernier se trouvait juste sous l'horizon. De même, lorsque le soleil se trouvait masqué par des bancs de brouillards, communs aux latitudes de 60° N où ils effectuaient nombre de leurs voyages.

La technique qu'il propose fonctionne très bien. Nous l'avons expérimentée de nombreuses fois avec les "pierres de soleil" des Vikings que l'on trouve facilement dans les boutiques de vente en ligne de minéraux (il vous faut un cristal clair présentant une face large de cinq centimètres environ). Cette technique permet de déterminer la direction du soleil avec une précision de quelques degrés. Elle fut également utilisée pendant de nombreuses années dans un équipement plus sophistiqué à la base du Compas Céleste Kollsman aux premiers jours de l'exploration aérienne des pôles.

On peut simuler cette méthode avec à peu près la même précision en utilisant un film polarisant quelconque, comme des verres polarisants de lunettes de soleil ou des filtres polarisants pour objectifs d'appareils photos. Quelques anciens modèles de sextants en sont également équipés. Il vous faudra également disposer d'un petit morceau de cellophane. De nombreux films d'emballage transparents, la partie transparente d'une pochette CD ou les emballages protecteurs de nombreux produits sont en cellophane. Certains produits en plastique transparents ressemblent à du cellophane mais sont en fait constitués d'un autre type de plastique et ne conviennent pas pour cette application.

Cette technique fonctionne car la lumière solaire diffuse est polarisée. Si vous imaginez une ligne droite orientée vers votre zénith et une autre ligne droite vers le soleil, ces deux lignes définissent un plan. Les oscillations électromagnétiques de la lumière solaire diffusée par les molécules de l'atmosphère sont perpendiculaires à ce plan tandis que dans la lumière directe du soleil ces oscillations sont distribuées de façon aléatoire dans toutes les directions. La lumière solaire réfléchie sur une surface (reflet sur l'eau, par exemple) est également polarisée. Cette caractéristique est utilisée par les verres solaires polarisants. En effet, la lumière réfléchie par la surface de l'eau est polarisée horizontalement de manière parallèle à la surface réfléchissante. Les verres solaires destinés à filtrer ce reflet sont donc polarisés verticalement. Une façon simple de tester si des lunettes sont polarisées consiste à simplement regarder un tel reflet, puis à faire pivoter les verres dans le même plan en regardant directement le reflet à travers les verres. Si l'intensité du reflet change de façon notable, alors vos lunettes sont équipées de verres polarisants. A terre vous pouvez faire le même test avec le reflet brillant d'une fenêtre, le pare-brise ou le pare-choc chromé d'une auto. Si vos lunettes sont équipées de verres polarisants, vous pouvez regarder à l'intérieur de l'auto au travers du pare-brise produisant le reflet. Sans ces lunettes ou si vous tournez votre tête de 90° avec les lunettes, vous ne pourrez voir que le reflet.

Toutefois, la technique de recherche du soleil n'utilise pas la polarisation réflective, mais la polarisation par diffusion. Cette dernière est maximale dans la direction située à 90° exactement de la direction du soleil dans le plan décrit plus haut. Comme vous ne connaissez pas cette direction puisque c'est celle que cherchez, essayez de la deviner au mieux que vous le pouvez. Par exemple, si le soleil se situe juste sous l'horizon (matin ou soir), regardez droit au-dessus de vous. Durant la matinée et lorsque le soleil se trouve à une altitude de 30° environ dans le ciel et qu'il est caché par des nuages au sud-est, regardez vers le nord-ouest à une hauteur de 30° sous votre zénith. Il n'est pas nécessaire que cette direction supposée soit parfaitement exacte, car vous trouverez très facilement le soleil avec votre gadget. Il est toutefois nécessaire de disposer d'une zone de ciel clair dans la direction où vous regardez.

En d'autres mots, le soleil peut se trouver sous l'horizon ou derrière des nuages ou un banc de brouillard. Mais, pour pouvoir en déterminer la direction, vous devez disposer d'une zone de ciel clair et dégagé, quelque part au-dessus de vous et perpendiculaire à la direction supposée du soleil.

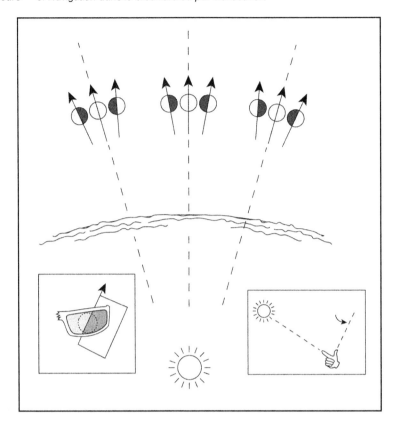

Figure 8-4. *Trouver la position du soleil lorsqu'il est sous l'horizon ou caché par des nuages en utilisant un objectif (verre) polarisant et une feuille de cellophane. La procédure consiste à trouver la direction de polarisation maximale. Si le soleil est juste sur l'horizon ou au-dessous de ce dernier (avant le lever ou après le coucher), tournez-vous dans la direction supposée du soleil. Vous n'allez pas savoir exactement où regarder, car c'est justement la direction que vous essayez de déterminer. Dès que vous faites face à cette direction supposée, vous devrez regarder directement au-dessus de vous dans une direction à 90° de la direction supposée du soleil. Si le soleil est au-dessus de l'horizon, par exemple à une hauteur supposée 30°, alors il vous faudra regarder dans la direction opposée, à une hauteur d'environ 60° au-dessus de l'horizon (ou à 30 degré de votre zénith)*

Le croquis de droite vous indique que si vous pointez votre index dans la direction supposée du soleil, votre pouce désigne la direction préférentielle vers laquelle rechercher la polarisation maximale.

Pour préparer votre objectif, fixez un morceau de cellophane diagonalement, en travers du verre, comme décrit dans le croquis de gauche. Observez le ciel au travers de votre objectif en positionnant le côté recouvert de cellophane à l'opposé de votre œil (vers le ciel). Les flèches sur la figure représentent la limite du cellophane divisant le verre.

Les trois représentations de l'objectif au centre montrent ce que vous observerez lorsque vous regarderez dans la direction de polarisation maximale. Si vous êtes correctement orienté (en termes d'azimut), lorsque la limite du cellophane est perpendiculaire à l'horizon, l'objectif présentera la même luminosité des deux côtés (côté cellophane et côté sans cellophane). Si vous faites légèrement pivoter votre dispositif de gauche à droite, la luminosité va alterner d'un côté à l'autre comme indiqué sur les deux figures adjacentes à la figure centrale. On notera que les vues représentant l'objectif pivoté sont placées à gauche et à droite, mais elles occuperaient en fait la même place que la vue centrale en étant juste pivotées à gauche et à droite. Si vous n'êtes pas correctement orienté, votre observation ressemblera à ce qui est montré sur les figures à gauche et à droite du croquis central. Si vous vous situez à droite de l'axe de polarisation maximale, la limite du cellophane devra être inclinée vers la droite pour que les deux côtés aient la même luminosité comme montré sur la figure, et inversement si vous êtes à gauche de l'axe de polarisation maximale, vous observerez ce qui est montré à gauche.

Figure 8-4 (suite) *C'est un processus subtil qui demande un peu de pratique. Mais une fois que la procédure est assimilée, elle peut être reproduite très rapidement. La séquence est la suivante : Regardez dans la direction supposée correcte, puis vers le ciel à la hauteur approximative supposée. Puis, en commençant d'abord avec la limite du cellophane perpendiculaire à l'horizon, appliquez une rotation à l'objectif jusqu'à trouver l'orientation de cette limite donnant une luminosité égale des deux côtés de l'objectif. Lorsque vous avez trouvé sensiblement la bonne direction, les deux côtés vont alterner franchement leur luminosité. Ceci bien sûr à condition que vous ayez un filtre réellement polarisant et du vrai cellophane. On notera aussi que cette méthode qui se pratique quand le ciel est obscurci (nuages ou brouillard), nécessite néanmoins une zone de ciel dégagé dans la direction de visée.*

Trouver le soleil avec un objectif polarisant

La procédure est la suivante (voir Figure 8-4). Tout d'abord, regardez dans la bonne direction supposée comme expliqué au paragraphe précédent pour revérifier l'orientation de votre filtre polarisant. Si vous utilisez un verre de lunettes de soleil polarisantes, la transmission lumineuse sera maximale ou minimale lorsque le verre est parallèle ou perpendiculaire à l'horizon. Si ce n'est pas le cas, déterminez la meilleure orientation du verre pour obtenir la luminosité la plus sombre ou la plus brillante, et repérez par un tracé cette position. Si vous ne disposez pas d'un crayon ou stylo adéquat, vous pouvez matérialiser la position de l'horizon avec un morceau d'adhésif.

Ensuite, fixez un morceau de cellophane sur une des faces de l'objectif (le côté qui sera orienté vers le ciel). Il devrait présenter un bord bien rectiligne positionné diagonalement en travers du verre ou de la ligne que vous avez tracée lors du test précédent.

Dès que vous avez assemblé ce compas polarisant, orientez votre visée dans la direction déterminée précédemment (à 90° de la direction supposée directe du soleil, dans le plan passant par votre zénith) et faites pivoter votre instrument. Vous remarquerez alors que de part et d'autre du bord rectiligne du cellophane, la luminosité alterne de sombre à transparent en fonction de la rotation de votre dispositif. Lorsque les deux côtés présentent le même niveau de transparence, le bord du cellophane pointe sur l'azimut du soleil. L'opération consiste donc à rechercher la bonne direction, orienter le compas, noter le contraste, s'orienter un peu vers la gauche et recommencer, s'orienter vers la droite et recommencer… Lorsque l'angle est optimal, regardez un peu vers le haut, puis vers le bas etc. Comme montré Figure 8-4, vous identifiez un arc de grand cercle qui pointe vers le soleil, de telle sorte que lorsque vous regardez vers la gauche du plan vertical, la ligne (le bord du cellophane) va pointer vers la droite, et lorsque vous regardez vers sa droite, la ligne va pointer vers la gauche.

Dès que vous l'avez correctement identifiée, si toutefois une trouée de ciel bleu existe dans la couverture nuageuse, la direction de transition la plus contrastée (on passe du plus sombre au plus lumineux ou transparent) devient alors très précise. La polarisation de la lumière solaire est à son maximum lorsque vous êtes exactement à 90° de la direction du soleil. Au-delà ou en deçà, elle persiste avec une intensité moindre. Vous pouvez visualiser des exemples de tels instruments de fortune sur le site starpath.com/emergencynavbook.

9

Les courants

En admettant que la conduite du navire et l'orientation de base soient sous contrôle, que vous ayez dûment enregistré tous les changements de cap, alors il est probable que les courants seront principalement à l'origine des incertitudes de votre navigation de secours. Vous pouvez déterminer la vitesse et le cap de votre navire de plusieurs façons, mais ceci ne vous fournira pas la route fond réelle si l'eau dans laquelle votre navire évolue se déplace également. Le problème revient sensiblement à tenter de déterminer sa position dans une immense salle de bains alors que savez exactement où vous vous situez dans la baignoire mais que vous ne connaissez pas la position de cette dernière dans la salle de bain.

Dès lors que vous êtes en pleine zone de courant, vous n'avez en général aucun moyen de détecter sa présence, sauf à faire des points précis à intervalles chronométrés. Des objets flottants dans un courant peuvent dériver vers vous ou s'éloigner, mais ceci est dû à la différence de prise au vent et non aux effets du courant. Le courant déplace tous les objets entraînés à la même vitesse.

Tous les plans d'eau peuvent être le siège de courant. Pour l'essentiel, ils sont le résultat de l'action des vents et des champs de gravité du soleil et de la lune. La force des courants et leur direction sont également fortement affectées par la rotation de la terre, par la forme des océans, des lignes de côtes, du relief sous-marin ainsi que par la salinité de l'eau. Pour appréhender les courants il convient de les classer en trois catégories: les courants océaniques, les courants dus aux effets des marées et les courants d'origine éolienne. Toutefois, cette classification est quelque peu artificielle car aucun des trois types n'est indépendant des autres. Un courant se définit par sa force qui est donnée en nœuds ou en milles par jour et par sa direction.

Il va sans dire que votre connaissance des courants dominants ou temporaires pourrait s'avérer déterminante dans votre processus de prise de décision de même que dans l'épilogue de votre aventure. Il serait dommage de faire une longue traversée océanique en sécurité et de se retrouver confronté à des courants côtiers ou insulaires inattendus qui pourraient en compromettre l'issue.

9.1 Les courants océaniques

Les courants océaniques sont les principaux contributeurs à la circulation océanique et suivent en général la circulation des vents océaniques dominants. Ces courants sont relativement stables sur de larges étendues et durant de longues périodes de temps. Cependant, nombre d'entre eux présentent des variations saisonnières en force et direction.

Il existe également des variations imprévisibles de courte durée (s'étalant sur quelques jours) au sein de tous les courants océaniques. La circulation générale des courants océaniques suit le sens des aiguilles d'une montre dans l'hémisphère nord et le sens inverse dans l'hémisphère sud (Figure 9-1). Ils sont en général plus forts au voisinage des côtes et faibles voire inexistants au milieu des océans (ici l'équateur est la frontière séparant les courants océaniques nord et sud).

En règle générale, sur tous les océans du monde les courants ne sont pas très puissants. On les estime à 0.5 nœuds en moyenne. Mais il existe des exceptions notables. Par exemple le Gulf Stream dans l'ouest de l'Atlantique Nord et le Kuroshio, son alter ego dans l'ouest du Pacifique Nord, présentent des vitesses en moyenne au-dessus de 2 nœuds pouvant atteindre et dépasser 3 ou 4 nœuds occasionnellement.

De même, les courants équatoriaux et leurs contre-courants sont également forts partout. Ces courants tropicaux s'établissent en général à des vitesses supérieures à 1 nœud mais peuvent accélérer de manière significative au voisinage d'archipels.

Dans certaines circonstances vous pouvez détecter la présence d'un courant côtier ou océanique au moment où vous entrez dedans ou bien lorsque vous en sortez. Les frontières du Gulf Stream par exemple sont caractérisées par un changement distinct de la couleur de l'eau qui passe du gris vert de l'Océan Atlantique au bleu indigo du courant. De même, le Gulf Stream est aussi notablement plus chaud que les eaux voisines, spécialement aux latitudes les plus élevées. Ceci entraine dans ces zones

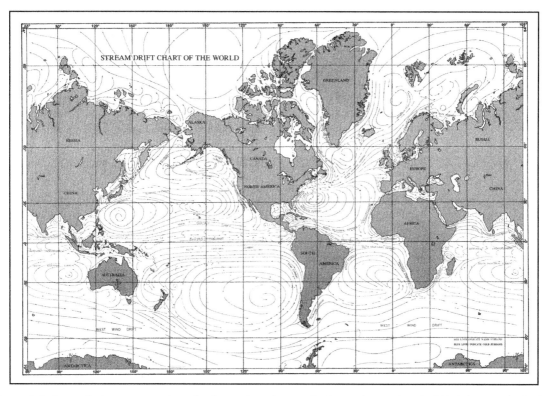

Figure 9-1. *Les principaux courants océaniques dans le monde. La carte représente l'état des courants durant les mois d'hiver. Cette carte est tirée du "Bowditch", Pub 9, qui fournit une étude relativement détaillée de chaque courant. Les Pilot Charts (dont des extraits sont fournis aux Figures 1-1 et 4-4) et les publications du SHOM en France décrivent de façon plus détaillée les courants pour chaque océan. Le texte complet du "Bowditch" et la totalité des Pilot Charts U.S sont maintenant disponibles en ligne.*

la formation de grains plus nombreux et de coups de vent associés. Le Gulf Stream charrie souvent de grandes quantités d'algues flottantes et quand les vents viennent du nord (à contre-courant), les eaux du Gulf Stream sont notablement plus agitées que les eaux avoisinantes. Des caractéristiques similaires se retrouvent aux frontières du Kuroshio. Mais ces courants sont uniques dans leur proéminence. D'autres courants de part le monde peuvent présenter quelques unes de ces propriétés mais elles seront probablement moins marquées aux frontières des eaux.

Lors de tout voyage océanique ou côtier, il est de la responsabilité du navigateur d'étudier les courants avant et pendant la croisière. Les courants océaniques sont énumérés dans des catalogues et atlas donnant leurs caractéristiques pour différents lieux et différentes saisons. Les U.S Pilot Charts sont la meilleure source accessible en ligne fournissant ces informations pour tous les océans et toutes les saisons. Parmi d'autres informations intéressantes, ils décrivent les courants océaniques de façon graphique, montrant leurs forces et leurs directions moyennes mensuellement ou trimestriellement. En France le navigateur est invité à consulter les publications du SHOM.

Néanmoins, quelle que soit la publication utilisée, gardez à l'esprit qu'il s'agit de moyennes établies sur des périodes de plusieurs années. A quelque moment que se soit, le courant réel rencontré peut être différent de la valeur fournie dans la documentation. On peut considérer grossièrement que les valeurs publiées sont correctes à ± 50%. C'est-à-dire que si la force d'un courant est donnée à 12 milles par jour, par sécurité considérez qu'il pourrait en réalité valoir entre 6 et 18 milles par jour. Généralement, l'indication de direction sera raisonnablement proche de la réalité à environ 30° près, ceci sans garantie. En certains endroits, des contre-courants de profondeur peuvent sporadiquement faire surface, rendant les directions attendues complètement erronées.

Si le vent est fort pour la saison, et s'il en a été ainsi depuis plus d'une journée, alors attendez-vous à des courants dans la moyenne haute. A contrario, si le vent est faible pour la saison depuis plus d'une journée, vous rechercherez les valeurs faibles dans les tables de prévision. Habituellement, le vent dominant est établi dans la même direction que le courant dominant. Dans le cas contraire, attendez-vous à coup sûr à des courants plus faibles que ceux prévus en moyenne.

9.2 Etudier les courants avant d'appareiller

Dans la perspective d'une éventuelle navigation de secours, l'étude des courants avant votre départ est d'un intérêt inestimable. Une façon pratique de procéder est de tracer votre route sur un Pilot Chart et de lister les composantes est-ouest et nord-sud pour les incréments d'environ 5° de latitude le long de votre route. Cet exercice vous donne une vision précise des courants ainsi que la manière dont ils pourraient influencer votre voyage avec ou sans instrument (Figure 9-2).

Cette étude vous montrera, par exemple, que pour une croisière allant de San-Diego aux Marquises, la direction prédominante des courants pousse vers l'ouest durant tout le trajet, avec seulement une brève interruption due au contre-courant équatorial. A une vitesse moyenne de 6 nœuds, ce voyage prendrait environ trois semaines et la dérive ouest nette due au courant serait de 280 milles. Cette valeur est clairement largement suffisante pour vous faire rater l'archipel si vous menez l'essentiel de votre navigation à l'estime et n'avez pas pris les courants en compte.

La probabilité que vous vous retrouviez à la dérive sans voile ni moteur est faible. Cependant, dans de telles circonstances, la connaissance des courants locaux pourrait bien être le paramètre déterminant

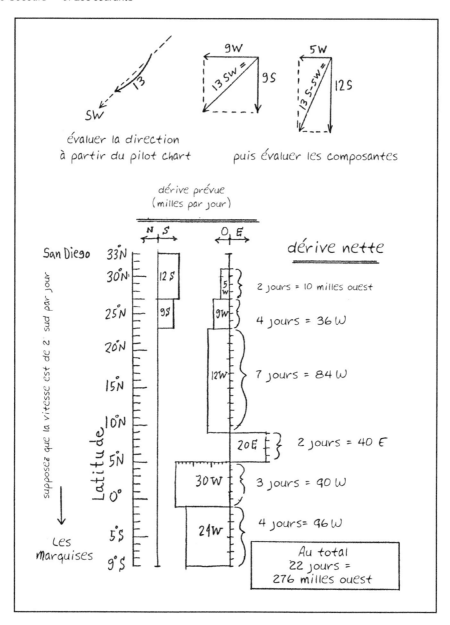

Figure 9-2. *Un journal de navigation déduit d'un Pilot Chart. Les Pilot charts décrivent les courants par des flèches orientées indiquant leurs directions et leurs intensités en milles nautiques par jour. D'abord, tracez votre route sur le Pilot Chart et repérez les courants et les latitudes auxquelles ils changent. Puis, déduisez les composantes du courant comme indiqué sur l'illustration et faites un tracé ou une table des résultats. Ensuite, à partir de votre vitesse estimée, déduisez votre dérive durant les différentes parties de votre voyage. Le présent exemple est établi pour une traversée de San Diego vers les Marquises en Juillet à une vitesse moyenne de 6 nœuds. Les informations sont tirées des Pilot Charts U.S. et Anglais. Vous noterez que dans cet exemple vous auriez dû faire une route plus à l'est avant d'entrer dans les alizés du sud-est du Pacifique afin de compenser la forte dérive ouest.*

l'épilogue de votre aventure. L'utilisation de moyens de navigation de secours ne permet en aucun cas de mesurer les courants en présence. Vous devez en posséder une connaissance préalable sur laquelle baser votre raisonnable estimation. Les courants étant en général dans la même direction que les vents dominants, si votre meilleure vitesse contre les éléments n'est que d'un nœud alors il vous faudra opter pour une route au portant même si la distance à parcourir est plus grande pour atteindre la première terre. Relisez par exemple le remarquable récit de Dougal Robertson de son voyage à la dérive dans son livre, *Survive the Savage Sea*.

9.3 Les courants de marée

Les courants de marée sont les flux d'eau associés aux marées montantes et descendantes. Ils n'ont aucune conséquence sur la navigation océanique, leur influence se faisant sentir au voisinage des côtes ou dans les chenaux interinsulaires. Les courants des chenaux ouverts vers l'intérieur des terres ont tendance à augmenter, diminuer et s'inverser avec les marées par opposition aux courants côtiers dont la direction est susceptible de tourner, avec très peu de modification en intensité. Toutefois, la proximité du littoral a un réelle influence sur de nombreux courants de marée, amenant ceux-ci à s'aligner parallèlement à la côte plutôt que de diverger ou converger vers cette dernière. Les courants de marée établis le long d'une côte très découpée et irrégulière peuvent présenter des vitesses de plusieurs nœuds alors que la moyenne pourrait s'établir à environ un nœud le long d'une côte lisse et régulière. Dans tous les cas, en raison de la rotation de la direction de ces courants, votre déplacement net en une journée sous leur seule influence sera très faible. En général l'amplitude des marées et des courants associés augmente avec la latitude.

Si votre voyage se termine à l'embouchure d'une rivière, souvenez-vous qu'il peut être dangereux d'en franchir la barre au jusant, spécialement en cas de forte houle du large. En approchant les brisants depuis la mer il est possible que vous les entendiez avant de les voir. Par ailleurs, à l'approche de passes étroites et resserrées, les courants rencontrés peuvent être d'intensité maximale à marée haute et basse, ce qui est exactement l'inverse des périodes d'étale de haute ou basse mer dans des eaux ou des chenaux largement ouverts. A marée descendante par exemple, l'étroitesse d'une passe empêche l'eau de se retirer d'une baie aussi vite qu'elle le fait au large, côté mer. Ainsi la masse liquide s'accumule à la sortie de la passe côté baie générant un courant maximal dans le chenal aux alentours de la marée basse sur la côte.

Les courants de marée des eaux côtières des Etats-Unis sont donnés par région dans les *Tidal Current Tables* (NOAA). Ils sont également décrits plus généralement dans les *Coast Pilots* (NOAA) pour les eaux Américaines et dans les *US Sailing Directions* (NGA) pour les autres endroits. Néanmoins, de nombreuses reproductions des tables en cours de validité ne décrivent pas le comportement rotatif de certains courants de marée, de telle sorte qu'il peut être alors nécessaire de se reporter aux documents officiels originaux. Les services hydrographiques de beaucoup de nations maritimes (dont les Etats-Unis) proposent d'excellentes sources documentaires sur les courants de marée, maintenant disponibles en ligne. Sur les cartes Britanniques, la rotation des courants est présentée sur des tables renvoyant à des graphes de référence appelés "polaire de courant". En France on pourra se référer aux publications du SHOM et *à l'Almanach du Marin Breton*. De nombreux aspects pratiques de la navigation dans les courants et sur le comportement des courants sont présentés dans *Fundamentals of Kayak Navigation* (se reporter à la bibliographie, section Navigation Maritime de Base). La faible vitesse des kayaks et

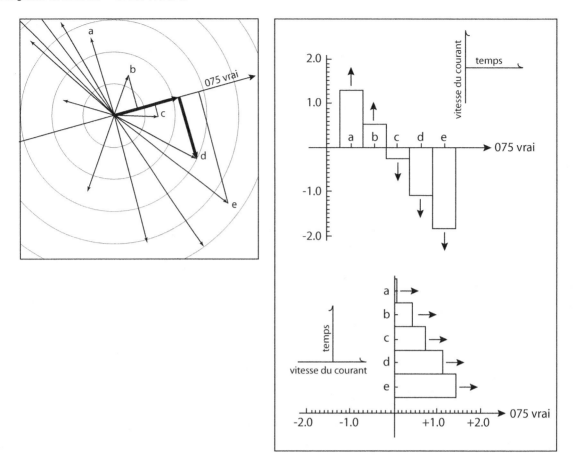

Figure 9-3. *Analyse des rotations de courant. Sur la gauche est présenté un segment d'un diagramme de rotation de courant qui pourrait être trouvé sous cette forme sur une carte des courants ou qui pourrait être déduite à partir des polaires de courant des cartes Britanniques. Les cercles concentriques sont tracés tous les 5 nœuds. Le vecteur marqué d représente la force et la direction du courant à marée haute (MH). Les valeurs des courants 1 heure avant MH de même que 3 heures, 2 heures et 1 heure avant MH sont indiquées par les vecteurs a, b et c respectivement. Ces données sont analysées pour une route au 075° sur ce schéma en prenant comme exemple l'instant d (MH). Le courant à l'instant d est projeté sur l'axe à 075° pour séparer les composantes le long de la route, un peu plus de 1 nœud dans ce cas, et perpendiculaire à la route, également un peu plus de 1 nœud. En haut à droite, les composantes perpendiculaires à la route sont tracées en fonction des instants (a, b, c, d, e) démontrant qu'ils s'annulent mutuellement durant ces 5 heures. De même, en bas à droite sont reportées les composantes dans le sens de la route qui vous pousse continuellement à une vitesse augmentant jusqu'à 1,4 nœuds à l'instant e (soit 1 heure après MH). Ce type de préparation peut vous aider énormément lorsque vous ne disposez pas d'un GPS pour vous tenir informé de ce qui se passe.*

leur capacité à évoluer partout où il y a de l'eau imposent aux kayakistes aventureux d'en savoir le plus possible sur les courants.

La Figure 9-3 expose une manière intéressante d'évaluer les courants côtiers rotatifs pour simplifier la navigation en leur présence, comme pour les courants océaniques.

9.4 Les courants éoliens

Sur toutes les eaux du monde, depuis les océans jusqu'aux lacs, si le vent souffle suffisamment longtemps dans la même direction, l'eau va se déplacer sous son action. Un courant généré par un vent local et temporaire est appelé un courant éolien. L'interaction entre le vent et la surface des eaux est un phénomène compliqué impliquant de nombreux paramètres, de telle sorte que pour l'estimation de ces courants on doit s'en remettre à des règles générales empiriques plutôt qu'à des formules précises.

Approximativement, si le vent souffle régulièrement pendant une demi-journée ou plus, alors il génère un courant d'une vitesse valant environ 3% de celle du vent. Dans l'hémisphère Nord, en haute mer, la direction du courant s'établit à environ 20° à droite de la direction du vent, ce qui implique que si le vent souffle du nord (c'est-à-dire vers le 180°), alors le courant éolien induit s'établira vers le 200°. A l'inverse, dans l'hémisphère Sud, ce courant s'établit à 20° à gauche de la direction du vent. Ce phénomène est dû à la force de Coriolis qui, en raison de la rotation de la terre, dévie les objets en mouvement, comme l'eau dans les courants vers la droite dans l'hémisphère nord et vers la gauche dans l'hémisphère sud. Ceci augmentant avec la latitude. Par ailleurs, dans des eaux confinées, on peut considérer simplement que la composante éolienne du courant de surface s'aligne dans la direction vers laquelle souffle le vent.

En appliquant cette règle, un vent de 20 nœuds soufflant une demi-journée génère un courant de 0.6 nœud. Mais il ne faut pas compter sur cette règle pour donner une vitesse précise car trop de variables entrent en jeu. Elle marche mieux avec les vents forts qu'avec les vents faibles (et mieux après un jour plein plutôt qu'une simple demi-journée). En tout état de cause vous prêterez plus d'attention à ces phénomènes par grand vent. La règle est fiable à ± 50%. Ainsi, dans l'exemple du vent soufflant à 20 nœuds, il est peu probable que le courant soit inférieur à 0.3 nœud ou supérieur à 0.9 nœud. Si le vent souffle beaucoup plus longtemps qu'une journée, on peut s'attendre à ce que le courant augmente légèrement. En cas de pluies prolongées et intenses, les courants éoliens seront probablement encore plus forts car l'eau saumâtre en surface glisse plus facilement sur l'eau salée, plus dense en profondeur.

L'importance des courants éoliens ne réside pas toujours dans leur force mais dans leurs effets sur les autres courants et sur votre marche au près dans de forts vents (se reporter à la section Marche au Près du Chapitre 10). Si vous lisez, dans les *Sailing Directions* par exemple, que les courants dans une zone côtière varient de 1 à 3 nœuds, vous pourrez en déduire que la limite supérieure (ou un peu au-dessus) s'applique lorsque de forts vents soufflent dans la direction prévue du courant, et que la limite basse (ou un peu au-dessous) s'applique quand un vent fort souffle dans la direction opposée à la direction prévue du courant.

9.5 Les courants côtiers

Ici, faisons une distinction entre les courants de marée rotatifs en eaux côtières (voir au § 9.4) et une catégorie plus large de courants qui peut inclure d'autres sources que j'appelle les courants côtiers.

Généralement, tout point le long de n'importe quelle côte peut être le siège de courant résultant de l'influence des deux types. Un courant éolien, par exemple, pourrait être un courant côtier indépendant de l'effet des marées.

Nous pouvons considérer que la région des courants côtiers s'étend à quelques 20 milles d'une île ou d'une côte, ou bien encore sur le plateau continental si ce dernier est proéminent. Généralement les courants côtiers sont les plus difficiles à prévoir. Dans les régions côtières, les courants peuvent être dominés par un quelconque des trois types de courants, ou bien encore être composé d'une combinaison des trois ensembles (océanique, de marée ou éolien). Ils peuvent également simplement trouver leur origine dans un autre effet. Un fort vent de mer, par exemple, peut parfois projeter l'eau sur les caps terriens, ce qui génère des courants significatifs lorsque le vent faibli et que les eaux refluent vers le large. Dans de telles circonstances on peut trouver des courants forts, sans vent ni mouvement de marée. Les courants de ce type sont parfois qualifiés comme gouvernés par la pression hydraulique.

Les courants côtiers peuvent varier significativement en force d'un endroit à l'autre mais aussi varier rapidement et de façon irrégulière le long d'une même côte. Les courants côtiers ou insulaires ont tendance à être plus forts au voisinage des côtes si la direction du courant possède, comme c'est souvent le cas, une composante "vers la côte". Les *Sailing Directions* et *Coast Pilots* sont une bonne source d'information sur les courants côtiers. En France on pourra se référer aux publications du SHOM et *à l'Almanach du Marin Breton*.

En beaucoup d'endroits de part le monde, les courants côtiers du plateau continental sont d'abord des courants éoliens. Si le vent souffle vers le nord, les courants portent au nord; en présence de vents orientés au sud, les courants porteront au sud. C'est une information importante car vous pourrez utiliser des approximations pour estimer la force du courant. Mais, plus important, cela aide à l'interprétation des *Instructions Nautiques*. Par exemple sur le plateau continental de la côte pacifique (de l'état de Washington à celui de Californie), les *Instructions Nautiques* décrivent souvent les courants au voisinage des côtes comme orientés vers le sud en été et le nord en hiver. Les courants se comportent de la sorte car les vents dominants sont orientés vers le sud en été et vers le nord en hiver. Une description plus appropriée de ces courants serait de les classer comme essentiellement éoliens. Si les vents ne présentent pas d'orientation saisonnière marquée, il est très probable que les courants n'en présenteront pas non plus. La circulation océanique majeure au-delà du plateau continental est néanmoins orientée vers le sud de façon persistante tout au long de l'année dans cette région.

L'état de la mer peut souvent indiquer un fort courant côtier. Un fort courant côtier s'écoulant à contre-sens du vent induit une mer plus forte et agitée tandis qu'un courant aligné avec le vent calmera la mer de façon tout aussi spectaculaire. La perception de ces effets nécessite néanmoins une expérience de la mer permettant par exemple d'identifier que l'état de celle-ci n'est pas en accord avec le vent. De façon plus générale, dans un fort courant côtier, vous pourrez remarquer une mer désordonnée, non seulement avec des vagues plus fortes mais également avec de hautes vagues plus fréquentes ou s'orientant perpendiculairement au vent.

Ce sont des conditions dangereuses qui souvent annoncent la présence d'un "jet current" concentré. C'est un effet plutôt rare des courants côtiers semblable au jet stream rencontré dans les vents en altitude.

Toutefois, dans les eaux intérieures il est plus facile de repérer des conditions de vents contraires aux courants par le développement notable de moutonnement. A l'inverse, quand vent et courant sont dans la même direction, la surface de l'eau est plus régulière.

10

L'estime

La navigation à l'estime consiste à déduire une position présente ou une position dans le futur en s'appuyant sur une position passée ainsi que sur les mesures effectuées à bord de vitesse et direction de déplacement. On notera que pour les anglo-saxons la navigation à l'estime s'appelle "dead reckoning" qui est issue de l'abréviation "ded" pour deducted (déduite). L'abréviation anglo-saxonne moderne figurant dans les traités de navigation est DR.

Si donc vous avez navigué au nord-ouest pendant 20 milles, alors votre estime vous situera à 20 milles au nord-ouest de là où vous êtes parti. Cependant, la réalité n'est pas aussi simple qu'il y paraît.

En effet, il y a tout lieu de penser que vous ne serez pas exactement à 20 milles de votre point de départ ni non plus exactement au nord-ouest. Les courants et la dérive, une tenue de barre imprécise, les erreurs de compas, de loch, de tenue de l'heure ou même de tenue du journal de navigation, peuvent toutes contribuer à l'erreur finale sur la position estimée. En l'absence de ces erreurs on pourrait traverser les océans en ne se fiant qu'à l'estime. Sur une courte distance, elles peuvent être individuellement faibles. Mais, sur une longue traversée, de faibles erreurs persistantes finissent par s'accumuler de façon significative. Un écart d'une centaine de milles, après une traversée d'un millier de milles, représente une erreur relative faible. Elle peut cependant être critique, voire déterminante, pour votre arrivée à bon port.

10.1 L'estime de secours

Tenir une estime précise nécessite de disposer à bord d'instruments précis et d'enregistrer scrupuleusement tous les changements de route dans un journal de bord. Néanmoins, en situation de détresse, vous pourriez vous retrouver démuni de tout instrument et devoir vous diriger en vous fiant aux astres et estimer votre vitesse à partir de votre sillage et du défilement d'objets flottants le long de la coque de votre embarcation.

Dans la plupart des circonstances une estime, même de fortune, sera encore votre plus sûr moyen pour vous positionner sur des distances de plusieurs centaines de milles. Les chapitres 11 et 12 décrivent les méthodes permettant de déterminer et de tenir à jour votre position en utilisant le soleil et les étoiles. Toutefois, pour être utilisées avec profit, ces méthodes de positionnement nécessitent de la pratique et un travail de mémorisation. Même dans cette hypothèse, pour des traversées de quelques centaines de milles sans instrument appropriés, la précision obtenue sera rarement aussi bonne qu'une estime rigoureuse. La navigation astronomique devient vraiment intéressante lorsque vous devez entreprendre un long voyage, aussi bien en temps qu'en distance. Dans ce cas les observations astronomiques vous permettent de corriger ou confirmer votre estime. De même, comme expliqué plus loin, elles peuvent vous permettre d'établir une position de départ approximative si vous ne savez pas d'où vous partez.

Au-delà de gouverner votre embarcation, les principales tâches à effectuer dans le cadre de l'estime de secours, consistent à évaluer la vitesse sur l'eau et à relever tous les changements de route. Il n'est pas strictement nécessaire d'avoir une montre pour effectuer ces mesures, même si cela aide beaucoup. Certains marins peuvent donner la vitesse de leur bateau à ½ nœud près, rien qu'en se basant sur le réglage des voiles, sur la gite et le sillage. Cependant, si vous êtes en train de dériver sur un radeau ou de naviguer sous gréement de fortune, avoir une montre facilite grandement cette estimation ainsi que sa précision.

Par ailleurs, avoir une montre dans le cadre de la navigation à l'estime permet de mesurer les durées durant lesquelles vous avez fait différentes routes. Il est toujours mieux de savoir qu'on a fait tel cap durant 18 heures que de supposer que cela a duré un jour environ. Sans montre on ne saurait même pas définir la durée d'un jour. Quand on prend du plaisir à une activité, le temps file comme l'éclair ; a contrario, les heures semblent durer une éternité quand on est en difficulté. Ne vous fiez donc pas à votre capacité à estimer le temps en situation de stress. Il est même possible de perdre la notion des jours dans une longue tempête. Au chapitre 12, le paragraphe Calcul de l'heure UTC à partir d'une position connue décrit les méthodes de contrôle de l'heure et de la date par des observations du soleil, de la lune et des étoiles.

Si vous êtes en route pour un long voyage, tenez un journal de navigation ou faites un tracé de votre position estimée (Figure 10-1). Sans cela, votre vigilance et votre détermination seront vite mises en défaut. Après plusieurs changements de cap vous risquez de perdre votre route et avec elle la connaissance de votre position.

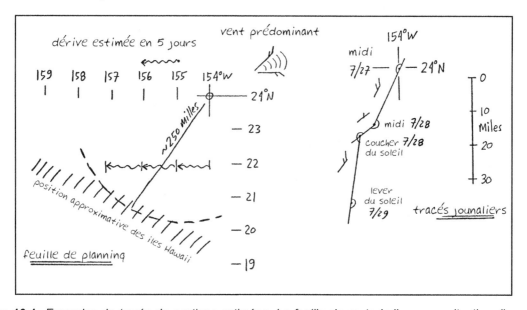

Figure 10-1. *Exemples de tracés de postions estimées. La feuille de route indique une situation d'urgence, hypothétique, intervenant à quelques 250 milles au nord d'Hawaii. La position des îles est tracée, de même que les courants ainsi que les vents dominants. Dans cet exemple le premier objectif de navigation est de descendre au moins de 2° vers le sud en moins de 15 jours pour éviter de dériver par delà les îles les plus au nord de l'archipel. Des tracés journaliers permettent de suivre votre progression.*

Connaître sa position est non seulement un avantage moral et un moyen supplémentaire de contrôler la situation, mais c'est également une question de sécurité et peut-être même de survie.

L'estime est vitale à la navigation de secours, cependant la meilleure estime est inutile si vous ne savez pas d'où vous êtes partis. Si votre position de départ vous est inconnue, alors il vous faudra l'obtenir à l'aide des étoiles. En général, cela implique une incertitude d'environ 100 milles, voire plus si vous n'êtes pas un familier des méthodes astronomiques. Partir en mer sans montre est risqué, mais ne pas savoir où vous êtes alors que vous en avez la possibilité, est tout simplement de l'inconscience dangereuse. Particulièrement si d'autres vies sont sous votre responsabilité.

10.2 Evaluation de la vitesse du bateau

Sans instrument, différentes méthodes existent pour évaluer la vitesse d'une embarcation. L'une d'elles consiste à chronométrer le temps de passage d'objets flottants. Par exemple si votre bateau mesure 30 pieds de long et qu'un morceau de bois dérivant met 10 secondes à passer le long du bateau, alors votre vitesse est de 30 pieds en 10 secondes soit 3 pieds par seconde. Il ne reste plus qu'à convertir les pieds par seconde en nœuds (mille nautique par heure). Un mille nautique représente environ 6000 pieds (précisément 6076 pieds), et une heure se décompose en 3600 secondes. Ainsi, approximativement, filer 1 nœud revient à parcourir 6000 pieds en 3600 secondes, ou 10 pieds toutes les 6 secondes, ce qui revient à dire que 1 pied par seconde vaut 6/10 de nœud.

Sous forme d'équations ceci peut se transcrire ainsi:

$$\text{Vitesse (en nœuds)} = 0{,}6 \times \text{Vitesse (en pieds par seconde)}$$

Si vous vous déplacez à 8 pieds par seconde votre vitesse est de 4.8 nœuds.

Nota : Si la longueur du bateau est donnée en mètres et donc que la vitesse est d'abord mesurée en mètres par seconde alors la formule de passage est :

$$\text{Vitesse (en nœuds)} = 1{,}94 \times \text{Vitesse (en mètres par seconde)}$$

Soit en approximant

$$\text{Vitesse (en nœuds)} = 2 \times \text{Vitesse (en mètres par seconde)}$$

Vous pouvez chronométrer le défilement de tout ce qui flotte : des débris, des algues et même une tache d'écume. De même, vous pouvez jeter par-dessus bord votre propre sonde reliée à la poupe par un filin long et léger pour pouvoir la réutiliser. Si vous avez une montre, le chronométrage du passage de la sonde ne pose aucun problème. Si vous n'avez pas de montre il vous faudra compter les secondes au mieux que vous le pouvez. Si vous ne l'avez déjà fait, entraîner-vous avec une montre pour trouver le rythme. La méthode classique utilisée dans les pays anglo-saxon consistant à compter « one-thousand one, one-thousand two… » fonctionne assez bien. En France, la récitation A1, A2, A3,

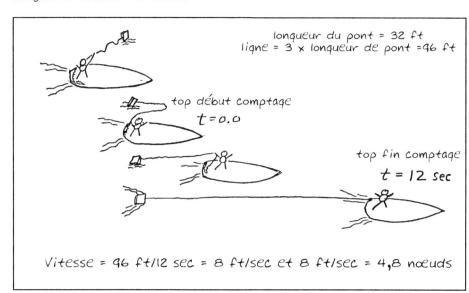

longueur du pont = 32 ft
ligne = 3 × longueur de pont = 96 ft

top début comptage
$t = 0.0$

top fin comptage
$t = 12$ sec

Vitesse = 96 ft/12 sec = 8 ft/sec et 8 ft/sec = 4,8 nœuds

Figure 10-2. *Mesure de la vitesse du bateau avec un fragment bois. Avec une montre et de la pratique les mesures sont faciles et précises.*

etc. donne en générale une précision suffisante. Effectuez toujours plusieurs mesures, car un résultat obtenu par une moyenne de plusieurs mesures est toujours plus précis qu'une mesure unique.

Le chronométrage d'un marqueur passant le long du bateau fonctionne bien, à condition que le temps de passage soit d'au moins 5 ou 6 secondes. Pour des temps plus courts, les résultats sont moins précis. Vous pouvez contourner ce problème en utilisant une longueur de référence plus longue que le bateau comme une ligne légère. A cette fin, une ligne de pêche est idéale (fig 10-2).

Accrochez un objet (le marqueur) à la ligne, puis prenez une longueur de ligne de 15 à 30 m. Plus la ligne est longue, meilleur cela est. Toutefois, les conditions de mer ainsi que les disponibilités du bord peuvent imposer leurs contraintes. Pour mesurer cette ligne, il est pratique de connaître l'envergure de vos bras écartés du bout des doigts, d'une main à l'autre. Cette longueur, définition originale de la brasse anglaise ou fathom vaut environ 6 pieds (ou 2 m) en moyenne. Alternativement, vous pouvez utiliser votre taille ou la longueur de votre bateau comme étalon. Pour obtenir votre vitesse, attachez la ligne à la poupe et lancez le marqueur et la ligne par-dessus bord. Commencez à compter lorsque le marqueur passe au droit de la poupe et arrêtez lorsque la ligne se tend et que le bateau commence à remorquer le marqueur. Une bouteille en plastique partiellement remplie d'eau est un bon marqueur. Votre vitesse en mètres par seconde est la longueur de la ligne en mètres divisée par le temps nécessaire à tendre cette dernière.

Une autre méthode consiste en la confection d'un loch traditionnel, puis à compter le nombre de nœuds au fur et à mesure qu'ils défilent par-dessus la poupe. C'est d'ailleurs cette méthode qui est à l'origine du mot « nœud » caractérisant la vitesse d'un bateau. Vous pouvez modifier l'espacement des nœuds en fonction de votre besoin ou de votre approche. Voici une méthode pour le faire. Accrochez un objet à la ligne. Cet objet doit flotter mais présenter une traînée dans l'eau (comme la bouteille en plastique partiellement remplie d'eau mentionnée précédemment). Faites le premier nœud environ à 6 m de l'objet, éventuellement marqué d'une pièce de tissu. Puis, nouez des nœuds tous les 3 m après le premier nœud. Faites en sorte que votre ligne soit claire afin qu'elle puisse filer librement. Immergez le flotteur, en laissant la ligne filer dans votre main. Commencez à compter lorsque le premier marqueur passe dans votre main et comptez 6 secondes. Relevez la ligne et comptez tous les nœuds plus la fraction restante jusqu'à votre main. Le nombre de nœuds comptés durant ces 6 secondes représente votre vitesse en nœuds. Si cinq nœuds et demi sont passés, alors votre vitesse vaut 5.5 nœuds.

Pour les plus grandes vitesses on aura intérêt à compter 12 secondes et à diviser par 2 le nombre de nœuds comptés pour obtenir la vitesse.

Avec de la pratique, cette méthode est aussi précise qu'un loch. Si vous devez l'utiliser régulièrement, une ligne enroulée sur un tambour ou sur un moulinet de pêche peuvent la rendre plus aisée.

Pour obtenir un maximum de précision dans votre estime, il convient de vérifier la vitesse du bateau très souvent. Si, durant 3 heures, votre vitesse varie de 2 nœuds sans que vous ne l'ayez noté, vous avez perdu 6 milles dans la précision de votre estime. Il n'est pas nécessaire que cela se produise à de nombreuses reprises pour entraîner une importante erreur de position. De même, plus vous contrôlez fréquemment votre vitesse, meilleure sera la vitesse moyenne obtenue. De plus, si vous tenez un journal de bord rigoureux, discerner les fluctuations instantanées des variations à long terme affectant votre vitesse moyenne sera plus facile.

Dès lors que vous connaissez votre vitesse moyenne, la distance parcourue se résume à multiplier la vitesse moyenne par le nombre d'heures pendant lesquelles cette vitesse a été tenue. Si votre vitesse moyenne a été de 4 nœuds de 10 heures à 16 heures et de 2 nœuds de 16 heures à 20 heures alors vous avez parcouru :

$$(4 \times 6) + (2 \times 4) = 32 \text{ milles}$$

Il est important d'obtenir une estime la meilleure possible. A cette fin, utilisez toutes les informations dont vous pouvez disposer. Dans une situation de détresse, l'entretien de l'estime est votre outil le plus puissant. Grâce à celle-ci uniquement, pourvue qu'elle soit rigoureuse et entretenue constamment, on peut aller très loin. On ne peut éviter toutes les erreurs, mais si vous notez tous les changements de vitesse et de route dont vous êtes conscient, alors il y a de bonnes chances que les erreurs que vous n'avez pu éviter s'annuleront les unes avec les autres. Ce point sera traité plus loin dans le paragraphe *Navigation de routine avec équipement complet* du chapitre 14.

Estime précise et tempête prolongée sont incompatibles. Durant une tempête, de nombreux facteurs peuvent venir perturber votre concentration et votre perception, affectant ainsi votre navigation. Votre route et votre vitesse peuvent varier de façon significative. Cependant, même dans ces conditions difficiles, essayez de noter les heures de changement de route et de temps en temps estimez votre vitesse. Puis, après que les éléments se soient calmés, faites au mieux pour recaler le tout. Tenir une estime précise demande du travail et certainement aussi un peu de chance. Mais souvenez-vous du vieux dicton, « la chance favorise ceux qui s'y préparent ».

En situation de détresse, si vous essuyez une tempête mais que vous disposez toujours d'un compas, il y a toutes les chances pour qu'au sortir de celle-ci vous soyez en mesure de connaître assez bien votre route moyenne. La raison en est que la tenue du cap compas est souvent le souci premier du barreur. Lorsqu'une vague vous dévie de votre route, votre première préoccupation à la barre sera de revenir au plus tôt au bon cap par rapport au vent relatif. Alors, même si le cap compas n'est pas votre souci immédiat, c'est néanmoins ce que vous vérifierez en premier lieu dès que vous aurez rétabli l'allure de votre embarcation par rapport au vent. De nuit, vous serez encore naturellement plus vigilant sur ce point.

10.3 Erreurs d'estime dues à la vitesse et à la direction

L'objectif premier de la navigation est de déterminer votre position géographique. Une autre nécessité, moins évidente mais non moins importante, est de connaître la précision avec laquelle vous connaissez cette position. Ceci est d'autant plus vrai que la navigation de secours est basée sur des estimations et des mesures effectuées avec des moyens de fortune. Si vous évaluez votre position à 50 milles des côtes, c'est probablement que vous êtes relativement confiant dans le fait que vous êtes plus près de 50 milles du rivage que de 100 milles. Mais êtes-vous bien sûr que c'est bien 50 et non pas 70 ou 30? Si des décisions critiques doivent être prises, elles doivent l'être en fonction de la précision de votre estime. Vous devez donc l'évaluer au mieux.

Précision de la position

Il est utile d'envisager la précision de votre position en termes de pourcentages. Une incertitude de position de 5 milles représente un haut niveau de précision si vous venez de voyager sur 100 milles. Mais votre position est mauvaise si l'incertitude est de 5 milles après en avoir parcouru seulement 10. Dans le premier cas l'incertitude est de 5% et dans le second cas de 50%. Utilisant les meilleurs équipements du bord, une incertitude sur l'estime de quelques pourcents est très bonne. Avec peu, voire aucun instrument, une incertitude d'environ 20% peut être considérée comme raisonnablement acceptable.

De même, penser la précision de votre estime en termes de pourcentages permet de mieux se rendre compte de la façon dont l'incertitude sur votre position augmente durant un long voyage. Supposons par exemple que vous disposiez d'un compas et de ce fait connaissiez votre route avec précision, mais que vous ne disposiez ni de journal de bord à jour, ni de loch. En prenant en compte une précision sur la distance parcourue de 20%, cela implique que l'incertitude sur votre précision s'accroît de 20 milles tous les 100 milles parcourus. Ceci est équivalent à une incertitude de 2 milles sur 10 milles parcourus. Avec cette précision, si vous démarrez d'une position connue et vous déplacez sur une distance estimée de 10 milles, vous pouvez être relativement confiant sur le fait que vous avez parcouru au moins 8 milles et probablement moins de 12 milles. De même, après 30 milles vous devez tabler sur une erreur probable de +/- 6 milles, puisque 20% de 30 milles sont 6 milles. Vous voyez donc que l'estimation de votre précision doit être conservative.

Ces erreurs peuvent être dues à des erreurs dans l'appréciation de la distance parcourue ou à des erreurs dans la direction de la route. Les erreurs sur la vitesse et sur le temps durant lequel une route a été suivie n'affectent que la distance parcourue, tandis que les erreurs de tenue de cap et de dérive affectent, elles, la direction de cette route. En revanche, les courants ont un impact à la fois sur la distance parcourue et sur la direction.

Erreurs sur la vitesse

Les erreurs sur la vitesse peuvent être causées par une erreur dans la référence de longueur utilisée pour mesurer la vitesse (longueur du bateau, ou longueur de la ligne filée) ou par des erreurs dans le chronométrage des temps de passage de cette longueur de ligne filée. La taille de votre bateau et votre propre taille sont connues avec précision, de telle sorte que les longueurs de ligne peuvent être mesurées avec une précision de 5%, voire mieux, avec un peu de pratique.

Le chronométrage avec une montre ne devrait produire virtuellement aucune erreur, si ce n'était les incertitudes sur l'appréciation des instants de début et de fin. Ces incertitudes ajoutent une erreur possible d'au moins 1 seconde. Autrement dit, il est difficile de chronométrer l'intervalle de temps que vous cherchez à quantifier à moins de +/- 1 seconde près. Pour un intervalle de temps de 5 secondes, votre incertitude est donc de 1 sur 5 soit 20%. C'est la raison pour laquelle, lorsque l'on mesure la vitesse du bateau, il faut préférer effectuer une mesure sur un intervalle de temps le plus long possible. Ceci revient à dire qu'il faut confectionner une ligne de traine la plus longue possible. Si vous doublez l'intervalle de temps à mesurer, votre pourcentage d'erreur de chronométrage est divisé par 2 puisque l'incertitude de 1 seconde sur les instants de début et de fin est inchangée.

Par de bonnes conditions, vous pouvez avoir environ 5% d'erreur sur les longueurs et 10% sur l'estimation du temps. Ceci induit une erreur totale sur la vitesse de 11%.

Bien que ce résultat arithmétique puisse vous apparaître étrange, il ne l'est aucunement. Lorsque vous avez deux sources d'erreurs indépendantes dont l'une est beaucoup grande que l'autre, la valeur de l'erreur combinée résultante n'est pas la somme des deux mais est plus proche de la plus grande des erreurs. C'est un résultat mathématique qui prend en compte la possibilité que les erreurs soient de signes contraires.

D'un point de vue statistique, deux erreurs indépendantes (incertitudes) se combinent comme la racine carrée de la somme de leurs carrés. Dans l'exemple précédent cela donne 11% (qui vaut approximativement [(5x5) + (10x10)]1/2)

Généralement, ce calcul mental n'est pas aisé mais, par coïncidence, la procédure est la même que celle utilisée pour calculer l'hypoténuse d'un triangle rectangle. En utilisant cette analogie, il existe une façon simple de calculer l'effet combiné de deux erreurs. La Figure 10-3 en explique la méthode. Il suffit de tracer à une échelle convenable quelconque un triangle rectangle dont les côtés

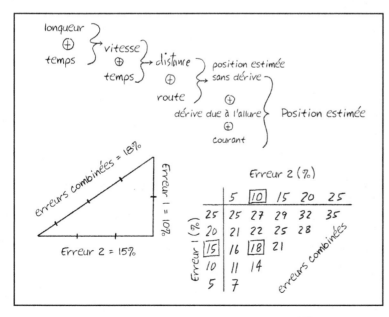

Figure 10-3. *Combinaison d'erreurs indépendantes. Deux erreurs indépendantes (incertitudes) exprimées en pourcentages s'additionnent comme les côtés d'un triangle rectangle. L'incertitude finale sur votre position estimée est la combinaison des facteurs exposés ci-dessus. Une montre est extrêmement précieuse car elle élimine pour l'essentiel les erreurs de chronométrage qui induisent les incertitudes sur la distance parcourue.*

sont proportionnels à chacune des deux erreurs. La longueur de l'hypoténuse représente l'erreur combinée à l'échelle choisie. L'exemple donné en Figure 10-3 montre que deux erreurs de 10% et de 15% se combinent en une erreur totale de 18%.

En utilisant cette procédure il est aisé de voir que vous pouvez tout simplement négliger la plus petite des deux erreurs dans la mesure où elle est très inférieure à la moitié de la plus grande. Pour obtenir la vitesse, si vous avez 5% d'erreur sur la longueur et 20% d'erreur sur le temps, alors vous pouvez ne pas tenir compte des 5% d'erreur sur la longueur. Votre incertitude finale sur la vitesse sera donc d'environ 20%. D'un autre côté, si vous devez combiner deux erreurs de même taille, l'erreur combinée finale se situe à peu près à mi-chemin entre la somme des erreurs et la valeur d'une des erreurs unitaires. Deux erreurs de 10% se combinent en une erreur finale valant environ 15% (le triangle rectangle montrerait que la réponse exacte est 14%).

Par ailleurs, vous pourriez aussi vous interroger sur la raison d'un tel niveau de détail. La raison est qu'on ne peut tout simplement pas en faire l'économie. Vous devez être capable d'évaluer de façon réaliste votre aptitude à naviguer sur une route donnée et ensuite pouvoir estimer la précision de votre position estimée sur cette route. Votre appréciation, qualitative et quantitative, des facteurs externes ayant un impact sur votre route et votre vitesse, variant avec les circonstances, vous devez être préparé à évaluer l'impact des incertitudes du moment sur votre navigation. Si vous devez choisir entre vous diriger sur une île isolée distante de 100 milles plutôt que vers un continent ou bien un chapelet d'îles distant de 500 milles, il vous faut savoir au mieux, à l'avance, quelles sont vos chances de trouver l'île isolée.

Jusqu'ici, nous avons considéré un ensemble de bonnes conditions pour évaluer la précision de la vitesse du bateau. Par temps calme à modéré, à l'aide d'une montre et d'une longue ligne de traine, vous pouvez déduire votre vitesse avec une précision d'environ 10%. Il est difficile dans ces conditions de faire beaucoup mieux. Mais, à l'inverse, avec un peu d'effort et de chance, il est peu probable de faire vraiment beaucoup moins bien. Par exemple, une erreur de 20% sur la vitesse est déjà substantielle. A 5 nœuds, cela signifierait que vous ne sauriez pas dire si vous êtes à 4 nœuds ou à 6 nœuds.

Comment savoir ce que vaut l'estimation de votre vitesse? Malheureusement, pour les traversées de moins de quelques centaines de milles (avant que les étoiles ne "commencent à bouger"), la réponse est que, sauf à trouver un autre moyen de contrôle, vous ne le saurez vraiment que lorsque vous toucherez terre. Néanmoins, vous pouvez éprouver la fiabilité de votre évaluation en analysant la dispersion de vos mesures servant à élaborer votre vitesse moyenne.

La mesure de la vitesse par une ligne de loch présentant des nœuds espacés avec précision, n'est entachée d'erreur que par le chronométrage. Sur un intervalle de temps de 12 secondes nous estimons que l'erreur pourrait être d'environ 1 seconde, soit de l'ordre de 8% (1/12). Si la moyenne de plusieurs mesures consécutives est de 5 nœuds, alors les vitesses individuelles devraient varier au maximum de 8% de 5 nœuds, soit 0.4 nœud. Elles devraient donc se situer entre 4.6 et 5.4 nœuds. Si la dispersion est supérieure à cette valeurs alors il est possible que l'imprécision de votre chronométrage soit supérieure à 8% ou bien que votre vitesse réelle ne soit pas constante à 8% près. Il convient donc d'augmenter l'incertitude sur la mesure en conséquence. Vous ne pouvez pas revendiquer une précision sur la vitesse de 8% si vous ne savez pas reproduire les mesures avec une précision de 8% en utilisant cette méthode. Évidemment, votre erreur sur la vitesse serait encore plus conséquente (et resterait indécelable) si l'espacement des nœuds n'était pas aussi précis que vous le croyiez.

De plus, gardez à l'esprit que quelles que soient la valeur moyenne de la vitesse et la dispersion des mesures élémentaires obtenues avec ce type de méthode, vous ne pouvez espérer de façon réaliste, sur une distance étendue, évaluer la vitesse moyenne d'une embarcation avec une précision supérieure à 10%. Il se pourrait qu'une mesure individuelle soit plus précise, mais il est peu probable que vous puissiez réitérer ce résultat avec une fréquence suffisante pour pouvoir vous prévaloir d'une précision moyenne supérieure à 10%.

Erreurs sur la distance parcourue

Les erreurs sur la distance parcourue sont évaluées de la même façon que les erreurs sur la vitesse. Vous devez combiner l'incertitude sur la vitesse avec l'incertitude sur la durée de navigation à cette vitesse. Si votre vitesse est de 5 nœuds avec une incertitude de 10%, et que cette vitesse est tenue durant 5 heures exactement, alors la distance parcourue est de 50 milles avec une incertitude de 10% soit 5 milles. La durée étant précise dans ce cas.

Si la vitesse est de 5 nœuds avec 10% d'incertitude, et que vous naviguez pendant environ 10 heures, ceci sans pouvoir dire si, de façon sûre, ce n'était pas plutôt 9 heures ou 11 heures, alors vous devez prendre en compte cette incertitude supplémentaire. Plus ou moins 1 heure rapportée à 10 heures représente une incertitude supplémentaire de 10%. Ainsi, dans ce cas, vous évaluerez toujours la distance parcourue à 50 milles, mais l'incertitude sera de 14% environ de 50 milles (méthode de l'hypoténuse du triangle rectangle) soit 7 milles.

Là encore, ceci peut apparaître relativement détaillé pour une navigation de secours. Sur une distance de 50 milles, il est peu probable qu'une incertitude de 10% ou de 14% fera une grande différence pour votre prise de décision. Cependant, dans une situation d'urgence, ce niveau de détail revêt généralement plus d'importance que dans le cadre d'une navigation de routine. Après un long voyage, lors de votre approche de la terre, savoir si votre estime s'est faite avec une incertitude de 20% ou 50%, pourrait être tout à fait déterminant.

Dans le premier cas, après avoir parcouru 200 milles, votre incertitude de position serait de 40 milles et dans le second cas 100 milles. Par ailleurs, sur des parcours encore plus longs au cours desquels des observations astronomiques de fortune seraient pratiquées, votre position estimée doit être continuellement comparée avec la position astronomique, associée à ses propres incertitudes. Plus votre estime est précise et mieux vous êtes en mesure d'interpréter les observations astronomiques.

Quelle précision est vraiment nécessaire ?

La précision finale dont vous avez besoin dépend toujours de l'objectif recherché. Au final, vous devez mettre en correspondance la précision de votre navigation avec la portée visuelle de votre objectif. Ce sujet est abordé dans les deux premières sections du chapitre 13.

Cette discussion sur les erreurs démontre, s'il en était besoin, l'importance de noter l'heure exacte de chaque changement de route ou de vitesse. C'est en effet une source d'erreur qui peut être évitée si vous voulez tenir une estime rigoureuse. L'importance de la possession d'une montre en devient évidente. Même si elle n'est pas réglée sur l'heure exacte, le simple fait qu'elle fonctionne améliore grandement votre estime.

En situation d'urgence, la démarche consistant à suivre une direction avec toutes les incertitudes dues aux circonstances a été discutée brièvement dans la section Se diriger sans compas du chapitre

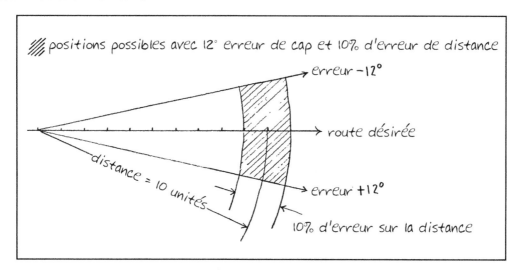

Figure 10-4. *Méthode graphique d'évaluation de l'incertitude de position engendrée par les erreurs sur la tenue de route et la distance parcourue. Sans loch, une incertitude de 10% sur la distance parcourue résulte d'un bon travail, mais en de nombreuses circonstances et avec un peu de pratique vous devriez pouvoir réaliser sans compas une précision inférieure à 12° sur la valeur moyenne de la route. L'écart de route auquel vous pouvez vous attendre après avoir navigué avec une erreur de route constante peut être déterminé comme expliqué Figure 3-7.*

3. La précision atteignable dépend de plusieurs facteurs et elle variera d'un jour à l'autre et durant la journée en fonction de l'état de la mer et du ciel. Dans beaucoup de cas, les erreurs de tenue de cap tendent à s'annuler. Il en résulte que plus vous vérifiez et ajustez votre direction sur une route donnée, meilleure sera la précision de cette direction.

En prenant en compte la " rotation apparente du ciel ", qui aide à annuler certaines erreurs, la règle pratique est de considérer environ 12° d'incertitude sur la précision de tenue de route. Ceci se traduit par une incertitude sur la route d'environ 20%, comme montré en Figure 3-7. En d'autres termes, pour chaque 100 milles parcourus vous devez ajouter une incertitude 20 milles à droite ou à gauche de votre position. Cette estimation suppose que vous connaissiez votre direction moyenne avec une incertitude moyenne de à +/-12°. Ceci n'est pas aussi difficile à atteindre qu'il y parait au premier abord, mais cela demande de la pratique. Si vous n'êtes pas certain d'être capable d'obtenir cette précision sur une route donnée, il convient en conséquence d'augmenter l'incertitude sur la direction par sécurité. Plus ou moins 18° revient à une incertitude sur la direction de 30%. La Figure 10-4 décrit une procédure graphique permettant d'estimer les incertitudes d'écarts latéraux à partir des incertitudes de route.

Par ailleurs, si vous pouvez vous diriger à l'aide de l'étoile Polaire ou un autre astre situé favorablement, il est tout à fait possible de faire mieux que 12°. La meilleure façon de vous préparer à évaluer cette précision est de pratiquer les méthodes décrites aux chapitres 5 et 6 avant d'en avoir besoin. Lorsque vous disposez d'un compas, vous pouvez facilement évaluer la qualité de la précision de votre tenue de route. Traitez cet entrainement comme un jeu durant vos navigations de routine.

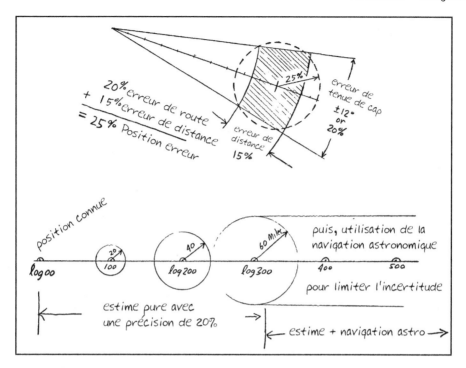

Figure 10-5. *Incertitudes de position en pourcentages et accroissement du cercle d'incertitude de position avec la distance parcourue. En exprimant l'incertitude de route en pourcentages, vous pouvez déduire l'incertitude de position sans avoir à faire de tracé en utilisant les règles de la Figure 10-3. Néanmoins, ceci doit clairement être considéré comme une approximation car le cercle d'incertitude ne coïncide pas exactement avec la zone d'incertitude ombrée directement construite à partir de la route et la distance parcourue. Cependant, la commodité de la méthode en pourcentage contrebalance largement son manque de précision. L'utilisation des pourcentages vous permet d'apprécier plus facilement quels sont les facteurs de navigation prédominants et vous permet de déterminer la grandeur de l'écart par rapport à la route souhaitée après une certaine distance parcourue. Cette dernière donnée est critique pour déterminer la meilleure route vers la sécurité. Après quelques centaines de milles il devient payant de connaître les méthodes astronomiques qui fournissent la latitude et la longitude à 60 milles près. En l'absence de l'utilisation de ces méthodes, l'incertitude sur la position estimée ne fait que croître.*

Estimation de la précision totale

Vous pouvez maintenant évaluer l'incertitude totale appliquée à votre position estimée en combinant les incertitudes sur la route et sur la distance parcourue. Utilisez la règle du triangle rectangle déjà décrite pour la combinaison des erreurs. Ainsi, si vous parcourez 100 milles avec une incertitude de 15% sur la distance et 20% sur la direction, votre incertitude de position combinée se monte à environ 25%, ou 25 milles. Ceci implique qu'après 100 milles vous pouvez vous retrouver n'importe où dans un rayon de 25 milles centré sur votre position estimée (reportez-vous Figure 10-5). C'est typiquement le niveau de précision que vous pouvez espérer avec un peu de travail et une estime tenue soigneusement à jour.

Si votre navigation aux étoiles est moins précise, disons à peu près 30% (correspondant à une incertitude sur la tenue de route de 18°), mais que l'estimation de votre vitesse est plus soignée avec une incertitude réduite à 10%, alors vous vous retrouvez avec une incertitude globale d'environ 32% sur votre navigation. Ainsi, votre d'incertitude passe à 32 milles après 100 milles parcourus.

A l'aide d'une bonne tenue de route aux étoiles ou en présence d'étoiles situées favorablement, il vous est possible d'obtenir une précision de 20% sur la direction. Avec une bonne mesure de la vitesse et à condition d'avoir noté soigneusement tous les changements de route, vous pouvez espérer une précision de 10% sur la distance parcourue. Dans ces conditions optimales, il en résulte une précision globale de quelques 22%. Au cours d'une grande traversée, dans les conditions les plus favorables, c'est-à-dire en l'absence de tout courant significatif inconnu et de vent fort, il est irréaliste d'espérer obtenir mieux que cela.

En ayant comme objectif habituel une incertitude de navigation de 25%, votre position devrait être associée d'une incertitude de 75 milles après avoir parcouru une distance de 300 milles. Mais comme nous le verrons au chapitre 11, vous devriez, avec de la pratique, pouvoir tirer votre latitude de l'observation des étoiles avec une incertitude de 60 milles. Ainsi, l'incertitude sur votre latitude ne devrait jamais aller jusqu'à atteindre 75 milles du début à la fin de n'importe quel voyage. La précision de votre longitude dépend de votre montre. Si vous connaissez l'heure UTC, la précision peut même être inférieure à 60 milles. Sinon, votre incertitude sur la longitude va généralement augmenter en même temps que l'incertitude sur l'estime. Cependant, partant d'une position connue, il existe des méthodes pour minimiser ce problème. Elles sont explicitées au chapitre 12.

Un dernier point, résultat mathématique des statistiques, concernant la précision de navigation. Gardez toujours présent à l'esprit que nous ne faisons que des estimations de la valeur que pourrait atteindre l'incertitude de position en raison des erreurs de mesures et non pas de ce qu'elle sera. En l'absence d'erreurs imprévues dans une direction constante, il est peu probable que votre position réelle vous situe à la limite de l'incertitude estimée. Grossièrement parlant, il y a 50% de chance que votre erreur réelle soit inférieure à la moitié de l'incertitude estimée. Si vous refaisiez cette croisière de 100 milles encore et encore, dans plus de la moitié des cas vous seriez écarté de votre position estimée de moins de 12 milles environ, et non de 25 milles. Mais vous n'allez l'entreprendre qu'une seule fois (du moins vous l'espérez), de telle sorte que vous ne pouvez compter que sur votre estimation des incertitudes.

10.3 Erreurs d'estime dues au courant et à la dérive

Généralement, la navigation d'urgence ne sera pas suffisamment précise pour déterminer la force et la direction des courants océaniques. Le mieux que vous puissiez faire est de simplement jauger les paramètres de courant en utilisant toutes les ressources à disposition. Puis, il vous faudra corriger la position estimée et évaluer les incertitudes en jeux.

Une fois acquis ces paramètres, les corrections sont faciles à faire. Si le courant prévu est de 12 milles par jour vers le sud-ouest, à la fin de chaque jour ajustez votre position estimée d'une valeur de 12 milles vers le sud-ouest. Démarrez la position estimée de la journée suivante à la position décalée. C'est la seule correction à faire, quels que soient votre route ou vos changements de route durant la journée.

Les courants

Les pilot charts sont les sources de prédiction des courants les plus répandues (en France le navigateur est invité à consulter les publications du SHOM). Déjà mentionnée dans la section Les courants océaniques du chapitre 9, une règle approximative consiste à prendre une incertitude de 50% sur les courants listés. Si la valeur publiée du courant est de 14 milles par jour, ceci rajoute une incertitude de 7 milles par jour à votre position estimée même après avoir corrigé votre route de la dérive occasionnée par les 14 milles nominaux journaliers. Vous pouvez combiner cette incertitude avec les autres en la convertissant en pourcentage de votre distance journalière parcourue. Pour une journée de 50 milles, une incertitude sur votre position de 7 sur 50 sera à prendre en compte, soit 14%. Si vous naviguez avec une précision de 25% (distance et direction combinées), l'incertitude due au courant porte l'incertitude de navigation à 29% car $(25^2 + 14^2)1/2=29$. Ceci, toujours en utilisant la règle du triangle rectangle.

Vous pouvez utiliser cette procédure pour ajuster votre position estimée en cours de route ou pour estimer votre progression possible dans une zone de courants dont vous vous rapprochez. Supposez que votre destination soit située plein sud, mais que pour y parvenir vous deviez naviguer dans des vents de sud-est et un courant orienté vers l'ouest de 14 milles par jour. Pour faire une route vraie vers le sud contre ce courant, vous devez l'infléchir vers l'est (contre le vent) d'au moins 14 milles par jour. Par sécurité, vous devriez également prendre en compte une incertitude de 50% sur le courant, impliquant une route plus à l'est d'une valeur pouvant aller jusqu'à 21 milles par jour. Si vous ne pouvez remonter suffisamment au vent, alors il serait bon de considérer une autre route ou une autre destination. A tout le moins, vous devriez garder constamment à l'esprit l'effet de ce courant et si jamais le vent venait à virer vers l'est, vous devriez être prêt à en profiter pour appuyer vers l'est également.

La dérive (due au vent)

La dérive est une affaire plus compliquée que les courants. Tout voilier remontant au vent subit une force, appelée composante de dérive, perpendiculaire à son déplacement, résultant en une « route fond » déviée du côté sous le vent de la direction du voilier. Au premier abord, cela ressemble à l'effet du courant en ce sens qu'à la fois la vitesse et la direction sont affectées. Mais, si on y regarde de plus près, les effets sont différents.

La dérive due au vent est un déplacement dans l'eau, non pas avec l'eau comme l'est la dérive due au courant. En conséquence vous pouvez la mesurer. De même, l'effet de la dérive due au vent sur la vitesse est peu important car l'ensemble des méthodes que vous utilisez pour mesurer la vitesse sur l'eau prend en compte la dérive. Tout ce que vous avez à faire est de mesurer l'angle de dérive séparément. L'angle de dérive (habituellement appelé simplement dérive) est l'angle formé entre la direction de votre déplacement dans l'eau et le cap du bateau.

Facteurs affectant la dérive

La valeur de la dérive dépend de plusieurs facteurs, le principal d'entre eux étant la carène du bateau. Un radeau, ou autre embarcation à fond plat présente un angle de dérive plus important qu'un quillard. De même, un quillard à faible tirant d'eau dérive plus qu'un quillard à fort tirant d'eau. Par ailleurs, tout voilier faisant route au près serré présente la dérive la plus grande. Et, pour toute allure, la dérive s'accroit avec la force du vent.

Par vent modéré, un voilier à haute performance peut dériver de 4° ou 5° seulement sous le vent de sa route optimale au près serré (habituellement à 45° du vent réel). Par forts vents (à partir 20 nœuds de vent apparent environ), la dérive de ce voilier peut s'accroître jusqu'à 8°ou 10°, probablement jamais beaucoup plus que cela en pratique. Un voilier moins performant aux allures de près peut dériver jusqu'à 15° environ dans les mêmes conditions de vent. En fait, la limite supérieure de la dérive est atteinte quand la force du vent impose à tout voilier d'abattre. Par ailleurs, pour un quillard, la dérive décroit rapidement lorsque le navire abat en venant du plus près. Généralement, la dérive devient négligeable lorsque le vent apparent approche le travers (au largue).

Dans le très petit temps, la dérive est aussi un souci. Lorsque la vitesse du voilier est inférieure à 25% de la vitesse potentielle de la carène, la dérive due au vent est beaucoup plus grande qu'on ne le soupçonne. Par exemple, un voilier à quille longue de 36 pieds naviguant à moins de 2 nœuds peut dériver de 20° environ. Là encore, dans ces conditions, l'inefficacité du voilier sera ressentie et vous abattrez pour retrouver plus de puissance, réduisant ainsi la dérive. Néanmoins, il vous faut en garder à l'esprit les conséquences sur la navigation ; par exemple si vous deviez vous retrouver coincés en essayant de faire route au vent par petit temps comme lors de la traversée d'une vaste zone de haute pression au milieu d'un océan.

La dérive est le souci principal lorsque l'on veut gréer un voilier à fond plat. Même en installant une surface antidérive de fortune, on ne peut raisonnablement espérer remonter au vent. Ici, le problème n'est pas tant de savoir jusqu'à quelle limite vous pouvez remonter au vent, mais plutôt jusqu'où vous pourrez vous écarter du plein vent arrière. Il est bien difficile de donner une ébauche de réponse car

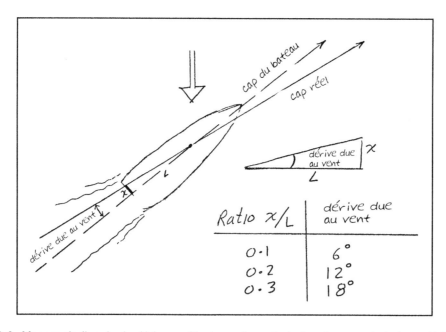

Figure 10-6. *Mesure de l'angle de dérive en filant une ligne de traîne. Lorsque le bateau dérive sous le vent, la ligne de traîne se déplace au vent de l'axe longitudinal du bateau. L'angle entre la ligne de traîne et l'axe longitudinal du bateau est votre dérive effective. Vous pouvez déterminer votre dérive à partir du tableau ci-dessus, essentiellement identique à celui figurant en Figure 3-7. Dans beaucoup de cas, il suffit d'attacher simplement la ligne sur la poupe et d'estimer l'angle formé avec la ligne de foi du bateau.*

elle dépend de plusieurs facteurs ; la forme de la carène, la surface antidérive, le safran, le gréement, les voiles, le vent, et l'état de la mer. Dans l'absolu, avec une embarcation à fond plat, il est certain que la dérive sera importante aux allures de près. De manière générale, sous gréement de fortune, il faut mesurer la dérive et en tenir compte dans la navigation. Et n'oubliez pas la surface antidérive. Une simple pagaie peut avoir un effet très significatif.

Mesure de la dérive

La définition de la dérive et la méthode pour la mesurer ne dépendent pas de sa valeur ou du type de bateau. La dérive est toujours l'angle entre la route du bateau par rapport à la surface de l'eau (route surface) et la direction vers laquelle la proue est pointée. En principe le sillage du bateau indique la route surface. Si le sillage est discernable sur une distance suffisamment grande, on peut mesurer la dérive en mesurant l'angle entre l'axe du bateau et l'axe du sillage. Mais dans la plupart des circonstances cette approche est plus théorique que pratique.

Une méthode plus pratique consiste à attacher une ligne légère quelque part à mi-coque sur l'axe du bateau (ligne de foi) et de la filer par l'arrière. La résistance de l'eau tendra la ligne de traîne dans la direction de votre route surface. La ligne de traîne matérialisant le sillage, votre dérive est alors l'angle entre cette ligne et la ligne de foi de votre voilier. Vous pouvez évaluer cet angle en mesurant la longueur sur la ligne de foi entre le point de fixation et la poupe, ainsi que la distance latérale perpendiculaire au bateau allant de l'axe du voilier à la ligne de traîne comme illustré en Figure 10-6. Muni de ces dimensions vous pouvez dessiner l'angle résultant à échelle réduite et en estimer sa valeur. La mesure n'est pas affectée par les courants.

Cette mesure est plus difficile à réaliser par gros temps, bien que ce soit dans ces conditions qu'il convient d'être le plus précautionneux. Les vagues vous déportent de part et d'autre de votre route et il est difficile d'évaluer l'écart de la ligne de traîne par rapport à l'axe longitudinal du bateau. Par ailleurs, les vents forts ont tendance à déporter la ligne de traîne vers la ligne de foi, réduisant ainsi la dérive apparente.

En principe, il conviendrait d'attacher la ligne de traîne directement sous le centre de poussée vélique, ou au plus proche possible. Cependant, il est souvent difficile de trouver un cheminement direct, clair, de ce point à la poupe. La localisation du point de fixation est spécialement importante si la ligne de traîne est lourde. Dans ce cas, lorsqu'elle est attachée en avant du centre de poussée, vers la proue, la résistance de la ligne de traîne tend à augmenter la dérive apparente, le vent faisant pivoter la poupe sous le vent par rapport à la proue. A contrario, une ligne de traîne lourde attachée sur la poupe retient cette dernière au vent tandis que la proue pivote sous le vent, réduisant ainsi la dérive apparente. Fondamentalement, une ligne pesante attachée à la poupe agit à la manière d'une ancre flottante. Si vous en avez la possibilité, essayez plusieurs diamètres et longueurs de lignes pour trouver l'optimum. Il est nécessaire que la ligne présente une certaine traînée pour la maintenir tendue, malgré les effets du vent. Mais, si elle est complètement immergée, elle sera de peu d'utilité pour évaluer l'angle de dérive. Dans ce dernier cas, elle ne ferait qu'ajouter de la traînée, vous ralentissant tout en faussant la valeur de la dérive réelle, si le point de fixation n'est pas correctement choisi.

Une fois la dérive mesurée, il est très simple de l'inclure dans le calcul de votre estime. Il suffit juste de décaler votre route sous le vent de l'angle de dérive et de baser votre navigation sur cette route corrigée. Dans une embarcation dérivant de manière importante, il vous suffit de filer votre ligne, de positionner une rose de compas de fortune (chapitre 3, Figure 3.5) par rapport à la ligne de traîne et de noter la route que vous êtes en train de faire. En d'autres termes, vous déterminez votre route à partir de la ligne de traîne et non plus à partir de l'étrave du bateau.

De l'importance de connaître la dérive

Lors de vos navigations habituelles, la meilleure approche consiste à évaluer la dérive de votre voilier pour les différentes allures et les différentes conditions de vent et de mer. Lors de ces navigations, par mer calme et vent stable, cette dérive est facilement et précisément obtenue en comparant votre cap compas corrigé de la déclinaison magnétique, à la valeur de votre route fond fournie par le GPS. Un journal de bord bien tenu durant une saison de voile active devrait contenir toutes les données à partir desquelles vous pouvez interpoler. Souvenez-vous de chercher la dérive réelle (effective), pas des valeurs théoriques qui seront toujours beaucoup plus faibles. Les valeurs de dérive publiées pour les différentes formes de carènes sont comme les valeurs des consommations de carburant pour les automobiles. Elles peuvent être utilisées pour comparer différents modèles de coques, mais elles ne vous diront pas ce que vous obtiendrez réellement une fois en mer.

De même, lorsque vous menez ces relevés de dérive, gardez à l'esprit la discussion abordée dans la section Courants éoliens du chapitre 9. Un voilier dérive sous l'action du vent. Or, un vent établi pendant une certaine période va engendrer un courant orienté comme le vent et dont l'effet va s'ajouter à la dérive due au vent. A l'évidence, les meilleures mesures devraient se faire sur un plan d'eau fermé, tel qu'un lac, sans courant, juste quand le vent commence à souffler et avant qu'il ait soufflé plus d'une

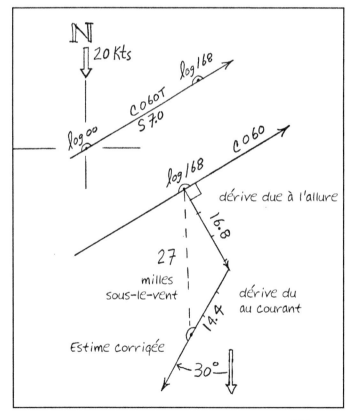

Figure 10-7. *Faire route contre le vent. Ici une valeur de 6° de dérive due à l'allure est prise en compte, ce qui représente un écart sous le vent de 10%, et une dérive due au courant d'une valeur de 0.6 nœuds est supposée s'exercer dans une direction orientée à 30° à droite de la direction dans laquelle souffle le vent. Ces deux valeurs sont des estimations grossières, mais cette position corrigée est certainement plus proche de la position réelle que la position non corrigée. De ces corrections se déduisent une route corrigée au 069° vrai et une distance nette parcourue de 157 milles nautiques.*

demi-journée. S'il y a un doute sur ce point, venez face au vent et affalez les voiles. Puis, laissez-vous votre embarcation livrée à elle-même pour voir si la vitesse lue au speedomètre est égale à la vitesse fond mesurée par le GPS. Dans ces conditions, une vitesse au fond (SOG au GPS) nulle implique l'absence de courant. Une vitesse au fond non nulle associée à une indication nulle au loch mètre implique qu'il y a un courant et pas de dérive due au vent. Si la vitesse au fond est égale à celle lue au loch mètre, cela indique qu'il y a un peu de dérive. Faites des essais avec différents angles au vent.

Ces considérations peuvent paraître fastidieuses, cependant dans certaines circonstances elles peuvent être cruciales. Imaginez une équipe d'aviron de compétition ultramoderne et hyper équipée dans l'Atlantique Nord en route vers le Royaume-Uni. Ils savent assez bien où se trouve le prochain méandre le plus favorable du Gulf Stream et doivent décider de la meilleure tactique pour l'atteindre. Ils peuvent couper au plus court et quitter le méandre principal s'orientant vers le sud à ce point. Puis, foncer pour rattraper le sommet d'un autre méandre du courant, éloigné d'un jour ou deux de navigation, mais favorable. Ils peuvent également suivre la route actuelle, beaucoup plus longue, qui fait une large boucle vers le sud avant de revenir vers le nord-est à nouveau. La grande boucle peut nécessiter plus d'une semaine pour être parcourue. Par contre, s'ils prennent la route la plus courte et ne parviennent pas au méandre favorable à temps, celui-ci se sera éloigné d'eux et ils vont se retrouver bloqués dans une zone de l'océan sans plus aucun courant pour les aider. Ils peuvent ramer à environ 2 nœuds dans les conditions de mer et de météorologie qu'ils rencontrent, et leur dérive due au vent est d'environ 1 nœud. Le courant entre les méandres vaut environ 1 nœud (pas les 3 ou 4 nœuds du Gulf Stream qu'ils recherchent), et le méandre qu'ils recherchent s'éloigne d'eux à la vitesse de 0.75 nœud. Par ailleurs, chacun de ces paramètres a sa propre direction! A l'évidence, il est facile de voir que même avec des GPS, des speedomètres, des compas et autres équipements à la pointe du progrès, l'analyse tactique est ardue. Ajoutez à cela que les prévisions météorologiques des vents les aidant à décider qui, du vent ou du courant, est le facteur prédominant, peuvent également leur faire défaut. Bien que cet exemple ne soit pas typique, c'est néanmoins un cas réel où l'analyse a cependant due être menée pour déboucher sur un heureux épilogue. L'équipe a gagné la course avec plus d'une semaine d'avance sur le concurrent le plus proche. Elle a finalement quitté le flux principal du Gulf Stream pour foncer et attraper, au prix de gros efforts, le méandre suivant. Les membres de l'équipe savaient qu'ils pouvaient repérer les eaux les plus chaudes, et donc les courants les plus rapides, aux nuages blancs se formant au-dessus. Devant eux, ils pouvaient voir ces nuages blancs se déplacer dans la même direction, mais ils purent les rattraper et profiter du courant de façon fabuleuse durant les jours qui suivirent. Il n'est pas difficile de voir comment les tenants et les aboutissants d'une telle analyse peuvent se rencontrer dans différentes situations d'urgence ou simplement dans les tactiques mises en œuvre lors des courses transocéaniques à la voile.

10.4 Progresser contre le vent

La dérive due au vent et celle due aux courants éoliens agissent dans la même direction générale, c'est-à-dire sous le vent. Ces deux phénomènes présentent des effets subtils à discerner par temps calme, mais leur effet combiné en cas de vent fort n'est pas négligeable. Si vous les sous-estimez, votre progression contre le vent sera significativement moindre que prévue. Dans le cas d'une navigation de secours, il faut faire attention à ces facteurs car on ne peut compter sur une possibilité ultérieure d'obtenir une position précise (dans de meilleures conditions) pour corriger les aspects négligés.

Par exemple, supposons que vous soyez au petit largue dans un vent soutenu de secteur nord de 20 nœuds à la vitesse moyenne de 7 nœuds sur un cap vrai de 060° (correspondant à un vent apparent de 25 nœuds à 45°). Supposons également que vous ne soyez pas conscient d'une dérive de 6° sous le vent et de la présence d'un courant éolien qui, dans ce cas, vaut 0.6 nœuds dans la direction approximative du 210° vrai (voir la section Courants éoliens du chapitre 9).

L'estime, en ignorant la dérive ou les courants éoliens, prédirait une course de 168 milles en 24 heures orientée au 060° vrai. Néanmoins, la dérive de 6° causerait une erreur latérale de 10% (environ 17 milles) orientée à la droite du 60°, vers le 150° vrai. Par ailleurs, la composante de dérive due au courant éolien devrait vous emmener de quelques 14 milles (0.6x24) vers le 210° vrai durant ces mêmes 24 heures. L'erreur nette devrait donc être d'environ 17 milles vers le 150° vrai et 14 milles vers le 210° vrai. Lorsque vous effectuez le tracé comme expliqué Figure 10-7, vous trouvez que la position finale est quelques 27 milles au sud (sous le vent) de la position estimée non corrigée. Sur une course de 168 milles, cela représente une erreur de 16% que vous auriez pu négliger. Et pourtant, cet exemple d'apparence extrême sous-estime le problème.

La force du courant ne devrait probablement pas être très supérieure à celle prévisible, à moins qu'il ait plu fortement toute la journée. Toutefois, le courant pourrait être mieux aligné avec le vent que supposé, spécialement aux basses latitudes où la force de Coriolis est plus faible. Dans une telle éventualité, l'erreur de position serait encore plus importante. De même, la dérive due à l'allure pourrait facilement être supérieure à l'estimation faite ici. Ceci dépend du bateau, du gréement et de l'angle de gite. A ceci vient éventuellement s'ajouter votre habileté à maintenir le cap vague après vague. Aux allures de près par grosse mer, les voiliers ont tendance à taper, et afin de minimiser la fatigue du bateau, le reflexe inconscient est de soulager brièvement l'embarcation à chaque vague. Si vous faites cela en abattant légèrement lorsque l'étrave sort de l'eau, il en résultera une brève mais persistance altération de cap, sous le vent. Ce faisant, à la longue, cela pourrait réduire à néant toute progression contre les éléments. L'estimation de cet effet serait encore plus surprenante que les autres. C'est un facteur à garder présent à l'esprit lorsque l'on évalue la progression d'un bateau au près par gros temps.

Là encore, la tenue soigneuse et l'étude ultérieure des livres de bord de vos navigations au GPS, dans des conditions variées, vous renseignera sur les performances réelles au près par grosse mer de votre bateau. Ceci vous préparant au mieux à la navigation sans GPS. Il est probable que l'étude de votre journal de navigation vous révèlera que les distances réelles parcourues sont inférieures de 5 à 10% à vos prévisions et avec une perte en cap de 10° à 20° sous le vent. Dans l'exemple de la Figure 10-7, le cap que vous avez tenu pendant 168 milles au 060° vrai, puis corrigé de 16.8 milles vers le 150° vrai et 14.4 milles vers le 210° vrai est équivalent à une route vraie corrigée au 069° et à une distance parcourue nette de 157.4 milles. Ainsi les corrections représentent 6% de votre distance et 9° sur votre cap.

11

Latitude en mer

Il existe plusieurs façons, indépendantes les unes des autres, de déterminer la latitude en l'absence d'instruments modernes, et les principes sur lesquels s'appuient ces méthodes sont faciles à comprendre et à mémoriser. Avec une pratique soigneuse et un peu de chance, il est possible d'atteindre une précision moyenne d'environ 50 milles. Une marge d'incertitude conservative de 90 milles est cependant plus réaliste.

La détermination de la latitude à partir des étoiles consiste à mesurer la hauteur angulaire d'une étoile au-dessus de l'horizon, ou sa distance par rapport à votre verticale (sa distance zénithale). Ces mesures sont du même type que celles pratiquées lors de la détermination de direction. Mais ici, elles doivent être précises car l'erreur sur la latitude sera la même que l'erreur sur la mesure de la hauteur de l'étoile considérée. En effet, 1° de latitude représente 60 milles nautiques et si vous vous trompez de 2° dans la mesure de la hauteur de l'étoile, la latitude que vous en déduirez sera fausse de 120 milles nautiques.

Comme toujours, la répétition des mesures est la clé de la précision. Répétez chaque mesure plusieurs fois et moyennez les résultats. Vous devez également apprendre à étalonner les instruments improvisés et à choisir la méthode la plus appropriée. Par exemple, il est difficile de mesurer une hauteur d'étoile de 40° avec une précision de 30', alors qu'il est facile de mesurer une hauteur de 4° avec cette précision.

Dans tous les cas, ces mesures nécessitent du temps et de la concentration. Elles fatiguent les yeux car elles imposent de longs moments d'accommodation de la vue, alternativement sur les étoiles et sur les mains. Modifier votre allure peut être nécessaire pour retrouver des conditions de navigation plus calmes. De même, répéter les mesures sur plusieurs caps différents peut s'avérer utile pour obtenir une moyenne précise.

11.1 Les moyens de fortune de mesure de hauteur et leurs étalonnages

En l'absence d'un sextant adéquat, les mesures angulaires les plus précises et les plus faciles sont celles des petits angles de moins de 15° environ. Ceci tient à plusieurs raisons, certaines d'ordre pratique d'autres d'ordre mathématique. Avec un peu d'habitude, on peut mesurer des petits angles à 15' près environ avec les instruments les plus simples. Les angles plus grands nécessitent une approche différente et les résultats sont moins précis.

La mesure des petits angles avec un Kamal

Le meilleur instrument de fortune pour mesurer des petits angles est le kamal. Cet instrument est décrit dans la section "La méridienne" du Chapitre 6, à propos de l'enregistrement d'une série d'angles successifs. Un kamal est une petite plaque ou un bâton auquel est attachée, par une bride, une cordelette à nœuds comme montré Figure 11-1. En coinçant un nœud entre vos dents, tenez la plaque devant vous à bout de bras de telle sorte que le bord supérieur soit aligné avec l'étoile et votre pouce aligné avec l'horizon. Convertissez la distance mesurée le long du bord latéral de la plaque entre votre pouce et le bord supérieur en une hauteur angulaire au-dessus de l'horizon. Le fait de maintenir la cordelette à nœuds entre vos dents maintient la distance œil-plaque constante. La bride maintient la plaque perpendiculaire à la cordelette.

Si, par chance, vous disposez d'une règle graduée en centimètres vous pouvez construire un kamal pré étalonné. A la place de la plaque, utilisez votre règle et positionnez le nœud sur la cordelette, de telle sorte que la distance nœud-règle égale 57 centimètres. Ainsi chaque centimètre sur la règle vaudra 1° d'angle pour les angles inférieurs à 15° environ.

Cependant, pour construire un kamal étalonné, une règle graduée n'est pas indispensable. Et, même si vous en construisez un à partir d'une règle graduée, il faudra néanmoins vérifier son étalonnage sur des étoiles. D'abord, construisez un kamal avec une cordelette de longueur suffisante pour vous permettre de le tenir confortablement devant vos yeux sans avoir à avancer l'épaule. La longueur devrait avoisiner 20 pouces (50 cm) pour une longueur de bras moyenne. Cependant, la longueur précise n'a pas d'importance. A partir d'étoiles, Il reste à graduer l'échelle angulaire le long d'un bord

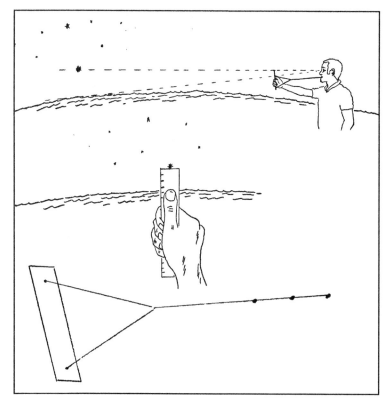

Figure 11-1. *Utilisation d'un kamal pour mesurer les petits angles. Le kamal est un instrument ancien utilisé par les Arabes pour la navigation en dhow le long du Golfe Persique et de la côte est de l'Afrique. Lorsque la distance entre le nœud et la plaque est de 57 centimètres, chaque centimètre sur la plaque vaut 1°. Néanmoins, des kamals de dimensions différentes peuvent êtres calibrés tout aussi bien en utilisant les étoiles. Les petits angles peuvent être mesurés précisément de cette façon. Pour des angles plus grands, on ne peut déterminer que des valeurs relatives ou des modifications angulaires.*

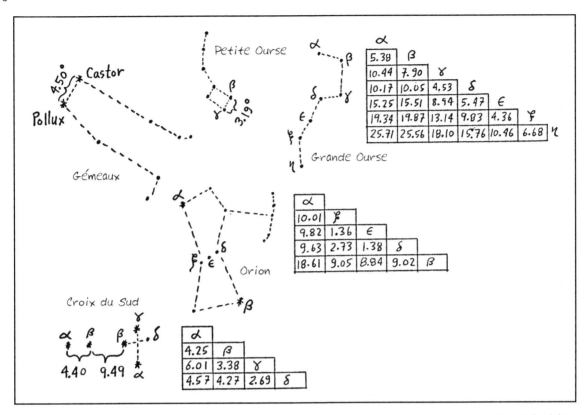

Figure 11-2. *Sélection d'angles d'étalonnages de couples d'étoiles. On remarque que les couples alpha-bêta et gamma-bêta, respectivement de la Grande Ourse et de la Petite Ourse et (Mérak- Dubhé et Kochab-Pherkad) forment une séquence facile à retenir (5.4°, 3.2°). Les étoiles de la ceinture de la constellation d'Orion sont distantes d'environ 1.4°. Les tables fournissent les distances angulaires de plusieurs paires d'étoiles dans les constellations adjacentes. Ces distances sont très facilement obtenues en utilisant une calculatrice programmée ou un ordinateur grâce aux fonctions de calcul de navigation orthodromique (grand cercle). Elles peuvent néanmoins être obtenues graphiquement comme explicité Figure 11-3, ou entrées comme des «waypoints» d'un logiciel de navigation puis extraites à l'aide des fonctions routes-distances.*

latéral. Mais pour ce faire, et c'est là un point clé, vous devez connaître de mémoire quelques angles interstellaires permettant cet étalonnage.

Les angles interstellaires d'étalonnage

La Figure 11-2 montre quelques angles interstellaires de calibration dans des constellations remarquables. Les distances entre *Mérak* (β) et *Dubhé* (α) de la Grande Ourse (5.4°) et entre *Kochab* (β) et *Pherkad* (γ) de la Petite Ourse (3.2°) forment une séquence numérique facile à mémoriser. Vous pouvez également calculer d'autres distances angulaires pour d'autres couples d'étoiles pouvant faciliter votre entraînement. Pour y parvenir, le plus simple est de considérer les étoiles comme des "waypoints" classiques, en utilisant pour chacune d'elles la déclinaison pour la latitude et l'ascension verse pour la longitude. Entrez ces valeurs dans un programme de navigation informatique et demandez ensuite les distances entre ces "waypoints" grâce aux fonctions "route" ou "distance et cap". Dans le cas où vous ne disposez pas de l'une de ces merveilles de l'électronique, vous pouvez tracer les

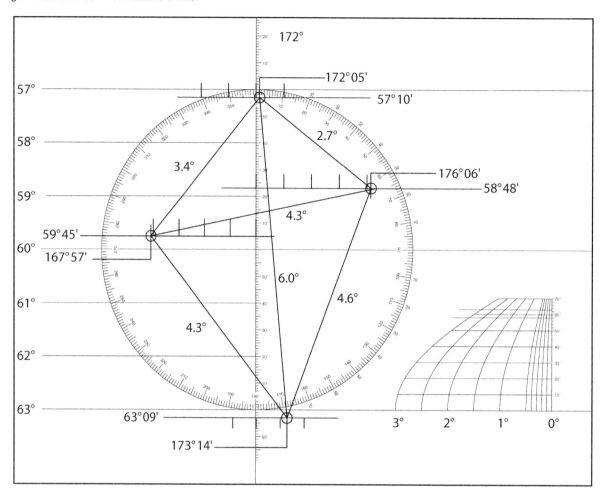

Figure 11-3. *Détermination graphique de la distance angulaire des étoiles de la Croix du Sud. Les positions des étoiles sont reportées sur un canevas de Mercator "adapté" (ou feuille de tracé universelle de la Marine Nationale), en utilisant la déclinaison à la place de la latitude et l'ascension verse à la place de la longitude. On notera que l'écart important en "latitude" (pour les déclinaisons) impose une échelle séparée pour les "longitudes" (ascensions verses) de chaque étoile comptée relativement à l'ascension verse de 172°. Cette méthode permet d'obtenir des valeurs à ± 0.2° près. Les valeurs correctes sont données en Figure 11-2 mais la précision réelle que nous obtenons avec le tracé graphique est celle des valeurs reportées ci-dessus. Il est également possible de saisir les coordonnées des étoiles comme des "waypoints" dans un logiciel d'aide à la navigation et de calculer les distances angulaires des étoiles comme les distances entre ces "waypoints". C'est évidemment bien plus facile et plus précis si vous avez accès à un tel programme.*

positions des étoiles sur un canevas de Mercator adapté (Fig 11-3), et mesurer les distances entre les étoiles en utilisant l'échelle des degrés de latitude. Le résultat ne sera pas aussi précis mais il sera parfaitement utilisable dans une situation d'urgence.

Il est également possible de calculer la distance angulaire entre deux étoiles en utilisant les méthodes de calcul des distances orthodromiques (grand cercle). Il faut alors considérer les coordonnées d'une des étoiles comme point de départ et celles de la seconde étoile comme destination. La distance en milles nautiques que vous obtenez est la distance angulaire entre les deux étoiles, exprimée en minutes d'arc. De même, si vous êtes familier des techniques de navigation astronomique, vous pouvez également obtenir la distance entre 2 étoiles en calculant l'intercept les séparant. Dans ce cas, la position d'une des étoiles est vue comme le Point Estimé et celle de la deuxième étoile comme le Pied de l'Astre visé.

Le calcul de ces distances peut être, voire devrait être, réalisé avant qu'une situation d'urgence ne requière leur utilisation. Par ailleurs, calculer ou mesurer directement avec un sextant ces distances angulaires vous aidera dans votre apprentissage de la navigation d'urgence. En effet, il est possible, en utilisant les mêmes procédés, d'étalonner la largeur de vos mains et de vos doigts. Barrer aux étoiles, tel que décrit dans les Chapitres 5 et 6, nécessite dans la plupart des cas la connaissance d'angles approximatifs. A partir du moment où vous connaissez la largeur angulaire de votre main par exemple, vous pouvez l'utiliser pour déterminer ces angles. La largeur typique d'un doigt tendu à bout de bras est de 2 °, et celle d'une main aux doigts écartés qu'on appelle aussi l'empan (du bout du pouce au bout de l'auriculaire) vaut à peu près 20°.

Une fois marquées quelques distances angulaires sur le bord du kamal, vous pouvez en déduire toute l'échelle, celle-ci étant linéaire pour les petits angles. Le procédé est illustré Figure 11-4.

Observations avec un sextant à fil à plomb

Pour mesurer des angles plus grands il est nécessaire d'utiliser un équipement plus spécialisé appelé sextant à fil à plomb. Pour en fabriquer un, vous devez disposer d'une grande plaque plane d'environ 18 pouces (~40 cm) de côté, comme un panneau de coffre ou une porte de placard; un morceau de tube de petit diamètre ou un bout de tuyau rectiligne ; quelques pointes clous ou vis, un moyen de percer des trous dans la plaque, un bout de ficelle et un poids. Un modèle est proposé en Figure 11-5. Le tube de visée définit le bord supérieur d'un grand quadrant présentant un rayon de 57 unités. On peut alors définir l'autre côté du quadrant en visant l'horizon comme indiqué. La ficelle peut servir

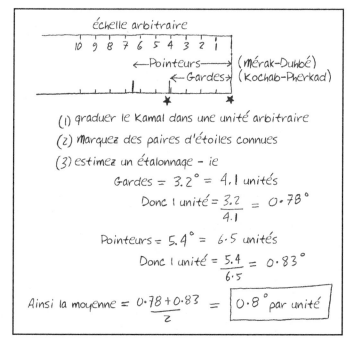

Figure 11-4. *Etalonnage d'un kamal. Alignez le kamal sur des couples d'étoiles espacées d'une distance angulaire connue. Repérez ces étoiles sur le bord de la plaque, puis déduisez-en le facteur d'étalonnage comme indiqué. L'exemple ci-dessus utilise les couples gamma-bêta et alpha-bêta des Petites Ourse et Grande Ourse (*Kochab-Pherkad *et* Mérak- Dubhé*).*

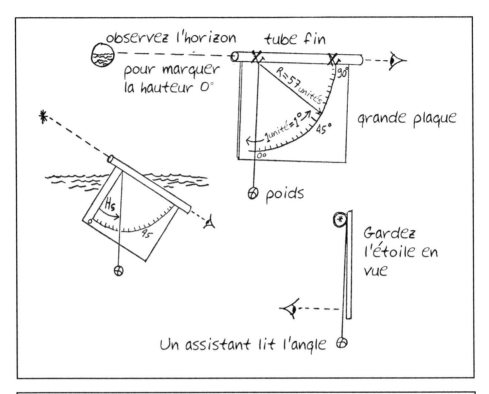

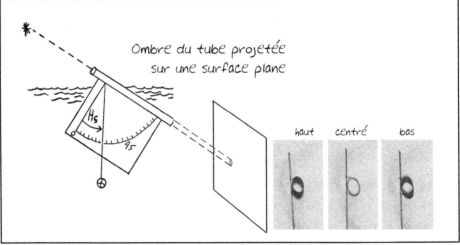

Figure 11-5. *Observations avec un sextant à fil à plomb. Bien que cette méthode de mesure angulaire absolue requière beaucoup de soins, l'utilisation de cet instrument est plus fiable pour effectuer des mesures angulaires relatives. Si l'arc gradué a été tracé avec précision vous pouvez affirmer, par exemple, qu'une étoile est descendue de 0,5°. Mais, il est beaucoup plus difficile de décider si elle est passée de 35.5° à 35.0° ou de 35.0° à 34.5°. Néanmoins, quel qu'en soit l'usage, vous devez faire plusieurs observations puis les moyenner pour obtenir de bons résultats. Pour réaliser des observations du soleil il est indispensable d'utiliser des filtres. Ou bien, utiliser l'ombre de la paroi du tube pour orienter convenablement ce dernier, comme montré dans les exemples du bas. "L'écran de projection" peut être tenu par un assistant ou bien équipé d'un dispositif pour le fixer à l'instrument principal. Pour plus de détails sur les quadrants à tube, reportez-vous plus loin à la section Mesure de la hauteur du Soleil.*

de compas pour tracer l'arc. Pour inscrire l'échelle angulaire au long de l'arc, on peut s'appuyer sur le fait que pour un arc de cercle présentant un rayon de 57 unités, chaque unité vaut 1° sur cet arc de cercle. On utilise cet instrument en visant une étoile avec le tube et en lisant l'angle donnant la hauteur de l'astre là où la ficelle coupe l'arc gradué. Quelqu'un peut lire l'angle sur l'arc gradué pendant que vous maintenez l'alignement de l'astre dans le tube de visée.

Compte tenu des mouvements du bateau, le fil à plomb va osciller de part et d'autre et il vous faudra maintenir la plaque verticale pour éviter les frottements. Mais, pour peu que le secteur gradué ait été construit avec soin, avec de la patience et de la pratique il vous est possible de mesurer des hauteurs stellaires de cette façon avec une précision d'environ 1°. Si vous devez effectuer des mesures seul, il vous faut pincer le fil à plomb contre la plaque au moment ou vous effectuez la visée pour pouvoir lire le résultat ensuite. Il est nécessaire de faire 5 ou 6 observations pour avoir une bonne moyenne. Néanmoins, on réalise bien mieux ces observations à deux que seul. Un opérateur maintient la plaque alignée avec l'astre tandis que l'autre observe les oscillations du fil à plomb sur le secteur gradué et en déduit une position moyenne.

Les mesures de hauteur d'étoiles réalisées de cette façon ne sont pas limitées à l'aube ou au crépuscule puisqu'il ne vous est pas nécessaire de voir l'horizon pour les réaliser. Cette caractéristique rend le sextant à fil à plomb extrêmement intéressant pour plusieurs applications concernant l'estimation de la latitude ainsi que la détermination de la direction. Mais cela nécessite une longue pratique de mesures de hauteurs connues pour pouvoir se convaincre qu'elles sont réalisées avec la précision suffisante.

L'utilisation de cet instrument avec le soleil nécessite la fixation d'un filtre transparent pare solaire. La prise de hauteur de soleil est toujours potentiellement dangereuse pour les yeux et il convient d'être toujours prudent. De façon alternative si un tube est disponible (relativement commun sur les bateaux, manche à balais creux etc...) ou si vous pouvez rouler une fine feuille d'un matériau quelconque, vous pourrez alors projeter l'image du soleil passant dans le tube comme montré en Figure 11-5. L'idée consiste à observer l'ombre projetée de la circonférence du tube et d'orienter le tube par rapport à la direction du soleil jusqu'à ce que l'image soit symétrique. Le tube est alors précisément aligné avec le soleil. Vous pouvez alors relever l'angle déterminé par le fil à plomb. Plusieurs instruments de fortune permettant de mesurer la hauteur du soleil sont présentés dans la section Mesure de la Hauteur de Soleil plus tard dans le présent chapitre.

La mesure des angles relatifs

Il est possible de mesurer des angles relatifs de différentes façons. Souvent, à l'œil nu nous pouvons obtenir une précision suffisante pour juger des tailles relatives des petits intervalles angulaires entre les étoiles. Lorsque l'on observe un groupe d'étoiles, par exemple, il est en général aisé de juger par le simple regard que les étoiles deux et trois sont deux fois plus éloignées l'une de l'autre que les étoiles un et trois. Il est possible de comparer les distances interstellaires en termes de largeur de doigt ou bien à l'aide d'un kamal pour confirmer les observations. De façon similaire, lors de mesures crépusculaires, vous pouvez facilement dire que la hauteur d'une étoile au-dessus de l'horizon est la même ou légèrement inférieure à la distance entre les étoiles deux et trois.

Un autre truc consiste à fermer un œil et à aligner un doigt ou un kamal avec l'une des étoiles, puis à rouvrir cet œil en fermant l'autre, tout en maintenant votre index aussi immobile que possible (comme montré Figure 11-6). Le décalage apparent de votre index va être d'environ 6° et ce déplacement angulaire restera toujours constant, car il est déterminé par la distance œil-index (longueur du bras

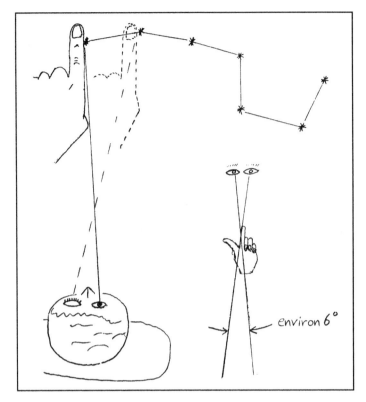

Figure 11-6. *Cligner des yeux en tenant votre index à bout de bras pour mesurer des angles relatifs. Fermez un œil et tenez votre index aligné avec l'une des étoiles constituant une paire. Rouvrez cet œil et fermez l'autre. Si votre index se décale sur la seconde étoile, alors les deux étoiles se situent à une distance d'environ 6°. Si votre index ne se décale qu'à mi-chemin entre les étoiles, alors la distances entre celles-ci est plutôt de 12°. Etalonnez votre "clignement" d'yeux en utilisant des paires d'étoiles dont la distance est connue ou un sextant sur des amers. Le clignement typique est d'environ 6°. Utiliser ce truc avec le bord d'un kamal est plus facile et plus précis qu'avec votre index.*

ou du kamal) et la distance séparant vos yeux. A l'aide d'un sextant ou si vous connaissez la distance exacte séparant un couple d'étoiles, vous pouvez étalonner votre "clignement" d'yeux et identifier si le décalage apparent est de 6°, 7°, ou autre. Vous disposerez ainsi d'un truc très pratique de mesure rapide des petits angles qui peut se révéler tout à fait précis avec un peu de pratique. Par exemple, il vous est possible d'évaluer votre dérive sous le vent en mesurant par cette méthode l'angle de votre sillage.

11.2 Les corrections d'altitude de fortune

Une hauteur angulaire mesurée relativement à l'horizon doit être corrigée de plusieurs facteurs pour pouvoir en déduire la latitude avec une précision optimale. Les corrections sont énumérées dans le Nautical Almanac (les éphémérides nautiques pour les navigateurs français). Leur application est une procédure standard dans le cadre du point astronomique usuel. Chaque correction représente une quantité relativement faible mais leur somme peut être significative, particulièrement si vous disposez d'un sextant pour mesurer précisément des hauteurs d'astres. Même en l'absence de sextant et d'éphémérides vous ne devez pas négliger ces corrections lors de mesures de fortune de latitude. Il est possible de les estimer de façon relativement précise sans éphémérides.

L'altitude ou hauteur angulaire mesurée directement par un sextant ou un kamal s'appelle la hauteur instrumentale ou hauteur sextant (H_S). La hauteur angulaire, toutes corrections appliquées, s'appelle la hauteur observée (H_O). Vous démarrez donc par H_S et vous cherchez H_O. Les corrections d'altitude peuvent être résumées comme suit :

$$H_S = H_O \pm Collimation - Dépression - Réfraction \pm Demi\text{-}diamètre$$

La correction de collimation n'est utilisée qu'avec un vrai sextant, auquel cas elle est lue directement sur le limbe du sextant après avoir aligné les images directes et réfléchies de l'horizon. Elle peut être positive ou négative.

La dépression est la correction de la hauteur de l'œil de l'observateur au moment de la visée. Elle s'applique à toutes les visées avec un sextant conventionnel et un kamal mais pas avec un sextant à bulle ou à fil à plomb. C'est toujours une petite correction négative qui peut être déterminée précisément à partir de la racine carrée de la hauteur de l'observateur exprimée en pieds au-dessus du niveau de l'eau.

$$D = 1' x \ \sqrt{Hauteur\ des\ yeux\ (en\ pieds)}$$

Pour une hauteur d'œil de 9 pieds, la dépression vaut 3', la correction de dépression valant donc -3'.

Le demi-diamètre vaut la moitié de la largeur angulaire du soleil et vous devez corriger toutes vos visées sur le soleil de cette valeur. En effet vous déterminez votre latitude (ou toute autre droite de hauteur de soleil) à partir de la hauteur du centre du soleil, mais vous ne pouvez mesurer que la hauteur de ses bords inférieur ou supérieur. Le demi-diamètre est constant tout au long de l'année et vaut 16' avec une précision de 0.5'. Ainsi la correction de demi-diamètre vaut +16' pour les visées sur le bord inférieur et -16' pour les visées sur le bord supérieur. Il faut appliquer une correction similaire sur les hauteurs de lune, bien qu'elles soient inutilisables sans éphémérides. Ces dernières indiquent en effet les corrections de demi-diamètre pour les hauteurs de lune.

La réfraction est la courbure des rayons de lumière lorsque ces derniers provenant du vide spatial pénètrent dans l'atmosphère. Elle induit une erreur dans toutes les mesures quels que soient les instruments. La réfraction est la plus importante pour les mesures de faibles hauteurs, ce qui la rend d'autant plus importante pour la navigation d'urgence. Cette correction est toujours négative, mais sa valeur dépend de la hauteur de l'astre visé. Pour les hauteurs instrumentales (Hi) supérieures à 6°:

$$Réfraction = 60'/H_i$$

Pour un astre situé à une hauteur de 15°, la réfraction serait de 60'/15 = 4'. La correction de réfraction vaudrait donc -4'. Cette approximation est précise à environ 1' près pour les hauteurs instrumentales supérieures à 6°. Pour les hauteurs plus faibles, la correction doit être calculée à partir d'un abaque car elle augmente rapidement en même temps que la hauteur décroît.

Pour calculer la valeur de la réfraction aux faibles hauteurs, construisez le graphe comme présenté en Figure 11-7. Tracez un rectangle d'une largeur de 3 unités sur l'axe horizontal pour représenter 6° de mesure instrumentale et 4 unités sur l'axe vertical pour représenter 48' de réfraction. Puis, tracez un arc de cercle centré sur le coin haut droit et passant par le point 34.5' de réfraction à $H_i = 0°$. Cet

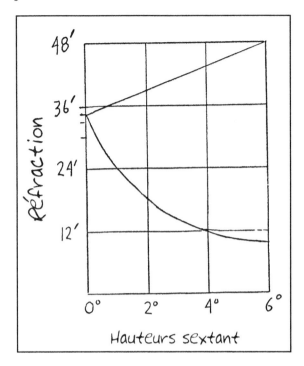

Figure 11-7. *Corrections de réfraction applicables aux mesures au sextant des faibles hauteurs. Pour construire la courbe des corrections de réfraction, tracez un rectangle comme montré (constitué de 12 carrés), et tracez un arc de cercle centré dans le coin haut droit et passant par la valeur de réfraction de 34.5' (1/8 d'unité sous la valeur de 36) à 0° de hauteur instrumentale. Cette courbe reproduit les valeurs de correction exactes à environ 1' près. Pour une hauteur instrumentale de 1°, le coefficient de réfraction vaut 24' ; à 4°, il vaut 12'. Ce graphique a été élaboré suite à des mesures. Pour de plus grandes valeurs de hauteur, la réfraction vaut 60' divisées par la hauteur instrumentale en degrés. Un autre jeu de valeurs de référence facile à mémoriser est que pour une hauteur instrumentale de 5° la correction vaut 10' et pour 10° la correction vaut 5'.*

arc (qui va passer par une réfraction d'environ 9' à H_i = 6°) représente la courbe de correction pour les angles de H_i compris entre 0° et 6°. Elle est précise en principe à environ 1' près. Avec un peu de pratique un tracé à main levée permet d'obtenir des corrections de réfraction valables à quelques minutes près. La valeur maximale pour H_i = 0° de 34.5' est facile à mémoriser et également facile à positionner sur le graphe car elle se situe à 1/8 d'unité sous la troisième marque verticale comme montré sur la figure. Une pratique sur plusieurs années a également montré que pour couvrir la totalité du domaine de ce graphique les valeurs suivantes pouvaient être retenues ; pour une élévation de 5°, la réfraction vaut 10' et pour une élévation de 10° elle vaut 5'.

11.3 La latitude à partir de l'étoile Polaire

Une méthode habituelle dans l'Hémisphère Nord est de mesurer la hauteur angulaire de *l'étoile Polaire* au-dessus de l'horizon. Cette méthode fonctionne car *l'étoile Polaire* est très proche du pôle nord céleste qui est égale à la latitude de l'observateur. En l'absence même de toute correction spéciale, la hauteur directe de *l'étoile Polaire* mesurée au sextant vous donne votre latitude à une précision de 1° au pire (en général meilleure que cette valeur). Mais il ne faut pas compter sur une précision meilleure à moins que vous ne preniez en considération la différence entre la position de l'étoile et la position du pôle.

Pour s'affranchir de cette incertitude de 1°, il est nécessaire d'appliquer les corrections de hauteur habituelles (reportez-vous aux sections précédentes) à la hauteur sextant (H_S) pour obtenir la hauteur observée (H_O), puis d'appliquer une correction spécifique *d'étoile Polaire*, prenant en compte la position effective de l'astre au moment de la visée. Ceci peut être exprimé par :

$$Latitude = H_O + correction\ de\ Polaire$$

Pour les exercices de navigation astronomique habituels on trouve la correction de Polaire dans le Nautical Almanac et dans les éphémérides nautiques. Mais, en situation d'urgence, il est facile d'estimer cette correction sans éphémérides.

Si vous vous retrouviez dans une situation d'urgence dans l'Hémisphère Nord avec un sextant fonctionnel et rien d'autre, la hauteur de *l'étoile Polaire* serait votre meilleur moyen pour identifier votre latitude et suivre l'évolution de celle-ci durant votre navigation. Néanmoins, sans sextant, cette méthode est optimale pour des hauteurs comprises entre 5° N et 15° N. Pour des hauteurs plus élevées, la hauteur de l'astre est difficile à mesurer précisément sans sextant, bien qu'un grand sextant à fil à plomb (reportez-vous au début de ce chapitre) pourrait être précis à 1° près environ. Pour les hauteurs plus faibles, *l'étoile Polaire* est rarement visible car elle n'est pas assez lumineuse pour briller à travers la brume recouvrant la partie basse du ciel au voisinage de l'horizon. Elle ne peut être observée de l'Hémisphère Sud et il n'y a pas d'étoile similaire à *l'étoile Polaire* dans cet hémisphère.

Pour calculer la correction *d'étoile Polaire*, rappelez-vous que la déclinaison de cette dernière est N 89° 18', ce qui place l'étoile à 42' du pôle nord céleste. En conséquence *l'étoile Polaire*, comme toutes les étoiles, orbite autour du pôle en 24 heures. La seule différence, c'est qu'avec *l'étoile Polaire* le rayon de son orbite est si faible (42') qu'elle semble ne pas bouger durant la nuit. Néanmoins, pour calculer une latitude précise, il faut prendre ce mouvement en compte bien qu'on ne soit pas en mesure de le voir. Votre latitude est égale à la hauteur du pôle, pas à celle de l'étoile. Comme vous ne pouvez identifier le pôle, vous devez mesurer la hauteur de l'astre puis calculer la différence entre cette hauteur et celle du pôle. Cette différence de hauteur est la correction *d'étoile Polaire*. Au tout début de la navigation cette différence était appelée le "régiment du pôle". Il est possible de l'identifier à partir des positions relatives des étoiles voisines.

Le "régiment" moderne utilise les constellations de Cassiopée et de la Grande Ourse, qui se situent de part et d'autre de *l'étoile Polaire*. La ligne joignant les étoiles de queues de Cassiopée et de la Grande Ourse passe à la fois par *l'étoile Polaire* et par le pôle ; *l'étoile Polaire* se situant entre Cassiopée et le pôle. Cette ligne indique où se trouve *l'étoile Polaire* par rapport au pôle. Si la ligne est perpendiculaire à l'horizon, avec Cassiopée à son sommet, alors *l'étoile Polaire* est directement au-dessus du pôle et la correction vaut -42'. Si l'étoile de queue de la Grande Ourse est en haut, *l'étoile Polaire* est directement sous le pôle et la correction vaut +42'. Si la ligne joignant les étoiles de queues de Cassiopée et de la Grande Ourse est parallèle à l'horizon, alors *l'étoile Polaire* et le pôle se situent à une même hauteur et il n'y a pas de correction.

Cependant, vous n'aurez pas toujours la chance de trouver cette ligne de référence positionnée sur l'une ou l'autre de ces orientations préférentielles, à l'aube ou au crépuscule, au moment des mesures de hauteur. Généralement cette ligne est basculée par rapport à l'horizon, ce qui entraîne une correction comprise entre -42' et +42'. La première étape consiste à estimer l'angle que sous-tend cette ligne avec l'horizon (reportez-vous à la Figure 11-8), ce que vous pouvez faire en utilisant un morceau de papier plié et deux bâtonnets.

Alignez un bâtonnet avec la ligne de référence en maintenant l'autre perpendiculaire à l'horizon et pointé sur *l'étoile Polaire*. L'angle décrit par les deux bâtonnets fournit l'orientation de la ligne. Tracez alors un cercle de rayon de 6 unités représentant la trajectoire de *l'étoile Polaire* autour du pôle. Puis,

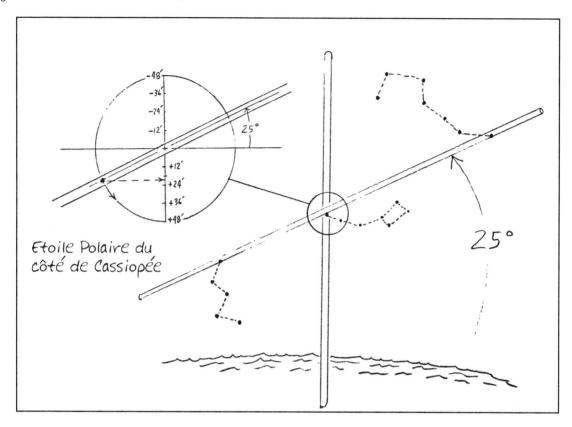

Figure 11-8. *Corrections nécessaires pour déterminer la latitude à partie de la hauteur de l'étoile Polaire. La ligne passant par les étoiles de queue de Cassiopée et de la Grande Ourse passe également par le pôle nord céleste et l'étoile Polaire. L'étoile Polaire se situe du côté de Cassiopée. Tenez les bâtonnets comme indiqué, ou mesurez l'orientation de la ligne joignant les étoiles de queue à l'aide d'un autre moyen et déduisez-en les corrections à appliquer. L'étoile Polaire effectue un mouvement circulaire de rayon 42' dans le sens inverse des aiguilles d'une montre autour du pôle. Dans notre exemple, la hauteur de l'étoile Polaire mesurée au sextant nécessiterait une correction de +18' à cette valeur pour obtenir la latitude puisqu'à cet instant l'étoile Polaire est au dessous du pôle céleste d'une distance de 18'.*

tracez une ligne passant par le centre du cercle ayant la même orientation que celle que vous venez d'observer pour la ligne de référence. Du côté de Cassiopée, faites un repère à l'intersection de la ligne et du cercle. Tracez l'axe vertical du cercle et graduez-le. Chaque unité équivaut à 7' de différence angulaire et correspond à la correction recherchée. Pour obtenir cette correction, projetez l'étoile sur l'axe vertical sans changer sa hauteur et lisez le résultat.

Vous remarquerez qu'il n'est pas nécessaire d'observer simultanément Cassiopée et la Grande Ourse pour trouver cette correction. L'orientation de la ligne peut être déduite à partir de *l'étoile Polaire* et l'étoile extrême de l'une ou l'autre constellation. Aux basses latitudes une partie ou la totalité d'une des constellations peut être sous l'horizon.

Revoyons maintenant la procédure complète. Posons que vous avez mesuré à plusieurs reprises la hauteur de *l'étoile Polaire* à l'aide d'un kamal et que la valeur moyenne est 10.4° ou 10° 24'. Vous avez également remarqué que la ligne des étoiles de queue est basculée d'un angle de 25° environ par rapport à l'horizon au moment des mesures (là aussi la moyenne de plusieurs mesures). Par ailleurs, la Grande Ourse se situe au-dessus et à droite de *l'étoile Polaire*. Comme expliqué en Figure 11-8, un basculement angulaire de 25° implique une correction de +18' sur la position de *l'étoile Polaire*. En nous référant à la section précédente pour les corrections d'altitude, pour une hauteur d'œil d'environ 9 pieds (2,7 mètres), la correction de dépression vaut -3', et la correction de réfraction pour une hauteur de 10° vaut 5', donc :

$$H_O = H_S \text{ - Dépression-Réfraction}$$
$$= 10°24' \text{-} 3' \text{-} 5'$$
$$= 10°16'$$

et

$$Latitude = H_O + \text{correction de Polaire}$$
$$= 10°16' + 18'$$
$$= 10°34' N$$

Avec un sextant et rien d'autre que ces corrections de fortune, il est habituellement possible de déterminer la latitude avec une précision de 10 ou 15 milles pour toutes latitudes nord. Sans sextant, la mesure se faisant à l'aide d'un kamal (depuis des latitudes inférieures à 15° N), il est possible de déterminer la latitude à 30' près dans de bonnes conditions et pratiquement toujours à mieux que 50'. Pour des latitudes situées plus au nord, la précision est comprise entre 1° et 2° en fonction de la dextérité de l'opérateur à utiliser un sextant à fil à plomb.

Pratiquez cette méthode de secours pour déterminer votre latitude lorsque vous disposez d'un sextant et des tables requises pour vérifier vos résultats. Vous verrez ainsi à quel niveau de précision vous pouvez prétendre en leur absence.

11.4 La latitude à partir des étoiles zénithales

Comme nous l'avons appris au Chapitre 5, le point du ciel situé directement au-dessus de notre tête est appelé le zénith. Les étoiles passant à votre zénith sont appelées les étoiles zénithales. Votre latitude est égale à la déclinaison de vos étoiles zénithales. Le principe est simple et fondamental. Le problème pratique consiste à déterminer si une étoile donnée, dont la déclinaison est connue, passe précisément au-dessus de notre tête. Si une étoile n'est pas à votre zénith alors qu'elle est à son apogée (lorsque l'étoile passe votre méridien), il faut, à ce moment-là, estimer l'écart en degrés vers le nord ou vers le sud par rapport à votre zénith. Si une étoile passe à 2° au nord de votre zénith, alors votre latitude est 2° au sud de la déclinaison de cette étoile. Sa hauteur au-dessus de l'horizon nord est à cet instant de 88°. De façon identique, les étoiles dont la déclinaison est au sud de votre latitude passeront au sud de votre zénith d'une valeur correspondante en degrés (se reporter Figure 11-9).

La détermination de la latitude sur la base des étoiles zénithales est une technique bien connue de navigation sans instrument. Elle était pratiquée couramment par les navigateurs traditionnels des îles du Pacifique et son utilité a été décrite par plusieurs navigateurs contemporains (se reporter aux articles de David Lewis et Marvin Creamer figurant dans la section Navigation sans instrument de la bibliographie). Avec de la pratique il est possible d'atteindre couramment une précision de 1°. Evidemment les conditions de mer et la stabilité du bateau affectent votre capacité à juger de la position zénithale d'une étoile. Mais, lorsque le ciel est suffisamment dégagé pour pouvoir les observer, la plupart du temps il est possible de les utiliser pour vous aider à déterminer la latitude. De plus, il est possible d'utiliser cette méthode à toute heure de la nuit, tant que des étoiles passent à votre zénith. L'horizon n'est en effet pas nécessaire pour pouvoir évaluer la distance zénithale.

Un autre intérêt de cette méthode réside dans le fait qu'il vous est possible d'estimer son incertitude en vous aidant des distances interstellaires entre les étoiles voisines de votre étoile de référence. Tout d'abord déterminez votre point zénithal dans le ciel. Puis, à l'aide des écarts entre d'autres étoiles visibles dans la même zone, comparez la distance entre votre point zénithal et votre étoile de référence. Après une série de mesures, vous pourriez par exemple conclure qu'une étoile paraît passer à 2° au sud de votre zénith en vous appuyant sur les mesures d'écarts interstellaires montrant que le résultat est certainement supérieur à 1° sud et inférieur à 3° sud.

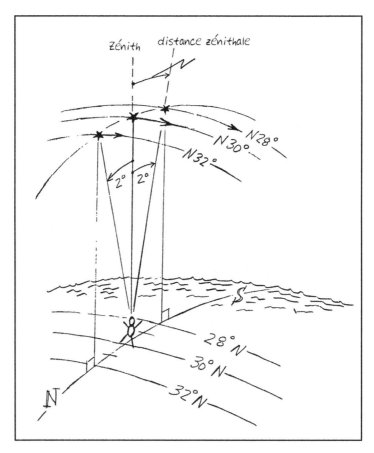

Figure 11-9. *Latitude à partir des étoiles zénithales. Une étoile qui passe directement à votre verticale (au dessus de votre tête) présente une déclinaison égale à votre latitude. Si une étoile passe à 2° au sud de votre zénith lorsqu'elle coupe votre méridien, alors votre latitude se situe 2° au nord de la déclinaison de l'étoile. Se reporter également Figure 5-21.*

Il est possible de combiner ce type d'information avec la précision de votre latitude estimée ou avec n'importe quel autre moyen à votre disposition pour vérifier la latitude. Ceci afin d'obtenir la meilleure estimation possible de votre latitude réelle. Si votre estime vous dirige vers le sud à une vitesse évaluée à 60 milles par jour, les étoiles zénithales devraient se déplacer vers le nord à une vitesse de 1° par jour. Si cela n'est pas le cas, votre navigation estimée est certainement erronée.

Identification des étoiles et des distances zénithales

A terre, il est facile de repérer les étoiles zénithales et les distances zénithales en visant la verticale le long d'un poteau ou d'un fil à plomb (n'importe quel bout lesté). Mais en mer, il faut faire avec les déplacements du bateau. Plusieurs méthodes d'observation des étoiles zénithales sont suggérées dans la section Etoiles Zénithales du Chapitre 5 et illustrées par la Figure 5-18. Viser le long du mât est une façon de procéder. Avec cette méthode il faut prendre en compte la gîte de votre embarcation ainsi que la cambrure et la quête du mat. Il vous faudra également identifier la route optimale permettant une navigation calme. Lorsque vous faites cap à l'est ou à l'ouest L'utilisation du mât est la méthode la plus facile permettant de déterminer si une étoile est au zénith, ou si elle culmine. Cependant, la route optimale dépendra, en toutes circonstances, des conditions de mer.

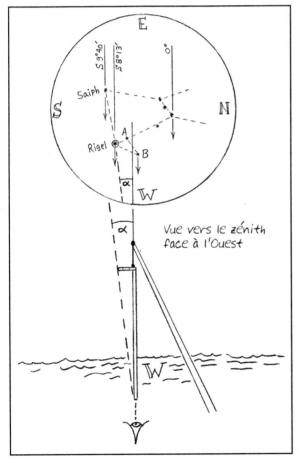

Figure 11-10. *Utilisation d'un fil à plomb pour repérer les étoiles zénithales. Ici le fil à plomb est une tige droite attachée à une tige plus longue par une courte cordelette. Le pointeur ou marqueur figurant au sommet de la tige représente un angle de 4° que vous pouvez utiliser pour évaluer les positions relatives des étoiles à votre verticale. Ou mieux encore, vous pouvez utiliser un kamal pour mesurer les distances entre paires d'étoiles proches l'une de l'autre (ici entre Rigel, l'étoile A et l'étoile B), puis utiliser ces distances relatives pour évaluer la position du zénith. Ici, il se situe juste au nord des genoux d'Orion (Rigel et Saïph), à peu près à mi-chemin entre les étoiles A et B. A partir des écarts mesurés entre ces étoiles, il est possible de déterminer votre latitude relativement à la déclinaison connue de Rigel. Identifiez le point zénithal en imaginant le centre du cercle décrit par le fil à plomb sur fond de ciel étoilé. Il est nécessaire de stabiliser régulièrement le fil à plomb.*

Une autre approche consiste à juste regarder vers le zénith puis à tourner en rond sur vous-même. Ce n'est peut-être pas la façon la plus précise pour déterminer si une étoile est au zénith, mais c'est la plus pratique pour commencer les observations. Peu importe la méthode choisie ensuite pour une observation la plus précise. Tourner en rond vous permet de surmonter votre tendance naturelle à sous estimer la hauteur d'une étoile élevée (pour les étoiles basses, la tendance est exactement inverse et nous tendons à en surestimer la hauteur). Si une étoile est précisément à notre verticale, elle apparaîtra toujours ainsi, quelle que soit la direction depuis laquelle on l'observe. Si elle n'est pas à la verticale, elle semblera plus basse observée d'une certaine direction, que de la direction opposée. Si la hauteur apparaît la même depuis toutes les directions, il est temps de passer à une méthode plus précise.

Bien que cela soit parfois frustrant et fatiguant pour le cou, un fil à plomb peut également être tout à fait utile lors des prises de mesures en mer. L'arrangement optimal consiste en une ligne d'environ 3 pieds de long (environ 1m) attachée à un bâton. Depuis une position inclinée confortable, tenez le bâton au-dessus de votre tête et visez l'étoile le long du fil à plomb. Les mouvements du plomb au bout du fil doivent être constamment stabilisés. Mais au final, vous devriez être capable de déterminer une position moyenne précise. Mieux encore, vous pouvez trouver un endroit où fixer le bâton de telle sorte que vous puissiez vous allonger dessous sans avoir à le tenir. Attachez un pointeur en haut du fil pour étalonner les mesures d'angles zénithaux (Figure 11-10).

Pour calibrer le pointeur, utilisez une échelle telle que 1 unité = 1° à une distance de 57 unités. Par exemple, à une distance œil-pointeur de 28.5 pouces (57 x 0.5 pouces) chaque graduation d'½ pouce de pointeur vaut 1° de distance zénithale. Dans ces conditions un pointeur qui ferait 2 pouces permettrait d'identifier une distance zénithale jusqu'à 4°. Il est nécessaire de disposer de cette information pour déterminer la distance séparant une étoile connue du zénith.

Une autre façon convenable de procéder est d'utiliser un kamal pour mesurer les distances entre des étoiles voisines de l'étoile de référence. Il est plus facile de remarquer que votre étoile de référence est, disons au sud du zénith, d'un écart valant la moitié de la distance entre deux autres étoiles également en vue à ce moment, que de deviner dans l'absolu sa distance zénithale sans référence. Avec un kamal étalonné il possible de mesurer l'écart entre deux étoiles proches quelconques avec une précision correcte.

Au premier regard vers votre zénith, ne vous découragez pas en découvrant que votre point de référence (tête de mât ou pointeur du fil à plomb) se déplace constamment sur la voûte céleste. Il en sera toujours ainsi, même dans des conditions favorables (reportez-vous à la Figure 5-18). Cependant, en observant ces mouvements vous devriez pouvoir en discerner une périodicité. Votre point de référence est au centre ou au bord de la zone balayée par ces mouvements. Il vous est possible d'en mesurer l'étendue avec un kamal ou tout autre instrument de mesure d'angle. Il convient ensuite d'estimer l'écart en degrés entre votre point de référence et l'étoile visée lorsque celle-ci passe à son point culminant dans le ciel. Avec un peu de pratique vous pouvez appuyer votre évaluation en appliquant la technique du "clignement" à l'étoile zénithale (reportez-vous au début de ce chapitre) au moment où elle croise le marqueur de votre fil à plomb.

Marvin Creamer (voir la section Navigation sans instrument de la bibliographie) rapporte que la méthode qu'il juge la meilleure pour identifier la culmination d'une étoile est d'imaginer un grand cercle passant par l'étoile de référence choisie dans sa phase ascendante et *l'étoile Polaire* ou une référence polaire équivalente pour l'Hémisphère Sud. Ce grand cercle divise la voûte céleste en deux parties et il observe cette ligne de démarcation dans le panorama complet du ciel. Au fur et à mesure de l'avancée de la nuit, ce grand cercle finit par diviser la voûte céleste en deux parties égales. Une demi-voûte est et une demi-voûte ouest. L'étoile de référence est alors sur le méridien de l'observateur. Ce qui, pour une étoile zénithale, la positionne au milieu de la voûte céleste de l'observateur, juste à son zénith. (Aucun détail supplémentaire n'est disponible sur cette méthode, mais c'est un concept intéressant de la même veine que le concept Polynésien de navigation suivant "la configuration complète du ciel").

La meilleure façon de mémoriser la déclinaison des étoiles importantes visibles le long de votre route est de les associer avec les îles ou les amers côtiers qu'elles croisent. Des exemples sont montrés en Figure 11-11. Au début de tout long voyage (et avant qu'une urgence affectant la navigation ne survienne), étudiez le ciel sur une nuit complète pour identifier les étoiles visibles pour la saison considérée. En utilisant les éphémérides, sélectionnez quelques étoiles particulières couvrant les latitudes de votre voyage et mémorisez leurs déclinaisons en les associant à des repères qu'elles croisent sur une carte marine. Ainsi, si vous en étiez réduit à devoir naviguer uniquement aux étoiles, vous seriez préparé. Même en l'absence de toute situation d'urgence, ceci vous fournit une bonne image du ciel au long de votre route. Vous pouvez aussi utiliser le déplacement des étoiles zénithales pour mesurer votre progression. Connaître les étoiles devient presque naturel si vous utilisez la navigation astronomique de façon régulière. Après avoir effectué plusieurs points astronomiques sur la même étoile, vous finissez par mémoriser sa déclinaison même inconsciemment.

11.5 La latitude à partir d'étoiles basses

Si une étoile brillante dont la déclinaison est connue coupe votre méridien à une hauteur de 15° ou moins, à l'aube ou au crépuscule, vous disposez d'une opportunité unique de mesurer votre latitude sans l'aide d'un sextant. Les étoiles candidates pour cette méthode doivent être brillantes car elles seules peuvent être clairement discernées juste au-dessus de l'horizon. De plus si vous considérez un domaine de navigation habituel allant de 60° N à 60° S, ces étoiles doivent présenter des déclinaisons relativement élevées pour qu'on puisse les voir passer sur le méridien à une faible hauteur. En résumé, si l'on considère la brillance et la localisation, il n'y a que six ou sept candidates fiables pour cette méthode. (Les six meilleures sont *Capella*, *Véga*, *Canopus*, *Hadar*, *Rigil Centaurus* et *Achernar*). Toutefois, ces quelques étoiles offrent une couverture remarquablement complète lorsque l'on considère leur plein potentiel.

La latitude par le passage au méridien

Cette méthode n'est rien d'autre que la méthode de latitude méridienne conventionnelle appliquée aux étoiles basses sur l'horizon. Le principe est le même que celui utilisé pour calculer la latitude à partir de la distance zénithale développée dans la section précédente. Une étoile coupant le méridien au sud à une hauteur de 10° de l'horizon présente une distance zénithale de 80° en dessous du zénith. Votre latitude nord se trouve 80° au-dessus de la déclinaison sud de cette étoile. Si vous êtes en mesure d'évaluer la hauteur d'une étoile au voisinage du méridien, vous pouvez en déduire votre latitude. La construction géométrique est illustrée en Figure 5-21.

Toute étoile se déplaçant vers l'ouest coupant votre méridien, à faible hauteur sur l'horizon, doit présenter un nom de déclinaison (nord ou sud) à l'opposé de celui de votre latitude. Ainsi, lorsque vous êtes dans l'hémisphère nord ce doit être une étoile à déclinaison sud et vice-versa. Pour calculer la latitude dans ce cas particulier de passage sur votre méridien, calculez d'abord l'angle au pôle de cette étoile.

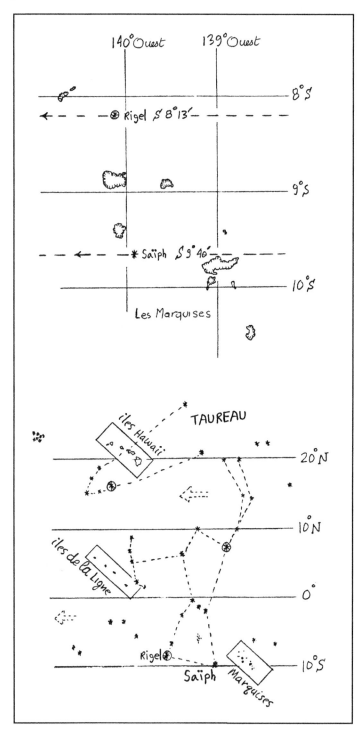

Figure 11-11. *Le Taureau et Orion passant au-dessus des îles du Pacifique centre, avec les Marquises détaillées. Vous remarquerez que les étoiles proches de la main levée d'Orion sont des étoiles zénithales pour Hawaii. L'arc d'Orion l'est pour les îles de la Ligne. De même, les genoux d'Orion le sont pour les Marquises. Mintaka, la première étoile de la ceinture d'Orion tourne autour de la terre à la verticale de l'équateur. Une bonne latitude cible pour un voyage hivernal vers les Marquises pourrait se situer à mi-chemin entre Rigel et Saïph.*

Angle au pôle de l'étoile = 90°- Déclinaison de l'étoile

La formule pour calculer la latitude issue d'un passage à la méridienne d'une étoile se déplaçant vers l'ouest et de nom de déclinaison opposé à celui de votre latitude est :

Latitude = Angle au pôle de l'étoile - Hauteur maximale de l'étoile H_O

Exemple, au crépuscule, supposons que vous aperceviez Canopus (déclinaison S 52° 42') vers le sud, à faible hauteur sur votre méridien. Votre point d'observation vous situe à une hauteur de 6 pieds (1,80 mètres). Avec un kamal vous mesurez sa hauteur "instrumentale» (Hi) de 5° 30'. En utilisant les règles décrites dans la section Corrections d'Altitudes de Fortune, la correction de dépression vaut environ -2' et la correction de réfraction vaut à peu près -10', donc :

$$H_O = H_S \text{ - Dépression-Réfraction}$$
$$= 5° \, 30' - 2' - 10'$$
$$= 5° \, 18'$$

puis :

$$\text{Angle au pôle de l'étoile} = 89° \, 60' - 52° \, 42'$$
$$= 37° \, 18'$$

On en déduit donc :

$$\text{Latitude = Angle au pôle de l'étoile - Hauteur maximale de l'étoile } H_O$$
$$= 37° \, 18' - 5° \, 18'$$
$$= 32° \, N$$

Canopus est la seconde étoile la plus brillante dans le ciel. C'est donc une candidate immédiate pour cette méthode. Un autre exemple spécialement illustratif de cette méthode est donné en Figure 11-12. Si votre étoile brillante a dans son voisinage une autre étoile formant un alignement avec le pôle, il est possible de déterminer d'un seul coup d'œil le moment où elle est sur votre méridien. En effet, à ce moment la paire d'étoiles est orientée verticalement.

Il est également possible d'appliquer cette méthode aux étoiles circumpolaires, coupant votre méridien en se déplaçant vers l'est lors de leurs transits inférieurs autour du pôle. La procédure est exactement la même. Utilisez un kamal pour mesurer la hauteur de l'étoile lorsque cette dernière coupe ou approche votre méridien. Dans l'Hémisphère Nord il faut mesurer la hauteur de l'étoile lorsqu'elle se trouve sous *l'étoile Polaire*. Dans l'Hémisphère Sud, ce luxe n'est pas disponible, mais il est tout

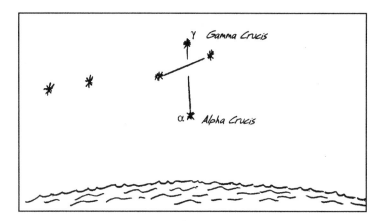

Figure 11-12. *Latitude par la Croix du Sud. Voici une scène digne d'un rêve de navigateur. L'étoile inférieure de la Croix du Sud, Alpha Crucis ou Acrux présente une déclinaison S 63° 09' ; l'étoile supérieure, Gamma Crucis ou Gacrux, présente une déclinaison S 57° 10'. Cela signifie qu'elles sont écartées de presque exactement 6°. Ce sont des références faciles à mémoriser et qui pointent vers le pôle sud. Dans cette vue nous savons qu'elles sont sur le méridien car elles sont verticales et nous pouvons déduire «d'un coup d'œil» que Acrux est à une croix de hauteur, soit 6° au-dessus de l'horizon. Sa distance zénithale est donc de 84° et notre latitude est 84° au nord de 63° 09 S soit 20° 51'N. De façon alternative, en utilisant les règles de latitude, l'angle au pôle de l'étoile Acrux (90°-déclinaison) vaut 26° 51 N, et sa hauteur maximale est 6° ; donc notre latitude vaut 26° 51' – 6°, soit 20° 51' N.*

de même facile de repérer les étoiles se dirigeant vers l'est. Depuis une latitude sud quelconque, les étoiles de déclinaison sud, se déplaçant vers l'est, sont celles dont les hauteurs sont inférieures à votre latitude. Et de manière similaire, ceci est également vrai lorsque l'on regarde vers le nord depuis les latitudes nord.

Pour les étoiles circumpolaires se dirigeant vers l'est, la hauteur sur le méridien sera la hauteur minimale de l'étoile lors de son transit inférieur sous le pôle. La formule donnant la latitude à partir du passage au méridien des étoiles circumpolaires se déplaçant vers l'est est la suivante:

$$\text{Latitude} = \text{Angle au pôle de l'étoile} + \text{Hauteur minimale de l'étoile } H_O$$

Pour observer les étoiles circumpolaires, vous devez vous trouver dans le même hémisphère que l'étoile considérée. Votre latitude et la déclinaison de cette étoile doivent être de même nature (Nord ou Sud). Vous remarquerez que les deux formules de calcul de la latitude sont les mêmes à l'exception du signe de la hauteur observée. Additionnez la hauteur minimale observée pour les étoiles se déplaçant vers l'est mais soustrayez la hauteur maximale observée pour les étoiles se déplaçant vers l'ouest. En cas d'erreur, vous obtenez un résultat aberrant (par rapport à votre latitude estimée). Ceci sera le signal qu'il vous faut utiliser l'autre formule. Cette symétrie est la raison déterminante de la nature des formules donnant la latitude.

Exemple, vous observez *Capella* (déclinaison N 46° 00') située sous *l'étoile Polaire* au crépuscule et vous mesurez une hauteur instrumentale (Hi) de 3° 20' au-dessus de l'horizon depuis une hauteur de 9 pieds (environ 2,70m). Donc :

$$H_O = H_S \text{ - Dépression-Réfraction}$$
$$= 3° \ 20' - 3' - 13'$$
$$= 3° \ 04'$$

puis :

$$\text{Angle au pôle de l'étoile} = 90° \ 00' - 46° \ 00'$$
$$= 44° \ 00'$$

On en déduit donc :

$$\text{Latitude} = \text{Angle au pôle de l'étoile} + \text{Hauteur minimale de l'étoile } H_O$$
$$= 44° \ 00' + 3° \ 04'$$
$$= 47° \ 04' \ N$$

Malheureusement, en dehors de *Capella* et de *Véga*, les candidates brillantes dans l'Hémisphère Nord pour l'utilisation de cette méthode sont rares. Néanmoins, par des nuits très claires d'autres étoiles peuvent être utilisées si vous les connaissez ou disposez d'une liste des déclinaisons d'étoiles. Dans l'hémisphère Sud toutefois, si vous naviguez juste au sud du tropique sud, plusieurs étoiles brillantes sont disponibles pour cette application (Table 11-1).

Par exemple, "1 SB" veut dire, transit bas crépusculaire de *Capella*, qui est possible pour toutes latitudes comprises entre 46° N et 54° N à toutes dates allant du 11 juillet au 25 août.

Concernant cette méthode s'appuyant sur les étoiles circumpolaires se déplaçant vers l'ouest (appelé transit-haut) et l'est (appelé transit-bas), les opportunités d'observations aussi bien à l'aube qu'au crépuscule sont relativement nombreuses, même si le choix se réduit à sept étoiles brillantes. Les plages de latitudes et les dates de disponibilité de ces étoiles sont données en Figure 11-13 et en Table 11-1.

La faible hauteur de ces étoiles au passage du méridien est un facteur permettant d'en étendre les périodes où elles sont utilisables. Les étoiles étant basses, leur hauteur change très peu au voisinage du méridien. Il n'est donc pas véritablement indispensable d'observer le passage sur le méridien d'une de ces étoiles, à l'aube ou au crépuscule, pour obtenir une latitude précise de sa hauteur. Par exemple, une étoile est en approche du méridien, à 5° de celui-ci, à la fin de l'aube ou au début du crépuscule. Le jour se lève ou la nuit tombe, rendant impossible la mesure sur le méridien. Cependant, l'arc décrit étant si plat, même à 5° du méridien, sa hauteur sera largement à moins de 30' de sa hauteur méridienne. Ce facteur est pris en compte dans les dates données en Table 11-1. Les informations présentées ne sont pas destinées à être utilisées dans une situation d'urgence réelle. Le but est juste de démontrer la fréquence des opportunités en montrant où et quand on peut mettre en pratique la méthode.

Rappelez-vous que même les étoiles les plus brillantes sont d'un éclat un peu terne aux faibles hauteurs sur l'horizon. Si le ciel au voisinage de l'horizon paraît vide à l'exception d'une étoile faible, vous pouvez parier que c'est une étoile brillante. Sinon vous ne pourriez pas la voir du tout. Puisque

TABLE 11-1. OPPORTUNITES DE CALCUL DE LATITUDE PAR ETOILES BASSES*		
Etoile et transit	Latitude et dates pour une hauteur de 2° environ	Latitude et dates pour une hauteur de 12° environ
1 SB	46° N, 11/07 - 4/09	54° N, 12/06 - 25/08
1 MB	46° N, 24/02 - 27/04	54° N, 19/02 - 7/05
1 SH	42° S, 17/01 - 4/03	32° S, 29/01 - 7/03
1 MH	42° S, 31/08 - 22/10	32° S, 3/09 - 13/10
2 SB	53° N, 6/03 - 27/03	63° N, 3/03 - 25/03
2 MB	53° N, 29/09 - 21/10	63° N, 29/09 - 22/10
2 SH	49° S, 8/09 - 30/09	39° S, 10/09 - 1/10
2 MH	49° S, 27/03 - 17/04	39° S, 27/03 - 17/04
3 SB	39° S, 6/09 - 30/09	49° S, 5/09 - 29/09
3 MB	39° S, 23/03 - 16/04	49° S, 24/03 - 16/04
3 SB	35° N, 4/03 - 28/03	25° N, 5/03 - 28/03
3 MH	35° N, 25/09 - 19/10	25° N 26/09 - 20/10
4 SB	35° S, 5/07 - 31/07	45° S, 8/07 - 4/08
4 MB	35° S, 24/01 - 16/02	45° S, 29/01 - 21/02
4 SH	31° N, 2/01 - 26/01	21° N, 30/12 - 23/01
4 MH	31° N, 25/07 - 18/08	21° N, 21/07 - 14/08
5 SB	32° S, 10/12 - 8/01	42° S, 1/12 - 31/12
5 MB	32° S, 3/07 - 8/08	42° S, 3/06 - 6/08
5 SH	28° N, 12/06 - 12/07	18° N, 19/06 - 18/07
5 MH	28° N, 4/01 - 4/02	18° N, 9/01 - 6/02
6 SB	31° S, 18/12 - 18/01	41° S, 9/12 - 10/01
6 MB	31° S, 13/07 - 1//08	41° S, 6/07 - 17/08
6 SH	27° N, 21/06 - 23/07	17° N, 28/06 - 28/07
6 MH	27° N, 13/01 - 15/02	17° N, 17/01 - 16/02
7 SB	29° S, 22/11 - 18/12	39° S, 15/11 - 12/12
7 MB	29° S, 11/06 - 11/07	39° S, 6/06 - 7/07
7 SH	25° N, 23/05 - 20/06	15° N, 29/05 - 25/06
7 MH	25° N, 14/12 - 10/01	15° N, 18/12 - 13/01

Etoile	Brillance	Abréviations des visées
1. *Capella*	9	S = crépuscule
2. *Vega*	10	M = aube
3. *Canopus*	25	
4. *Achernar*	6	B = transit bas
5. *Hadar*	5	H = transit haut
6. *Rigil Centaurus*	10	
7. *Acrux*	4	

Par exemple, "1 SB" veut dire, transit bas crépusculaire de Capella, qui est possible pour toutes latitudes comprises entre 46° N et 54° N à toute date allant du 11 Juillet au 25 Août.

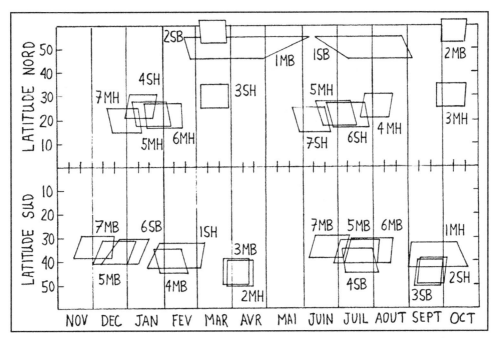

Figure 11-13. *Fenêtres d'opportunités pour pouvoir déterminer la latitude à partir d'étoiles basses. Les zones délimitées identifient où et quand une étoile brillante apparaîtra bas sur le méridien au crépuscule. Reportez-vous à la Table 11-1 pour les valeurs précises et les abréviations. Acrux qui apparaît bas sur l'horizon en Figure 11-12, est l'étoile numéro sept. Les possibilités d'observation reportées sur cette figure doivent avoir lieu durant l'aube (M) de mi-décembre à mi-janvier, ou bien lors du crépuscule (S) de fin-mai à fin-juin. Ces prédictions calculées montrent que cette méthode a de bonnes chances d'être utilisable dans de nombreuses parties du globe. Néanmoins, elle ne marche pas au voisinage de l'équateur puisqu'il n'existe aucune étoile brillante près des pôles.*

les étoiles brillantes sont les étoiles les plus connues, n'en voir qu'une seule est généralement suffisant pour l'identifier.

Dans des cas exceptionnels d'une voûte céleste très claire, conjointement à une lune au trois quarts éclairée et haute dans le ciel (une pleine lune brillante est souvent trop brillante) il est possible de réaliser ce type d'observation toute la nuit en utilisant l'horizon éclairé par la lune. Mais, c'est une combinaison de facteurs très rare. S'il vous arrive de rencontrer une telle circonstance, tirez-en avantage, mais ne comptez pas dessus.

Si vous êtes sûr de pouvoir obtenir des résultats précis avec un sextant à fil à plomb, vous pouvez étendre la méthode au passage sur le méridien de toute étoile dont la déclinaison est connue. La règle du transit inférieur donnée plus haut est valide pour toute hauteur d'étoile. Mais la règle de transit supérieur, présenté également plus haut, n'est valable que pour les étoiles de déclinaison contraire à votre latitude. Pour des étoiles de déclinaison de même nature que votre latitude ou au voisinage de l'équateur, ne connaissant pas la nature de celle-ci, appliquez le même principe utilisé pour la règle de latitude pour le soleil (reportez-vous plus bas au paragraphe Latitude d'après le Midi Solaire Local Apparent).

Bien que vous soyez essentiellement limité aux observations crépusculaires pour obtenir une latitude précise, le principe de cette méthode fournit une façon plus générale d'obtenir votre latitude approximative. Par exemple, si vous faites route vers le sud en partant de latitudes nord élevées, vous ne pourrez jamais voir *Canopus* durant la nuit. Son importante déclinaison sud implique qu'elle restera sous l'horizon durant toute la nuit. Mais au fur et mesure de votre progression vers le sud, à partir d'une certaine latitude, *Canopus* apparaîtra au-dessus de l'horizon à une certaine heure de la nuit. A condition toutefois d'être à la bonne saison. Lorsque vous voyez apparaître *Canopus* pour la première fois, quelle que soit l'heure durant la nuit, vous pouvez évaluer votre progression vers le sud.

Utilisez simplement la formule classique du passage au méridien des étoiles se déplaçant vers l'ouest :

Latitude = Angle au pôle de l'étoile - Hauteur maximale de l'étoile H_O

Quand l'étoile apparaît pour la première fois, sa hauteur est proche de 0°. Votre latitude sera approximativement égale à la distance polaire de cette étoile. La déclinaison de *Canopus* est 52° 42' S, donc la latitude à laquelle elle apparaît pour la première fois est :

90° - 52° 42' soit à peu près 37° 20' N

Si vous êtes en mesure d'observer *Canopus* à une heure quelconque de la nuit, vous êtes certain d'être au sud du parallèle 37° 20' N. Le raisonnement inverse peut s'appliquer lorsque, pour la première fois, une étoile cesse d'être visible la nuit alors que votre progression vous éloigne d'elle. Une observation est, cependant, une meilleure indication qu'une non observation.

Là encore, en raison de leurs éclats et de leurs positions, les étoiles listées en Table 11-1 sont les candidates naturelles pour de telles mesures de latitude. L'avantage étant qu'avec un sextant à fil à plomb, les relevés peuvent être pratiqués potentiellement toute la nuit, et non plus simplement à l'aube et au crépuscule.

11.6 La latitude à partir du double transit des étoiles circumpolaires

Sous les hautes latitudes, un sextant à fil à plomb permet la déduction de la latitude à partir des étoiles circumpolaires dès l'instant que la durée de la nuit est d'au moins 12 heures. Il vous faut simplement la hauteur minimale de l'étoile lors de son transit inférieur vers l'est sous le pôle, et la hauteur maximale de cette même étoile lors de son transit supérieur vers l'ouest au-dessus du pôle. La moyenne de ces valeurs est la hauteur du pôle qui est égale à votre latitude.

Latitude = (Hauteur maximale de l'étoile H_O + Hauteur minimale de l'étoile H_O) ÷ 2

Par exemple, vous vous trouvez dans les latitudes sud (en été) et vous remarquez, en début de soirée, qu'une étoile modérément brillante est située au sud. Vous observez sa hauteur avec un sextant à fil à plomb (ou un kamal) et vous notez que sa hauteur la plus basse est 13°. Puis, juste avant les premières lumières du jour, soit 12 heures plus tard, elle a décrit un arc de demi-cercle autour du pôle et culmine dans sa trajectoire à une hauteur maximale d'environ 67° mesurée également au sextant à fil à plomb. Votre latitude sera donc :

$$(13° + 67°) \div 2 = 40° \ S$$

Cette méthode nécessite des circonstances favorables, mais pas particulièrement rares puisque n'importe quelle étoile circumpolaire est utilisable. De plus, point n'est besoin d'en connaître sa déclinaison.

11.7 La latitude à partir de la Méridienne

Déterminer la latitude au moment du passage du soleil au méridien est une procédure standard en navigation astronomique. Néanmoins, l'utilisation du passage des étoiles au méridien pour calculer la latitude comme expliqué ci-dessus n'en fait pas partie. En navigation d'urgence, l'inverse peut être vrai. Bien que vous puissiez utiliser le soleil pour vous indiquer des directions, sans sextant approprié il est difficile de mesurer suffisamment précisément la hauteur méridienne du soleil pour en tirer une latitude utilisable. Cependant, ce n'est pas impossible.

Depuis la première édition de ce livre, deux navigateurs experts ont pu traverser avec succès l'Atlantique (des Iles Canaries aux Caraïbes) uniquement à l'aide de mesures méridiennes du soleil effectuées avec des instruments de fortune. Il s'agit de Robin Knox-Johnston, Septembre-Octobre 1989 et Bobby Schenk, Novembre-Décembre 1992. Ils ont tous deux rapporté des précisions de l'ordre de ± 15' en fonction de la façon dont cette dernière est définie (Reportez-vous aux notes relatives à ces deux navigateurs dans la section Navigation sans instrument de la bibliographie). Leurs récits m'ont conduit à réviser ma présentation de cette méthode par rapport à la première édition, et les résultats ont été encourageants sans même parler des projets scientifiques qu'ils ont inspirés !

Les problèmes relatifs à cette méthode sont la hauteur du soleil et son éclat à midi qui excluent l'utilisation simple et précise du kamal. Les seules exceptions pourraient être une situation d'urgence en haute latitude nord en Décembre ou Janvier ou en haute latitude sud en Juin ou Juillet. Dans ces cas, le soleil de midi pourrait être suffisamment bas pour pouvoir être mesuré avec un kamal et un écran solaire de fortune.

Toutefois, si vous disposez d'un sextant ou si vous pouvez construire un quadrant à tube comme décrit plus loin, le midi solaire peut être une façon valable de trouver votre latitude partout. Spécialement dans l'Hémisphère Sud où il n'y a pas d'étoile au pôle permettant la détermination de la latitude.

La difficulté consiste à construire un instrument permettant la mesure de la hauteur du soleil sans vous blesser les yeux. Puis, suivre une procédure vous permettant de déterminer ce qu'est cet angle en réalité. Nous suggérons plusieurs méthodes dans la section Mesure de la Hauteur du Soleil ci-après.

Détermination de la déclinaison du Soleil

Pour obtenir la latitude à partir de la hauteur méridienne du soleil, il convient de connaître la déclinaison du soleil, celle-ci changeant lentement d'un jour à l'autre. Cette déclinaison figure dans les éphémérides mais il vous est possible de la déterminer avec une précision correcte à partir de la date. La règle pour déterminer la latitude à partir de la hauteur méridienne dépend de votre position relativement au soleil. Pour couvrir tous les cas, incluant une large incertitude sur la latitude estimée tout près de l'équateur, le plus simple est de donner des signes (+ ou -) aux latitudes, déclinaisons et distances zénithales de la façon suivante :

• Latitude et déclinaison toutes les deux nord, sont comptées positives (+)
• Latitude et déclinaison toutes les deux sud, sont comptées négatives (-)
• Si l'on regarde le soleil vers le nord, la distances zénithale est comptée positive (+)
• Si l'on regarde le soleil vers le sud, la distance zénithale est comptée négative (-)

Avec ces conventions, l'équation fournissant la latitude est :

$$Latitude = Déclinaison - Distance\ zénithale$$

Où

$$Distance\ zénithale = 90 - Hauteur\ maximale\ du\ soleil\ H_O$$

Pour déterminer la hauteur maximale observée, mesurez au sextant la hauteur du soleil toutes les 2 ou 3 minutes, au moment où le soleil passe le méridien en milieu de journée. Puis, appliquez les corrections de hauteur à la hauteur mesurée maximale (se reporter à la section 11-2 Les corrections d'altitude de fortune, plus haut dans ce chapitre).

Par exemple : En observant le soleil en milieu de journée vers le sud, nous mesurons sa hauteur maximale observée (après corrections) à 70° associée à une déclinaison 21° S

$$Distance\ zénithale = -(90° - 70°) = -20°$$

La déclinaison vaut -21°, donc,

$$Latitude = -21° - (-20°) = -1°$$
$$= 1°\ S$$

Second exemple : En observant au nord le soleil en milieu de journée, nous mesurons sa hauteur maximale observée à 60° lorsque sa déclinaison vaut 15° N.

$$Distance\ zénithale = + (90° - 60°) = +30°$$

La déclinaison est +15°, donc,

$$Latitude = 15° - (+30°) = -15°$$
$$= 15° \, S$$

On remarquera que cette méthode ne nécessite pas de savoir dans quel hémisphère on se trouve ni quelle est la latitude estimée. Cependant, généralement vous connaissez les deux, auquel cas la règle est beaucoup plus simple. La latitude est la somme entre H_O et la distance zénithale, ou bien leur différence. Additionnez-les pour obtenir la latitude. Si le résultat obtenu est incohérent, soustrayez-les, et si cela n'est pas clair utilisez la formule proposée.

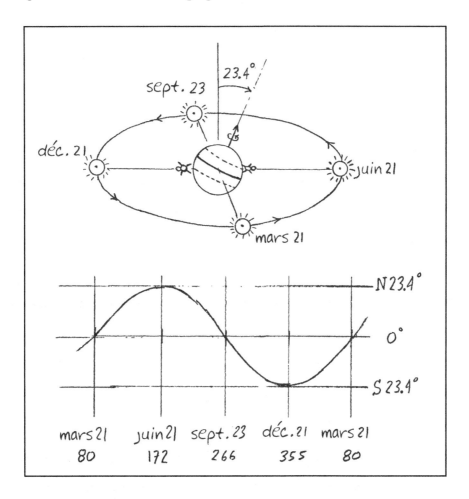

Figure 11-14. *Déclinaison du soleil. La déclinaison du soleil varie de N 23,4° (ou plus précisément 23° 26') à S 23,4°. Nous utilisons ici les valeurs décimales pour mettre en évidence la séquence de chiffres unique qui permet de se souvenir facilement de la valeur maximale à retenir. Les points d'inflexions sont les solstices, le 21 Juin et le 21 Décembre, les jours les plus longs et les plus courts de l'année. Le soleil franchit l'équateur aux équinoxes, le 21 Mars et le 23 Septembre, dates auxquelles les durées du jour et de la nuit sont identiques. La déclinaison change très vite à proximité des équinoxes (environ 24' par jour) et très lentement au voisinage des solstices. L'oscillation saisonnière de la déclinaison intervient parce que l'inclinaison de l'axe de la terre reste constante durant son parcours autour du soleil comme montré sur la figure qui représente ici le soleil tournant autour de la terre.*

Pour obtenir la déclinaison du soleil sans éphéméride, il vous est nécessaire de connaître où vous en êtes dans la saison en cours en comptant les jours. La déclinaison du soleil variant au long de l'année suivant un modèle circulaire, convertissez ensuite cette position dans la saison en valeur angulaire. Les saisons sont définies par les équinoxes et les solstices comme illustré par la Figure 11-14. Déterminer la valeur angulaire suivant la formule :

$$\alpha = [S/(S + E)] \times 90°$$

où

S = le nombre de jours nous séparant du solstice le plus proche

E = le nombre de jours nous séparant de l'équinoxe la plus proche

Si par hasard vous disposez d'une calculette ou d'un téléphone cellulaire qui propose les fonctions trigonométriques, vous pouvez alors calculer la déclinaison du soleil à partir de la formule suivante :

$$Déclinaison = 23.4° \times Cos(\alpha)$$

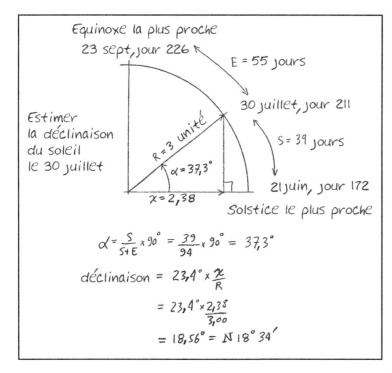

Figure 11-15. Calcul de la déclinaison du soleil à partir de la date. Comptez les jours pour identifier votre position angulaire dans la saison. Construisez l'angle et mesurez le rapport des côtés comme montré sur la figure et utilisez ce rapport comme facteur réducteur à appliquer sur la valeur maximale de 23.4°. La longueur du rayon r est indifférente. Vous remarquerez comme la déclinaison change lentement aux alentours des solstices, puis change plus rapidement lorsque vous approchez des équinoxes. Lorsque l'on trace la figure avec soin, cette méthode est précise à 10' près, bien qu'une précision de l'ordre de 20' ou 30' soit la valeur recherchée en pratique. La solution par calculette reprend la formule : Déclinaison = 23.4° x Cos (α). La valeur exacte pour le 30 Juillet à midi est N 18° 33', ± 5' en fonction de votre situation par rapport au cycle des années bissextiles. La déclinaison pour une date donnée varie de quelque 10' durant ce cycle, mais chaque date a essentiellement la même déclinaison tous les quatre ans. Les heures de lever et coucher du soleil se répètent de la même façon.

Si vous ne disposez pas d'une calculette, il existe une solution graphique simple. Dessinez un quart de cercle en utilisant un compas de fortune (reportez-vous à la section Se diriger sans compas du chapitre 3), et mesurez le rapport X/R comme indiqué Figure 11-15. Vous pouvez utiliser toute unité commode pour les mesures de longueur puisqu'on n'utilise ici que des rapports. La déclinaison du soleil se calcule alors comme suit :

$$Déclinaison = [x/R] \; x \;\; 23.4°$$

Il vous est toutefois nécessaire de vous souvenir quand la déclinaison est nord (la moitié estivale de l'année) et quand elle est sud (la moitié hivernale de l'année), comme exposé en Figure 11-14. En principe, cette procédure est précise à environ 10', mais il est probable que de la précision sera perdue dans le tracé. En prenant un soin raisonnable, une précision de l'ordre de 30' devrait être atteignable.

Avec un sextant et sans éphéméride, votre première étape devrait consister à générer une table de déclinaison, plutôt que de calculer chaque déclinaison séparément uniquement quand vous en avez besoin.

Mesure de la hauteur du Soleil

Evidemment, dans votre atelier et avec vos outils à disposition, il vous est possible de construire un dispositif permettant de mesurer la hauteur du soleil avec toute la précision désirée. En 1582 le célèbre quadrant mural de Tyco Brahé était précis à mieux que 1', mais il prenait toute la surface d'un mur d'une grande pièce. La question est : dans une situation d'urgence, que pouvez-vous faire à partir de ce que vous pouvez trouver sur un voilier standard et comment prendre en compte le fait que vous ayez à faire des mesures à partir d'une plateforme instable ?

La réponse à cette dernière question est simple. Sans un vrai sextant il est pratiquement impossible de faire des mesures en toutes conditions. Vous en êtes réduits à faire des mesures seulement dans des conditions optimales.

Des résultats de mesures réelles de hauteurs solaires avec des instruments de fortune (reportez-vous à la section de la biographie à la section Navigation sans instrument) confirment que les mesures sont limitées à des conditions raisonnablement bonnes. Certains opérateurs rapportant même l'impossibilité de faire des mesures durant plusieurs jours en raison de conditions de mer trop agitées. Même par temps calme, si le soleil ne brille pas d'un réel éclat, il est possible que les mesures soient incorrectes. Ceci dépendant de la méthode utilisée. Toutes les méthodes utilisant l'ombre portée nécessitent un soleil brillant. Cependant, un quadrant à tube équipé d'un filtre solaire pourrait mieux fonctionner avec un soleil partiellement voilé.

Ce qui suit décrit brièvement quelques façons de mesurer la hauteur du soleil au passage du méridien. La meilleure référence en matière d'instruments se trouve avant tout dans l'histoire de la navigation astronomique, avant le développement du "backstaff" (grossièrement avant le milieu du XVII ème siècle). Ceci est décrit de façon assez complète dans les six premiers chapitres de A History of the Navigator's Sextant de Charles Cotter (reportez-vous à la section Navigation sans instrument de la bibliographie). Le point crucial dans la construction de ces dispositifs est la méthode permettant de graduer l'échelle des angles en fonction de la position de l'ombre. Avec une calculette et quelques connaissances en trigonométrie, la plupart des instruments sont tout à fait simples à étalonner.

Cependant, en mer et en situation d'urgence, c'est une autre histoire. Vous en serez donc réduit à des "équipements" utilisant des échelles circulaires ou leurs dérivés. Ceci exclut par exemple le "cross staff" si répandu au début de la navigation. Cet appareil, relativement facile à construire, est beaucoup plus difficile à étalonner.

Sur tous les bateaux, on trouve dans le coin navigation, du côté de la table à cartes., des feuilles de roses de compas toutes prêtes. On y trouve parfois également des canevas de tracé de navigation astronomique (ou feuille de tracé universelle de la Marine Nationale) ou de radar présentant une grande rose de compas imprimée au milieu. Ceci est idéal pour faire office d'échelle angulaire pour un sextant de fortune. En l'absence d'une telle aide (et même avec elle) il peut être pratique de se rappeler que :

$$Circonférence = 2\pi \ x \ Rayon$$

Ainsi, si vous voulez une circonférence de 360 unités pour déterminer une échelle angulaire simple en degrés, il vous faut un rayon tel que:

$$Rayon = 360/2\pi = 57,3$$

Si vous tracez un cercle méticuleusement avec un rayon, par exemple, de 57,3 x 5 mm (11,28 pouces), alors chaque tronçon de 5 mm de circonférence vaudra exactement 1°. Un moyen de tracer un cercle très soigneusement est de mesurer 57,3 x 5 mm le long d'une étroite tige plate (comme une règle graduée ou une latte de grande voile) et de percer ensuite un petit trou à chaque extrémité. Une pointe de compas dans un des trous pour marquer le centre et un crayon dans l'autre trou vous permettront de tracer un cercle très précis. Les 5 mm utilisés ici n'ont qu'une valeur d'exemple. Vous pouvez multiplier 57,3 par tout ce qui vous arrange : 0,25 pouce, 0,5 pouce, l'espacement entre deux marques tracées sur une enveloppe.

De surcroît, pour construire un instrument étalonné, les mesures réelles demandent elles-mêmes de la patience et de la pratique. La contradiction réside dans le fait que plus grands sont les instruments de fortune, plus précis ils sont, mais aussi plus grande est leur prise au vent et plus ils deviennent difficile à manipuler. Il peut vous être nécessaire de gouverner vent arrière pour réduire le vent apparent et pouvoir encore trouver une zone abritée sur le bateau pour faire les mesures. Il est également judicieux de s'asseoir confortablement et idéalement de pouvoir suspendre votre instrument à une corde de telle sorte que vous puissiez vous concentrer à le garder aligné avec le soleil sans avoir à le soutenir vous-même. De même, il est nécessaire de fixer votre montre afin de l'avoir dans le même champ visuel que l'ombre ou le rayon de soleil que vous utilisez pour juger de l'alignement. Si vous devez vous tourner pour lire le chronomètre, vous pouvez facilement perdre l'alignement.

Planche à gnomon

Le premier dispositif que nous allons décrire est la planche à gnomon (voir les Figures 6-9 et 6-12). Bobby Schenk et son équipage (voir la section Navigation sans instrument de la bibliographie) ont utilisé un dispositif similaire consistant en une fine corde attachée au sommet du gnomon. Après avoir aligné la planche avec l'horizon, ils ont pointé la cordelette sur la plaque à l'extrémité de l'ombre.

Puis, sans plus se soucier de l'horizontalité de la plaque, ils ont mesuré l'angle entre la corde et la plaque à l'aide d'un rapporteur ordinaire. Leur instrument était relativement petit, mais en prenant des mesures multiples, ils ont rapporté avoir été capables d'obtenir des précisions de moins de 15' de latitude (1/4°). Ne disposant pas d'un système de localisation leur donnant les valeurs réelles au cours du trajet, les comparaisons ont été réalisées après leur voyage. Je présume qu'ils marquaient la position de l'extrémité de l'ombre lorsqu'ils étaient de niveau avec l'horizon et qu'ils mesuraient l'angle avec la corde plus tard. Je n'ai personnellement pas eu d'aussi bons résultats avec cette méthode que ceux rapportés.

Compas solaire à pointe

Le compas solaire à pointe est une variation de la planche à ombre solaire (voir Figure 6-13). Vous pouvez marquer les positions des ombres sur la plaque de base comme expliqué ou ajouter un bord rectiligne ou circulaire perpendiculaire à la planche, pour marquer les positions successives des ombres. Avec ce concept vous mesurez les angles directement avec un rapporteur bien que la référence verticale soit difficile à établir. Si l'ombre est reportée sur une couronne circulaire, le dispositif prend alors la forme d'un anneau astronomique (décrit ci-après).

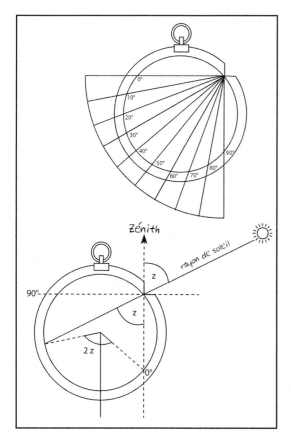

Figure 11-16. *L'anneau astronomique de marine et les manières de l'étalonner. Il apparaît qu'historiquement ils ne furent jamais utilisés plus fréquemment que l'astrolabe (voir Figure 11-18). Mais, dans des situations d'urgence ils peuvent être plus pratiques et plus faciles à construire. Les constructions de fortune se heurtent aux mêmes difficultés que les constructions historiques, spécialement pour étalonner correctement l'échelle de l'instrument en fonction de la position d'équilibre de ce dernier. Les divisions angulaires doivent être inscrites relativement à une verticale obtenue au moyen d'un fil à plomb passant par la fente ou le trou pratiqué sur la couronne. Cette verticale (passant par le zénith) peut ne pas être parallèle à l'axe central de l'instrument, en raison d'asymétries de construction. L'illustration en haut de la figure ci-dessus décrit une façon de positionner l'échelle angulaire sur un grand quadrant. L'illustration en bas utilise un théorème de géométrie pour les angles sous-tendus par un cercle.*

Anneau astronomique de marine

Un anneau astronomique de marine présente une fente ou un trou permettant le passage d'un rayon solaire vers la face interne de l'anneau comme décrit en Figure 11-16. Le bord d'un moule à gâteau convient presque naturellement pour faire un anneau astronomique de marine. Tout ce que vous avez à faire est de pratiquer une fente étroite ou percer un petit trou dans la couronne pour projeter le rayon de soleil sur la paroi interne du bord opposé de l'anneau. L'anneau n'est néanmoins pas assez lourd pour pouvoir être suspendu de manière stable sans l'adjonction d'un poids additionnel. Ce concept impose également la présence d'une échelle angulaire non linéaire sur la circonférence interne de l'anneau. Il est donc nécessaire de procéder à son étalonnage. Il est ardu de transférer sur l'anneau une échelle de quadrant solaire, mais c'est faisable. Il faut lester l'anneau de telle sorte qu'il pende verticalement de manière toujours identique à chaque fois que vous le soulevez. De plus, il vous faut un fil à plomb suspendu depuis la fente ou le trou pour déterminer la verticale.

Il est également possible de fabriquer des anneaux de marine à partir de cadres en plastique, métal ou même en bois de grandes dimensions pour obtenir une plus grande précision. Néanmoins, un diamètre de 12 à 16 pouces (35 cm environ) est à peu près l'optimum pouvant être mis en œuvre par un seul opérateur.

Remarquez que si vous ne souhaitez construire qu'un instrument capable de vous indiquer le moment où le soleil est au sommet de sa course, ce type d'anneau astronomique de marine, ou même un plus petit, résout ce problème de façon tout à fait satisfaisante, une fois faites les observations du premier jour pour marquer la hauteur de culmination.

Quadrant à tube

Il vous est possible d'utiliser un quadrant à tube (voir Figure 11-5) de deux façons. Vous pouvez, soit viser le soleil à travers un tube étroit équipé de filtres solaires adéquats, soit orienter le quadrant de telle sorte que l'ombre projetée du tube sur une surface plane située dans le prolongement de l'instrument soit aussi symétrique et fine que possible. Pour pratiquer la visée, un tube de faible diamètre permet d'obtenir un champ de vision adapté. Par exemple, pour obtenir un champ de vision de 1°, utilisez l'équation suivante :

Longueur du tube = 57,3 x diamètre du tube

Ainsi un tube de section de ½ pouces (12,7 mm) devrait avoir une longueur de 28 pouces environs (711 mm). Une autre solution peut être une feuille de papier enroulée autour d'un crayon. Pour pratiquer la méthode de l'ombre portée, 1 pouce (2,5 cm) ou plus, en diamètre, peut s'avérer plus adapté, la longueur étant moins cruciale. Vous pouvez projeter l'ombre sur une plaque ou une planche tenue alignée avec le tube. Cette méthode a été utilisée à terre avec un quadrant de 22 pouces de rayon (environ 55 cm) avec des résultats répétés d'une précision de 15'. Ce travail a été présenté lors de forums scientifiques. Lorsque l'on vise le soleil ou une étoile, il est nécessaire d'employer deux opérateurs, un qui effectue la visée et l'autre qui lit l'angle sous le fil-à-plomb.

Navigation de Secours — 11. Latitude en mer

Quadrant à pinnules

Le Quadrant à pinnuled utilisé dans nos essais à terre est décrit en Figure 11-17. C'est l'un des nombreux instruments que nous avons essayés avec des résultats comparables. Il nous a été possible d'atteindre de façon récurrente des précisions inférieures à 15' avec plusieurs instruments facilement construits. Les résultats réels ainsi que plus de détails sont donnés sur le site starpath. com/emergencynavbook. Le dispositif décrit a été le plus facile à construire et le plus précis. Les instructions données au début de cette section sur l'utilisation de ces instruments (rester abrité du vent, etc…) restent cruciales.

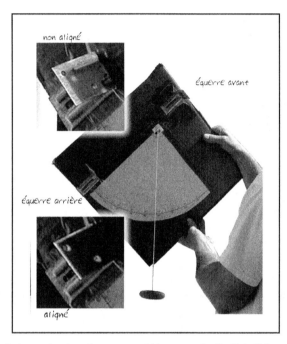

Figure 11-17. *Quadrant de fortune à pinnules assemblé avec de l'adhésif large transparent d'emballage. Pour construire ce dispositif, collez au ruban adhésif un secteur d'une grande feuille de tracé radar sur un panneau de boite en carton. La ligne joignant le centre de cette feuille à la marque 90° sera la ligne principale d'étalonnage de l'instrument. Collez deux équerres métalliques identiques à chaque extrémité, parallèlement à la ligne de calibration. Les deux trous présents sur chacune des équerres servent de pinnules de visée (d'un diamètre de 3mm). Ensuite collez un petit coin de carte de crédit au centre de la feuille de tracé radar. Tracez précautionneusement sur ce coin la ligne de calibration ainsi que la ligne perpendiculaire à cette dernière. Percez alors un tout petit trou à cette intersection et passez dans ce trou une longueur de fil à surlier qui servira de fil à plomb. Le coin de carte en plastique permet de préserver la position du trou et d'éviter que le fil ne déforme le support en carton. Sous un soleil vif les images des 2 trous frontaux apparaîtront de façon très nette sur l'équerre arrière et lorsqu'elles coïncident avec les deux trous de cette dernière, l'angle indiqué par le fil à plomb peut être lu. Lorsque vous relevez l'heure de vos mesures, maintenez le chronomètre près de l'équerre arrière de telle sorte que vous puissiez voir à la fois la montre et les rayons du soleil. Lorsque ces derniers sont alignés avec les trous de l'équerre arrière, notez l'heure puis vérifiez la stabilité du fil à plomb. Il est probable qu'il sera animé d'un mouvement. Attrapez le fil à plomb pour le stabiliser. Recommencer la procédure jusqu'à ce que vous ayez à la fois un fil à plomb stable, les rayons de soleil alignés et noté l'heure. Avec ce dispositif le rayon du quadrant est de 25.4 cm ce qui induit un secteur de 1° tous les 4.4 mm. Les angles peuvent être estimés jusqu'à ¼° (0, 15, 30 ou 45 arc minutes). Des résultats réels obtenus de ce système ou de dispositifs similaires sont présentés sur starpath.com/emergencynavbook. Des précisions bien en dessous de 15' peuvent être obtenues à terre, ce qui devrait être tout à fait transposable à des conditions de mer calme.*

L'astrolabe

L'astrolabe (voir Figure 11-18) est similaire à un quadrant à pinnules si ce n'est qu'ici les pinnules sont solidaires d'un bras tournant équipé d'une mire alignée avec les pinnules. Le bras pivote autour du centre d'une rose de compas. Si le bras est correctement équilibré et parfaitement vertical lorsqu'il est suspendu, la hauteur angulaire du soleil est lue sur l'index lorsque les pinnules sont alignées avec la direction des rayons solaires. Robin Knox-Johnston (se reporter à la section "Navigation sans instrument" de la bibliographie) utilise un tel instrument avec une précision de 15', bien qu'il ait été jusqu'à reproduire un ancien modèle utilisé en Méditerranée au lieu d'en concevoir un moderne qui aurait pu mieux fonctionner.

L'astrolabe est plus facile à utiliser que le quadrant, mais un peu de précision est perdue car, de par son principe, les dimensions utiles à la mesure des angles correspondent à la moitié de celles de l'instrument. Robin Knox-Johnston rapporte que la fabrication de son astrolabe prit "des mois", bien qu'il ait bénéficié d'une aide experte et de moyens de fabrication. Toutefois, son instrument présentait

Figure 11-18. *Un astrolabe de marine. A gauche un modèle d'astrolabe de fortune utilisant une feuille de tracé radar standard (10 pouces de diamètre, soit environ 25 cm). A droite un schéma d'un modèle historique qui faisait de 6 à 15 pouces de diamètre et présentait un bras rotatif (alidade) avec deux pinnules centrées sur un anneau gradué en degrés. Les astrolabes de marine utilisés (la plupart du temps sur terre) durant les 16ième et 17ième siècles étaient des simplifications de dispositifs similaires (planisphériques) utilisés en astronomie plusieurs centaines d'années plus tôt. La difficulté réside dans l'équilibre précis du système permettant d'assurer la validité des mesures angulaires. Le dispositif est symétrique et permet dans le principe de faire des mesures depuis les deux extrémités pointées alternativement vers le soleil. La moyenne des mesures permettait alors d'éliminer une partie des erreurs d'asymétrie. La conception de nombreux modèles anciens semble avoir intégré cette technique bien qu'elle ne soit ni discutée dans les textes anciens ni mentionnée par Robin Knox-Johnston qui a utilisé cet instrument pour contrôler sa latitude lors d'une traversée de l'Atlantique (voir la section de Navigation Sans Instrument dans la bibliographie). On notera que tous les anciens dessins d'astrolabe de marine présentent un plateau ajouré, probablement pour minimiser les effets du vent. Les dispositifs planisphériques plus anciens étaient principalement des plaques pleines, non ajourées. Notre modèle de test souffrait d'une prise au vent importante même par légère brise. Néanmoins, il permet de mesurer, à terre et avec quelques efforts, des angles à 30' près. Comme pour notre quadrant à pinnules (Figure 11-17), à l'utilisation plus simple et aux résultats obtenus meilleurs, notre astrolabe de marine employait également des équerres métalliques en guise de pinnules.*

encore un décalage de quelques 1,5° lorsqu'il était suspendu et mis en opération. Néanmoins, il est facile d'assembler un quadrant encore plus grand présentant une fraction de cette erreur, la précision du quadrant ne dépendant pas d'une verticalité parfaite.

11.8 Latitude à partir de la durée du jour

Durant pratiquement toute l'année, la longueur du jour (du lever au coucher du soleil) ne dépend que de la latitude. Ainsi, la durée du jour diminue en été si l'on navigue vers le sud. De même, la durée du jour augmente en hiver si l'on navigue toujours vers le sud. C'est seulement aux alentours des équinoxes (21 Mars et 23 Septembre lorsque le soleil franchit l'équateur) que la durée du jour est la même pour toute les latitudes (équinoxes signifie "nuits égales"). Aux équinoxes le soleil se lève à 06h00 et se couche à 18h00 (temps solaire) partout sur terre. Les durées du jour et de la nuit sont donc égales ces jours là. La variation de la durée du jour en fonction de la latitude est la plus rapide aux alentours des solstices, les 21 Juin et 21 Décembre, respectivement le plus long et le plus court de l'année dans l'hémisphère nord.

Durant plusieurs mois de part et d'autre de chaque solstice, la longueur du jour change suffisamment rapidement avec la latitude pour l'on puisse effectivement déterminer la latitude à partir de la mesure de la durée du jour. Pour y parvenir, il est nécessaire de disposer d'une montre et de tables indiquant les heures de lever et coucher du soleil pour différentes latitudes. Un exemplaire de ces tables est inclus au dos des *U.S. Tide Tables* (tables U.S des marées). On les trouve également dans les éphémérides nautiques. Il n'est pas nécessaire que la montre soit réglée avec précision sur un fuseau horaire donné. En effet, seul un intervalle de temps est nécessaire, indépendamment de l'heure réelle.

Mesure de la Longueur du jour

Pour mesurer la longueur du jour il convient de noter l'heure (à la seconde près) à laquelle le bord supérieur du soleil apparaît d'abord sur l'horizon oriental puis ensuite lorsqu'il disparaît sous l'horizon occidental. La longueur du jour est la différence entre ces deux instants précisément mesurés. Par exemple, si le soleil se lève à 09:15:30 et se couche à 20:16:50, alors la longueur du jour est 11:01:20.

C'est une mesure simple à réaliser lorsque l'on peut voir à la fois le lever et le coucher du soleil. Mais comme il a été signalé dans la section La Méridienne du Chapitre 6, il est rare que vous puissiez observer les instants précis des lever et coucher du soleil en mer, même au milieu de l'océan. En effet il arrive souvent que la ligne d'horizon soit masquée par des nuages. Par chance, cette méthode n'impose pas d'observer impérativement à la fois le lever et le coucher du soleil. Il est seulement nécessaire de pouvoir observer l'un des deux évènements. Cependant, vous obtiendrez plus de précision si vous pouvez observer les deux événements.

Si l'horizon est bouché, l'astuce consiste à utiliser un kamal pour mesurer la méridienne. La méridienne a toujours lieu exactement à mi-chemin entre les lever et coucher du soleil. Ainsi, si vous connaissez l'heure de la méridienne, il vous est seulement nécessaire de connaître la durée d'une demi journée. Pour comprendre comment cela marche il est nécessaire de définir cinq heures spécifiques.

T_{ls}= heure de lever du soleil

T_{mb} = heure à laquelle le soleil est à une hauteur basse arbitraire le matin, au kamal

T_{sb} = heure à laquelle le soleil est de nouveau à cette hauteur en fin de journée.

T_{cs}= heure de coucher du soleil

T_m= heure de la Méridienne

On peut calculer l'heure de la Méridienne de la façon suivante :

$$T_m = (T_{mb} + T_{sb})/2$$

Il est maintenant possible de calculer la longueur du jour de trois façons différentes en fonction de ce que vous avez observé.

Si vous avez observé à la fois le lever et le coucher du soleil alors utilisez :

$$Longueur\ du\ jour = (T_{cs} - T_{ls})$$

Si vous avez uniquement observé le lever du soleil alors utilisez :

$$Longueur\ du\ jour = (T_m - T_{ls})\ x\ 2$$

Si vous avez uniquement observé le coucher du soleil alors utilisez :

$$Longueur\ du\ jour = (T_{cs} - T_m)\ x\ 2$$

Dans les deux derniers cas on se contente de calculer la durée d'une demi-journée que l'on multiplie par deux. Par ailleurs, ces mesures ne nécessitent pas d'avoir été prises le même jour. On peut utiliser des mesures décalées d'un ou deux jours, à condition de ne pas s'être déplacé significativement. Ces mesures du temps sont illustrées en Figure 6-8.

Déterminez votre latitude

Dès que vous disposez de la longueur du jour, reportez-vous aux tables à la date convenable ainsi qu'à la latitude approximative. Pour une date et une latitude données, soustrayez l'heure de lever du soleil de celle du coucher et comparez la durée de jour ainsi obtenue à vos mesures. Faites-le également pour les valeurs tabulées correspondant aux latitudes immédiatement supérieures et inférieures. Dès que vous avez trouvez deux valeurs qui encadrent votre longueur de jour mesurée, déterminez votre latitude par interpolation. Il peut aussi s'avérer nécessaire d'interpoler à la date pertinente car toutes les dates ne sont pas renseignées dans les tables. Il n'est pas important que les tables de lever-coucher du soleil soient à jour. Pour l'application qui nous concerne, il peut être considéré que les heures de lever et coucher du soleil sont invariables d'une année à l'autre.

Cette méthode de détermination de la latitude fonctionne mieux aux latitudes élevées, au-dessus de 30° environ, pendant les deux mois précédant et suivant chaque solstice. Au voisinage des solstices, elle donne des résultats corrects pour toutes les latitudes. Par contre, cette méthode ne fonctionne pas du tout durant les deux semaines précédant et suivant chaque équinoxe. Il est toujours possible de prévoir la qualité des résultats issus de cette méthode. Il suffit de chercher dans les tables la valeur du taux de changement de la durée du jour par degré de latitude à la date nous intéressant et pour la latitude approximative correspondant à notre position. Si ce taux est fort, disons 5 minutes par degré de latitude, nous aurons alors une bonne précision sur la mesure de la latitude. Si ce taux est faible, 1 ou 2 minutes par degré, alors cette méthode sera imprécise mais elle donnera quand même une valeur de latitude à quelques degrés près. Eventuellement meilleure si la visibilité de l'horizon est claire lors des lever et coucher du soleil. Si le taux est inférieur à 1 minute par degré, la méthode est inutilisable.

Correction de distance parcourue

Jusqu'ici nous avons supposé le bateau immobile. Lorsque vous vous dirigez vers l'ouest, vous vous éloignez du soleil le matin et vous allez à sa rencontre le soir. En conséquence, vous allongez la durée du jour en vous déplaçant vers l'ouest à toute latitude. Lorsque vous faites cap à l'est vous raccourcissez la durée du jour à toute latitude. Ceci affecte bien entendu les résultats de la méthode puisque vous pouvez modifier la longueur du jour sans changement de latitude. Une correction peut être facilement appliquée dès l'instant ou on comprend les principes et que l'on possède les bases du travail à la table à carte.

Lorsque l'on fait cap à l'ouest il convient de raccourcir la durée du jour mesurée d'une valeur de 4 minutes par degré de longitude (ou 1 minute pour chaque 15' de longitude) parcouru vers l'ouest quelle que soit la variation de latitude durant la journée.

Lorsque vous faites cap à l'est, rallongez la durée du jour de la même quantité. Il convient alors d'utiliser cette durée de jour corrigée pour déterminer votre latitude dans les tables de lever et coucher du soleil. Il n'est pas nécessaire d'appliquer de correction due au changement de latitude. Si votre latitude a varié, la latitude que vous calculerez sera à mi-chemin entre celle où vous vous trouviez lors du lever et celle du coucher du soleil. Pour une vitesse de déplacement constante en vitesse et direction, vous trouverez la latitude correspondant à votre position à midi (se reporter à la Figure 11-19).

Par exemple, le 5 Juillet ma latitude estimée est de 39° N à 2° près par longitude ouest. Le lever du soleil est chronométré à 05:48:20 et ma route est au nord-ouest (315° vrai) à une vitesse constante de 6 nœuds durant toute la journée. Le coucher du soleil est relevé à 20:38:12. La durée du jour mesurée est donc 20:38:12 – 05:48:20 ce qui correspond à 14:49:52 ou encore à 14,8 heures. A 6 nœuds, j'ai parcouru 89 milles au 315° vrai du lever au coucher du soleil, ce qui correspond à une composante plein ouest de 63° lorsque la route est tracée. A la latitude 39°, il y a environ 47 milles pour chaque degré de longitude (comme expliqué en Figure 12-9). Ma longitude a donc augmenté de 63 x (1°/47), soit 1,34°. Ceci induit donc une correction de longitude de 1.34° x (4minutes/1°), soit 5,36 minutes ou encore 5 minutes et 22 secondes. La durée du jour mesurée corrigée est donc 14:49:52 – 5:22 ce qui correspond à 14:44:30. Les tables indiquent que le 5 Juillet la longueur du jour sous une latitude de 38° N vaut 14:43 et que sous une latitude de 40° N elle vaut 14:55. On peut alors tracer ces données comme indiqué en Figure 11-19 pour aboutir à ma latitude à midi le 5 Juillet évaluée à 38° 15' N.

En l'absence de correction de longitude, ma latitude aurait été fausse d'environ 1°. Ceci représente une correction substantielle. Cette méthode fonctionne le mieux aux latitudes élevées où la longitude

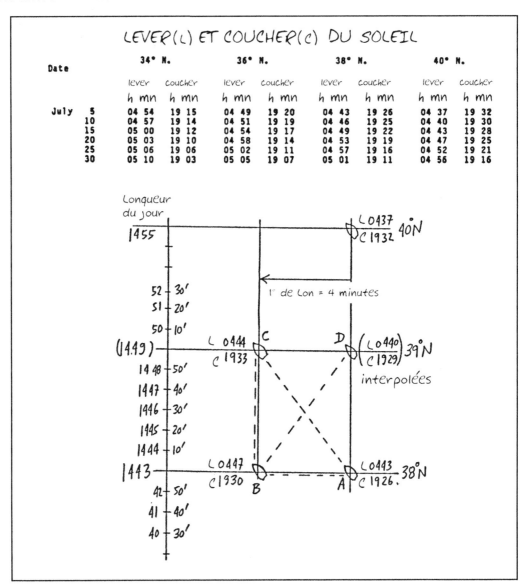

Figure 11-19. *Comment les heures de lever (L) et coucher (C) du soleil changent en fonction de la position le 5 Juillet. Naviguant vers l'ouest, les heures de lever et coucher du soleil augmentent de 4 minutes par degré de longitude couvert. Faisant route en direction de la latitude de la déclinaison du soleil, le soleil se lève plus tard et se couche plus tôt, raccourcissant la durée du jour, mais d'une façon facile à prédire. Pour déterminer la latitude à partir de la durée du jour, il est nécessaire de corriger la durée du jour mesurée de l'influence de votre changement de longitude due à votre déplacement. Faisant route de 1° vers l'ouest de A à B, le soleil se lève à 04:43 et se couche à 19:30, pour une durée du jour mesurée de 14:47. La durée du jour corrigée est de 14:47 - 4 minutes, soit 14:43, ce qui nous place sur la latitude 38° N d'après la table. La réponse que vous obtenez se situe toujours entre la latitude au lever du jour et celle au coucher du soleil, qui dans notre exemple est la même. Faisant route de 1° est de B à D, le soleil se lève à 04:47 et se couche à 19:29, pour une durée du jour mesurée de 14:42. La durée du jour corrigée est de 14:42 + 4 minutes, soit 14:46 que la table situe à une latitude intermédiaire de 38° 30'N. Vérifiez d'autres routes parmi les points indiqués dans la figure pour comprendre comment cela marche.*

change rapidement avec le déplacement est-ouest. La conversion entre la distance parcourue et la variation de longitude est discutée au chapitre 12 dans la section positionnement en longitude.

Positionnement en latitude

L'estime est le premier moyen de se positionner en latitude. Si vous naviguez plein sud ou plein nord, votre latitude change de 1° tous les 60 milles parcourus. Si vous naviguez plein est ou plein ouest, votre latitude reste inchangée. Pour une route diagonale, il est nécessaire de disposer d'un canevas de mercator de fortune pour calculer la variation de latitude.

Pour tracer ce canevas, tirez une ligne verticale pour l'échelle des latitudes et une ligne horizontale pour l'échelle des longitudes. L'intersection des deux lignes figure votre position initiale. Choisissez alors une échelle convenable pour le voyage que vous souhaitez entreprendre. Un pouce ou un centimètre peuvent représenter 1 mille ou 60 milles en fonction de la distance que vous devrez couvrir. Comme 60 milles équivalent à 1° de latitude vous pouvez utiliser votre échelle et cette conversion pour graduer votre échelle des latitudes en degrés puis figurer les parallèles. Reportez-vous à l'exemple de la Figure 11-20.

Figure 11-20. *Un canevas de fortune. Une course de nord-ouest de 89 milles induit une progression vers l'ouest de 63 milles. La latitude estimée peut être tirée directement de ce graphique, mais les degrés de longitude doivent être calculés séparément comme expliqué dans la section Positionnement en longitude du Chapitre 12 et sur la Figure 12-10.*

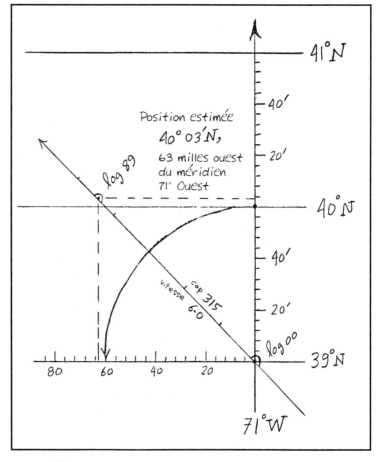

A mesure que vous vous éloignez de votre position initiale, notez votre position estimée sur le canevas de fortune. Avec ce type de graphique vous pouvez lire votre latitude en degrés mais vous devez identifier votre longitude seulement en termes de milles parcourus à l'est ou l'ouest de votre position initiale (reportez-vous au chapitre 12 à la section Positionnement en longitude pour calculer votre longitude en degrés à partir de ce type de graphe).

Vous devriez toujours être capable de positionner votre latitude estimée aussi précisément que possible et de la comparer à vos mesures stellaires à chaque opportunité. Ces deux sources indépendantes de mesure de la latitude se confortent l'une l'autre. Les méthodes astronomiques de mesure de la latitude que nous avons décrites jusqu'ici sont les plus précieuses lorsque la navigation débute d'une position inconnue. Dans ce cas, vous devez trouver votre latitude. Si vous partez d'une latitude connue, le travail est grandement facilité. Lorsque vous pratiquez la navigation astronomique vous devez simplement surveiller votre position en latitude au fur et à mesure de votre déplacement par rapport à votre position initiale connue. Dans ce cas il suffit de mesurer les changements de latitude.

Mesure des changements de latitude

Le principe sur lequel s'appuie la mesure des changements de latitude est simple. Si vous naviguez vers le sud, les étoiles situées sur le méridien sud s'élèvent et celles situées sur le méridien nord descendent et leur variation de hauteur égale la valeur exacte de votre changement de latitude. Si vous naviguez vers le nord l'effet inverse se produit.

Vous pouvez utiliser n'importe quelle étoile située sur le méridien au crépuscule pour mesurer votre changement de latitude.

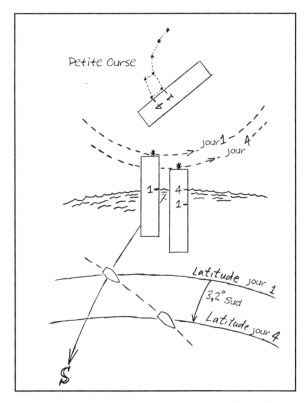

Figure 11-21. *Progression vers le sud suivie au moyen des étoiles descendantes. La hauteur d'une étoile coupant le méridien nord au crépuscule le jour 1 et de nouveau le jour 4 a été marquée avec un kamal. Durant ces quatre jours, l'étoile est descendue de la distance angulaire entre* Kochab *(β) et* Pherkad *(γ), de telle sorte que vous savez que vous avez progressé de 3,2° vers le sud. Cette mesure ne vous indique pas la valeur absolue de la latitude bien qu'elle puisse vous renseigner sur la précision générale de votre estime. Si votre estime s'accorde avec la progression de 3,2° vers le sud, alors vous pouvez en déduire qu'il n'existe pas de composante significative nord-sud dans votre dérive. Dans certaines circonstances, cela pourrait vous fournir une information pouvant confirmer, de manière non définitive, votre longitude estimée. Si dans cette région la direction du courant porte le plus probablement vers le sud-est, vous avez appris que la dérive induite par ce courant doit être faible, sinon votre latitude estimée s'en serait trouvée affectée.*

Vous pouvez utiliser des étoiles de n'importe quelle hauteur située au nord ou au sud mais généralement vous obtiendrez des résultats plus précis avec des étoiles basses. L'avantage principal réside dans le fait qu'il ne vous est pas nécessaire de connaître les noms et la déclinaison des étoiles que vous utilisez. Il vous est seulement nécessaire de pouvoir repérer la même étoile chaque nuit. Il est néanmoins plus pratique d'inventer des noms de circonstance pour les étoiles utilisées dans la tenue des livres de bord.

Tout d'abord, repérez sur un kamal la hauteur d'une étoile lorsqu'elle coupe le méridien au crépuscule. La hauteur de cette étoile peut même être assez haute puisque pour cette application nous n'identifions pas les hauteurs absolues mais seulement relatives. A mesure que le voyage progresse observez le changement de hauteur de l'étoile sur le kamal comme illustré sur la Figure 11-21. Il vous faut alors comparer le changement de hauteur (mesuré comme une longueur sur le kamal) avec l'une des références standards, telle que les distances angulaires entre *Kochab* (β) et *Pherkad* (γ), les étoiles de la ceinture d'Orion ou d'autres discutées au début de ce chapitre. Si une étoile particulière, située sur le méridien nord, descend au fur et à mesure que le voyage progresse d'une valeur égale à la distance entre *Kochab* (β) et *Pherkad* (γ), on sait alors que l'on s'est déplacé de 3,2° soit 192 milles vers le sud.

C'est une méthode très puissante pour surveiller l'évolution de la latitude. Vous pouvez utiliser les méridiens nord et sud lors de l'aube et du crépuscule. Cette méthode justifie la nécessité d'apprendre plusieurs distances angulaires de référence entre des paires d'étoiles.

12

Longitude en mer

La longitude c'est le temps, et le temps c'est la longitude. Si vous connaissez l'heure UTC (en français Temps Universel Coordonné) qui correspond aussi à l'heure GMT (Greenwich Mean Time) et à l'heure Z (Zulu), il vous est alors possible de connaître votre longitude à n'importe quel endroit et n'importe quelle heure. De même, si vous êtes confrontés à une situation d'urgence à un moment où vous connaissez votre longitude, vous pouvez alors en déduire l'heure UTC (si vous l'ignoriez), et l'utiliser pour contrôler votre longitude au fur et à mesure de votre déplacement. Si votre position ne vous est pas connue et que vous disposez de l'heure UTC, vous pouvez déduire votre longitude de l'observation du soleil. Si votre position ne vous est pas connue et que vous disposez de "tout" sauf de la connaissance de l'heure UTC, il vous est possible de déterminer votre longitude grâce à des observations de la lune (reportez-vous au Chapitre 14, à la section Tout sauf UTC).

Mais il vous faut un peu plus qu'une montre pour connaître votre longitude à partir du soleil. Vous avez besoin de données spécifiques fournies dans les éphémérides ou facilement déduites des tables de lever-coucher du soleil. Eventuellement en l'absence de ces informations, vous pouvez les calculer à partir de la date en utilisant une formule de fortune.

Les principes fondant les méthodes sont faciles à comprendre. En utilisant la méridienne, par exemple, le soleil semble se déplacer vers l'ouest autour de la terre une fois par jour, franchissant la

Figure 12-1. *Déplacement de la position géographique du soleil (pied de l'astre) sur le globe. Comme la terre tourne chaque jour sur son axe, le soleil se déplace chaque heure de 15° vers l'ouest. D'un jour à l'autre la latitude du pied du soleil sur la terre reste sensiblement constante, bien qu'annuellement elle effectue un lent mouvement de va et vient entre les tropiques.*

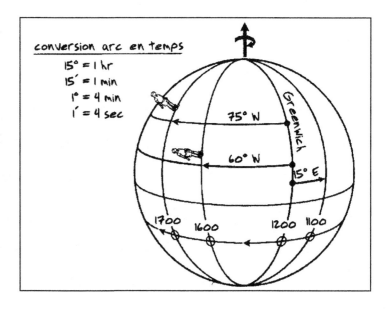

longitude 360° toutes les 24 heures, impliquant un déplacement apparent du soleil vers l'ouest à une vitesse de 15° de longitude par heure. Si vous voyez le soleil sur votre méridien maintenant, alors quelqu'un situé sur une longitude à 15° à l'ouest de la vôtre verra le soleil sur son propre méridien exactement une heure plus tard, quelle que soit sa latitude. Si vous vous trouvez à la longitude 60° W et que le soleil coupe le méridien de Greenwich (longitude 0°) à 1200 UTC, alors le soleil passera sur votre méridien à exactement 1600 UTC puisqu'il faut 4 heures pour couvrir 60° de longitude à la vitesse de 15° par heure (reportez-vous Figure 12-1). Voilà toute la théorie. Si vous connaissez l'heure à laquelle le soleil passe à Greenwich et que vous savez déterminer quand il passe au-dessus de vous, vous êtes en mesure de calculer votre longitude comme étant le nombre d'heures séparant ces deux événements multiplié par 15°. Chaque fois que le soleil passe au-dessus de vous après être passé au-dessus de Greenwich votre longitude est ouest. A contrario si le soleil passe au-dessus de vous alors qu'il se dirige vers Greenwich, votre longitude vous situe à l'est.

Il vous est possible d'appliquer ce principe à l'heure de la méridienne, comme il vient d'être expliqué, ou à l'heure du lever ou du coucher du soleil. Dans chaque cas il convient de comparer une heure mesurée avec l'heure correspondante à Greenwich, et la différence correspond à votre longitude. L'heure du lever ou du coucher du soleil à Greenwich se trouve dans des tables (éphémérides). Elle peut se calculer à partir de la date en utilisant une formule.

La connaissance de l'heure UTC est fondamentale pour traiter la question de la détermination de la longitude en cas d'urgence. Avec un peu de pratique, si vous portez une montre et connaissez également l'heure UTC, vous saurez toujours retrouver votre longitude. Même si vous ne disposez pas de l'heure UTC et que vous ignorez votre position, une montre est toujours un outil de grande valeur pour retrouver la longitude comme nous le verrons. Au contraire de la latitude, vous devez disposer d'une montre pour vérifier votre longitude estimée par comparaison aux mouvements célestes.

12.1 Longitude à partir du lever ou du coucher du soleil

La façon la plus simple pour connaître sa longitude consiste à chronométrer les heures de lever ou coucher du soleil. Pour pouvoir utiliser cette méthode, il faut disposer de l'heure UTC ainsi que des tables de lever-coucher du soleil que l'on trouve dans les éphémérides. On peut utiliser cette méthode partout et à n'importe quelle date à condition toutefois de pouvoir voir le soleil se lever et se coucher sur l'horizon. Comme la ligne d'horizon est souvent obscurcie par des nuages bas, cette méthode ne sera néanmoins pas toujours utilisable, même si l'on dispose de l'ensemble des moyens nécessaires à son application.

L'heure du lever du jour dépend de la latitude de sorte que, pour utiliser cette méthode, vous devez d'abord identifier votre latitude avant de pouvoir trouver votre longitude (reportez-vous au Chapitre 11 sur les méthodes de détermination de la latitude).

L'heure du lever du jour est l'instant où le sommet du disque solaire (bord supérieur) apparaît sur la ligne d'horizon. L'heure du coucher du soleil est l'instant où le disque solaire disparaît complètement.

Pour trouver votre longitude, notez l'heure du lever ou du coucher du soleil à la seconde près. Puis, convertissez cette mesure UTC en corrigeant l'heure de la montre en fonction du fuseau horaire sur lequel elle est réglée ainsi que de son erreur de marche. Consultez ensuite dans les éphémérides, ou les tables spécifiques, les horaires tabulés du lever ou due soleil pour votre date et latitude (cette opération peut demander une interpolation). Soustrayez alors l'heure fournie par les tables de l'heure mesurée et convertissez cette différence horaire en degrés. Le résultat est votre longitude.

Le taux de conversion est de 15° par heure mais des divisions plus petites sont également utiles et faciles à calculer.

15° = 1 heure
1° = 4 minutes
15' = 1 minute
1' = 4 secondes

Pour les longitudes ouest le temps UTC mesuré sera en retard sur le temps tabulé. Pour les longitudes est il sera en avance. Par exemple, supposons que vous portez une montre réglée sur l'horaire d'été de la zone Pacifique des Etats-Unis, qui est UTC moins 7. Cette montre avance de 0.5 seconde par jour et elle a été réglée à l'heure exacte le 4 Juillet pour la dernière fois. Nous sommes maintenant le 4 Août, votre latitude est de 36° N et vous notez que le coucher du soleil s'est produit à 21:49:31 à votre montre. Quelle est votre longitude?

Du 4 Juillet au 4 Août il y a 31 jours de telle sorte que votre montre avance d'à peu près 15 secondes. L'heure UTC du coucher du soleil réellement mesurée est donc:

21:49:31 +7 heures -15 secondes = 28:49:16

ce qui, en réalité est 04:49:16 du jour suivant, mais cela n'a pas d'importance car seules importent les différences de temps et non pas les heures absolues. La table de la Figure 12-2 montre que le 4 Août à la latitude 36° N, l'heure du coucher du soleil est 19:02.

DATE	30° N		32° N		34° N		36° N		38° N		40° N	
	Lever	Coucher	Lever	Coucher	Lever	Coucher	Lever	Coucher	Lever	Coucher	Lever	Coucher
	h mn	h mn	h mn	h mn	h mn	h mn	h mn	h mn	h mn	h mn	h mn	h mn
Août 4	05 20	18 51	05 17	18 55	05 13	18 58	05 09	19 02	05 05	19 06	05 01	19 11
9	05 24	18 47	05 20	18 50	05 17	18 54	05 13	18 57	05 09	19 01	05 05	09 05
14	05 27	18 42	05 24	18 45	05 21	18 45	05 17	18 52	05 14	18 55	05 10	18 58
19	05 29	18 37	05 27	18 40	05 24	18 43	05 21	18 45	05 18	18 48	05 15	18 52
24	05 32	18 32	05 30	18 34	05 28	18 37	05 25	18 39	05 23	18 42	05 20	18 44
29	05 35	18 26	05 33	18 28	05 31	18 30	05 29	18 32	05 27	18 34	05 24	18 37
Sept 3	05 38	18 21	05 36	18 22	05 35	18 24	05 33	18 25	05 31	18 27	05 29	18 29
8	05 41	18 14	05 39	18 16	05 38	18 17	05 37	18 18	05 35	18 19	05 34	18 21
13	05 43	18 08	05 42	18 09	05 42	18 10	05 41	18 11	05 40	18 12	05 39	18 13
18	05 46	18 02	05 46	18 02	05 45	18 03	05 45	18 03	05 44	18 04	05 43	18 04
23	05 49	17 56	05 49	17 56	05 49	17 56	05 48	17 56	05 48	17 56	05 48	17 56
28	05 51	17 50	05 52	17 49	05 52	17 49	05 52	17 49	05 53	17 48	05 53	17 48

Figure 12-2. *Extrait d'une table de lever-coucher du soleil tiré des tables américaines des marées. Ces tables ne varient pratiquement pas d'une année à l'autre de telle sorte que des tables obsolètes peuvent être utilisées. Des tables similaires sont inclues dans les pages quotidiennes du* Nautical Almanac.

Cette heure tabulée est l'heure UTC du coucher du soleil observé depuis le méridien de Greenwich (longitude 0°). La différence de temps est:

$$28{:}49{:}16 - 19{:}02{:}00 = 09{:}47{:}12$$

qui peut être convertie en ° comme suit:

9 heures = 135°
47 minutes = 11° 45'
16 secondes = 4'

En ajoutant ces valeurs, vous obtenez votre longitude qui vaut 146° 49' W.

Souvenez-vous que seul le fuseau horaire de votre montre importe, pas le fuseau horaire dans lequel vous vous trouvez. Avec des mesures de temps précises et des tables de lever-coucher du soleil, cette méthode est très fiable. Vous pouvez tabler sur une précision de 20' environ si vous interpolez dans les tables de lever-coucher du soleil et que vous connaissez bien votre latitude.

De plus avec les tables il vous est facile de déterminer la sensibilité de la méthode à la précision de votre latitude. Supposez que les tables vous indiquent que pour votre date et votre latitude, l'heure du coucher varie de 2 minutes par degré de latitude. Dans ce cas si votre latitude est connue à ± 1°, l'heure de coucher du soleil à Greenwich que vous tirerez des tables sera précise à ± 2 minutes ce qui correspondra à une incertitude sur la longitude calculée de ± 30'. L'erreur de longitude due à l'erreur de chronométrage est toujours la même. Si votre heure montre (HM) est fausse de 1 minute, alors votre longitude sera fausse de 15'.

En général, il est nécessaire d'interpoler dans les tables de lever-coucher du soleil à la fois pour la latitude et pour la date comme expliqué en Figure 12-3.

12.2 Longitude à partir de la méridienne (l'Equation du Temps - EqT)

On calcule la longitude sur la base de l'heure de la méridienne de la même façon que pour les heures de lever et coucher du soleil sauf que la connaissance de votre latitude n'est pas nécessaire. Bien que des éphémérides soient très utiles, à défaut, il est possible de s'en passer.

Pour déterminer l'heure UTC de la méridienne, utilisez un kamal (ou un sextant si vous en disposez d'un) comme discuté dans la section sur la méridienne du Chapitre 6 et dans la section La latitude par la méridienne du Chapitre 11. Comparez alors l'heure UTC relevée de la méridienne avec l'heure UTC de la méridienne à Greenwich extraite des tables ou calculée à partir de la date. Par différence, déduisez-en la longitude de façon identique à ce que vous auriez fait à partir des heures de lever-coucher du soleil. On peut calculer l'heure UTC de la méridienne à Greenwich à partir des tables de lever-coucher du soleil en identifiant l'heure à mi chemin entre le lever et le coucher du soleil pour la date envisagée, en interpolant si nécessaire. On peut utiliser une latitude approximative dans la mesure où l'heure de la méridienne ne dépend pas de la latitude. Pour calculer l'heure de passage du soleil au méridien de Greenwich, il suffit d'additionner l'heure du lever du soleil à celle du coucher, et de diviser par 2. Il est même possible d'utiliser des tables périmées dans la mesure où ces données ne changent pas beaucoup d'une année à l'autre.

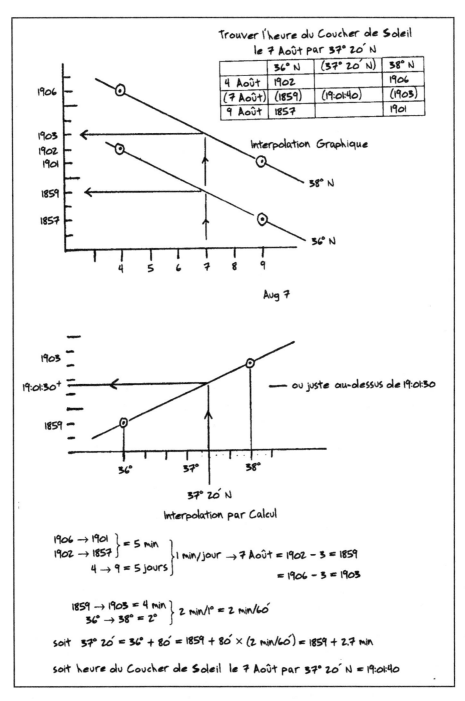

Figure 12-3. *Interpolation dans les tables de lever-coucher du soleil pour une date et une latitude données. Les valeurs tabulées sont celles tirées de la Figure 12-2.*

Figure 12-4.

Détermination de l'heure de la méridienne à partir des heures observées à la montre des lever et coucher du soleil. L'heure montre retarde de 10 heures par rapport à l'heure UTC (GMT).

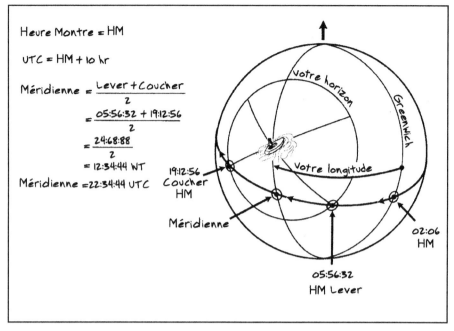

Par exemple, le 4 Août à la latitude approximative de 30°N, je détermine à partir des heures d'observation du lever et du coucher de soleil que l'heure UTC de la méridienne, à mi-chemin entre les deux observations, est 22:34:44, comme illustré en Figure 12-4.

J'extrais des tables de lever-coucher du soleil (Figure 12-2) l'heure de lever du soleil le 4 Août par 30° N de latitude (05:20) et de coucher du soleil (18:51) de telle sorte que l'heure de la méridienne à Greenwich est:

$$(05:20:00 + 18:51:00)/2 = (21:11:00)/2 = 12:05:30$$

La différence de temps entre l'heure UTC observée de la méridienne et l'heure correspondante à Greenwich est:

$$23:34:44 - 12:05:30 = 10:29:14$$

Pour identifier la longitude, je convertis cette différence de temps en degrés angulaires:

$$10 \ heures = 10h \ x \ 15°/h = 150°$$
$$29 \ minutes = 29mn \ x \ 15'/mn = 7° \ 15'$$
$$14 \ secondes = 14s \ x \ 1'/4s = 3.5'$$

En additionnant chacun des contributeurs, ma longitude s'établit à 157° 18.5' W. Les résultats pratiques n'atteindront certainement pas cette précision. Vous pouvez améliorer cette dernière en moyennant les valeurs tabulées de plusieurs latitudes différentes à une même date pour une heure donnée comme démontré dans la partie A de la Figure 12-5.

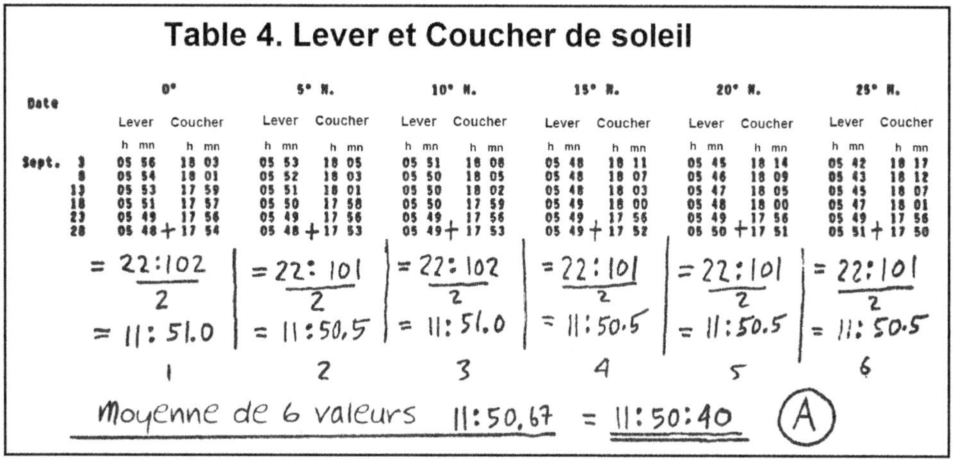

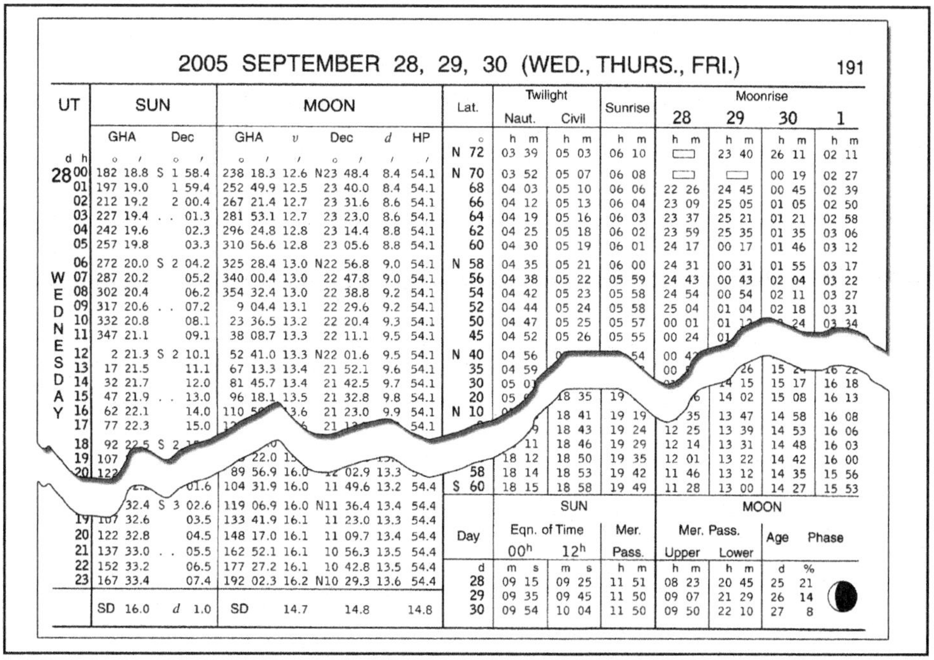

Figure 12-5. *Comparaison des trois façons de déterminer l'heure UTC de la méridienne à Greenwich. (A) A partir des tables de lever-coucher du soleil en utilisant la moyenne de plusieurs latitudes pour obtenir une valeur plus précise à une date donnée. (B) La valeur exacte peut être tirée des éphémérides nautiques (le Nautical Almanac) en ajoutant ou retranchant l'Equation du Temps tabulée (à 12h UTC) de 12:00:00. On remarquera que la valeur recherchée est le "passage au méridien" figurant dans les éphémérides, mais seulement tabulée pour chaque minute. Ceci nous permet néanmoins de savoir s'il convient d'ajouter ou retrancher. (C) En utilisant l'approche de fortune illustré en Figure 12-7. On remarquera que les tables de lever-coucher du soleil datent de 1985 alors que les éphémérides datent de 2005 ce qui devrait fournir globalement le même résultat pour le soleil et les étoiles dans la mesure où elles sont décalées d'un nombre d'années (20) multiple de 4 ans.*

207

Il est également possible de déterminer l'heure de la méridienne à partir des heures observées du lever et du coucher du soleil (l'heure de la méridienne se situe à mi-chemin entre ces deux événements), ou en utilisant un kamal, de relever les heures d'égales hauteurs du soleil comme décrit dans la section La méridienne du Chapitre 6. Lorsque le soleil est bas sur l'horizon, il est souvent possible de relever ces heures de façon très précise avant que le soleil ne devienne trop brillant pour pouvoir le regarder. Lorsque vous utilisez un kamal, prenez les heures médianes entre plusieurs couples de hauteurs égales du soleil (une en phase montante, l'autre descendante) puis moyennez les résultats comme illustré en Figure 6-8. Au final, la précision de votre longitude sera directement induite par celle de l'heure de votre méridienne.

Avec de la pratique et dans la mesure où vous connaissez l'heure UTC de la méridienne à Greenwich, vous devriez pouvoir obtenir l'heure de la méridienne à une minute près environ, ce qui correspond à une précision sur la longitude de 15'. A l'aide d'un sextant il vous est possible de déterminer l'heure de la méridienne sur la base de mesures de hauteur du matin et du soir à moins de 30 secondes près si vous ne vous déplacez pas trop vite dans la direction nord-sud.

La méthode de détermination de la longitude par la méridienne nécessite des mesures plus soignées que la méthode de mesure des heures de lever-coucher. Mais, elle peut être utilisée plus souvent, n'étant pas sujette aux problèmes de visibilité de l'horizon. Toutefois, l'avantage principal de cette méthode est qu'elle peut être utilisée sans tables spécifiques si nécessaire. Il est en effet possible de calculer l'heure de la méridienne à Greenwich à partir de la date, mais il n'est pas possible de calculer les heures de lever et coucher du soleil sans tables.

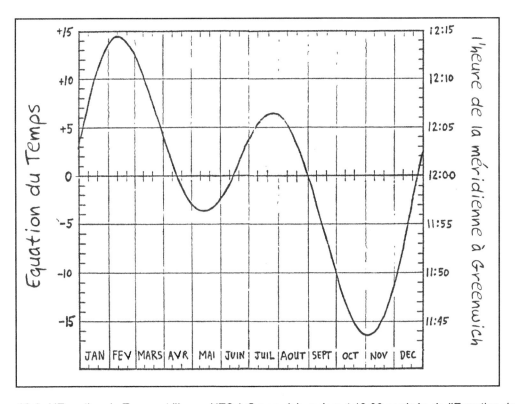

Figure 12-6. *L'Equation du Temps et l'heure UTC à Greenwich, qui vaut 12:00 corrigée de l'Equation du Temps.*

L'heure UTC de la méridienne à Greenwich varie de 11:44 à 12:14 au cours de l'année en raison de l'inclinaison de la terre sur son axe et de son déplacement orbital (légèrement non circulaire) autour du soleil. La variation est graduelle mais la courbe annuelle suivie est complexe comme montré en Figure 12-6. La différence entre 12:00 et l'heure UTC de la méridienne à Greenwich s'appelle l'Equation du Temps (voir Figure 12-6). Elle figure dans les éphémérides (voir la partie B de la Figure 12-5) ou elle peut être calculée à partir de la date en utilisant la méthode suivante.

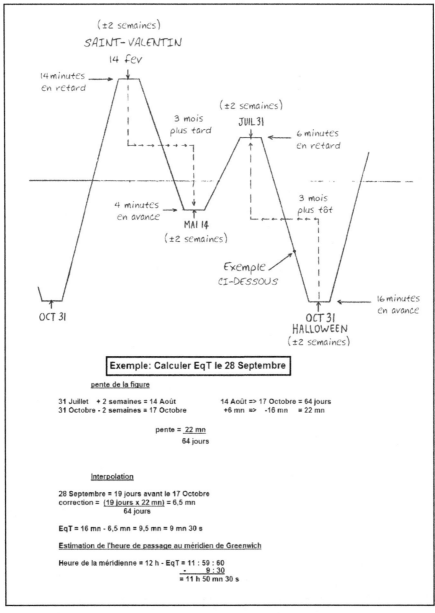

Figure 12-7. *Approche de fortune permettant de calculer l'Equation du Temps (EqT). Les valeurs aux points d'inversion sont supposées constantes de part et d'autre de ces points. Il est possible d'interpoler les valeurs intermédiaires comme expliqué ci-dessus. La règle commence avec "14 minutes de retard à la Saint Valentin…"*

Calcul de l'Equation du Temps

Le jour de la Saint Valentin, le 14 Février, le soleil est en retard sur le méridien de 14 minutes (méridienne à 12:14). trois mois plus tard, il est en avance de 4 minutes (méridienne à 11:56). Pour Halloween, le 31 Octobre, le soleil est en avance sur le méridien de 16 minutes (méridienne à 11:44); trois mois plus tôt, il est en retard de 6 minutes (méridienne à 12:06). Ces quatre dates marquent les quatre points d'inversion de l'Equation du Temps. On peut supposer que les valeurs correspondantes aux points d'inversion restent constantes pendant deux semaines de part et d'autres de l'inflexion comme montré en Figure 12-7. Entre ces dates on peut présumer que la variation est proportionnelle à la date.

Il existe une sorte de symétrie dans la formule qui peut vous aider à la mémoriser.

14 en retard	*trois mois plus tard =>*	*4 en avance*
16 en avance	*trois mois plus tôt =>*	*6 en retard*

Mais je reconnais que la formulation est un peu "tirée par les cheveux". Toutefois, la connaissance de la forme générale de la courbe et la structure de la formule m'ont aidé à m'en rappeler pendant des années jusqu'à maintenant. Cela aide également d'avoir été en retard parfois pour fêter la St Valentin! Un exemple de son utilisation, lorsqu'une interpolation est nécessaire, est donné en Figure 12-7.

La précision de cette approche est fournie en Figure 12-8. Elle est généralement précise à la minute près, ce qui entraîne que la longitude qu'on en déduit est précise à 15' près.

Cette procédure de calcul de l'Equation du Temps peut sembler compliquée au premier abord mais, si vous menez à bien quelques exemples en vous contrôlant avec des éphémérides, tout devrait se

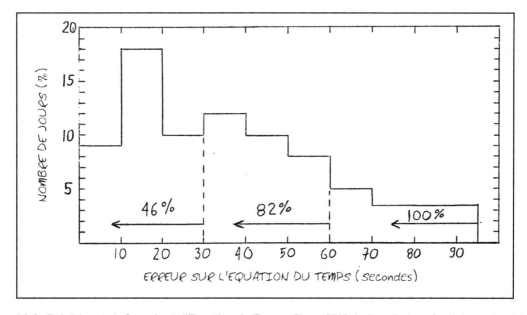

Figure 12-8. *Précision de la formule de l'Equation du Temps. Dans 82% de l'année les résultats sont précis à 60 secondes près. L'erreur maximale atteint 95 secondes dans 4% de l'année.*

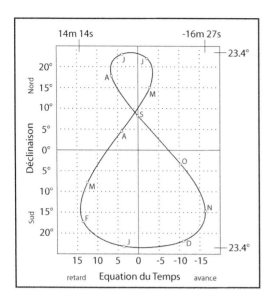

Figure 12-9. *Un analemme. Cette figure unique, connue des anciens est un tracé de la déclinaison du soleil et de l'Equation du Temps, les deux seules données nécessaires à la navigation sans éphémérides. Si vous mémorisez ce graphe vous êtes armés contre toute éventualité! Le texte présente des méthodes d'estimation de ces paramètres de façon indépendante. La connaissance de la disposition de ce tracé peut aider à garder les choses en perspective. L'Equation du Temps est la différence entre l'heure UTC (GMT) de la méridienne observée sur le méridien de Greenwich et exactement 12:00:00.*

A mi-Février le soleil est en retard de 14 minutes de telle sorte que le midi à Greenwich serait à 12:14 UTC (GMT). Début Novembre le soleil est en avance, passant Greenwich avant 12:00 à 11:44. Les ronds le long de la courbe marquent le premier jour de chaque mois.

mettre en place. Si vous deviez mémoriser quelque chose de vraiment utile, c'est bien cette méthode. Si vous mémorisez cette méthode et que vous disposez d'une montre précise, vous serez toujours en mesure de déterminer votre longitude sans aucune autre aide. On comprend bien tout l'intérêt de l'effort de mémorisation.

Gardez également présent à l'esprit que la méthode par la méridienne vous donne votre longitude à l'instant de la méridienne, même si cela vous a pris toute la journée pour la déterminer. Pour obtenir votre longitude présente, vous devez prendre en compte votre estime depuis l'heure de la méridienne jusqu'à l'heure présente. Les procédures permettant de transformer des intervalles de distance en intervalles de longitude sont donnés dans la section Positionnement en longitude ci-après.

Pour être tout à fait complet, il conviendrait d'ajouter qu'en toute rigueur, cette méthode suppose que votre latitude change peu entre les observations du matin et du soir utilisées pour déterminer l'heure de la méridienne. Un changement de latitude déforme la trajectoire apparente du soleil de telle sorte que le temps médian entre deux hauteurs successives égales du soleil ne correspond plus précisément à la méridienne. Considérez l'exemple extrême d'une méridienne issue d'une mesure des lever et coucher du soleil alors que ces heures se modifient au rythme de 4 minutes par degré de latitude (au-dessus de la latitude 44° au voisinage des solstices). Si vous vous êtes déplacés plein sud de 2° entre le lever et coucher du soleil, l'heure du coucher du soleil sera fausse de 8 minutes ce qui implique que la détermination de l'heure de la méridienne sera fausse de 4 minutes. L'erreur induite sur la longitude serait donc de 60' soit 1°. Mais seule une situation très rare pourrait induire une erreur aussi grande. Il n'est pas facile d'y apporter une correction lorsqu'on utilise des hauteurs très basses sur l'horizon pour déterminer l'heure de la méridienne. Vous pouvez ignorer ce problème dans le cadre du calcul de la longitude en situation d'urgence.

Lors de la préparation aux situations d'urgence avant un long voyage, il est clair que la connaissance de l'Equation du Temps est précieuse. En général elle changera très peu durant une traversée océanique classique. La préparation des calculs d'urgence de la longitude implique le même type d'effort de mémoire que pour la préparation des calculs d'urgence de la latitude. Par exemple, si vous prévoyez une durée de traversée de trente jours commençant le 1er Juillet, vous pourriez mémoriser que la déclinaison du soleil varie de 23° 0' N à 18° 17' N et que l'heure de la méridienne à Greenwich varie de 12:04 à 12:06. Connaissant les méthodes d'urgence pour le calcul de latitude et de la longitude, vous êtes en mesure d'en déduire des valeurs précises pour n'importe quelle date incluse dans cette période.

Analemme du soleil

La position quotidienne du soleil qui vous est nécessaire pour naviguer peut être résumée dans une figure unique appelée *analemme* (voir Figure 12-9). Vous pouvez l'imaginer comme un tracé de l'Equation du Temps en fonction de la déclinaison du soleil. Mais, comme ces deux paramètres sont les deux seuls qui déterminent la position du soleil dans le ciel à tout instant, ce tracé permet une interprétation plus physique. Si vous pouviez prendre une photo du soleil exactement à la même heure chaque jour de l'année, puis que vous superposiez toutes les photos, vous obtiendriez précisément ce tracé. Quelques photographes ont réalisé cet exercice. Des liens vers ces photos et beaucoup de discussions autour de ce tracé ainsi que de ces ramifications sont présentées sur l'URL www.analemma. com de même que vers de nombreuses références en ligne.

Dans le cadre de la navigation d'urgence, il est possible de concevoir l'analemme simplement comme une autre façon intéressante de voir comment ces paramètres fondamentaux varient au cours de l'année.

12.3 Calcul de l'heure UTC (GMT) à partir d'une position connue

Maintenant que nous avons vu comment calculer la longitude à partir de l'heure, nous allons regarder comme évaluer l'heure à partir de la longitude. Quand le cours normal d'une navigation se transforme en situation d'urgence, il est possible que vous connaissiez votre longitude, mais pas votre fuseau horaire ou l'erreur de marche de la seule montre disponible. Le problème posé consiste donc à utiliser le soleil et votre position connue pour régler votre montre. A partir de là, vous pourrez utiliser votre montre pour calculer la variation de votre longitude à mesure que vous vous écartez de votre dernière position connue.

Prenons l'exemple suivant: Sans bouger de la journée de ma dernière position connue, je détermine que l'heure de la méridienne est à 11:15:30 grâce à la seule montre disponible. Je sais également que je me trouve à la longitude 67°25' ouest. Grâce aux tables de lever-coucher du soleil et en utilisant la méthode de la section précédente, je calcule qu'à ce jour l'Equation du temps vaut 13 minutes 30 secondes, de telle sorte que l'heure UTC de la méridienne à Greenwich est 12:00:00 – 00:13:30 soit 11:46:30. Je suis à l'ouest de Greenwich de 67°25', ce qui correspond à 04:29:40 converti en temps au rythme de 15° par heure. Ainsi l'heure UTC de la méridienne à ma longitude devrait être 11:46:30 + 04:29:40 soit 15:75:70 ou encore 16:16:10. Comme l'heure donnée par ma montre à cet instant est 11:15:30, elle retarde par rapport au temps UTC de 16:16:10 – 11:15:30 soit 05:01:40. En d'autres termes, cette montre est réglée sur un fuseau horaire de UTC (GMT) + 5 et elle retarde de 1 minutes et 40 secondes. A partir de maintenant, je sais que l'heure UTC est l'heure de cette montre, plus 5 heures 1 minute et 40 secondes. En possession des tables adéquates, vous pourriez déduire la même chose des heures observées de lever et coucher du soleil.

Dans un cas comme celui-ci, il est très probable que vous ne connaîtrez pas l'erreur de marche de votre montre. Sans connaître cette information, au fil du passage des jours et de votre éloignement de votre dernière position connue, vous perdrez graduellement la connaissance de l'heure. Néanmoins, les montres à quartz modernes sont tout à fait précises. En moyenne, de telles montres peuvent avancer ou retarder de seulement 15 secondes ou moins par mois, de telle sorte qu'il est probable que l'incertitude due à la marche de la montre restera faible pendant longtemps. Il est certain qu'avec une montre à quartz moderne, cette incertitude restera nécessairement plus faible que celle induite par la mesure de l'heure méridienne ou par l'utilisation de la méthode reconstituant l'Equation du Temps.

A l'évidence, cette procédure ne présente aucun intérêt si vous ne disposez pas d'une bonne montre ou ne connaissez pas votre position. Le secret d'une bonne navigation d'urgence réside dans une navigation prudente avant qu'une situation d'urgence se développe. A tout instant et en utilisant tout vos moyens disponibles, sachez quelle est votre position et portez une montre de qualité. D'ailleurs, une "bonne" montre peut être aussi simple qu'une montre à quartz étanche qui donne les heures, minutes et secondes, plus le jour et la date sur le cadran. Une fonction chronomètre, un compte à rebours ainsi qu'un éclairage efficace sont un plus. De nos jours une "très bonne" montre présenterait toutes ces fonctions plus un baromètre, un compas, et un GPS incorporé, mais de telles montres deviennent si volumineuses que vous pourriez hésiter à en porter une constamment, ce qui est un inconvénient.

12.4 Positionnement en longitude

La précision des calculs de la longitude d'urgence à partir du soleil et de l'heure UTC dépend à la fois de vos connaissances et de votre habileté à prendre des mesures. Dans certains cas, la précision peut être très élevée et les mesures faciles. Si vous disposez d'une heure précise, que vous travaillez avec soin, avec un peu de chance vous devriez pouvoir obtenir une précision de l'ordre de 50 milles, à partir d'une position inconnue. Mais avec les incertitudes sur la marche de la montre, les mesures de hauteur du soleil ainsi que sur l'Equation du Temps, une incertitude de l'ordre de 90 milles est un objectif plus réaliste. C'est d'ailleurs à peu près au même niveau de précision, qu'en l'absence de conditions favorables, votre latitude pourra être déterminée.

Pour souligner encore un autre point, il est en général possible de se déplacer sur de longues distances, à l'aide d'une estime soignée, avant que l'incertitude sur la position n'atteigne 90 milles. Dans de nombreux cas, votre temps et votre énergie seront utilisés plus efficacement à tenir une estime rigoureuse qu'à chercher à calculer votre position par le soleil et les étoiles. Finalement, la clé du positionnement en latitude et longitude, durant un long voyage, tiendra à votre capacité à jouer à la fois sur l'estime et les mesures directes.

Suivre l'évolution en longitude

Les variations de la latitude sont faciles à calculer à partir de la distance couverte car 1° de latitude vaut toujours 60 milles nautiques. Les variations de longitude ne sont pas aussi faciles à estimer car le nombre de milles par degré de longitude change avec la latitude. Partout entre les tropiques, on peut estimer qu'1° de longitude vaut aussi 60 milles nautiques. Néanmoins, au fur et à mesure que votre latitude s'accroît, le nombre de milles par degré de longitude commence à diminuer et plus vous vous éloignez des tropiques, plus vite il décroît.

En raison de cette complication, vous pourriez finir par tenir votre position avec une notation hybride comme; latitude 35°10'N, longitude 58 milles à l'ouest de 68°30' O.

Ce système hybride fonctionne bien pour suivre une progression. Mais, pour pouvoir calculer votre distance par rapport à une longitude connue, comme un trait de côte ou une île, ou pour calculer votre longitude avec le soleil, il est nécessaire de convertir les milles couverts dans la direction est-ouest en degrés et minutes. A l'aide d'un pilot chart, d'une carte marine ou de toute carte de votre région en latitude, il vous est possible de relever votre longitude directement d'après l'échelle du document. Vous pouvez également la calculer sans carte en utilisant la procédure décrite en Figure 12-10.

Tracez un secteur d'un quart de cercle d'un rayon de 6 unités pour représenter 60 milles nautiques. Puis, du centre du cercle, tracez un angle égal à votre latitude (nord ou sud). Au point où l'angle de latitude coupe le cercle tracez une verticale jusqu'à la base du secteur. La distance prise le long de la base depuis cette ligne jusqu'au centre du cercle est le nombre de milles par degré de longitude exprimé dans la même échelle que celle utilisée pour le rayon. En faisant varier l'angle de latitude vous pouvez vous rendre compte de la manière dont la longueur d'un degré de longitude diminue avec l'augmentation de la latitude.

Par exemple, supposez que je sois au voisinage de la latitude 35° N, par longitude ouest. Après une course d'un jour, ma longitude s'est accrue de 1°20' selon l'heure UTC du lever du soleil. En utilisant

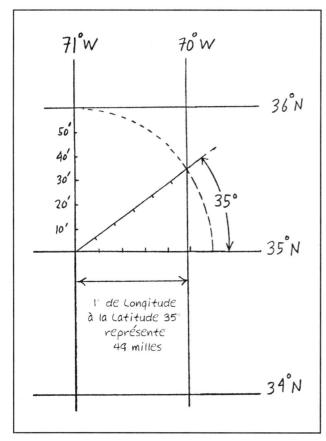

Figure 12-10. *Un canevas de Mercator de fortune. Tracez un arc de 6 unités entre la latitude moyenne et la longitude puis tracez un segment de droite sous-tendant un angle égal à votre latitude avec l'horizontale comme montré sur la figure. Le méridien suivant passe par l'intersection de l'arc et du segment de droite. La procédure est identique à celle utilisée dans les feuillets de tracés universels classiques. Grâce à ce tracé il est possible de déduire que 1° de longitude sous la latitude de 35° (N ou S) est égal à 49 milles nautiques. Si vous disposez de fonctions trigonométriques sur votre calculatrice, vous pouvez vérifier: mille nautique (MN) pour 1° de longitude = 60 milles x cos(Lat) = 60 milles x cos(35°) = 49,1 milles.*

la Figure 12-10, je déduis que 1° de longitude à la latitude de 35° vaut 49 milles. En utilisant le fait que 1°20' = (80/60)° je calcule l'intervalle de longitude comme:

$$(80/60)° x\ 49\ milles/1° = 65\ milles$$

En d'autres termes, les mesures directes du soleil indiquent que j'ai couvert 65 milles vers l'ouest pendant ces deux jours, et c'est ce chiffre que je dois comparer à mon estime. Ou bien, effectuant la conversion inverse, si je sais que je suis 58 milles à l'ouest de la longitude 68°30' W par 35°N de latitude, ma longitude sera;

$$68°30' + (58\ milles\ x\ 60'/49\ milles) = 68°\ 101' = 69°\ 41'\ W$$

Lorsque vous comparez la longitude avec les résultats de l'estime, souvenez-vous que cette comparaison est indépendante des changement de latitude. Dans l'exemple précédent j'aurais pu me déplacer plein ouest, ou j'aurais pu parcourir 100 milles vers le sud pendant les deux jours. Dans cette comparaison, je ne vérifie que ma progression dans la direction est-ouest. En conséquence, pour une

Figure 12-11. *Un canevas de fortune montrant une course diagonale de 89 milles nautiques avec un changement de route. La progression vers l'ouest en milles nautiques peut être lue directement sur l'échelle des latitudes, mais l'intervalle de longitude doit être calculé avec le facteur de conversion déterminé en Figure 12-10 valant 49 milles nautiques par degré de longitude, par 35° de latitude.*

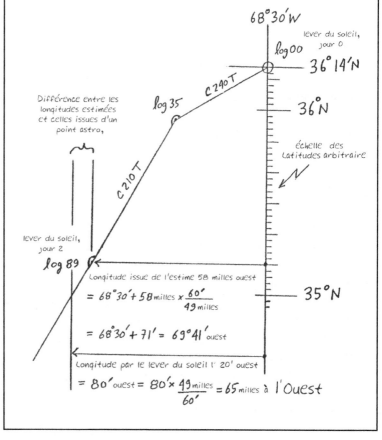

route arbitraire, il est d'abord nécessaire de tracer le nombre de milles parcourus dans la direction réelle de votre route puis projeter cette distance sur l'axe est-ouest avant de pouvoir effectuer la comparaison comme décrit en Figure 12-11. Une projection similaire sur l'axe nord-sud doit être faite pour les comparaisons en latitude.

L'importance de la précision de l'heure

Sans l'heure UTC vous ne pouvez pas déterminer la longitude. Mais, n'importe quelle bonne montre en état de fonctionnement peut néanmoins vous permettre de suivre les variations de longitude tout au long d'un long voyage. Et ceci même en partant d'une position indéterminée ou imprécise. Supposez que vous disposez d'une bonne montre, mais ne connaissez pas le fuseau horaire sur lequel elle est calée ni son erreur de marche. Par ailleurs, vous n'avez qu'une vague idée de votre position. Que pouvez-vous faire?

Premièrement, recherchez votre latitude. Une montre n'est pas nécessaire et cela pourrait même vous aider à améliorer l'estimation de votre longitude. Utilisez ensuite votre longitude estimée (peu importe sa vraisemblance) pour identifier votre fuseau horaire et l'erreur de marche de votre montre comme expliqué dans la section précédente. Cela ne sera pas exact, mais c'est sans importance. Maintenant, comme vous vous éloignez de cette position, procédez avec votre estime et les mesures de longitude à partir du soleil comme si vous connaissiez l'heure UTC par votre montre. La connaissance précise de votre longitude réelle ne s'améliorera jamais par rapport à votre longitude estimée initiale puisque votre temps est erroné. Mais, vous pourrez quand même vérifier si vous êtes soumis à de forts courants est-ouest, ou identifier votre dérive sur une grande distance, en comparant les variations de longitude données par votre estime à celles que vous déduisez de vos mesures du soleil.

Ceci ne remplace certainement pas la connaissance du temps exact, mais c'est bien supérieur à l'estime seule si vous devez entreprendre un long voyage. Supposez par exemple que, sans le savoir, vous vous trouviez dans un fort courant d'une force de 2 nœuds portant à l'ouest. Ayant déterminé votre latitude, si vous étiez familier de ces eaux, l'existence de ce courant vous serait connu. Mais disons que vous ne connaissez pas ces eaux. La route que vous cherchez à maintenir est plein nord et vous déterminez votre estime en conséquence. Maintenant, combien de temps pouvez-vous maintenir ce cap avant que le soleil ne vous indique que vous avez dérivé? La réponse est environ deux jours et au bout de trois ou quatre jours vous devriez avoir une assez bonne idée de la valeur de cette dérive. Même sans rien d'autre que la méthode de l'Equation du Temps, vous devriez pouvoir déterminer votre longitude à 50 milles près environ et ce courant vous déporte à peu près de cette distance chaque jour.

Sachant l'importance de pouvoir disposer d'un temps précis pour la navigation, ne laissez pas échapper les occasions de régler une montre sur l'heure exacte. Par exemple, vous pourriez vous retrouver dans une situation critique où vous disposez de plusieurs récepteur GPS portatifs parfaitement fonctionnels de même que des montres bracelets des membres d'équipage mais dont aucune n'a fait l'objet d'un étalonnage de son erreur de marche. Dans ce cas, la première chose à faire est d'utiliser l'heure UTC fournie par les GPS pour régler les montres correctement. Si vous venez à manquer de piles ou si les GPS s'arrêtent pour quelque raison, vous êtes prêts à poursuivre armés de l'information la plus primordiale dont vous puissiez disposer. L'heure UTC du GPS est exacte dès que ce dernier communique avec un quelconque des satellites de la constellation GPS. Dans le cas contraire, si il n' y a pas eu un récent contact avec un satellite ou bien si vous pouvez toujours le mettre en marche mais que seul l'horloge fonctionne, cette heure peut être entachée d'une certaine incertitude. En effet, dans ce cas, il fonctionne comme une montre à quartz ordinaire. Ceci en supposant qu'il va indiquer une heure en l'absence de dialogue avec au moins un satellite. Certains récepteurs GPS fonctionnent ainsi, d'autres non.

13

Navigation côtière sans instrument

La partie la plus critique de la navigation océanique se passe rarement en pleine mer. Ce sont le départ et l'arrivée qui posent généralement le plus de défis car se sont les phases potentiellement les plus dangereuses. Nous avons couvert la navigation d'urgence pendant la traversée et maintenant nous allons réviser quelques points de base pour négocier l'atterrage. La portée optique des phares et des terres est fondamentale car elle détermine la précision nécessaire à votre navigation pour atteindre votre destination. Savoir que vous ne pourrez peut être pas les voir sans être plus près de la terre que vous l'aviez prévu est également fondamental. Comme le sont aussi les signes naturels de l'environnement océanique qui peuvent être une aide appréciable.

Dans certain cas, vous pouvez identifier des signes subtils de la présence d'une terre proche à partir de l'état du ciel, de l'air et de l'eau avant que vous n'aperceviez réellement la terre. Ces signes qui peuvent vous aider à trouver le chemin vers la sécurité incluent les nuages, les oiseaux, les insectes, des déchets flottants, l'état de la mer ainsi que des indicateurs d'activités humaines comme des avions ou de la pollution industrielle ou agricole que vous pouvez voir ou sentir. A l'exception des nuages, ces aides sont potentiellement les plus précieuses lorsque l'atterrage que vous visez est constitué de terres basses. Cependant, elles n'étendront pas le seuil de détection de la terre de beaucoup plus de 10 ou 20 milles nautiques tout au plus. Par ciel clair on est en général capable de voir tous les édifices ou reliefs dépassant 500ft (150m) de haut, avant que ces signes n'apparaissent. Les nuages sont une exception car ils se situent au-dessus du relief côtier que vous approchez.

Dès que la terre est en vue, l'objectif primordial de votre navigation est de connaître à tout instant votre distance à la terre durant toute votre approche. Sans instrument conventionnel, on peut le faire de différentes façons.

13.1 Les signes de la terre en mer

Les nuages

Les cumulus stationnaires sont souvent l'indication de la présence de collines ou de montages. Ils sont souvent développés dans un ciel par ailleurs sans nuages. Mais parfois, des cumulus sont visibles parmi des nuages en mouvement ou moins denses. La couverture nuageuse se forme lorsque la terre s'échauffe et des formations nuageuses apparaissent d'abord en milieu de matinée pour se développer durant la journée. Malheureusement, tous ces cumulus se développent avec la chaleur du jour, de telle sorte que ces indicateurs de la présence d'une terre sont plus significatifs tôt le matin. Les cumulus stationnaires sont des indicateurs de la présence de la terre à toutes les latitudes. De tous les signes avant-coureurs de la proximité d'une terre, les cumulus surplombant des îles ou des sommets montagneux doivent être considérés parmi les plus importants car ce sont ceux que l'on peut voir de plus loin (se reporter Figure 13-1). Toutefois, il convient toujours de prendre en compte votre estime de base et les autres incertitudes avant de lever la tête à la recherche de nuages.

Aux latitudes moyennes où les vents en altitude peuvent être forts, la présence de cumulus très proéminents (appelés nuages lenticulaires ou altocumulus lenticularis) est une indication sûre de la présence de la terre. Par vents forts, ils peuvent se former au-dessus des lignes de crêtes et ressemblent à des soucoupes volantes (se reporter Figure 13-2). Bien qu'ils soient en général stationnaires au-dessus des crêtes, il peut arriver qu'ils s'en détachent, gardant leur forme caractéristique dans leur dérive sous l'effet du vent. C'est une forme de nuage relativement rare, mais un signe presque certain de la présence de la terre. Etant donné qu'à ces latitudes les vents dominants sont de secteur ouest, vous devriez vous attendre à les observer lorsque vous faites route à l'ouest vers une côte montagneuse.

Figure 13-1. *Couverture nuageuse au-dessus d'une île et d'une chaîne de montagne. Des cumulus stationnaires se développent souvent en milieu de matinée et peuvent être le signe de la proximité d'une île encore invisible. Néanmoins, ces nuages peuvent également masquer des sommets qu'on pourrait voir autrement, de telle sorte que la meilleure opportunité de repérer des sommets montagneux sur l'horizon se produit en tout début de matinée.*

Figure 13-2. *Des nuages lenticulaires sont un signe de la présence de la terre. Ils se déplacent sur la face sous le vent des chaînes montagneuses côtières. Ces nuages se caractérisent par leur apparence de soucoupe volante cotonneuse. Ils peuvent se trouver isolés ou faire partie d'un système comme montré ici. Les nuages lenticulaires sont formés par de forts vents en altitude et sont relativement rares, mais si vous les remarquez sur l'horizon au vent, c'est un signe sûr qu'une terre se trouve devant vous.*

Les couleurs réfléchies sur les nuages

Un autre effet subtil et précieux, à l'occasion, est la couleur de la terre, des récifs et des berges qui se reflète sur les nuages au-dessus. Ceci nécessite généralement une couverture nuageuse particulière, avec suffisamment de trous pour laisser passer la lumière, mais présentant également une densité appropriée pour former une surface réfléchissante au-dessus de l'eau. Les eaux peu profondes des berges ou lagons tropicaux ou sous-tropicaux, par exemple, peuvent parfois apparaître tout à fait clairement sur la face inférieure des nuages se trouvant au-dessus d'eux.

Les oiseaux

Dans certaines circonstances, les oiseaux peuvent être des guides précieux vers une terre voisine. Mais, leur utilisation dépend fortement d'une connaissance des particularités locales. Il est nécessaire de connaître les habitudes des oiseaux de la zone pour utiliser la direction de leur vol comme référence. De plus, il faut bien peser toutes les incertitudes avant de suivre un oiseau.

D'autres signes liés aux oiseaux peuvent être plus encourageants que d'autres. Plusieurs oiseaux volant dans la même direction au coucher de même que plusieurs oiseaux volant en provenance de cette direction le matin est un assez bon indice de la présence de la terre, surtout si avez pu les identifier et que vous savez qu'ils nichent à terre. Les vols d'oiseaux durant la journée ne sont pas fiables en général, mais des exceptions locales peuvent exister. Thomas Gladwin rapportait par exemple (se reporter à la section Navigation sans instrument de la bibliographie) que dans les eaux des Iles Carolines du centre, une hirondelle de mer tenant un poisson de côté dans son bec se dirige toujours vers la terre, quelle que soit l'heure de l'observation. Elle a probablement attrapé un poisson trop gros pour être mangé en mer et se dirige vers la terre pour le finir.

La distance de la côte à laquelle un oiseau peut être observé dépend des espèces et de la zone d'observation. Cela dépend également des aléas de leur vol. Quand votre sécurité est en jeu, soyez prudent lorsque vous donnez crédit à des histoires de mer et à des études sur le comportement des oiseaux. Il est probable que de nombreux oiseaux errant en mer durant la journée se dirigent à vue vers la terre au coucher du soleil, tout comme nous-mêmes. Mais comme ils sont plus hauts, ils peuvent voir plus loin. D'une hauteur de 200 pieds ils peuvent apercevoir une terre d'égale hauteur à une distance de 25 milles. Des études sur la navigation des oiseaux des îles du Pacifique montrent que les oiseaux suivants sont les plus précieux pour s'orienter vers la terre. Entre parenthèses sont donnés leurs "rayons d'action" approximatifs; sternes (10 à 20 milles), fous (30 milles) et frégates (50 milles). Mais il y a des exceptions aléatoires, même parmi ces oiseaux, qui pourraient vous faire faire fausse route. Par exemple, David Lewis dit avoir vu douze fous à 700 milles à l'ouest de l'île Line durant le premier voyage sans instrument du *Hokule'a* de Hawaii à Tahiti (communication privée, 1985).

Les avions

L'observation des vols d'avion à des fins d'orientation a été discutée à la fin du Chapitre 7. Au voisinage d'un grand aéroport, ces observations peuvent être extrêmement précieuses pour vous orienter vers votre but. Mais, il faut les traiter avec les mêmes précautions concernant les oiseaux et les nuages. Prenez en considération les informations qu'ils suggèrent mais comparez-les à votre estime et autres informations ainsi qu'aux incertitudes associées. Souvenez-vous que les avions décollent et atterrissent face au vent quelle que soit leur route (reportez-vous Figure 13-3). Généralement, la valeur des informations fournies par les avions et leurs traînées de condensation sont surévaluées dans le folklore des marins sur la façon de trouver une île en cas d'urgence. Au contraire, l'utilisation d'une radio AM pour se guider vers l'émetteur à terre, comme discuté au Chapitre 8 dans la section Trouver sa Direction avec une Radio Portable, est souvent négligée dans de telles discussions.

Les insectes

La première apparition d'insecte peut également être le signe d'une terre proche. J'ai remarqué une fois une mouche à bord, un jour avant de repérer Hawaii par temps clair. Durant une autre traversée, Hawaii fut repérée, mais le jour suivant nous étions encalminés et nous avons perdu le contact visuel

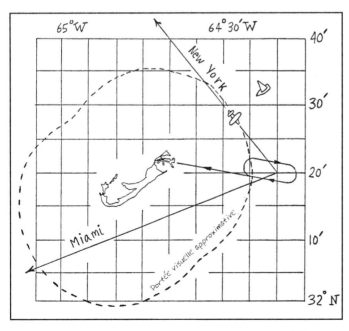

Figure 13-3. *Trajectoires d'approche et circuit d'attente du trafic aérien au large des Bermudes. Le circuit d'attente décrit provient de cartes aéronautiques mais les routes pour y parvenir ne figurent pas nécessairement sur le schéma. Ces dernières sont purement illustratives pour montrer que l'observation des trajectoires des avions, alors que l'on est juste hors de vue d'un l'île, peut donner des informations trompeuses sur la direction de l'île. Circonstance pas forcément probable mais simplement possible.*

avec les îles. Ce jour-là un insecte apparut. Néanmoins, ce sont des exemples isolés. La plupart des atterrages s'effectuent sans voir un seul insecte. Toutefois, il serait prudent d'attendre le retour d'un temps clair si vous êtes encalminés à proximité de votre destination et qu'un insecte fait son apparition pour la première fois à bord.

La forme de houle

Les anciens navigateurs des îles du Pacifique utilisaient de façon courante les formes de houles pour localiser les îles dans ces eaux. Néanmoins, c'est un art subtil. Il faut être dans une zone présentant une forme de houle prédominante et être très entraîné pour remarquer les caractéristiques récurrentes ou des déviations par rapport au système prévalant. A l'évidence, dans des eaux dont il n'est pas familier, le navigateur transocéanique lambda tirera peu d'informations des formes de houle. Une exception, toutefois, pourrait être la première apparition d'une houle croisée assez près d'une côte ou d'une île.

Dans un tel contexte, si la houle a été constante en direction depuis quelques jours et qu'apparaît une houle plus faible en provenance d'une direction pratiquement opposée, il est alors tout à fait possible que celle-ci provienne d'une réflexion sur une côte devant vous (reportez-vous Figure 13-4). La strucure d'interférence due à des houles croisées est souvent nette et distincte sur plusieurs milles au large lorsque la houle initiale se réfléchit sur une ligne de côte accore. Lorsque vous essayez de déterminer la direction de la ligne de côte, pensez aux houles initiales et réfléchies comme des boules de billard rebondissant sur les bandes. Cet effet, visible en toute zone connaissant des houles marquées, peut tout à fait être détecté hors de la vue de la terre par visibilité réduite.

Les mêmes structures d'interférences se développent lorsqu'une houle est réfléchie ou diffractée autour d'une île ou d'une pointe de terre (voir Figure 13-5). Cependant, la direction de l'île et le système d'interférences sont plus difficiles à discerner. Toutefois, par mauvais temps, cela peut toujours servir de mise en garde et inciter à attendre que le temps s'éclaircisse.

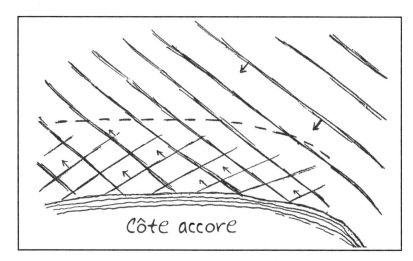

Côte accore

Figure 13-4. *Réflexion de la houle. A proximité d'une ligne de côte accore une houle incidente est réfléchie vers le large, créant souvent un système de houles croisées, observable à plusieurs milles au large. Par visibilité réduite ou exceptionnellement par temps clair, l'apparition d'une houle croisée peut signaler l'approche de la terre spécialement si votre connaissance de la zone vous dicte qu'il ne peut exister d'autre source de houle en provenance de cette direction. Google Earth et les programmes similaires montrant des photos aériennes en ligne offrent une façon moderne de de rechercher des structures de houles croisées à grande échelle, dans les archipels.*

Une autre chance de détecter la présence de la terre à partir de la houle, ne nécessitant aucun entrainement spécifique, se présente lorsque vous naviguez sous le vent d'une île bloquant la houle. Si vous savez qu'une île basse se trouve quelque part au vent et que la houle dans laquelle vous naviguez depuis quelques jours disparaît ou s'affaiblit de façon notable bien que le vent soit stable, il est alors possible que soyez entré dans *la zone de mer calme* sous le vent d'une île. (Se reporter Figure 13-5). Ceci est confirmé par la réapparition d'un système de houles si vous poursuivez votre navigation et disparaissant à nouveau si vous faites demi-tour. Dans la mesure ou la masse de terre est suffisamment importante, la houle peut être interrompue même par les îles ou les atolls les plus bas. Ceci peut être le signe d'une terre non encore visible. Il est intéressant de "surfer" autour des océans et îles du monde avec Google Earth (earth.google.com) et étudier les structures de houles. En zoomant, on peut souvent identifier les structures de houles reconnaissables en naviguant dans ces zones.

Les signes physiques

Les premières odeurs ou signes de fumée sur l'horizon sont également des signes de terre au vent, comme le sont des branches fraîchement coupées ou une augmentation générale des détritus flottants après un orage. Néanmoins, la règle est que vous ne devez compter sur aucun signe, naturel ou humain, pour vous guider vers la terre. Déterminez la précision de votre navigation ainsi que la portée visuelle de la terre comme décrit dans la section suivante, et fiez-vous à ces résultats pour choisir votre objectif.

13.2 La portée visuelle des phares et de la terre

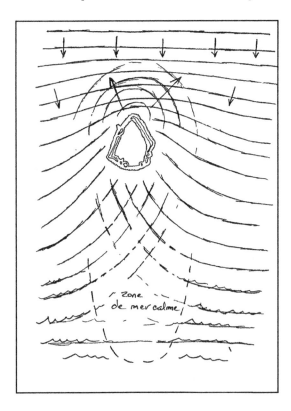

Figure 13-5. *Réflexion de la houle au voisinage d'une île isolée ou d'un atoll. La houle s'incurve à mesure qu'elle s'approche d'un obstacle, comme si elle voulait s'enrouler autour. Si vous approchez au vent d'une île très basse, le premier signe de la présence de l'île pourrait être l'apparition d'une houle réfléchie. La courbure des lignes de houles pourrait être détectable depuis la tête de mât. Mais, dans la plupart des cas, ce ne sont au mieux que des signes subtils. En approchant sous le vent de l'île, la zone de mer calme où les vagues et la houle diminuent d'intensité pourrait être un indice plus convaincant de la présence d'une terre basse pas très loin devant. Dans des cas exceptionnels, des modifications dans le système de houle sont détectables à une douzaine de milles de part et d'autre de l'île, au sein du train d'onde de la houle principale. Ces signes subtils sont à surveiller lorsqu'on recherche un atterrage sur une île isolée. Mais, il ne faut pas compter là-dessus pour vous guider à bon port.*

Avant de pouvoir faire du pilotage, vous devez être en vue de la terre, d'un phare ou au moins disposer d'un vecteur radio utilisable. La connaissance de la distance à laquelle des amers sont visibles est fondamentale en navigation, d'urgence ou autre. Plusieurs facteurs entrent en jeu, notamment la hauteur de l'observateur, la hauteur de l'objet observé et les conditions de visibilité atmosphérique. La courbure de la terre limite votre portée visuelle quelle que soit la limpidité de l'atmosphère. Par exemple, si une montagne culmine à une hauteur de H pieds et que vous vous tenez à h pieds au-dessus de l'eau, alors vous verrez le sommet de la montagne dépasser de l'horizon (par temps clair et mer calme) lorsque vous vous trouverez à D milles nautiques du sommet. D (en milles) est calculée de la façon suivante:

$$D = \sqrt{H} + \sqrt{h}$$

si H et h sont en mètres

$$D = 2,1(\sqrt{H} + \sqrt{h})$$

La Figure 13-6 illustre graphiquement cette équation. C'est une formule très pratique bien qu'elle nécessite d'extraire des racines carrées, mais on peut la résoudre après quelques tâtonnements. Le sommet d'une colline haute de 3600 pieds peut être vu sur l'horizon à quelques 63 milles si vous vous tenez à 9 pieds au-dessus de l'eau.

$$\sqrt{3600} + \sqrt{9} = 60 + 3 = 63$$

Une île basse dont la caractéristique la plus haute est un palmier de 64 pieds ne peut pas être vue d'une hauteur de 9 pieds tant que vous êtes à une distance supérieure à 11 milles (8 + 3). Si vous grimpiez aux barres de flèches, à une hauteur de 49 pieds, il vous serait possible de détecter cette île à une distance de 15 milles (8 + 7). Evidemment la précision nécessaire à votre navigation dépend de ce que vous cherchez.

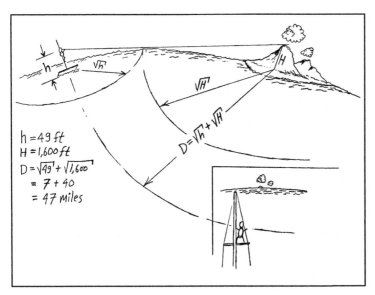

Figure 13-6. *Portée visuelle en mer. La précision nécessaire à votre navigation dépend de la hauteur de votre but. Vous noterez qu'il vous est possible de voir environ 4 ou 5 milles plus loin en montant aux barres de flèches.*

La formule de la portée visuelle donne une approximation des résultats mathématiquement corrects tabulés dans le *Light List* (en France, c'est le Livre des Feux édité par le SHOM) et dans d'autres documents (les résultats de la formule sont 15% plus faibles que les résultats tabulés). La simple formule aux racines carrées permet non seulement de se passer des tables mais elle est également plus fiable. Le moindre clapot sur l'eau ou une légère brume entourant la terre réduira la portée visuelle de beaucoup plus que 15%. Même les portées visuelles calculées avec la formule doivent être considérées comme optimistes.

Souvent lorsque vous naviguez par temps clair, les îles ou rivages que vous cherchez sont cachés par du brouillard ou des averses de pluie. De même, une couverture nuageuse peut également masquer les crêtes et sommets même par temps localement clair. Les calculs de portées visuelles vous informent seulement à quelle distance les hauteurs peuvent commencer à être en vue. En cas de couverture nuageuse dense il est même possible que vous ne puissiez distinguer la terre bien qu'elle soit au-dessus de l'horizon. Pour cette raison, votre meilleure chance de repérer la terre pourrait se situer au petit matin, avant toute formation de couverture nuageuse.

Les cartes marines donnent l'altitude moyenne des terres côtières ainsi que celles des sommets et leurs positions. Avec la formule de la portée visuelle et une carte ou même à l'aide de souvenirs approximatifs sur les altitudes des terres, il est possible d'estimer la portée visuelle pour un lieu donné. Lorsque vous utilisez un sommet montagneux, souvenez-vous que vous calculez la distance au sommet, pas au rivage. Si vous cherchez une île, la formule vous permet de connaître grossièrement quelle devra être la précision de votre navigation. Pour être conservatif, il serait néanmoins avisé de tenir une navigation un peu plus précise si l'île visée se trouve être très isolée.

Lorsque l'on cherche des phares ou des balises, la même formule et les mêmes procédures s'appliquent. Observé d'une hauteur de 16 pieds, un phare situé 144 pieds au-dessus de l'eau peut être vu d'une distance de 12 + 4 = 16 milles. Toutefois, la nature de son éclat lumineux ainsi que la limpidité de l'atmosphère en limitent la portée visuelle.

Jusqu'ici, nous avons traité des *portées géographiques*, nous indiquant lorsqu'un objet est visible au-dessus de l'horizon. Ceci donne une limite à la portée visuelle, quelle que soit la limpidité de l'atmosphère ou l'éclat du phare. Mais, le fait de se situer dans la limite de portée visuelle d'un phare ne garantit pas qu'on puisse le distinguer de nuit. Plus l'éclat d'un phare est puissant, plus on l'aperçoit de loin. Mais, même un phare puissant peut être voilé par du brouillard ou de la pluie.

Les cartes marines ainsi que le *Light List* (Livre des Feux) détaillent les caractéristiques des phares en fournissant leur *portée nominale*. C'est la distance maximale à laquelle vous pourriez les distinguer par nuit limpide sans la limitation de portée géographique. Par exemple, considérez un phare de 81 pieds de haut d'une portée nominale de 14 milles. Si vous vous tenez 9 pieds au-dessus de l'eau, la portée géographique du phare sera de 9 + 3 = 12 milles. Dès que vous êtes à 12 milles, vous devriez pouvoir distinguer le phare par nuit claire puisque la portée nominale est supérieure à 12 milles. Par ailleurs, si vous vous teniez sur les barres de flèches, à une hauteur d'œil de 49 pieds, la portée géographique vers ce phare serait de 7 + 9 = 16 milles. Dès que vous êtes à 16 milles vous devriez (en principe) pouvoir distinguer ce phare de jour mais pas de nuit. Vu depuis les barres de flèche, le phare se situe au-dessus de l'horizon, mais son faisceau lumineux ne porte qu'à 14 milles. Il faudrait vous situer à une distance de 14 milles pour pouvoir le distinguer de nuit depuis la même position. A partir du pont, la limitation est la portée géographique et depuis les barres de flèches c'est la portée lumineuse du phare (se reporter Figure 13-7).

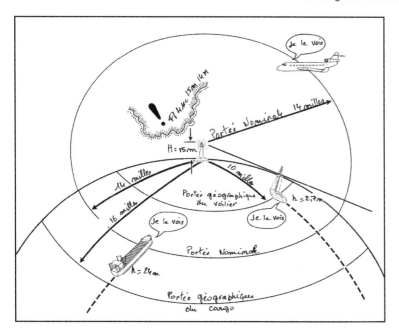

Figure 13-7. *Comparaison des portées géographique et nominale. La portée nominale d'un phare est fonction de la nature et de la puissance de son éclat lumineux. Vu d'un voilier, c'est souvent la hauteur du phare qui limite la portée, pas l'éclat lumineux.*

Souvenez-vous que les lumières de couleur blanche peuvent apparaître rougeâtre ou quelque peu orange lorsqu'elles apparaissent sur l'horizon. Il est ainsi possible qu'on ne puisse distinguer les caractéristiques réelles d'un phare que lorsqu'on se trouve suffisamment près de lui. Si la séquence d'un phare comprend à la fois des éclats colorés et des éclats blancs, vous verrez souvent les éclats blancs d'une distance plus grande que les éclats rouges ou verts. Parfois, il est également possible de voir dans le ciel le reflet d'un phare brillant bien avant qu'on puisse voir le phare lui-même. Dans ce cas c'est le faisceau lumineux qui éclaire la base des nuages ou de la brume au-dessus, de telle sorte que la portée géographique est "virtuellement" plus grande. Les villes et agglomérations illuminent également le ciel. Fréquemment le reflet de la lumière d'une ville est suffisamment brillant et localisé pour pouvoir être utilisé comme guide depuis une très grande distance. Le reflet de Miami en Floride, par exemple, peut être couramment aperçu depuis une distance de 60 ou 70 milles au large (John Dowd, communication privée).

Par visibilité réduite, il est nécessaire de remplacer les portées nominales des phares indiquées sur les cartes ou des tables, par les *portées lumineuses* que vous devez évaluez. La procédure est simple. Le problème consiste à évaluer de combien la visibilité est réduite. La visibilité atmosphérique est la distance à laquelle vous pouvez distinguer un objet non illuminé de jour. En mer, même de jour, cette estimation n'est pas facile. Qui plus est, vous en avez besoin de nuit, ce qui la rend encore plus incertaine. Cependant, même une approximation grossière comme 10 milles (temps clair), 1 mille ou 0.1 mille pourra vous aider dans votre atterrage. Un truc consiste juste à noter en fin de journée, au début du crépuscule, si vous pouvez discerner la ligne d'horizon. Si c'est le cas, la visibilité (en milles nautiques) doit être supérieure à la racine carrée de la hauteur de votre œil en pieds (h) au-dessus de la mer. Dans le cas contraire, la visibilité est inférieure à la racine carrée de h.

Dès que vous avez estimé la visibilité atmosphérique, il vous est possible d'évaluer la portée lumineuse du phare à partir du diagramme de portée lumineuse dans le *Light List* (Liste des Phares). En cas d'urgence, vous pouvez la calculer sans cette aide en utilisant la formule suivante.

$$\textit{Portée lumineuse} = [(\textit{Visibilité}/10) \ x \ (\textit{Portée nominale})] + 1 \ \textit{mille}$$

Il est possible d'utiliser cette formule pour des visibilités aussi faibles qu'un demi-mille.

Par exemple, soit un phare d'une portée nominale de 22 milles. Si vous estimez la visibilité atmosphérique actuelle à 4 milles alors la portée lumineuse est:

$$[(4/10) \ x \ (22)] + 1 = 9,8 \ \textit{milles}$$

En d'autres mots, un phare d'une portée de 22 milles voit sa portée réduite à environ 10 milles lorsque la visibilité est de 4 milles (reportez-vous Figure 13-8).

Un autre exemple intéressant montre qu'un phare de portée nominale 5 milles par visibilité atmosphérique de 5 milles également n'est visible que d'une distance d'environ 3,5 milles.

$$[(5/10) \ x \ (5)] + 1 = (0,5 \ x \ 5) + 1 = 3,5 \ \textit{milles}$$

Cette formule de la portée lumineuse est une approximation simple d'une table complexe. Elle donne des résultats corrects à 20% près, ce qui est suffisant car vous ne connaîtrez jamais la visibilité atmosphérique avec une meilleure précision que cela. En fait, la formule est également adéquate pour la navigation ordinaire. Lorsque vous chercher un phare par visibilité réduite, déterminez la portée géographique et la portée lumineuse. La distance à laquelle le phare devient visible est la valeur la plus petite des deux. Evidemment, si vous ne pouvez pas estimer raisonnablement la portée nominale du phare en question, alors vous êtes dans l'incapacité d'anticiper quoi que ce soit.

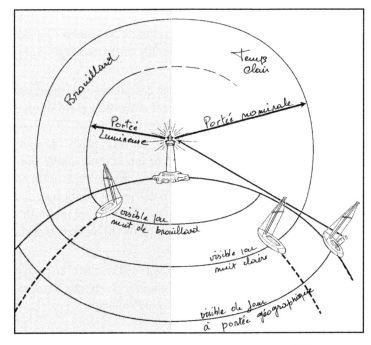

Figure 13-8. *Comparaison des portées lumineuse et nominale. Par visibilité réduite, vous devez comparer la portée géographique d'un phare avec sa portée lumineuse pour identifier celle qui détermine la portée réelle. Il est possible de calculer la portée lumineuse à partir d'une table ou du Light List (liste des phares) ou en utilisant la formule donnée dans le texte*

13.3 Evaluation de la distance d'un amer

Lorsqu'un phare connu (et reconnu) est visible depuis un point élevé de votre bateau mais pas depuis un point plus bas, on peut alors supposer que la distance au phare est sensiblement égale à la portée géographique du phare observé depuis le point le plus haut. Cette méthode d'évaluation de la distance est appelée en anglais "*bobbing the light*". Elle fonctionne d'autant mieux par mer calme et ciel dégagé lorsque la portée géographique est largement inférieure à la portée nominale. Par exemple, comme pour des feux brillants et bas sur l'eau. La distance évaluée de cette façon est peu précise du fait de l'imprécision de la formule ou des tables. Néanmoins, pour constater ce phénomène, vous devez être proche de la portée géographique.

En dehors de la capacité à voir plus loin, une autre bonne raison de chercher des phares ou des feux depuis un point élevé comme la bôme, est d'avoir une chance de pouvoir "bobber" cette source lumineuse. Dès que cette dernière apparaît visible depuis le point haut, sautez sur le pont pour constater que vous ne la distinguez plus. Si vous détectez la source lumineuse d'abord depuis un point bas, il est possible que vous ayez raté cette opportunité. Dans tous les cas, si vous apercevez ce phare ou ce feu, vous êtes à portée géographique de celui-ci. Ce qui est en soit une information sur la distance vous en séparant.

Evaluation de la distance avec un kamal

Tout au long de ce livre nous avons souligné l'intérêt des mesures de petits angles effectuées avec un kamal. Il est possible d'utiliser cette méthode pour évaluer la distance nous séparant d'une terre en vue. La procédure consiste à mesurer la largeur ou la hauteur angulaire de certains amers, puis de calculer la distance nous en séparant (assez précisément) à partir de l'angle mesuré et des dimensions

Figure 13-9. *Evaluation de la distance à partir de la mesure d'un angle horizontal. Utilisez un kamal étalonné (ou un sextant si vous en disposez) pour mesurer l'angle horizontal sous-tendu par l'objet depuis votre position. Puis, sur la carte, mesurez la largeur de cet objet depuis votre perspective. Utilisez ensuite la formule de calcul de distance donnée dans le texte. Vous noterez que vous calculez votre distance à partir du point d'où vous avez pratiqué la mesure. Il est possible de calculer votre position à partir d'un relèvement et d'une distance, ou à partir de deux distances à deux amers distincts (à l'intersection des deux cercles de position).*

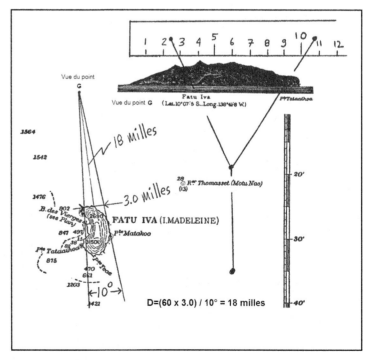

de cet amer. En cas d'urgence, on peut pratiquer cette méthode avec rien d'autre qu'un bâton et une ficelle, mais cette méthode est beaucoup plus qu'un moyen de fortune. Même si vous avez le choix des moyens pour mesurer cette distance, il est possible que vous gardiez cette méthode simple et précise du bâton et de la ficelle si vous y êtes habitué (La conception et l'étalonnage d'un kamal sont décrits au début du Chapitre 11).

Pour utiliser un kamal, identifiez d'abord sur les cartes et dans votre environnement (ou à partir de votre connaissance de la zone) un large amer avec des côtés nets où deux objets voisins se trouvant grossièrement à égales distances de votre position et espacés de moins de 15°, vus depuis votre position. Par exemple, ce peuvent être les deux côtés d'un gros rocher, deux rochers, deux tours, deux pics montagneux, les deux côtés d'une baie ou d'une vallée ou deux côtés d'une île. Puis, tenez le kamal à plat pour mesurer l'angle horizontal entre les deux côtés (se reporter Figure 13-9). L'angle que vous obtenez avec le kamal est le même que celui que vous obtiendriez en faisant la différence entre les relèvements des deux côtés, mais en général on peut mesurer directement ces petits angles de façon beaucoup plus précise qu'en prenant des relèvements magnétiques sur chacune des faces.

Calculez ensuite votre distance au centre des objets grâce aux formules suivantes.

Distance (en milles) = 60 x [Largeur du but (en milles) / Angle mesuré au kamal (en degrés)]

ou:

Distance (en milles) = Largeur du but (en pieds) / [100 x Angle mesuré au kamal (en degrés)]

Les deux formes de la formule sont équivalentes puisque 1 mille nautique vaut pratiquement exactement 6000 pieds. Cette méthode convient pour le calcul de toutes distances dès l'instant où vous êtes sûrs de la largeur réelle de l'objet mesuré.

Par exemple, j'ai repéré deux pics sur une île vers le sud et qui sont écartés de 6° d'après le kamal. Sur la carte je mesure que ces pics sont distants de 2,5 milles lorsqu'on les voit du nord. Ma distance à ces pics est donc:

(2,5 x 60) / 6 = 25 milles

Avec de la pratique, on peut souvent mesurer des angles horizontaux avec la précision requise en tenant son index à bout de bras et en clignant des yeux (reportez-vous au début du Chapitre 11).

Au fur et à mesure que vous vous rapprochez de la terre, utilisez la même procédure pour déterminer votre distance en mesurant une hauteur angulaire d'un amer au-dessus du niveau de l'eau. Puis, calculez votre distance à cet amer de la façon suivante:

Distance (en milles) = Hauteur du but (en pieds) / [100 x Angle mesuré au kamal (en degrés)]

Néanmoins, pour cette application vous devez être en vue du rivage. Votre résultat ne devrait pas être très supérieur à la racine carrée de votre hauteur d'œil. Debout sur le pont à une hauteur d'œil de 9 pieds, ceci marchera pour des distances de 3 milles environ. Il est possible d'aller un peu au-delà, peut-être jusqu'à 50% de plus, jusqu'à des distances de 5 milles environ. Mais, le résultat sera imprécis jusqu'à ce que vous vous rapprochiez à portée géographique de la côte. Par exemple, d'après mon kamal, je distingue le sommet d'une colline 2° au-dessus de la ligne de côte. D'après la carte, la hauteur de la colline est de 460 pieds de telle sorte que la distance est de:

$$460 / (100 \times 2) = 2{,}3 \ milles$$

On notera que la formule pour les angles verticaux est la même que celle pour les angles horizontaux. Dans les deux cas, pour obtenir la distance (en milles nautiques), on divise simplement la taille de l'objet (en centaines de pieds) par l'angle donné par le kamal (en degrés). Pour le cabotage, l'angle vertical est souvent plus pratique que l'angle horizontal parce que l'objet visé est bien localisé. Les hauteurs des sommets et des phares figurent sur les cartes marines ainsi que dans les *"Pilotes côtiers"* et *"le livre des feux"*.

Evaluation de la distance par doublement du gisement d'un amer

Lorsque que tenez un cap constant le long ou vers une côte, il vous est possible d'évaluer votre distance par rapport à un quelconque amer par la méthode du *doublement du gisement d'un amer*. Cette méthode n'impose pas l'utilisation d'une carte ni une connaissance spéciale de l'amer pris en référence.

Figure 13-10. *Evaluation de la distance à partir de la mesure d'un angle vertical. Utilisez un kamal étalonné ou un sextant pour mesurer l'angle vertical pris du sommet de l'objet jusqu'à la surface de l'eau. Puis, identifiez sur la carte ou votre documentation (Light List…) la hauteur (en pieds) de l'objet et utilisez la formule donnée dans le texte pour calculer la distance. Vous noterez que vous obtiendrez la distance au sommet de l'objet, pas à la côte. Le texte inséré dans la figure et décrivant l'îlot est issu du DMA publication 80, Sailing Directions for the Pacific Islands, Volume III, qui est en désaccord de 2 pieds avec la hauteur du rocher donnée par les cartes. Cette publication a été remplacée par la publication NIMA Publication 126 qui fournit avec moins de détails un opuscule à insérer dans un ancien exemplaire du Sailing Directions, si vous en avez un.*

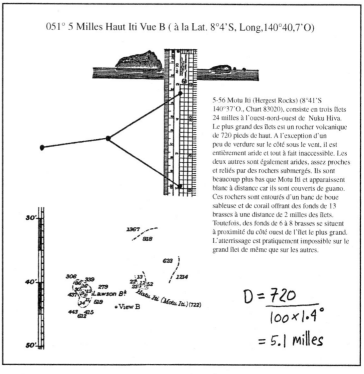

051° 5 Milles Haut Iti Vue B (à la Lat. 8°4'S, Long,140°40,7'O)

5-56 Motu Iti (Hergest Rocks) (8°41'S 140°37'O., Chart 83020), consiste en trois îlets 24 milles à l'ouest-nord-ouest de Nuku Hiva. Le plus grand des îlets est un rocher volcanique de 720 pieds de haut. A l'exception d'un peu de verdure sur le côté sous le vent, il est entièrement aride et tout à fait inaccessible. Les deux autres sont également arides, assez proches et reliés par des rochers submergés. Ils sont beaucoup plus bas que Motu Iti et apparaissent blanc à distance car ils sont couverts de guano. Ces rochers sont entourés d'un banc de boue sableuse et de corail offrant des fonds de 13 brasses à une distance de 2 milles des îlets. Toutefois, des fonds de 6 à 8 brasses se situent à proximité du côté ouest de l'îlet le plus grand. L'atterrissage est pratiquement impossible sur le grand îlet de même que sur les autres.

$$D = \frac{720}{100 \times 1.4°} = 5.1 \ milles$$

Notez d'abord l'angle que l'amer fait avec votre route (l'angle par rapport à la ligne de foi), et puis enregistrez la distance que vous devez parcourir sur votre route pour que cet angle double. Votre distance par rapport à l'amer est alors égale à la distance que vous avez dû parcourir pour doubler l'angle. Par exemple, je remarque qu'un rocher proéminent se situe par 30° bâbord de ma proue lorsque je commence à mesurer la distance parcourue (ce pourrait être le cas si je faisais route au 270° et que le relèvement du rocher était au 240°). Lorsque le rocher a reculé jusqu'à un angle de 60° de ma proue côté bâbord (relèvement 210°), je calcule que j'ai parcouru 2 milles. Je me situe donc maintenant à 2 milles du rocher. En navigation ordinaire avec un compas d'habitacle, il est souvent pratique de faire cette mesure en utilisant les repères du compas à 045° et 090°. Observant par dessus l'axe central tout en naviguant le long d'une côte, il est possible d'obtenir des distances à la côte sans quitter la barre.

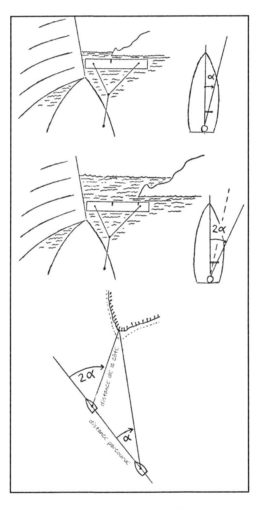

Figure 13-11. *Doublement du gisement. Evaluez le gisement d'un point remarquable (haut) puis maintenez une route rectiligne jusqu'à ce que cet angle ait doublé (milieu). La distance vous séparant de l'amer sera alors égale à la distance que vous avez parcourue pour doubler l'angle (bas). Ici, le gisement est évalué avec un kamal, mais un compas portable ou même un morceau de papier plié marcherait tout aussi bien. Souvenez-vous que ce sont des angles relatifs. Un kamal utilisé de cette façon n'est pas approprié à la mesure numérique absolue d'angles de cette taille.*

Sans compas, il vous faut improviser des moyens de mesure angulaire. N'importe quel type de rose des caps improvisée fera l'affaire. De même, vous pouvez utiliser un morceau de papier plié puisqu'il ne vous est même pas nécessaire de connaître la valeur de l'angle, mais juste que vous l'avez doublé. Il existe de nombreuses façons d'improviser (référez-vous à la Figure 13-11). Un avantage évident de cette méthode est que vous pouvez calculer votre distance vers n'importe quel amer, sans aucune carte de la zone. Néanmoins, vous devez être suffisamment proche de la terre pour que la variation angulaire du relèvement vers l'amer soit raisonnablement rapide vis-à-vis des courants prévus dans la zone. L'erreur inhérente à cette méthode est très grossièrement égale à votre erreur d'estime durant la totalité de la mesure. Si on prend par exemple une durée de 1 heure dans un courant de 1 nœud, votre position sera fausse d'une valeur d'environ 1 mille. Si doubler le gisement nécessite trop de temps, vous pouvez appliquer la méthode de transport de la ligne de position (discutée dans la section suivante) à partir d'un amer visible, ce qui ne nécessite pas de carte non plus.

13.4 Positionnement à l'aide de relèvements radio successifs

Sans instrument et dans le brouillard, rares sont les aides à votre disposition pour vous orienter, à l'exception peut-être de relèvements radio effectués à l'aide d'une radio AM. Vous ne saurez pas nécessairement où l'antenne radio se situe, mais vous pourrez toutefois suivre l'évolution de votre position relativement à l'antenne. Vous devez toutefois être proche de l'antenne pour que les relèvements changent dans un laps de temps raisonnable relativement aux incertitudes liées aux courants locaux. De même, la station doit se trouver ailleurs que droit devant, sauf à altérer votre route pour utiliser cette méthode afin d'évaluer votre distance vers l'antenne si nécessaire.

Dans le brouillard et sans compas, il vous faut pouvoir maintenir un cap constant comme discuté au Chapitre 8. Par brouillard marin, il est probable qu'un vent constant en direction pourra vous aider. Par brouillard de rayonnement, le vent peut être suffisamment calme pour vous permettre d'utiliser une ligne de traîne. L'utilité de cette méthode n'est cependant pas limitée à ces conditions météo. Il vous est possible de recevoir des émissions AM à une grande distance de toute côte.

Déterminez tout d'abord le gisement de la station d'émission AM en utilisant les procédures décrites dans la section Trouver une Direction avec une Radio Portative du Chapitre 8. Il vous est possible d'utiliser des relèvements réels si vous en disposez, mais ceci n'est pas indispensable. Tenez alors un cap constant et notez la distance parcourue jusqu'à ce que le gisement ou le relèvement radio change de 15° ou plus (pour être utilisable cette méthode nécessite un bon zéro). Selon toute vraisemblance vous ferez route vers la terre de telle sorte que le gisement ou le relèvement devrait se situer plus sur l'arrière au fur et à mesure que vous faites route. Si ce n'est pas le cas, vous venez certainement d'apprendre quelque chose d'important. A l'aide des deux gisements ou relèvements successifs et de la distance parcourue durant l'intervalle, il vous est possible de déterminer graphiquement (Figure 13-12) la distance vous séparant de l'antenne AM.

Tirez un trait pour représenter votre route et tracez le premier gisement ou relèvement. Puis, à une distance arbitraire le long du tracé de votre route, tracez le deuxième gisement ou relèvement. L'ensemble de ces trois tracés forme un triangle. L'antenne, de position inconnue, se situe à l'intersection des tracés des gisements ou relèvements radio. L'angle du triangle formé par cette intersection est égal à la différence entre les deux gisements ou relèvements. La distance vous séparant de l'antenne correspond

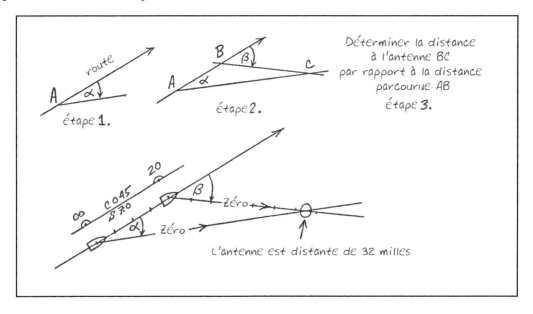

Figure 13-12. *Transport d'une ligne de position par relèvements radio sans carte. Etape 1: Tracez votre route à une distance estimée de l'antenne puis tracez le premier angle correspondant au gisement de l'antenne obtenu à partir de la direction de réception nulle (zéro). Etape 2: En un point B quelconque, tracez un second angle correspondant au deuxième gisement de l'antenne. Un triangle devrait apparaître sur le tracé. Etape 3: Déterminez la distance vous séparant de l'antenne, qui est égale à la distance parcourue comme montré sur le schéma. L'angle de l'intersection des deux gisements sur le point figurant l'antenne détermine la qualité du point. Il est souvent difficile d'obtenir des relèvements radio précis, rendant nécessaire de parcourir une distance notable pour déterminer un angle d'intersection suffisamment grand pour être utilisable. Autrement dit, si l'antenne est très éloignée vous n'obtiendrez qu'un point très approximatif. Cette procédure est une généralisation de la méthode du doublement du gisement d'un amer de la Figure 13-11. Elle n'impose pas de devoir parcourir la totalité de la distance nécessaire au doublement du gisement pour déterminer la distance vous séparant de l'antenne émettrice.*

à la longueur du segment (BC sur le Figure 13-12) que vous venez de tracer pour refermer le triangle. Pour en connaître la valeur, utilisez le facteur d'échelle déterminé par votre distance parcourue sur votre route entre les deux relevés (les deux gisements ou relèvements). Avec cette procédure il vous est possible de suivre votre mouvement par rapport à l'antenne. C'est une technique potentiellement très puissante dans certaines régions côtières ou au voisinage d'archipels où de nombreuses stations AM sont disponibles. Par exemple, cela pourrait vous permettre de localiser votre position lorsque vous arrivez en vue d'une côte mais encore trop loin au large pour obtenir de bons relevés visuels.

13.5 Tracé de la route prenant en compte le courant

Nous avons discuté des corrections de courant à apporter à l'estime en navigation océanique dans la section Erreurs d'Estime Dues au Courant et à la Dérive du Chapitre 10. Bien qu'il y ait des exceptions notables, les courants sont généralement plus forts dans les eaux côtières, rendant votre navigation dans ces dernières plus critique. Par exemple, si en raison de courants que vous avez mal évalués, vous dépassez l'entrée d'un chenal insulaire soumis à de forts vents d'alizés, vous pouvez vous retrouver avec un gros problème sur les bras pour rebrousser chemin. Au milieu de l'océan on peut s'en tirer en corrigeant la route au quotidien. Mais, en navigation côtière vous pouvez avoir besoin immédiatement d'une route corrigée pour suivre un cap réel donné. Bien que ces deux questions ne soient pas strictement de même nature, la correction que vous appliquez dans un courant pour maintenir une route donnée n'est pas toujours égale à la *dérive* que vous subissez si n'apportez aucune correction. Elles sont néanmoins très proches dans la plupart des cas. Considérant toutes les incertitudes possibles, vous pouvez utiliser la même solution dans les deux cas.

Nous appellerons "dérive" l'angle selon lequel vous dérivez si vous ne faites rien, ou la correction de dérive que vous devriez appliquer dans un courant pour suivre un cap constant donné. Pour déterminer cet angle, il vous est nécessaire d'apprécier la vitesse de l'eau (*courant*) et votre vitesse propre dans l'eau (*vitesse*). La dérive dépend alors de votre angle de pénétration dans le courant. Soit votre route coupe le courant à 90°, en plein par le travers ; soit elle coupe le courant en biais avec le courant sur le quart arrière ou le quart avant, suivant le cas (reportez-vous à la Figure 13-13). Les résultats sont faciles à calculer sans tracé. Pour un courant par le travers :

$$Dérive = (Courant \: / \: Vitesse) \: x \: 60°$$

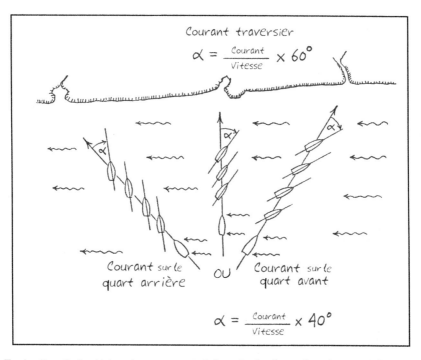

Figure 13-13. *Evaluation de la dérive due au courant. Les évaluations données sont des approximations de la solution vectorielle exacte. Ces approximations pratiques sont plus que suffisantes dans la plupart des cas car on connaît rarement la force et la direction du courant suffisamment bien pour faire beaucoup mieux. Avec le courant sur le travers avant, la vitesse du bateau est ralentie d'une valeur grossièrement égale aux trois quarts de la vitesse du courant, ce qui est à peu près ce que vous gagnez avec le courant sur l'arrière. Cette évaluation de l'angle de dérive suppose que la vitesse du bateau soit au moins deux ou trois fois plus grande que la vitesse du courant.*

Pour un courant par le quart avant ou le quart arrière:

$$Dérive = (Courant / Vitesse) \times 40°$$

C'est une solution simplifiée d'un problème vectoriel. Mais, on connaît rarement suffisamment bien la force et la direction du courant pour rechercher une solution plus précise. Vous noterez qu'un courant sur votre quart avant ou votre quart arrière modifie votre direction de la même valeur. Seule diffère l'impact sur votre vitesse. Un courant sur le quart avant vous ralentit, alors qu'un courant sur le quart arrière vous accélère.

Supposons, par exemple, que ma vitesse est d'environ 5 nœuds sur l'eau dans la direction souhaitée. Par ailleurs, à l'approche de la terre, je prévois d'entrer dans un courant d'à peu près 2 noeuds sur mon quart bâbord avant.

Ma dérive sera d'environ:

$$(2 / 5) \times 40° = 16°$$

Si je ne fais rien, je vais dériver vers la droite d'à peu près 16°. Si le vent le permet, je peux envisager de remonter le courant en altérant mon cap sur bâbord de 16°, me permettant de conserver ma route fond initiale. Vous noterez que cette approximation concernant l'angle de dérive ne fonctionne correctement que pour des vitesses de courant ne dépassant pas les trois quarts de la vitesse du bateau.

14

Que faire avec ce dont vous disposez ?

Jusqu'ici nous avons étudié la navigation d'urgence en utilisant pratiquement aucune des aides conventionnelles. Une montre et des tables de lever-coucher du soleil sont les seuls éléments spécifiques dont nous avons tiré avantage. Dans la plupart des cas, si des aides complémentaires sont disponibles, leurs valeurs ajoutées sont évidentes. Par exemple, un sextant améliore considérablement la possibilité de s'orienter et de se positionner, même en l'absence de tables et autres outils habituels. De même, des éphémérides permettent une plus grande utilisation de la voûte céleste afin d'orientation et de positionnement.

Ne disposer que d'une seule aide spécifique est une chose. En perdre une seule en est une autre. Cependant, avec un peu de travail, on peut souvent se passer de l'un ou l'autre des outils considérés comme vitaux, sans perdre beaucoup de précision ou d'efficacité en navigation. Ces procédures de fortune sont faciles à mettre en œuvre si vous êtes familier avec les méthodes de navigation d'urgence étudiées jusqu'ici. Les navigateurs qui ne le sont pas apprendront que les éphémérides sont l'aide dont il est le plus difficile de se passer. Ceci est d'autant plus important que les éphémérides sont certainement l'objet dont la probabilité d'avoir un exemplaire de secours est la plus faible. Néanmoins, il existe maintenant des éphémérides "longue durée" très pratiques, aussi bien sous forme papier, qu'électronique. (Reportez-vous à la section Ephémérides de la bibliographie).

14.1 Navigation classique avec tout le matériel requis

En ce qui concerne la navigation astronomique, "tout avoir" veut essentiellement dire avoir :

• *un compas*

• *un sextant*

• *l'heure GMT (UTC)*

• *les éphémérides nautiques de l'année en cours*

• *des tables de calcul comme les H.O 229 ou 249 ou, pour les navigateurs Français, les tables de Dieumegard et Bataille, plus concises*

• *des canevas de tracés universels (canevas de Mercator)*

• *des instruments de tracés (règles parallèles ou règle Cras, compas, rapporteurs, crayons, gomme, cahier)*

Un cherche étoile 2102-D (ou son équivalent Britannique, N.P.323) est un outil extrêmement précieux, tant en navigation classique que d'urgence, tout en n'étant pas strictement indispensable.

Un ensemble de secours complet non électronique pourrait inclure les objets ci-dessous également présentés en Figure 1-2.

• *Un compas de secours*
• *deux montres à quartz (garanties étanches)*
• *un sextant Davis Mark III en plastique*
• *des éphémérides "longue durée" comprenant des tables de calcul concises*
• *quelques canevas de tracés universels*
• *des instruments de tracés (règles parallèles, compas, rapporteurs, crayons, gomme, cahier)*
• *des cartes*

Figure 14-1. *Erreurs d'estime reportées sur un canevas de Mercator. Le point astronomique correspondant à l'entrée 942 du journal se situe à 12 milles à l'est de la position estimée. C'est une bonne habitude que de reporter ces erreurs d'estime sur la feuille de tracé. Une façon pratique de faire ressortir cette information importante consiste à tracer une flèche rouge reliant la position estimée à celle du point astronomique. Ce tracé des positions estimées correspond au journal de bord dupliqué en Figure 14-2.*

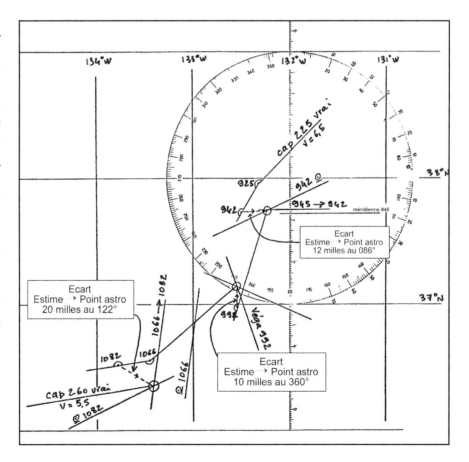

Loch	Heure/Date	Position (°-')	Type de point	Erreur de l'estime/point distance (milles) et cap	Temps passé depuis le dernier point	Courant virtuel (noeuds)	Vitesse moyenne (noeuds)	Milles enregistrés	Pourcentage d'erreur d'estime
0075	0400/4	48-23, 124-45	relèvements						
0272	0900/5	46-00, 128-10	Transport de droite de soleil sur droite de Vénus	11 au 215	29.0	0.4	6.8	197	6
0480	1530/6	44-04, 131-11	Transport de droite de soleil	17 au 012	30.5	0.6	6.8	208	8
0634	1400/7	41-38, 132-03	Transport de droite de soleil	07 au 300	22.5	0.3	6.8	154	5
0789	1330/8	39-02, 130-55	Transport de droite de soleil	30 au 095	23.5	1.3	6.6	155	19
0942	1330/9	37-45, 133-14	Transport de droite de soleil	12 au 086	24.0	0.5	6.4	153	8
0992	2130/9	37-09, 132-32	Droites de Véga et de Jupiter	10 au 360	8.0	1.3	6.3	050	20
1082	1400/10	36-22, 133-24	Transport de droite de soleil	20 au 122	16.5	1.2	5.5	090	22
1161	0530/11	35-17, 133-48	Droites de Vénus et de deux étoiles (non nommées)	19 au 084	15.5	1.2	5.1	079	24
1181	1100/11	34-58, 133-55	Droites de soleil et de lune	02 au 280	5.0	0.4	3.6	020	10
1285	1600/12	34-08, 135-12	Transport de droite de soleil	07 au 035	29.0	0.2	3.6	104	7
0364	0600/13	33-15, 136-16	Droite de lune et de Vénus	15 au 122	14.0	1.1	5.6	079	19
1412	1700/13	32-28, 136-13	Transport de droite de soleil	06 au 110	11.0	0.5	4.4	048	13
1696	0930/15	29-56, 139-54	Transport de droite de soleil sur droite de lune	28 au 320	40.5	0.7	7.0	284	10
1730	1330/15	29-30, 140-23	Transport de droite de soleil	07 au 162	4.0	1.8	8.5	034	21

Figure 14-2. *Extrait d'un journal de bord montrant les erreurs d'estime dues à un "courant virtuel". Par exemple, le point correspondant à l'entrée 942 a été effectué 24 heures après le point précédent. Durant ce laps de temps, l'estime s'est entachée d'une erreur de 12 milles, ce qui signifie qu'il y a eu une erreur équivalente à un courant virtuel de 0,5 nœuds vers l'est pendant ce trajet. Ce "courant virtuel" peut avoir n'importe quelle origine, y compris des erreurs dans les entrées du journal de bord ou des erreurs de calcul des points eux-mêmes. A moins que les courants océaniques ne soient intenses, il est peu probable que ces "courants virtuels" soient le reflet d'un réel mouvement de l'eau. Cette correction de l'estime de 12 milles a été identifiée après avoir navigué 153 milles, ce qui correspond à une erreur d'estime de 8% dans la terminologie utilisée dans le texte. Il y a d'autres paramètres reportés dans le journal de navigation, mais ne figurant pas ici, tels que le cap, la vitesse, la vitesse et la direction du vent, la pression atmosphérique, les conditions de mer, la vitesse au fond, le type de voilure adopté…*

Ce kit de secours vous emmènera partout où vos équipements habituels vous emmènent, exigeant cependant plus de travail de votre part. Par exemple, le sextant à vernier en plastique est petit et léger, mais il n'est ni aussi précis ni aussi facile d'utilisation qu'un sextant métallique de qualité. De même, la procédure de calcul utilisant les tables compactes inclues dans les éphémérides "longue durée" est plus compliquée que celle basée sur les publications H.O 249 ou H.O 229 ainsi que sur les éphémérides nautiques annuelles.

Toutefois, que ce soit en navigation dans des conditions normales ou de secours, ce n'est pas le style des équipements qui compte mais ce que vous en faites. Même si votre système de secours électronique principal comprenant, un GPS, un radio téléphone satellite ainsi qu'un stock de piles, est opérationnel, les procédures classiques de navigation au large sont les mêmes. Et, à l'évidence, il est quand même nécessaire de disposer d'un nécessaire de navigation astronomique de secours. Aucun progrès prévisible dans le domaine de l'électronique ne changera quoi que ce soit à cela.

Quels que soient les autres aides ou systèmes que vous utilisez par ailleurs, l'objectif principal de la navigation devrait être de toujours avoir une position estimée précise. La raison en est simple. En mer, dans un petit bateau, même les meilleurs systèmes GPS ne sont pas fiables à 100%. Par ailleurs, il est impossible de faire des points astronomiques quand le ciel ou l'horizon sont bouchés. En conséquence, Il est fort possible que vous ayez à naviguer à l'estime uniquement. Pour être totalement autonome, vous devez être capable de préparer un atterrage uniquement au moyen de l'estime et de relèvements radio. Pour obtenir une estime précise, il faut tenir de façon exacte le livre de bord en notant les changements de route et de vitesse afin de comparer soigneusement tous les jours votre position estimée avec celle obtenue par les points astronomiques ou électroniques. Une façon pratique de faire ce contrôle consiste à convertir la différence entre chaque point et la position estimée en un effet de "courant virtuel", en divisant la distance entre les deux positions par le temps écoulé depuis le dernier point. Tenez alors de façon séparée un journal de ces erreurs de "courant virtuel" ainsi que des vents dominants (reportez-vous Figure 14-1). Pour évaluer votre position estimée et anticiper la suite de votre navigation, il vous faut estimer votre taux de dérive dans des conditions de vent spécifiques.

Par exemple, si votre estime vous situe à 26 milles au sud-ouest de votre point électronique ou astronomique, et que le dernier point a été établi 13 heures plus tôt, alors la somme des erreurs est équivalente à un "courant virtuel" de 2 nœuds vers le sud-ouest. Ce "courant virtuel" peut être dû à un vrai courant, à des erreurs instrumentales ou juste une erreur de saisie dans le journal. En effectuant ce contrôle régulièrement, vous pourrez repérer très tôt toute erreur logique provenant d'un loch ou d'un compas défectueux. De même pour les erreurs de saisies dans le journal de bord. Dans des conditions météorologiques difficiles, souvenez-vous des nombreux facteurs "invisibles" impactant votre progression et décrits dans la section "Progresser contre le vent" du Chapitre 10. Toutefois, en toutes conditions, cette procédure montre très clairement quelle serait la précision de votre estime seule, si c'était votre unique moyen de navigation. Un exemple de journal de bord est donné en Figure 14-2.

S'il apparaît que ce "courant virtuel" est sensiblement le même d'un jour à l'autre, il devient possible de le prendre en compte dans la prochaine estime, même si vous n'êtes pas certain de son origine. D'un autre côté, si la vitesse de ce "courant virtuel" se situe aux environs de un nœud et d'une direction aléatoire, après deux jours de navigation à l'estime pure vous pourrez tabler sur une erreur de 48 milles, mais probablement pas beaucoup plus. Ce, même sur des durées plus longues et à condition que la direction de ce "courant virtuel" soit vraiment aléatoire (reportez-vous aux Figures 14-3 et 14-4).

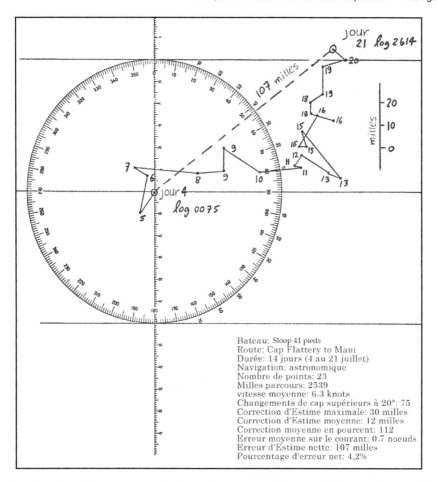

Bateau: Sloop 41 pieds
Route: Cap Flattery to Maui
Durée: 14 jours (4 au 21 juillet)
Navigation: astronomique
Nombre de points: 23
Milles parcours: 2539
vitesse moyenne: 6,3 knots
Changements de cap supérieurs à 20°: 75
Correction d'Estime maximale: 30 milles
Correction d'Estime moyenne: 12 milles
Correction moyenne en pourcent: 112
Erreur moyenne sur le courant: 0,7 noeuds
Erreur d'Estime nette: 107 milles
Pourcentage d'erreur net: 4,2%

Figure 14-3. *Tracé vectoriel des erreurs d'estime. Les erreurs d'estime listées en Figure 14-2 sont tracées séquentiellement ici pour montrer la façon dont le bateau se serait écarté progressivement de sa route si des corrections n'avaient pas été appliquées. Si aucun point astronomique n'avait été fait durant ce voyage, le bateau se serait retrouvé à 107 milles de sa position estimée au niveau de la ligne 2614 du journal de bord. Toutefois, dans cet exemple particulier, il n'aurait pas dérivé de sa route car, par chance, les erreurs cumulées ont maintenu le bateau très proche de sa route réelle à ce moment. On notera que bien que la moyenne des erreurs se monte à 11% (en prenant en compte la distance parcourue durant chaque tronçon), l'erreur nette n'est que de 4,2%. Ce qui démontre la tendance qu'ont les erreurs d'estime à s'annuler sur une grande distance. Ceci est également dû en partie à l'imprécision des points astronomiques. Plus spectaculaire en est la démonstration de cette tendance lors d'un autre voyage en Figure 14-4. L'erreur de "courant virtuel" moyen a été de 0,7 nœuds (en tenant compte du temps passé sur chaque tronçon), ce qui est quelque peu supérieur aux valeurs habituelles pour un voilier pour lequel une estime rigoureuse fut tenue. Le régime des vents fut erratique lors de ce voyage.*

L'usage généralisé du GPS pour la navigation au large s'accompagne d'une tendance à ignorer les bases de la navigation. Grande est la tentation de naviguer en vous contentant d'entrer les points électroniques dans le journal de bord toutes les deux ou trois heures. Ceci est une pratique dangereuse. En effet, sauf si l'électronique du bord enregistre les changements de cap compas et les distances parcourues, ce qui nécessite un équipement plus sophistiqué et inhabituel, vous n'apprenez rien sur la précision de votre estime. Par ailleurs, si l'électronique défaille à ce moment, vous devrez recourir à la navigation classique réelle, sans aucune donnée récente sur les instruments du bord et sans équipage

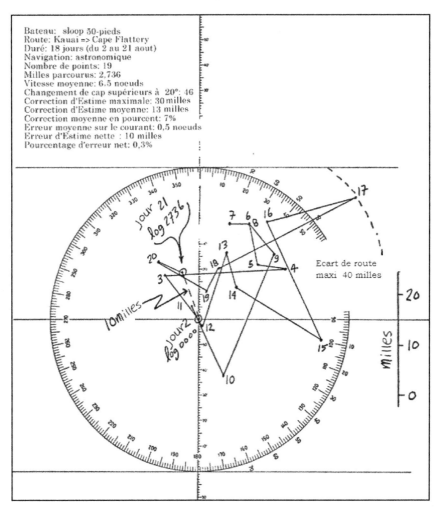

Bateau: sloop 50-pieds
Route: Kauai => Cape Flattery
Duré: 18 jours (du 2 au 21 aout)
Navigation: astronomique
Nombre de points: 19
Milles parcourus: 2,736
Vitesse moyenne: 6,5 noeuds
Changement de cap supérieurs à 20°: 46
Correction d'Estime maximale: 30 milles
Correction d'Estime moyenne: 13 milles
Correction moyenne en pourcent: 7%
Erreur moyenne sur le courant: 0,5 noeuds
Erreur d'Estime nette : 10 milles
Pourcentage d'erreur net: 0,3%

Figure 14-4. *Autre tracé vectoriel des erreurs d'estime. Ici les erreurs d'estime s'annulent pratiquement complètement. C'est en partie dû à la chance, mais pas totalement. Les prévisions de courants sur cette route s'annulent pratiquement. De telle sorte qu'on ne s'attendait pas à ce qu'ils contribuent d'une façon ou d'une autre à la navigation. Mais, plus important, le loch et le compas du bateau étaient exacts et un journal de navigation était rigoureusement tenu. Tout changement de route confirmé de plus de 5° a été noté. Ainsi les 46 changements notés ci-dessus reflètent seulement le nombre de fois où la route à changé de 20° ou plus, soit d'un coup, ou soit à la suite de plusieurs changements de 5°. Mais même avec tout ce soin, des corrections allant jusqu'à 30 milles ont dû être appliquées, bien que quelques unes de ces corrections les plus importantes aient fait suite à des trajets dans des conditions orageuses continues, associées à des vents établis de 30 à 35 nœuds.*

rompu à la tenue d'un journal de bord. Tout ceci probablement depuis une position inconnue. Pour faire court, votre situation va empirer avant de s'améliorer.

Un autre point de procédure important dans la préparation aux situations d'urgence est la façon de conserver l'heure. Le mieux consiste à naviguer à l'aide de la montre que vous portez au poignet et d'utiliser la radio chaque jour pour vérifier et noter sa marche dans un journal dédié, sans la remettre à l'heure. Ainsi, si vous ne pouvez plus capter les signaux horaires à la radio ou si votre GPS tombe en panne, vous aurez toujours une montre avec une erreur de marche connue. Mettre sa montre à l'heure de façon régulière à l'aide des signaux radio ou utiliser un chronomètre et des signaux radio pour chronométrer les points astronomiques est dangereux car vous perdrez la connaissance précise de l'heure GMT (UTC) en cas de panne de votre récepteur radio. Avec une montre dont vous connaissez parfaitement la marche vous pouvez toujours calculer l'heure GMT (UTC). Ceci où que vous soyez et quelles que soient les autres aides que vous pourriez avoir perdues. Dès lors que l'on envisage une longue traversée, l'heure GMT (UTC) est sans aucun doute l'information la plus précieuse.

Lorsque l'on navigue avec un GPS fonctionnant correctement, des saisies fréquentes dans le journal de bord de données relatives à la route fond, la vitesse fond ainsi que le cap compas et le loch, fourniront des vérifications précieuses sur la dérive effective, la détection de courant et l'étalonnage des instruments. Ce qu'il faut retenir principalement ici, c'est qu'il faut pratiquer la navigation à l'estime pour pouvoir en évaluer la qualité. Lorsque vous disposez d'un GPS, il vous est possible d'accéder à la précision de votre estime. Considérez comme un défi de faire de votre mieux pendant quelques heures ou quelques jours. C'est la plus précieuse des préparations à toutes formes d'urgences en navigation.

14.2 Le point par contact radio

Avec un émetteur récepteur ou téléphone inmarsat permettant des liaisons vers la terre ou d'autres bateaux, on n'est virtuellement jamais perdu. Un navire en vue peut vous communiquer votre position. Même complètement hors de vue, un navire ou une station radio à terre peut vous aider à établir précisément votre position. Si vous êtes hors de vue mais toujours en contact VHF, cela vous permet d'en savoir beaucoup sur votre position en ne vous basant que sur les signaux radio. La portée des signaux VHF est grosso modo limitée à la portée visuelle ou à la portée géographique entre les deux antennes. Pour estimer la distance maximale vous séparant de l'antenne, vous pouvez utiliser la formule de la portée géographique donnée dans la section La portée visuelle des phares et de la terre du Chapitre 13, avec H égal à la hauteur de l'antenne du contact (fournie par le contact) et h égal à la hauteur de votre propre antenne. L'intensité et la clarté du signal reçu sont également une indication de la distance vous séparant de cet émetteur.

De plus, en cas d'urgence, les Gardes-côtes peuvent localiser un émetteur par radio localisation de l'antenne émettrice (Radio Direction Finding en anglais). Ceci peut être réalisé sur n'importe quelle fréquence marine, VHF pour les communications à courtes portées ou bande latérale unique (BLU) pour les communications à grandes distances. Toutefois, ce service ne doit être utilisé qu'en cas d'urgence réelle car il peut exiger la coordination coûteuse de nombreux moyens terrestres, maritimes et aériens. Si vous êtes perdus mais pas en danger, il y a, au préalable, d'autres actions à entreprendre.

Tout d'abord, il vous est possible d'obtenir l'heure GMT (UTC) si vous êtes en contact radio. On peut même vous fournir l'Equation du Temps pour la date précise et vous pouvez en tirer votre longitude grâce à l'heure de la méridienne (reportez-vous à la section Longitude à partir de la Méridienne du Chapitre 12). Votre contact peut même vous renseigner sur votre latitude approximative d'après votre observation de la longueur du jour si vous ne disposez pas vous-même des tables de lever-coucher du soleil. De même, votre contact peut vous donner votre latitude approximative en recherchant les déclinaisons des étoiles zénithales que vous pouvez observer. Même si vous n'avez pas de montre, vous pouvez donner en temps réel, à votre contact, vos observations de lever ou coucher du soleil à partir desquelles votre longitude peut être déterminée. Toutefois, lorsque vous demandez ce type d'aide, il vous faut savoir exactement ce que vous voulez, car il est peu probable que les opérateurs

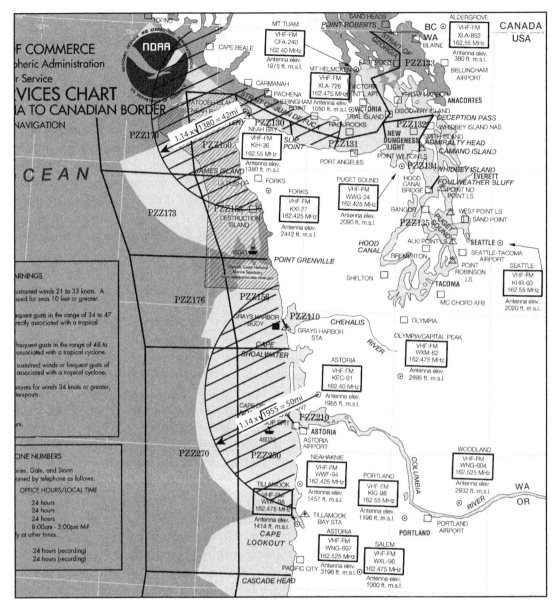

Figure 14-5. *Section d'une carte du Marine Service. Treize cartes couvrent toutes les eaux appartenant aux Etats-Unis. Y figure la liste de toutes les stations météorologiques y compris la position des antennes de diffusion ainsi que leurs hauteurs. Il vous est possible de calculer la portée radio en milles de chaque station séparément en utilisant la formule 1,14 x √h (h=hauteur de l'antenne en pieds). Par exemple, si vous pouvez recevoir les bulletins de KEC-91 il est alors probable que vous êtes dans la zone hachurée centrée sur cette station. Si le signal est fort vous êtes probablement en plein dedans. Si la réception est hachée, perturbée, vous êtes probablement en limite de réception. Deux exemples ont été matérialisés sur cette carte par des zones hachurées. Vous noterez que le long de cette côte, entre ces deux stations, vous ne pourrez certainement capter que les émissions de KXI-27 de Forks, état de Washington. Cette carte (MSC-10) couvre la région de Point St George en Californie jusqu'à la frontière Canadienne. La carte équivalente pour les eaux d'Hawaii est d'une aide tout spécialement précieuse car elle inclue les modèles des vents en surface autour des îles. Ces cartes sont maintenant disponibles en ligne pour un accès rapide. Par ailleurs, le référencement graphique employé pour décrire les zones de prévision (par exemple PZZ173) est également utilisé pour les transmissions NAVTEX ainsi que des bulletins vocaux.*

radio, ou même les skippers d'autres navires soient familiers de ces procédures spéciales de navigation astronomique. D'ailleurs, si vous-même connaissez ces principes, vous serez préparé à aider des marins en difficulté si vous deviez recevoir un appel de détresse de ce type. Cet appel radio devrait être un Pan-Pan et non un Mayday.

Dès que vous avez déterminé une position approximative, recherchez tout trafic dans la zone qui pourrait être à même de préciser cette position par contact radio. Certaines radios VHF intègrent un module de radio localisation. A l'aide de tels systèmes vous pouvez faire du "homing" vers un autre bateau soit même obtenir des relèvements d'antennes côtières utilisées pour la transmission des bulletins météorologiques (leurs positions et leurs hauteurs figurent sur les cartes du NOAA Marine Service dont un exemple cst donné en Figure 14-5).

14.3 Tout sauf l'heure GMT (UTC)

"Tout sauf l'heure GMT" signifie que vous disposez d'une montre fonctionnant parfaitement mais que vous n'en connaissez pas l'erreur de marche. Par ailleurs, vous disposez de tous les articles de la liste cités plus haut dans "tout le matériel". Dans les lignes qui suivent nous expliquons comment déterminer l'erreur de marche de la montre pour revenir à une situation nominale :"tout le matériel". Ce processus exige, néanmoins, un peu de travail. Il est important de se souvenir que même sans l'heure précise il est toujours possible de déterminer précisément la latitude. La latitude n'implique pas de disposer d'une référence de temps précise. A partir de vos éphémérides, la simple connaissance de la date vous fournira la déclinaison du soleil avec une précision de quelques dixièmes de minutes au pire. Ensuite, point n'est besoin de vous appuyer sur une prise de hauteur méridienne. Prenez seulement une série de hauteurs d'étoiles ou bien effectuez un transport de droite de hauteur du soleil. Utilisez ensuite la valeur de temps relative donnée par votre montre pour calculer et tracer un point. La latitude sera correcte, et la longitude fausse d'exactement l'erreur de marche de votre montre. Celle-ci convertie en degré de longitude au taux de 15 minutes de longitude pour chaque minute d'erreur sur l'heure, ou encore 1' de longitude pour 4 secondes d'erreur sur l'heure.

L'erreur de longitude sera vers l'ouest si votre montre avance et vers l'est si elle retarde. Explication : Supposons que vous prenez une hauteur méridienne du soleil et déterminez que le soleil est plein sud à 14h00 GMT (UTC). Puis, à partir des éphémérides vous extrayez l'angle horaire à Greenwich (GHA) du soleil à cette heure et déterminez classiquement votre longitude. Supposons que vous déterminez que GHA est 100° Ouest. Mais, votre montre avance d'une heure, de telle sorte que l'heure réelle de votre méridienne était 13h00. L'angle horaire (GHA) réel du soleil au moment de votre visée était donc de 75°W (puisque tous les corps célestes se déplacent de 15° de longitude par heure). Ainsi, l'avance horaire de votre montre induisait une position plus à l'ouest qu'en réalité.

L'heure GMT (UTC) peut être considérée, à juste titre, comme l'aide non physique la plus vitale à la navigation astronomique. Mais avec de la pratique, plus de travail, et une perte de précision sur la longitude, il est possible de s'en passer si tout le reste est à votre disposition. Pour faire simple, un navigateur bien équipé et expérimenté en navigation astronomique peut tout à fait trouver sa longitude sans disposer de l'heure GMT (UTC). Ceci permet en retour d'obtenir l'erreur de marche de la montre, utile pour d'autres applications. Même en disposant de l'heure GMT (UTC), connaitre et pratiquer ces techniques de détermination de la longitude sans l'heure GMT (UTC) vous donnera confiance et fera de vous un navigateur plus polyvalent.

Il est peu probable qu'un bateau bien préparé se retrouve sans l'heure GMT (UTC) tout en disposant de tout le reste. Cependant, des choses plus incompréhensibles sont déjà arrivées en mer. Au besoin, souvenez-vous que votre GPS vous donne l'heure GMT (UTC) chaque fois qu'il est en liaison avec un satellite. Entre ces occurrences ou si pour une quelconque raison il est reste inutilisé, ce n'est qu'une montre digitale à quartz avec une erreur de marche pouvant varier de 1 à 15 secondes par mois).

Il existe plusieurs méthodes pour trouver la longitude sans l'heure GMT (UTC). La vertu première de la méthode appelée hauteurs de lune est que les astro-navigateurs savent déjà la pratiquer, sans le savoir. Cela ne nécessite qu'un équipement standard et des procédures de navigation astronomique classiques.

La méthode historique la plus connue de détermination de la longitude par la lune (appelée *méthode des distances lunaires*) n'est plus très pratiquée de nos jours en dehors d'un cercle de fanatiques qui, non seulement maintiennent cette méthode en vie, mais travaillent également à la perfectionner. L'inconvénient principal de la méthode standard des distances lunaires est qu'elle nécessite des tables spéciales ou des calculs par ordinateur, associés à des techniques particulières de visée. Toutefois, avec cette préparation spéciale et un peu d'entraînement pratique à la visée au sextant, la méthode des distances lunaires est plus polyvalente et plus précise que la méthode des hauteurs de lune. Pour vous familiariser rapidement à la méthode des distances lunaires, lisez l'ouvrage de John Letcher. D'autres références listées dans la section Trouver la Longitude sans l'Heure de la bibliographie sont plus fouillées. Néanmoins, pour une préparation aux situations d'urgence, la méthode des hauteurs de lune est un choix plus judicieux. Elle est plus facile à apprendre et ne nécessite aucune mesure ou procédure spécifique. La lune est le seul objet qui se déplace suffisamment vite dans la voûte céleste, permettant d'utiliser sa position pour déterminer l'heure. La procédure exige seulement que la lune soit dans le quart est ou ouest pendant le crépuscule ou l'aube, ce qui est assez courant. Si ce n'est pas le cas il faut attendre quelques jours pour être dans cette configuration. Plus la lune est proche du plein est ou plein ouest, meilleur cela est. Ceci ne garantit pas la réussite de cette méthode, mais c'est généralement suffisant.

Etape 1. Estimez au mieux l'heure GMT (UTC) et réglez votre montre sur cette heure. Par exemple, si vous connaissez votre longitude, il vous est possible de régler votre montre avec la même précision que celle de votre longitude, au moment de la méridienne (reportez-vous à la section Calcul de l'heure GMT à partir d'une position connue du Chapitre 12). Ceci est facile à réaliser avec un sextant. Quelques heures avant la méridienne, prenez des hauteurs de soleil, puis déterminez les instants, à votre montre, pour lesquels le soleil est redescendu à ces mêmes hauteurs après avoir passé votre méridien. Ensuite, calculez la moyenne des instants à mi-distance de ces jeux de mesures du matin et de l'après-midi.

Lors des mesures du matin, prenez la hauteur du soleil à un instant arbitraire avant la méridienne et notez cette heure. Puis, pour les mesures de l'après-midi, réglez le sextant à la hauteur prise le matin et observez la descente du soleil dans l'instrument jusqu'à ce qu'il atteigne cette hauteur à nouveau, et notez l'heure. Procédez ainsi pour trois ou quatre mesures avant et après la méridienne. Dès que vous disposez de l'heure de la méridienne à votre montre de cette façon, utilisez les éphémérides et votre longitude estimée pour calculer quelle aurait dû être l'heure de la méridienne si votre longitude avait été exacte. La différence est votre première évaluation de l'erreur de votre montre. Réglez votre montre pour corriger cette erreur. Vous disposez ainsi d'une montre réglée de façon cohérente à l'incertitude de votre longitude.

Etape 2. A l'aube ou au crépuscule, avec votre montre réglée sur votre meilleure estimation de l'heure, prenez soigneusement une série de hauteurs de lune dans les quarts est ou ouest et des hauteurs d'étoiles. Choisissez une paire d'étoiles qui vous donnerait un bon point si vous disposiez de l'heure GMT (UTC). Prenez les hauteurs en série ; première étoile, la lune, seconde étoile, puis répétez le processus jusqu'à ce que vous ayez au moins quatre bonnes mesures de chacun des astres. Faites aussi vite que possible sans pour autant sacrifier la précision.

Etape 3. Ensuite, écartez graphiquement les mauvaises mesures et retenez une hauteur simultanée pour chacun des astres comme si vous les aviez toutes prises au même instant. Tout ceci relève encore des procédures ordinaires, bien que tous les navigateurs ne procèdent pas ainsi. Sur une feuille de papier millimétré, tracez pour chacun des astres les hauteurs prises au sextant en fonction des heures indiquées par votre montre. Tracez ensuite une droite de meilleure concordance (droite de régression linéaire en mathématiques) pour chacun des astres en ignorant toutes les mesures aberrantes. Finalement, choisissez un instant et identifiez sur les droites de meilleure concordance les hauteurs des trois astres à cet instant. En fait, ce graphique moyenne les mesures et prend en compte tous les mouvements du bateau entre les prises de hauteur. Ainsi, vous pouvez tirer du graphique les hauteurs de la lune et des étoiles à un instant donné, même si vous n'avez pas fait de mesure à cet instant précis. Vous disposez maintenant de trois bonnes hauteurs au même instant, alors même que votre référence de temps n'est pas précise. Il vous faut maintenant déterminer la valeur de cette erreur sur le temps.

Etape 4. En utilisant votre meilleure position estimée à l'instant des mesures, procédez de façon habituelle et tracez soigneusement les trois droites de hauteurs. Les deux droites de hauteur d'étoiles se croiseront près de votre latitude réelle, mais la droite de hauteur de lune ne passera pas par cette intersection si votre heure montre est fausse. L'astuce consiste ensuite à jouer sur la valeur de l'erreur de votre montre jusqu'à ce que la droite de lune coïncide avec celles des étoiles. Ce faisant, vous accédez à votre longitude et à l'erreur de votre heure montre. Plus l'azimut de la lune est plein est ou plein ouest, plus sa droite de hauteur est proche de la verticale sur votre tracé et donc plus sensible à la variation sur le temps.

Etape 5. Procédez par itération et en fonction du résultat obtenu pour une itération donnée, évaluer l'ajustement nécessaire pour l'itération suivante. Si la lune va trop vite (droite de hauteur de lune à l'ouest du point d'étoiles), la montre retarde, et vice versa. Dans les deux cas, votre position réelle est du côté de la lune par rapport au point d'étoiles. A partir du tracé des droites de hauteurs, relevez la différence de longitude entre le point d'étoiles et la droite de lune (à la latitude du point d'étoiles). Procédez à votre première itération en considérant une erreur montre de 2 minutes pour chaque minute de longitude de différence. Pour vous en rappeler, notez que la lune tourne autour de la terre au rythme d'à peu près 360° tous les 30 jours soit 12°/24h ou 1'/2minutes. Corrigez alors votre heure montre de cette valeur et ajustez également la longitude estimée d'une valeur correspondante (comme si vous aviez refait une nouvelle méridienne comme expliqué plus haut). Recalculez les trois droites de hauteur (les deux étoiles plus la lune) avec l'heure GMT (UTC) corrigée et votre nouvelle position estimée ajustée. Votre nouvelle latitude est la latitude du point d'étoiles et votre nouvelle longitude est la longitude du point d'étoiles ajustée de votre première correction d'erreur de l'heure montre. Pour chaque minute d'erreur de votre montre, transportez votre longitude de 15' par rapport à la longitude du point d'étoiles vers et au-delà de la droite de hauteur de la lune.

Répétez l'étape 5 le nombre de fois nécessaires. Après la deuxième itération, la droite de hauteur de lune va se rapprocher du point d'étoiles, et après la suivante, un peu plus. Il faut itérer jusqu'à ce que cela coïncide.

Ce procédé itératif est simple mais il nécessite des tracés précis. Si vous utilisez des feuilles de tracé universelles avec les parallèles espacés de 3 pouces, il sera probablement nécessaire de faire d'abord un tracé sur un canevas à petite échelle. Par exemple, avec 3 pouces pour 6° de latitude, jusqu'à ce que vous obteniez une erreur de montre inférieure à environ 20 minutes. Ensuite vous pourrez adopter une échelle de 3 pouces pour 60' puis 6' et même éventuellement de 0,6' de latitude au fur et à mesure que l'erreur de la montre s'amenuise.

Les mesures au sextant doivent être précises afin d'obtenir une longitude et une heure GMT (UTC) exactes avec cette méthode. La lune se déplace de seulement 12° par jour, soit 0,5' par minute par rapport aux étoiles. Pris à l'envers cela vous donne les 2 minutes de temps pour chaque minute d'angle de différence entre la longitude de la lune et celle des étoiles que vous utilisez pour la correction grossière de l'erreur de votre montre. Par conséquent, 1' d'erreur dans la hauteur mesurée au sextant pourrait induire une erreur de 2 minutes dans la correction de l'erreur montre, ce qui correspond à 30' d'erreur en longitude. Mais ceci est optimiste dans la mesure où il est peu probable que la lune se déplace dans la direction optimale lorsque vous prenez les hauteurs. En d'autres termes, si vous êtes capable de déterminer votre longitude à 30' près depuis une position inconnue et sans l'heure GMT (UTC), ceci est excellent. Cependant, en étant soigneux, un résultat franchement moins bon est évitable.

Cette méthode a été décrite par notre contemporain John Letcher dans son livre *Self-Contained Celestial Navigation with H.O 208* qui fournit plusieurs exemples numériques ainsi que des variations de cette procédure. Ces concepts et cette pratique datent des premiers temps de la navigation astronomique. Des raffinements, extensions et limitations de cette méthode ont été apportés (Kerst 1975, Luce 1977, Bennett 2007). Mais, dans des situations d'urgence, il est uniquement nécessaire de connaître la forme la plus simple de la procédure (reportez-vous à la section Longitude sans connaissance de l'heure de la bibliographie). Il vous apparaîtra, en pratiquant, que le soin apporté aux mesures, aux calculs et tracés des droites de hauteur est vital à l'obtention d'une précision optimale. Toutefois, en situation d'urgence, le niveau de précision recherché est moindre qu'en navigation de routine.

Par exemple, considérons un voilier après plusieurs jours de tempête, avec un journal de bord mal tenu et une radio en panne ainsi qu'une perte de l'heure GMT (UTC). Le calme revenu, une méridienne donne une latitude à la mi-journée de 35° 30'N, mais la longitude précise est inconnue. La meilleure estimation de la longitude au moment de la méridienne est 74°W. A partir de cette longitude estimée et l'heure relevée au moment de la méridienne, la montre est réglée sur l'heure GMT (UTC). Le bateau dérive vers le sud-ouest à 2,5 nœuds environ et la position estimée le soir au crépuscule est 35° 14'N, 74° 07'W, juste après avoir pris une série de hauteurs d'étoiles et de lune. Nous sommes le 24 Mars 1985.

Quatre ou cinq hauteurs de *Regulus* et *Sirius* ainsi que du bord inférieur (LL=Lower Limb) de la lune sont prises en séquence et tracées au regard des temps relevés à la montre. A l'instant commun d'observation choisi, 23 :15 :00 GMT (suite au réglage de la montre effectué lors de la méridienne), les trois hauteurs observées suivantes sont déduites du graphe des hauteurs prises au sextant :

Régulus	H_O = 39° 51,6'
Sirius	H_O = 38° 07,1'
Bord Inférieur de la lune	H_O = 30° 32,1'

La première série de droites de hauteur déduites, sur la base de la position estimée 35° 14'N, 74° 07'W à 23 :15 :00 GMT (UTC) donne trois droites de hauteur.

Régulus	i = 265,2'	Vers 100,9°
Sirius	i = 11,6'	Vers 175,0°
Bord Inférieur de la lune	i = 266,8'	Opposé 263,6°

Ces droites de hauteur tracées sur un canevas de Mercator avec une échelle de 3 pouces pour 6° de latitude donnent les résultats suivants : Point d'étoiles situé environ à 35° 26'N, 68° 37'W, avec la droite de lune positionnée à peu près 12' vers l'ouest indiquant que l'heure utilisée est en retard d'environ 12x2 minutes=24 minutes par rapport à l'heure GMT (UTC). Ces valeurs sont assez grossières car une très petite échelle est nécessaire pour pouvoir tracer de grands intercepts (valeurs de i ou a suivant les tables utilisées). Ceci donne une correction de longitude de 24mn x (15'/1mn) = 360' = 6° à l'ouest du point d'étoiles. Nous pouvons donc effectuer une seconde itération du calcul des trois droites de hauteur en ajoutant 24 minutes à la première heure GMT (UTC), en ajustant de 6° vers l'ouest la longitude du point d'étoiles et en prenant la latitude de ce dernier.

Depuis la position estimée de 35° 26'N, 74° 37'W, à 23 :39 :00 GMT (UTC), cette seconde itération donne les droites de hauteur suivantes (reportez-vous Figure 14-6):

Régulus	i = 4,8'	Vers 105°
Sirius	i = 15,8'	Vers 181,7°
Bord Inférieur de la lune	i = 6,2'	Opposé 266,8°

Tracées sur une échelle de 3 pouces pour 6' de latitude, ces droites de hauteur donnent les résultats suivants : le point d'étoiles est à 35° 9,2'N, 74° 36'W, avec la droite de lune se situant 7,7' vers l'est. Ce qui indique que l'heure utilisée est en avance d'environ de : 7,7x2minutes=15,4 minutes, soit 15 minutes et 24 secondes. Ceci donne une correction de longitude de 15,4mn x (15'/1mn) = 231' = 3° 51' à l'est du point d'étoiles. Nous pouvons lancer la troisième itération du calcul des droites de hauteur en soustrayant 15 minutes et 24 secondes de la dernière heure GMT (UTC) utilisée, en ajustant la longitude du point d'étoiles de 3° 51' vers l'est et prenant la latitude de ce dernier.

Depuis la position estimée de 35° 9,2'N, 70° 45'W, à 23 :23 :36 GMT (UTC), cette troisième itération donne les droites de hauteur suivantes:

Régulus	i = 0,1'	Vers 104°
Sirius	i = 1,0'	Opposé 181,7°
Bord Inférieur de la lune	i = 0,7'	Vers 263,6°

Tracées sur une échelle de 3 pouces pour 0,6' de latitude, ces droites de hauteur donnent les résultats suivants : points d'étoiles à 35° 10,2'N, 70° 44,6'W, avec la droite de lune située 1,3' vers

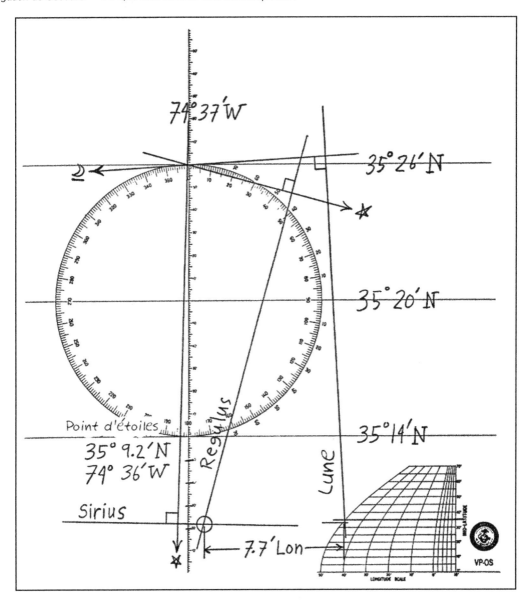

Figure 14-6. *Second tracé d'un point d'étoiles pour retrouver l'heure GMT (UTC). Après avoir tracé les trois droites de hauteur en utilisant l'échelle de latitude la plus adaptée, mesurez la différence de longitude entre le point d'étoiles et la droite de lune, à la latitude du point d'étoiles. Dans cet exemple, elle est égale à 7,7'. Ici la lune est "en retard" (derrière ou à l'est du point d'étoiles), de telle sorte que la montre est en avance. Il est maintenant nécessaire de retarder l'heure GMT (UTC) utilisée pour ces mesures de 7,7x2 minutes, ou 15minutes et 24 secondes et de recalculer les droites de hauteur. Répétez le processus jusqu'à ce que la ligne de position de la lune passe par le point d'étoiles. A ce moment vous saurez que vous avez déterminé l'heure GMT (UTC) exacte et par la même occasion votre longitude également. Vous remarquerez que les trois droites de hauteur sont tracées en prenant en considération une même position estimée, ce qui n'est possible à réaliser que si vous utilisez une calculatrice, comme dans cet exemple (un calcul par les tables 900 du SHOM le permettrait également). Des tables comme les H.O 229 ou 249 le feront tout aussi bien (bien que cette méthode nécessite plus de travail lorsqu'on utilise des tables de ce type, car chaque droite de hauteur part d'une longitude estimée distincte et d'une latitude de calcul commune).*

l'ouest, indiquant que l'heure GMT (UTC) utilisée était en retard d'environ 1,3 x 2 mn = 2,6 minutes = 2 minutes et 36 secondes. Ceci donne donc une correction de longitude de 2,6mn x (15'/1mn) = 39' à l'ouest du point d'étoiles. En ajoutant 2 minutes et 36 secondes à la dernière référence horaire, en ajustant la longitude du point d'étoiles de 39' vers l'ouest et en prenant la latitude du dernier point d'étoiles, nous pouvons procéder à la dernière itération.

Depuis la position estimée de 35° 10,2'N, 71° 23,64W, à 23 : 26 : 19 GMT (UTC), la quatrième itération donne les trois droites de hauteur suivantes (reportez-vous Figure 14-7):

Régulus	i = 1,4'	Opposé 104,8°
Sirius	i = 0,0'	Vers 181,8°
Bord Inférieur de la lune	i = 1,3'	Vers 267,0°

Ces droites de hauteur tracées sur une échelle de 3 pouces pour 0,6' de latitude donne les résultats suivants : points d'étoiles à 35° 10,2'N, 70° 25,4'W, avec la droite de lune située 0,2' vers l'est indiquant que l'heure GMT (UTC) utilisée était en avance d'environ 0,2 x 2mn = 0,4 minutes = 24 secondes. Ceci donne une correction de longitude de 0,4mn x (15'/1mn) = 6' à l'est du point d'étoiles. En soustrayant 24 secondes de la dernière heure GMT (UTC) utilisée et en ajustant la longitude du point d'étoiles de 6' vers l'est, la longitude finale est de 71° 19,4'W et l'heure GMT (UTC) est 23 : 25 : 55. La montre retarde donc de 10 minutes et 55 secondes. On en déduit que la longitude estimée lors

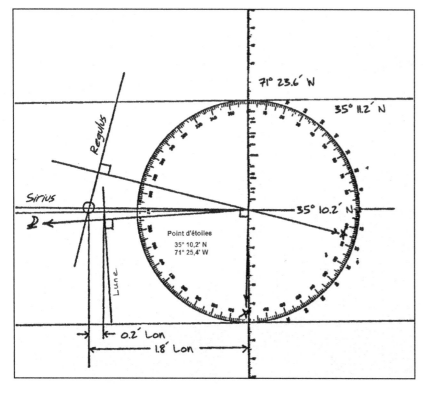

Figure 14-7. *Tracé final du point d'étoiles-lune permettant de déterminer l'heure GMT (UTC). Ceci est à peu près le maximum que l'on puisse faire. La droite de lune passe par le point d'étoiles à 0,2' de longitude près. Il est fort probable que les mesures de hauteur des étoiles et de la lune au sextant ne soient pas assez précises pour aller au-delà. Reportez-vous à la Figure 14-6 pour d'autres notes sur ce type de tracé.*

de la méridienne était substantiellement erronée.

La précision sur l'heure GMT (UTC) dépend au final de la précision des hauteurs mesurées. De même, il est également nécessaire d'effectuer des calculs et des tracés précis pour obtenir une réponse cohérente. Si le tracé est imprécis, il est alors nécessaire d'effectuer plus d'itérations pour trouver une heure GMT (UTC) mettant le point d'étoiles et la droite de lune en coïncidence. Il existe des façons de raccourcir cette procédure, mais il est de loin préférable de se rappeler du principe de base et d'assurer la qualité des résultats par des répétitions successives de la procédure.

Si vous recalculez cet exemple comme exercice, il est fort probable que vous ne retrouverez pas les mêmes intercepts ni exactement les mêmes points d'étoiles. En effet, ces résultats dépendent des méthodes de calcul utilisées (liées au choix des tables), ainsi que de la précision des tracés. Cet exemple a été pris au hasard, les calculs effectués avec une calculatrice et les tracés réalisés avec le soin habituel. Cependant, vous devriez aboutir à peu près aux mêmes conclusions à chaque étape en ce qui concerne la longitude et l'heure et à coup sûr à la même conclusion finale. Pour bien voir comment cela marche, essayez de démarrer avec une première évaluation différente de l'heure et de la longitude. Le tableau suivant résume la façon dont la position et l'heure GMT (UTC) convergent à chaque itération.

	LATITUDE	LONGITUDE	Heure GMT	Erreur de la montre
Estime	35° 14'N	74° 7'W	23 : 15 : 00	?
1iere	35° 26'N	74° 37'W	23 : 39 : 00	Retarde de 24m
2ième	35° 9.2'N	74° 45'W	23 : 23 : 36	Retarde de 8m et 36s
3ième	35° 10.2'N	71° 23.6'W	23 : 26 : 19	Retarde de 11m et 36s
4ième	35° 10.2'N	71° 19.4'W	23 : 25 : 55	Retarde de 10m et 55s

Vous noterez que la latitude converge tout de suite, et que la première itération faite ici ne compte pas vraiment. Il vous aurait fallu recommencer cette dernière même si vous aviez disposé de l'heure GMT (UTC) car votre position estimée était vraiment trop éloignée.

La pratique de cette procédure est un bon entraînement à la pratique de la navigation astronomique. Avec un peu d'expérience, vous pourrez aussi l'étendre à des visées diurne lune-soleil. Avec une latitude connue grâce à une méridienne, vous pouvez le faire dès que le soleil et la lune sont à des azimuts opposés. D'autres exemples sont disponibles en ligne à starpath.com/emergencynavbook.

Si vous connaissez l'heure GMT mais avez seulement perdu la date ce qui, lorsqu'on est loin de la terre, n'est pas aussi improbable que vous le pensez, un point d'étoiles-lune ou de soleil-lune chaque jour en question vous donnera la réponse. La lune se déplace de 12° par jour de telle sorte que seul le jour correct vous donnera un point au voisinage de votre position estimée. Vous pouvez également simplement observer le ciel nocturne comme expliqué en Figure 7-1. Il est alors facile de repérer ce déplacement de 12° par rapport à la voûte céleste. Pour repérer la position correcte de la lune par rapport aux étoiles chacun des jours en question, au moment où vous prévoyez de faire vos observations, calculez son angle horaire sidéral (SHA) de la façon suivante :

SHAlune = GHAlune - GHApoint vernal

Où GHA est l'angle horaire par rapport au méridien de Greenwich de l'astre considéré.

Utilisez ceci avec la déclinaison de la lune pour la positionner sur les cartes du ciel disponibles dans les éphémérides et le *Nautical Almanac*. Un cherche-étoiles universel 2102-D Star finder est également très pratique pour cette application.

14.4 Tout sauf un sextant

Si vous disposez de l'heure exacte, des éphémérides, des méthodes et des tables de calcul de point astronomique, se diriger n'est alors pas un problème. A tout moment, en journée vous pouvez calculer l'azimut vrai du soleil et de nuit, celui de n'importe quel astre. Il vous faut ensuite choisir la façon de déterminer au mieux votre position sans sextant, mais avec tout le reste à disposition. Vous avez quelques options.

Visées sur l'horizon

Si jamais vous deviez perdre le seul sextant du bord, mais que vous disposiez toujours de l'heure GMT (UTC) ainsi que de tous les autres outils et documents habituels utilisés en navigation astronomique, vous êtes encore en mesure de pratiquer une navigation à peu près classique. Vous pouvez pratiquer des visées sur l'horizon du soleil et de la lune. Pour le soleil, notez à la seconde près le moment où le bord supérieur du soleil affleure l'horizon, pour le lever et le coucher. Vous obtenez une hauteur du bord supérieur du soleil = 0° 0'. A partir de ces données, calculez et tracez de manière classique les droites de hauteur correspondantes. Transportez la droite de hauteur du lever vers celle du coucher, en fonction de la distance parcourue. N'utilisant que le soleil cette méthode n'est pas extrêmement précise, mais c'est un complément utile aux autres procédures d'urgence. L'incertitude induite est de l'ordre de 5 à 10 milles environ pour chaque droite de hauteur en raison de la difficulté des mesures à cette hauteur nulle et de l'erreur sur la distance parcourue entre le lever et le coucher du soleil.

Si, le même jour ou la même nuit, vous pouvez distinguer la lune se lever ou se coucher sur l'horizon, que son azimut diffère d'au moins 30° des azimuts du lever ou du coucher de soleil, vous pourrez alors établir un point soleil-lune qui pourrait être plus précis car réduisant l'incertitude du point par transport de droite de hauteur. Evitez les angles d'intersection de droites de hauteur très aigus car l'erreur sur les mesures causera à elle seule une grande incertitude sur le point obtenu.

Dans des cas exceptionnels, vous pouvez aussi utiliser cette méthode avec Vénus et Jupiter et peut-être même avec les deux étoiles les plus brillantes, *Sirius* et *Canope*. Ces opportunités arrivant de nuit, vous devrez pré-calculer leur lever ou repérer ces astres une nuit pour les guetter la nuit suivante. Toutefois, des conditions exceptionnelles de clarté de la voûte céleste et de mer calme doivent prévaloir pour pouvoir distinguer le lever et le coucher de ces astres.

"Bobber" une planète

Leonard Gray, dans son livre *Celestial Navigation Planning*, a suggéré une astuce aidant à la vérification des horaires de lever ou coucher d'un astre durant la nuit. Puisque qu'habituellement on ne peut discerner l'horizon la nuit, Leonard Gray suggère de "bobber" l'astre attendu dès son apparition (concernant le sens du verbe "bobber", reportez-vous à la section-13.3 Evaluation de la distance d'un amer -). Procédez exactement comme vous le feriez pour un phare lorsque vous êtes à portée géographique (largement à l'intérieur de la portée nominale) pour obtenir une vérification grossière de sa distance. Tenez-vous en un point élevé (tel que la bôme) et guettez l'apparition de l'astre sur l'horizon. Dès que vous l'apercevez, sautez sur le pont et observez. Si l'astre était pile sur l'horizon vrai, tel qu'apparut d'en haut, il ne devrait plus être visible de votre nouvelle position, plus basse. Remontez alors pour refaire l'observation.

Si vous guettez l'apparition de l'astre sur l'horizon de votre position basse, il pourrait être déjà au-dessus de l'horizon lorsque vous le repérez pour la première fois. Inversement, lorsque vous observez un astre se coucher, observez d'abord de votre position basse, puis placez-vous sur votre position haute pour vérifier que vous pouvez l'apercevoir à nouveau. Dans les deux cas, il faut aller vite. Il ne faut qu'environ 10 secondes pour que le changement d'altitude d'une planète rende cette méthode inutilisable. Toutefois, gardez à l'esprit que ces observations de nuit, quelle que soit la méthode utilisée, peuvent être complètement erronées. Il faut uniquement les traiter comme des informations supplémentaires, avec leurs incertitudes potentielles.

Les nuages bas sur l'horizon sont la principale difficulté, de jour comme de nuit. L'objectif est de relever le moment précis où un astre émerge sur l'horizon vrai, pas sur une couronne nuageuse sur l'horizon, comme c'est très souvent le cas. En journée, les nuages sont visibles et on peut même estimer le temps nécessaire au soleil ou à la lune pour émerger d'une couronne nuageuse sur l'horizon. Par contre, de nuit, ces mêmes nuages ne sont pas visibles, ce qui réduit d'autant la valeur des observations de lune. Une paire de jumelles constitue une aide précieuse à la pratique de visées sur l'horizon, spécialement de nuit. Cependant, si vous pouvez "bobber" le bord supérieur de la lune ou d'une planète (et être certain que ce ne sont pas les vagues qui sont à l'origine du "bobbing"), vous pouvez être raisonnablement sûr que l'astre est en train de franchir l'horizon à ce moment précis.

Calcul des droites de hauteur

Le calcul de droites de hauteur de visées sur l'horizon engendre habituellement des valeurs négatives de la hauteur observée (Ho), de la hauteur calculée (H_c), ou des deux. Il convient donc de bien appliquer les signes algébriques aux corrections et aux opérations nécessaires au calcul de l'intercept (i). De même, en fonction des tables utilisées, L'azimut (Zn) peut également nécessiter des procédures spécifiques. Cependant, hormis ces précautions, les procédures de calcul et les tracés sont classiques.

Les tables de calcul H.O 229 sont toutefois peu pratiques pour cette application en raison de la façon dont elles traitent les valeurs négatives. Reportez-vous aux instructions de la Section C, part 4 de ces tables, pour plus de détails. La procédure se résume à ceci: si la déclinaison vous positionne au-delà de la ligne "Contrary-Same" (du bon côté de la page au regard de l'angle horaire local LHA), donnez alors une valeur négative à la valeur tabulée "H_c", inversez le signe du paramètre "d", et calculez l'azimut "Zn" en soustrayant la valeur tabulée de 180°.

Les tables H.O 249 sont plus pratiques puisqu'elles incluent des valeurs de Hc négatives associées aux valeurs adéquates "d" et "Zn". La précision inférieure des résultats issus de ces tables est sans conséquence pour ces mesures qui sont tellement imprécises par nature. Les calculettes de navigation préprogrammées devraient pouvoir effectuer ces calculs correctement, à quelques milles près, en fonction des corrections d'altitudes appliquées aux alentours de 0°. Les tables de calcul "NOA Sight Reduction Tables" inclues dans le *Nautical Almanac*, comportent des instructions spécifiques concernant la manière de traiter les valeurs négatives du paramètre F utilisé lors du calcul des droites de hauteur. Ces instructions indiquent qu'il est nécessaire de faire appel à des procédures spécifiques durant les étapes 3, 7, et 8. Par ailleurs, la procédure est similaire à celle employée pour les tables H.O 229.

Voici un exemple à titre d'entraînement: L'estime vous situe à 26° 20'N, 76° 30'W, le 3 Juin 2007. H_S (bord supérieur du soleil) vaut 0° 0' à 10h 12m 49s GMT (UTC) avec une hauteur d'œil située à 9 pieds (2,74m) au-dessus de l'eau. Les conditions atmosphériques locales sont: température = 84°F (28°C) et pression= 1020 mb. On remarquera qu'il n'y a pas de correction de collimation à prendre en compte pour ces mesures effectuées sans sextant. A l'instant de la mesure, les éphémérides donnent l'angle horaire à Greenwich (GHA) du soleil = 333° 41,2' et sa déclinaison est N 22° 17,6'. Nous choisissons donc une position estimée de calcul située à 26° N, 76° 41,2'W. Ceci nous donne un angle horaire local (LHA) de 257°. Nous entrons dans les tables de calcul avec les arguments suivants: Lat=26°N, LHA=257°, dec=N 22° 17,6'. Les tables H.O 249 et 229 donnent la réponse exacte à 0,1' près, Hc= -1° 11,4' et Zn= 064,4°. Les tables de calcul du *Nautical Almanac* donnent H_c = -1 12' et Zn= 063,9'.

L'étape suivante consiste à calculer Ho. Nous commençons par la hauteur apparente Ha.

$$H_a = H_S \text{ - correction de dépression} = 0° 0' - 2,9' = -2,9'$$

Puis:

$$H_O = H_a \pm \text{corrections de hauteur}$$
$$= -2,9' - 49,6' + 3.0'$$
$$= -0° 49,5'$$

La valeur de 49,6' est la correction de hauteur de bord supérieur plus la correction de réfraction pour H_a = 0°. La valeur de +3,0' est la "correction additionnelle en altitude" due à la température et la pression (plus de détails ci-dessous).

Nous avons donc H_c = -1° 11,4' (-71,4') et H_O = -49,5'. La différence donne la valeur de l'intercept:

$$71,4' - 49,5' = 21,9'$$

Ainsi l'intercept pour notre droite de hauteur est i = 21,9' "vers" le soleil dont l'azimut est 064,4°. La direction est "vers" le soleil car : - 49,5' > - 71,4'.

L'incertitude principale provient de la réfraction qui atteint son maximum pour des visées sur l'horizon. La réfraction dépend de la densité de l'air, elle-même dépendante à son tour de la température, de la pression atmosphérique, de l'état de la mer et du vent qui agitent l'air dans la couche située à un mètre au-dessus de la surface de l'eau que traversent les rayons lumineux. On pourrait argumenter que la correction devrait être un peut plus grande pour H_a = - 2,9' (comparée à la valeur que nous avons retenue qui correspond à H_a = 0° 0'), peut être -50.2' si on se base sur le taux de variation de cette correction. Mais ce niveau de précision n'est certainement pas justifié eu égard aux autres incertitudes en cause. Il existe une table spéciale dans le *Nautical Almanac* pour les corrections de réfraction anormale dans des conditions atmosphériques variées. Ces corrections peuvent aller jusqu'à 5 ou 6 milles pour des visées sur l'horizon bien que dans notre exemple la correction ne soit que de 3'. Toutefois mon sentiment est que les incertitudes sur ces corrections supplémentaires doivent être du même ordre de grandeur que les corrections elles-mêmes, de telle sorte que je les ignore pour les mesures habituelles. Après tout, les mirages ne sont que des réfractions anormales et si vous en avez déjà vu, vous pouvez juger de la taille de l'effet que cela peut engendrer. Pour les mesures de très faibles hauteurs j'admets que l'incertitude est de ± 5' sur les valeurs "i" (ou "a" selon les tables utilisées) d'intercept. Par ailleurs, je traite le reste du processus de façon habituelle. Néanmoins, il semble raisonnable d'appliquer cette correction spécifique lors de visées sur l'horizon, alors qu'habituellement on l'ignore dans le cas de mesures de hauteurs plus élevées où elle présente une valeur beaucoup plus petite.

Dutton dans son ouvrage *Navigation and piloting* rapporte que le commandant P.V.H Weems pratiqua dix visées sur l'horizon à six occasions avec une erreur moyenne de 2 milles et une erreur maximale de 4 milles. On ne dispose pas de plus de détails. Mes propres relevés (issus de livres de bord et de tracés) en nombres équivalents donnent des résultats comparables. A peu près la moitié donne une précision aussi bonne que ma connaissance de ma position (2 à 5 milles) à différents moments. Mais l'autre moitié était fausse d'au moins 5 milles. Ces mesures étaient toutes des droites de hauteur de soleil et dans la grande majorité des cas, seule ma position estimée était disponible. Il serait intéressant de pouvoir disposer de résultats scientifiques plus complets (même de visées effectuées depuis la côte) mais il en faudrait un grand nombre pour pouvoir être plus optimiste. Des masses d'air localisées très loin du bateau peuvent influencer les résultats. De même que la différence entre la température de l'eau et celle de l'air, la force du vent et probablement bien d'autres facteurs.

Des exemples de calculs de droites de hauteur et de tracés d'un point de soleil-lune issu d'une visée sur l'horizon sont décrits en Figures 14-8 et 14-9.

Hauteurs sextant par photo

Si vous disposez de tout votre matériel sauf du sextant, il existe une autre technique qui peut marcher dans certaines circonstances. Elle consiste à utiliser un appareil photo en lieu et place d'un sextant. Il est nécessaire de disposer d'un appareil photo numérique (ou même de la fonction photo d'un téléphone portable) et d'un ordinateur à bord (cela peut sembler un peu riche mais ce n'est pas si rare de nos jours. De nombreux navigateurs documentent leurs voyages sur des "blogs", ou envoient à terre des photos par liaison satellite ou liaison radio BLU, pendant une traversée océanique. C'est un hobby intéressant, tout comme la construction d'un quadrant. Ceci peut vous familiariser avec le ciel, le fonctionnement de votre appareil photo numérique ainsi que l'utilisation des logiciels graphiques de votre ordinateur.

L'astuce consiste à prendre une photographie numérique du soleil ou de la lune lorsqu'ils sont bas sur l'horizon et idéalement lorsqu'un autre astre, n'importe quelle planète ou étoile, est également dans le champ de l'appareil photo. Si vous disposez d'une telle image, il vous est possible de calculer un point. Deux photos vous donneront un point par intersection de deux droites de hauteur. Si vous n'avez que le soleil ou la lune, vous n'obtiendrez qu'une seule droite de hauteur.

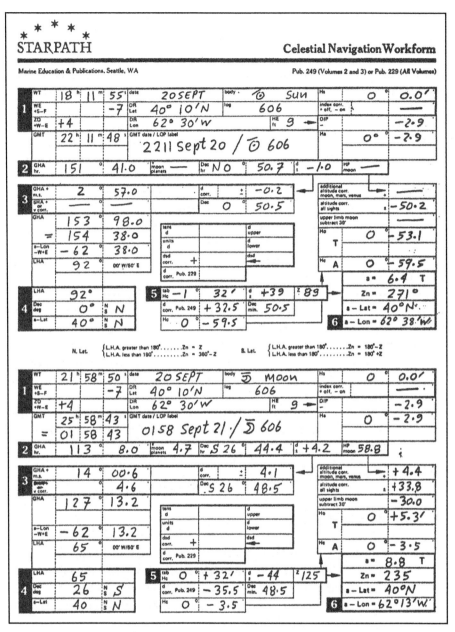

Figure 14-8. *Calcul de droites de hauteur relatives à des visées sur l'horizon du soleil et de la lune. La procédure est classique à ceci près que le calcul aboutit à des valeurs négatives de Hc et Ho. Concernant la droite de hauteur de soleil, vous noterez que Hc=-59,5' est inférieur à Ho=-50,2', donnant un intercept (i) ou (a) positif (vers l'astre). Pour la droite de hauteur de lune, la différence entre Hc et Ho est une somme algébrique puisque Ho est positif et Hc négatif et que nous cherchons la différence angulaire. En revanche l'application d'une correction négative sur un angle positif est toujours une différence, comme c'est le cas des paramètres de correction "d" pour chacune des mesures. Ces calculs ont été effectués avec les tables H.O 249 qui sont plus pratiques que les H.O 229 dans ce cas. Les corrections "d" à appliquer sur Hc ont été interpolées. Par comparaison, les solutions données par les H.O 229 seraient Hc=-0°59,4' et Zn=271,9° pour le soleil et Hc=-0°3,3' et Zn=234,0° pour la lune. Les solutions pour Ho données par calculatrice peuvent être fausses de 2' environ en fonction des formules utilisées pour les corrections de très faibles hauteurs.*

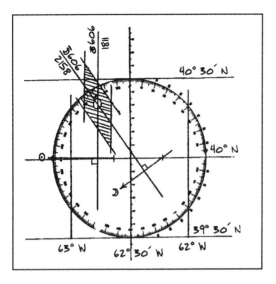

Figure 14-9. *Tracé d'un point soleil-lune issu de visées sur l'horizon. Les tracés représentés ici sont issus des calculs décrits en Figure 14-8. Vous remarquerez que les incertitudes de +/-5 milles de part et d'autre de chacune des droites de hauteur peuvent engendrer une large incertitude de position pour les intersections très fermées (zone ombrée). Ces visées ont été faites à 4 heures d'intervalle de telle sorte qu'il aurait été nécessaire d'effectuer un transport de droite de hauteur si le bateau avait bougé. Classiquement, on obtient un tracé de ce type lorsque l'on effectue un transport de droite de hauteur entre le lever et le coucher du soleil. L'angle d'intersection d'un tel point serait le double de l'amplitude du soleil. Il en résulte que cette méthode ne marche pas bien aux alentours des équinoxes. De même, elle donne de meilleurs résultats aux latitudes élevées.*

Avec de l'expérience et de la pratique de la photographie en général, des expositions, de l'utilisation des filtres, il est possible d'obtenir des photos assez bonnes. Personnellement, étant ignorant en la matière, je me suis contenté de prendre des photos en priant pour que cela marche. Ou alors j'ai demandé à d'autres de les prendre, comme les photos du soleil en Figure 14-10.

Chargez ces photos dans votre ordinateur et ouvrez-les avec votre logiciel graphique préféré. Mon favori pour cette opération (et aussi pour beaucoup d'autres choses telles que l'analyse des cartes

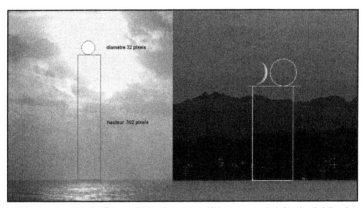

(Photo courtoisie Steve Miller)   (Photo courtoisie Jack Vieg)

Figure 14-10. *Hauteurs sextant par photo. A gauche: A l'aide d'un programme graphique nous avons positionné un cercle autour de la circonférence du soleil et relevé son diamètre, 32 pixels dans ce cas. Puis, nous avons construit un rectangle pour mesurer la hauteur de bord inférieur au-dessus de l'horizon, 302 pixels. Au moment de la photo, d'après le Nautical Almanac le demi-diamètre du soleil valait 16,2', de telle sorte que 32 pixels= 2x16,2'. Ainsi, 302 pixels, représentant Hs pour le bord inférieur valent donc 5°6'. A droite: De façon similaire, une photo d'un coucher de (nouvelle) lune prise vers l'ouest dans le Puget Sound. Le diamètre de la lune était de 65 pixels, le demi-diamètre valait 15,0' à ce moment et la hauteur était de 224 pixels, ce qui donne un Hs = 1° 43'. De ces photos, du soleil et de lune, nous déduisons des droites de hauteur écartées de quelques milles de la position réelle. Cette mesure de la hauteur de la lune a également été réalisée grâce à une photo prise d'un téléphone portable et (par hasard) a permis d'obtenir une droite de hauteur encore plus précise bien que la photo ait été de bien moins bonne qualité. Les détails complets de ces mesures sont disponibles sur le site starpath. com/emergencynavbook.*

météorologiques) est Paint Shop Pro (paintshoppro.com). Toutefois, n'importe quel logiciel graphique ou de traitement de photographies fera l'affaire. Si vous n'en avez pas, faites une recherche sur Internet avec les mots clés "logiciels graphiques gratuits" pour en trouver un qui vous convienne. Dans cette application, la principale fonctionnalité dont vous avez besoin consiste à pouvoir mesurer le nombre de pixels d'une ligne ou d'une dimension d'un cercle ou d'un rectangle. C'est une fonctionnalité de base offerte par la plupart de ces programmes. Pouvoir travailler avec différents calques ou couches est également pratique car ceci permet de créer un dessin sur une couche transparente distincte de la "couche" photographie, sans altérer cette dernière. Ainsi, en cas d'erreur, vous pouvez simplement effacer votre travail sans vous inquiéter pour la photo. Toutefois, cette fonctionnalité n'est pas indispensable. C'est plus un confort qu'autre chose.

Avec la fonction de mesure du logiciel, mesurez la hauteur du soleil au-dessus de l'horizon en pixels puis, mesurez le diamètre du soleil en pixels pour établir une échelle. Ensuite, il vous faut consulter les éphémérides pour en extraire le demi-diamètre du soleil (environ 16'). Par exemple, si le soleil se situe à 5,5 fois le diamètre au-dessus de l'horizon, alors sa hauteur vaut 5,5x32'=176' et donc Hs (bord inférieur) égale 2° 56' au moment où la photo a été prise. Pour ces mesures de très faibles hauteurs, il est probablement préférable de prendre en référence le diamètre horizontal du soleil plutôt que le diamètre vertical. Celui-ci risquant d'être plus faible en raison de la réfraction. C'est la raison pour laquelle on appelle cette grandeur le demi-diamètre et non le rayon. Un exemple d'analyse photographique est donné en Figure 14-10.

14.5 Tout sauf les tables de calcul

Le concept est maintenant très différent de celui qui prévalait lors de la première édition de ce livre. De nos jours il y a peu de circonstances pouvant conduire à une situation où vous disposeriez de tout votre matériel de navigation astronomique sauf des tables de calcul. Depuis 1989 les tables de calcul du NAO sont inclues dans chaque édition du *Nautical Almanac*. Elles étaient basées à l'origine sur les Tables Concises de Davies qui ont été mises au point par l'amiral Thomas D. Davies et le Dr. Paul janiczek. Ces tables fournissent une excellente solution par une méthode que l'on assimile facilement avec un canevas de calcul joint. Elles ne sont pas tout à fait aussi précises que les beaucoup plus volumineuses tables H.O 229, mais sont tout à fait convenables en navigation océanique. Elles représentent un choix logique pour le navigateur océanique dont l'outil premier pour effectuer ces calculs est très certainement un logiciel de navigation astronomique sur ordinateur ou une calculatrice.

Toutefois, se retrouver sans tables de calcul n'est pas complètement impossible, car de nombreux navigateurs anglo-saxons utilisent encore *l'Air Almanac* (étrangement recommandé dans des ouvrages et des vidéos à l'intention des navigateurs). Vous pourriez également vous retrouver avec des vieux exemplaires de la bibliothèque de bord du *Nautical Almanac* (d'avant 1989) n'incluant pas les tables de calcul du NAO à l'inverse des publications plus récentes. De même, les éphémérides nautiques éditées en France par le bureau des longitudes ne comportent pas de tables de calcul. Il existe également une possibilité que vous ne disposiez que de la version PC des éphémérides sans un logiciel complet de navigation astronomique. Il n'est donc pas complètement impossible que les tables de calcul soient l'outil vous faisant défaut. Gardez cependant à l'esprit que pendant longtemps, il était courant que les programmes de navigation utilisant une cartographie marine numériques incluaient également un logiciel de résolution des problèmes de navigation astronomique. Il est possible que vous en ayez un sans même le savoir. Souvent, ils sont juste listés dans le menu des Outils ou Services sans aucune autre information supplémentaire.

Latitude par l'étoile Polaire ou par la méridienne

Déjà étudiée précédemment, l'identification de la latitude avec *l'étoile Polaire* (Chapitre 11) ou celle de votre longitude et de votre latitude grâce à la méridienne (Chapitre 11 et 12) ne nécessitent pas de tables de calcul. Il est également possible de calculer la latitude en s'appuyant sur les étoiles qui se trouvent sur le méridien à l'aube ou au crépuscule comme détaillé dans la section La Latitude à partir d'étoiles basses du Chapitre 11.

Visées de grandes hauteurs

Difficiles à prendre et nécessitant des procédures de calcul spécifiques, on évite habituellement de prendre des mesures de hauteurs très élevées en navigation astronomique. Toutefois, les procédures utilisées ne nécessitent pas l'emploi de tables de calcul et rendent ainsi les mesures de hauteurs importantes attractives. La méthode est basée sur le principe fondamental de la navigation astronomique. Vous mesurez et corrigez la hauteur instrumentale mesurée au sextant (Hs) d'une étoile pour en déduire sa hauteur observée (Ho). A partir de cette hauteur observée vous calculez la distance zénithale (z = 90°- Ho), qui représente la distance vous séparant du pied de l'astre (GP = *ground position* = position sur terre) au moment de la mesure. Les éphémérides vous indiquent où se trouve le pied de l'astre à l'instant de la mesure de telle sorte que vous pouvez en déduire que vous vous situez sur un cercle centré sur le pied de l'astre (GP) dont le rayon est la distance zénithale. Lorsque vous disposez de mesures de ce type vous obtenez votre point à l'intersection des deux cercles. Pour les mesures de hauteurs normales (faibles), il vous est impossible de tracer ces cercles car leurs rayons sont beaucoup trop grands. A contrario, on peut tracer les cercles de position issus des mesures de grandes hauteurs.

Pour obtenir un point, prenez classiquement les hauteurs de deux étoiles situées à plus de 85° environ au-dessus de l'horizon. Ce sont des mesures difficiles à réaliser et il vous en faut plusieurs pour chaque étoile de manière à obtenir une bonne valeur moyenne. L'étape suivante consiste à calculer la hauteur observée de chacune des étoiles de la façon standard. Ensuite, Il faut utiliser les éphémérides pour obtenir précisément le pied des étoiles (GP) visées au moment des mesures puis tracer ces deux points sur un canevas de Mercator centré au voisinage de votre position estimée. Utilisez une petite échelle sur les feuilles de tracé comme par exemple 3 pouces pour 2° de latitude. La latitude du pied de chaque étoiles (GP) est la déclinaison de l'étoile et sa longitude (GHA) est son angle horaire à Greenwich (ou 360 – GHA pour les longitudes ouest). Calculez alors la distance zénithale pour chacune des étoiles et tracez les cercles de position centrés sur leurs points GP respectifs. La Figure 14-11 décrit un point obtenu de cette façon en utilisant *Castor* et *Pollux*. Vous obtenez deux intersections que vous pouvez discriminer grâce à votre position estimée ou les azimuts observés de chacune des étoiles si elles sont suffisamment distantes.

Deux étoiles d'égales hauteurs et distantes de 90° constituent la meilleure configuration pour la mise en application de cette méthode. Il est possible de positionner graphiquement à l'avance les étoiles candidates afin de choisir la meilleure paire. Pour cette méthode, comme pour calculer la latitude à partir de méridiennes stellaires, vous aurez probablement recours au catalogue de 173 étoiles fourni au dos du *Nautical Almanac* et détaillant leurs paramètres. Parfois cependant, lors d'une aube ou d'un crépuscule de longue durée, il est possible d'établir un point avec une seule étoile, l'azimut des étoiles très élevées changeant très rapidement. Un point unique effectué de cette façon est illustré en Figure 14-12.

Cette procédure de tracé et de détermination du point est plus précise pour les étoiles élevées et à partir des latitudes faibles. Pour les étoiles plus basses aux latitudes plus élevées, un cercle ne constitue plus une bonne approximation du "cercle" d'égale hauteur sur un canevas Mercator. La forme "elliptique" correcte du cercle de position doit être déterminée par des calculs de grands cercles. Ceux-ci sont habituellement effectués à l'aide de tables de calcul dont vous n'avez pas la disposition à l'instant voulu. Si vous en restez à des étoiles dont la hauteur est supérieure à 85°, ce problème ne se pose pas.

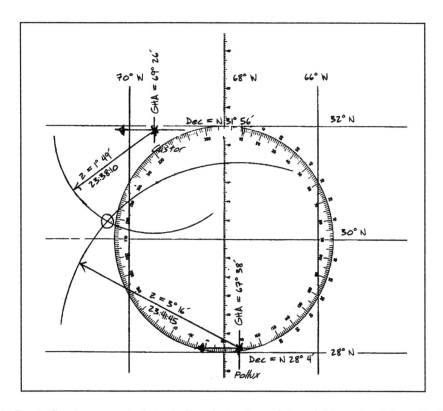

Figure 14-11. *Tracé direct, sans calcul de droites de hauteur, d'un point issu de visées d'étoiles à grandes hauteurs. Mesurez Hs pour deux étoiles, convertissez les valeurs en Ho de manière habituelle, puis calculez la distance zénithale (z=90°- Ho) pour chacune des étoiles. Pointez alors la position géographique du pied de chaque étoile à l'instant des mesures sur un canevas de Mercator à petite échelle. Chaque visée vous donne un cercle de position centré sur le pied de l'astre et dont le rayon est égal à la distance zénithale. Ici Castor et Pollux des Gémeaux sont utilisés car elles passent juste au-dessus. Les visées sont difficiles à réaliser mais néanmoins praticables par mer calme. L'astuce consiste à rester orienté face à l'étoile et à attendre qu'elle réapparaisse lorsque les mouvements du bateau la chasse hors de vue. Si vous essayez de la suivre en accompagnant les mouvements du bateau, vous obtiendrez de mauvais résultats. Démarrez les mesures dès que possible et suivez l'étoile dans son ascension pour vous habituer à chercher dans la bonne direction. Il n'est pas nécessaire d'effectuer des mesures aussi hautes que celles prises dans l'exemple pour obtenir un point. Quelques degrés plus bas, les visées sont beaucoup plus faciles, mais le tracé est moins précis. Même ici le point est faux (vers l'ouest) d'environs 5 milles, ce qui représente la valeur habituelle de l'erreur pour ce type de point.*

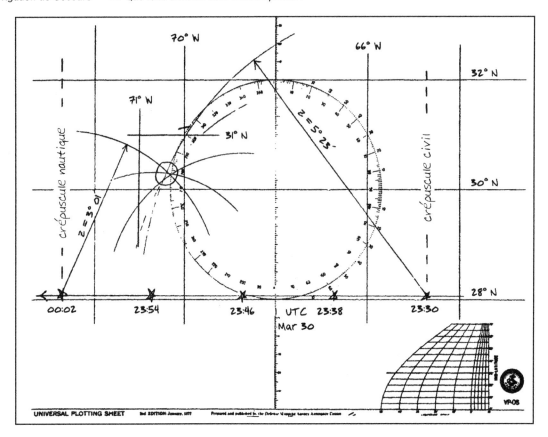

Figure 14-12. *Tracé direct d'un point sur observations successives d'une même étoile de grande hauteur. Les lieux et instants des mesures sont les mêmes que ceux de la Figure 14-11, mais ici le point est déterminé en utilisant seulement Pollux. Vous remarquerez que la première mesure (prise à 23 :30) donne une hauteur observée de 84° 37', ce qui dans des conditions raisonnables est significativement plus facile à effectuer que 88° par exemple. La position exacte se situait à 30° 15'N, 70° 20'W.*

Calcul direct

Les tables de calcul que nous utilisons ne font rien d'autre que résoudre un triangle sphérique. Si vous utilisez une calculatrice qui dispose des sinus et cosinus et si vous avez les formules de calcul écrites quelque part, il vous est alors possible d'obtenir directement la hauteur calculée (H_c) et l'azimut (Z). En fait, vous pouvez calculer ainsi des valeurs encore plus précises que celles que vous obtenez par des tables telles que les H.O 229, H.O 249 ou les tables NAO jointes au *Nautical Almanac*.

Il est difficile d'apprendre par cœur ces formules. Cependant, les cours de navigation astronomique (reportez-vous à la section Navigation Maritime Elémentaire de la bibliographie) détaillent souvent le triangle sphérique de position, ce qui aide à sa compréhension. Il vous est ensuite possible de déduire les formules d'après les lois régissant les sinus et cosinus. Pour mémoire, ces équations sont les suivantes :

$$Sin(Hc) = Sin(dec) \; x \; Sin(Lat) + Cos(dec) \; x \; Cos(Lat) \; x \; Cos(LHA)$$
$$Cos(Z) = [Sin(dec) - Sin(Lat) \; x \; Sin(Hc)] \, / \, [Cos(Lat) \; x \; Cos(Hc)]$$

Avec LHA étant l'angle horaire local.

Calcul à l'aide de logiciels de navigation

Lors d'une urgence en navigation, un récepteur GPS (ou les fonctions de calcul de route de n'importe quel logiciel de navigation ou calculatrice dédiée) peut être très précieux même si ce GPS ne donne pas d'indication de point. Si l'antenne est hors service (ou simplement si ce GPS fonctionne toujours mais ne donne plus le point), ses fonctions de calcul de routes orthodromiques sont peut être encore utilisables pour calculer des points astronomiques. Mais il y a une subtilité liée aux calculs modernes de routes. Au temps des SatNav et du Loran et dans tous les logiciels de navigation électronique de l'époque, la route orthodromique, ou route de grand cercle, était calculée sur un modèle de terre sphérique. De nos jours, tous les calculs de distances faits sur un récepteur GPS ou même sur certains logiciels de navigation électronique (pas tous) sont basés sur une modélisation de la forme de la terre plus précise appelée système géodésique ellipsoïdal et des paramètres associés (*datum*). Ainsi, le terme *distance orthodromique* est plus précisément la *distance ellipsoïdale* se référant au résultat d'un calcul de route issu d'un récepteur GPS. Il en résulte que la distance de Seattle (47° 39'N, 122° 20W) à Tokyo (35° 40'N, 139° 45'E) est différente (4163,39 milles nautiques) dans le modèle WGS84 (World Geodetic System 1984) de celle obtenue dans un modèle sphérique (1'=1 mille nautique), utilisé implicitement dans les tables de réduction ou dans la formule de calcul de l'arc de grand cercle du *Bowditch* (4150,43 milles nautiques).

Alors que le calcul basé sur le référentiel WGS84 donne la distance séparant ces deux villes, il se révèle faux d'environ 13 milles dans le référentiel sphérique utilisé par les tables de calcul de points astronomiques. La détermination de la route par le GPS est faite sur une forme terrestre réelle (ellipsoïdale) tandis que les calculs de navigation astronomique s'appuient sur une surface terrestre imaginaire parfaitement sphérique d'une circonférence de 360° qui vaut 360x60 milles nautiques ou 21600 milles nautiques. Le modèle terrestre WGS84 (plus proche de la forme réelle de la terre) présente une circonférence polaire de 21602,5 milles et une circonférence équatoriale de 21638,8 milles soit une différence de 36 milles.

Ainsi, si vous souhaitez effectuer des calculs de points astronomiques à l'aide d'un dispositif électronique, il est d'abord nécessaire de déterminer quel type de référentiel est utilisé par l'appareil. Le manuel ne vous dira sans doute rien sur cette question. Tous les anciens systèmes de type SatNav et Loran utilisent très probablement un modèle de terre sphérique et peuvent donc être utilisés de même que la plupart des logiciels de navigation électronique. Si le système vous propose de choisir un système géodésique (chart datum), il y a alors toutes les chances qu'il effectue ses calculs sur un référentiel ellipsoïde et cela ne convient pas à notre application. Vous avez toujours le loisir de tester le système avec l'exemple de la distance de Seattle à Tokyo donné ci-dessus. Voici la procédure de calcul si vous disposez d'une calculatrice spécialisée, d'un logiciel, ou bien encore d'un appareil électronique capable de calculs orthodromiques élémentaires.

1. Entrez votre position actuelle comme Waypoint 1 (WP1)

2. Entrez la déclinaison et l'angle horaire à Greenwich (GHA) comme Latitude et Longitude du Waypoint 2 (WP2). Si GHA > 180°, saisissez 360° - GHA et baptisez la Longitude Est.

3. Demandez la distance et la direction de WP1 à WP2. Au cas ou un choix vous est proposé, Il faut utiliser la fonction de calcul de distance orthodromique (route de grand cercle) et non loxodromique.

4. La direction initiale (Di) trouvée est l'azimut Zn.

5. La distance orthodromique trouvée est la distance zénithale (z) en minutes d'arc. Calculez H_c en divisant cette réponse par 60 pour la convertir en degrés, puis soustrayez la valeur obtenue de 90°.

$$H_c \ (degrés) = 90° - (Distance \ orthodromique/60)$$

Puis convertissez la valeur obtenue en degrés et minutes.

WP1	WP2	Route de Grand Cercle (Orthodromie)	
Lat estimée/Long estimée	Dec/GHA	Ri	Distance => Hc
45°20'N	03° 40,8'S	182,3°	2942,3' = 49,038°=z
124° 15'W	126° 01,2'W	Zn	90°-z = 40,962° = 40° 57,7' = Hc
45° 20'N	58° 22,1'N	346,7°	4454,9' = 74,248° = z
124° 15'W	279° 13,8W utilisez 80° 46,2E	Zn	90°-z = 15,752° = 15° 45,1 '= Hc
40° 00'N	26° 48,5'S	234,0°	5403,4' = 90,057° = z
124° 15'W	127° 13,2'W	Zn	90°-z = -00,057°= -0° 03,4' = Hc

Presque tous les récepteurs GPS permettent aux utilisateurs de choisir un système géodésique (datum) correspondant à celui utilisé sur leurs cartes. Il est crucial de s'assurer de cette cohérence, à défaut de quoi, des erreurs de position importantes pourraient vous mener à la catastrophe lors de vos atterrages. Nombre de GPS permettent la saisie de datum propre à l'utilisateur. Sachant cela, vous devriez pouvoir sélectionner les paramètres adaptés à une modélisation sphérique de la terre et procéder de manière habituelle. Mais la vie n'est pas si simple… ou peut-être est-elle plus simple. La plupart des GPS qui acceptent un système géodésique (datum) défini par l'utilisateur accepteront tout à fait les paramètres correspondants à une terre sphérique et même utiliseront ce réglage durant la navigation pour fournir des positions en Latitude Longitude dans ce référentiel. Mais lorsque l'on demande des calculs de distances, ils effectuent tous les calculs dans le système WGS84 par défaut quelle que soit le référentiel choisi par l'utilisateur pour la navigation locale. Ainsi, si tout ce dont vous disposez est un récepteur GPS, aucun choix ne vous est laissé pour utiliser cette technique ésotérique.

14.6 Tout sauf un compas

La perte du compas rend la tenue de cap plus difficile par gros temps. Mais, par beau temps, la navigation classique n'est pas difficile si l'ensemble de vos équipements et documents de navigation astronomique est opérationnel. Il vous faut simplement faire des séries de droites de hauteur à partir de vos positions estimées tout au long de la journée et de la nuit pour obtenir des azimuts précis pour le soleil et les étoiles. Les techniques de contrôle de la route sans compas décrites aux Chapitres 3 et 4 vous aideront également. Elles peuvent être ajustées finement avec des azimuts de référence précis obtenus grâce à ces droites de hauteur.

Si, comme il se doit votre liste "tout le reste" comporte un cherche étoile 2102-D, alors il est très facile de déterminer des azimuts de référence. Cela ne prend que quelques minutes de préparation chaque jour, mais ensuite cela vous permet d'obtenir les azimuts vrais de tous les corps célestes dont vous pourriez avoir besoin durant la journée et la nuit. On les lit simplement sur une graduation à mesure que vous tournez le disque en fonction du temps (se reporter Figure 14-13).

Pour obtenir un moyen immédiat de tenue de route lorsqu'on est à la barre, quelques astuces sont extrêmement précieuses de même qu'un cadran solaire judicieusement positionné. Bobby Schenk rapporte que son équipage et lui-même ont trouvé très utile de positionner un cadran solaire juste devant l'homme de barre à la place où se trouve le compas.

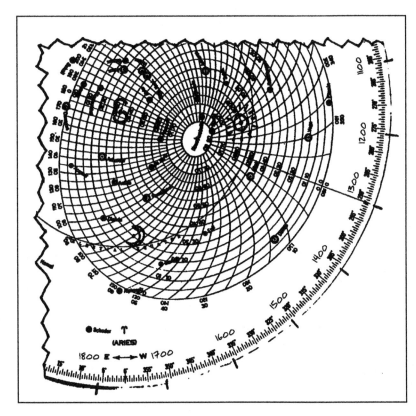

Figure 14-13. *Section d'un cherche étoiles 2102-D. Cet appareil (et son jumeau Britannique identique appelé N.P.323) est une aide extrêmement utile en navigation classique et un don du ciel en situation d'urgence. Tout ce qu'il vous faut pour le régler sont des éphémérides "longue durée". Alors vous disposez des azimuts de tous les objets célestes, de jour comme de nuit. Celui de l'illustration est réglé à 13h00 locales à la latitude de 35°S. A cet instant, la lune se situe à l'azimut 80° vrai et à une hauteur de 25°. Le soleil se situe à l'azimut de 330° vrai et à une hauteur de 60°. Pour calculer des azimuts à un instant ultérieur, il vous suffit de faire tourner le disque transparent jusqu'à l'instant choisi et de lire les nouveaux azimuts. En tournant le disque, le soleil va se coucher et la lune se lever et les hauteurs et azimuts de toutes les étoiles les plus brillantes dans ce ciel spécifique seront apparentes. La deuxième édition de l'ouvrage "The Star Finder Book" décrit le plein potentiel de cet instrument avec de nombreux exemples pratiques.*

14.7 Tout sauf des éphémérides

Si vous êtes entraînés aux situations d'urgence en navigation vous pouvez vous passer d'éphémérides comme expliqué tout au long de cet ouvrage. Avec des méthodes de fortune vous pouvez calculer la déclinaison du soleil à 30' près pour déterminer la latitude (reportez-vous à la section Latitude par la Méridienne du Chapitre 11) et l'Equation du Temps à 1 minute près pour la longitude (reportez-vous à la section Longitude par la Méridienne du Chapitre 12). Nous allons ajouter une autre méthode de fortune pour calculer l'angle horaire à Greenwich (GHA) du soleil. Ceci vous permettra d'obtenir des droites de hauteur pour le soleil à toute heure du jour sans éphémérides. Ayant tout à votre disposition sauf des éphémérides, la précision de votre position est déterminée par le soin apporté à l'application de ces méthodes de fortune, y compris les corrections de hauteur du Chapitre 11.

L'angle horaire à Greenwich (GHA) du soleil peut être calculé de la façon suivante :

GHA du soleil=(heure GMT - heure de passage au méridien) x 15°/heure

où l'heure de passage au méridien est l'heure GMT (UTC) de la méridienne à Greenwich, que vous pouvez calculer avec la méthode de l'Equation du Temps donnée au Chapitre 12. Vous pouvez la trouver également en utilisant l'heure de midi à mi-chemin entre les heures de lever et de coucher du soleil disponibles dans les tables de marées ou grâce à un smart phone ou un PDA. A chaque fois que l'heure GMT (UTC) se situe avant l'heure de passage au méridien, ajoutez 24 heures à l'heure GMT (UTC) pour garder des nombres positifs durant le calcul.

Exemple : Calculons l'angle horaire à Greenwich (GHA) du soleil à 17h 28 mn 40s GMT (UTC) le 28 Septembre. Calculons d'abord l'Equation du Temps le 28 Septembre et à partir de là l'heure GMT (UTC) de la méridienne comme illustré Figure 12-7. La réponse est 11h 50mn 30s. Donc :

$$GHA = 17 : 28 : 40 - 11 : 50 : 30$$
$$= 5 : 38 : 10$$
$$5 \text{ heures et } 38,2 \text{ minutes} = 5,636 \text{ heures}$$

Convertissons alors ces valeurs en données angulaires :

$$GHA = 5,636 \text{ heures x } 15°/heure$$
$$= 84,542°$$
$$= 84° \ 32,5'$$

La précision de cette méthode pour déterminer l'angle horaire à Greenwich (GHA) du soleil est déterminée par celle de l'Equation du Temps qui devrait se situer bien en dessous de la minute dans la plupart des cas. Ce qui induit une précision sur GHA d'environ 15'.

En possession de l'angle horaire à Greenwich (GHA) du soleil et de sa déclinaison vous pouvez prendre des hauteurs du soleil, en déduire des droites de hauteur que vous pouvez transporter pour déterminer votre position à l'instant qui vous convient. En déterminant avec soin la déclinaison et l'angle horaire à Greenwich (GHA) du soleil vous devriez être capable de déterminer votre position quotidiennement sans éphémérides à 30 milles près environ.

Dans l'hémisphère nord il est possible de déterminer la latitude grâce à l'étoile polaire avec une précision de 60' environ. Pour réduire cette incertitude, il vous faudra utiliser des astuces (reportez-vous à la section Latitude par la Polaire du Chapitre 11). Décrites dans le chapitre 11, d'autres méthodes de détermination de la latitude peuvent être mises en œuvre avec plus de précision avec un sextant et sans éphémérides. Cependant, elles imposent généralement que vous connaissiez les déclinaisons de quelques étoilcs. Concernant la longitude, le soleil est votre seul espoir. Il n'existe tout simplement aucun moyen de déterminer la longitude à partir des étoiles, de la lune ou des planètes sans éphémérides. A l'évidence, tout bateau devrait toujours embarquer des éphémérides "longue durée" en secours pour le soleil et les étoiles. Et même si tel est le cas, vous devriez y réfléchir à deux fois avant de monter sur le pont avec le seul exemplaire disponible des éphémérides annuelles lorsque vous faites des visées.

Des éphémérides "longue durée" sont jointes au volume 1 des tables de réduction H.O 249 (elles sont mises à jour tous les cinq ans). Geoffrey Kolbe a compilé des éphémérides compactes valables jusqu'en 2050, très simples à utiliser, tenant en un seul opuscule et incluant également des tables de réduction compactes. Des éphémérides étendues valides par périodes de cinq ans pour tous les objets célestes ainsi que des tables de réduction sont jointes à l'ouvrage de George Bennett *The Complete On-Board Celestial Navigator*. Ces trois publications proposent des solutions complètes pour la navigation astronomique incluant à la fois des éphémérides et des méthodes de calcul. Les éphémérides "longue durée" du soleil et des étoiles incluent dans les anciennes éditions du Bowditch et reproduites dans certains ouvrages ne sont plus publiées en raison d'erreurs dans les données. Rappelez-vous également que vous pouvez effectuer des points astronomiques de soleil et d'étoiles à partir d'un exemplaire périmé du *Nautical Almanac*. La formule est donnée dans l'almanach pour l'année suivante et vous pouvez répéter la procédure pour encore deux années. Tous les quatre ans, les données du soleil et des étoiles se répètent (2011 devrait être identique à 2007, 2012 à 2008 et ainsi de suite) de façon suffisamment proche pour fournir des résultats d'une précision largement suffisante dans une situation d'urgence. En dehors des calculatrices préprogrammées et des logiciels dédiés, il n'est pas possible de constituer des éphémérides perpétuelles pour la lune et les planètes. La solution palliative étant les éphémérides valables cinq ans de Georges Bennett. Reportez-vous à la bibliographie pour plus d'informations concernant ces sources.

Si par hasard vous vous souvenez des angles horaires sidéraux et des déclinaisons de quelques étoiles que vous avez utilisées dans vos calculs précédents (avant la perte de vos éphémérides), vous pouvez prendre des hauteurs de ces étoiles. Ensuite, vous pourrez procéder aux calculs de manière habituelle à condition de pouvoir au préalable calculer l'angle horaire à Greenwich (GHA) du point Vernal. La formule est compliquée, mais cela marche :

$$GHA \text{ point vernal} = [NJ + (GMT/24)] \times (360°/365) + (GMT \times 15°/heure) + 15' - (15' \text{ pour chaque année suivant la dernière année bissextile})$$

Où NJ est le nombre de jours depuis le 21 Septembre. NJ est positif (+) si la date se situe après le 21 Septembre et négative (-) si elle se situe avant. Ainsi le 15 Novembre, NJ vaut +55 et le 28 Juillet NJ

= -55, mais la correction complémentaire de 15' est positive dans les deux cas. La formule est exacte à environ 10' près.

Par exemple, calculons l'angle horaire à Greenwich (GHA) du point Vernal le 28 Septembre 2009 à. Le 28 Septembre se situe sept jours après le 21 Septembre de telle sorte que NJ=7. L'heure GMT est 17h 28mn 40s, c'est-à-dire 17 heures et 28,67 minutes, soit 17,478 heures, et 2009 se situe un an après la dernière année bissextile (une année bissextile est divisible par 4 ou 400 si c'est une année centenaire comme 2000) de telle sorte que la correction vaut -1x15'. Donc :

$$GHA \; point \; vernal = [7 + (17,478/24)] \; x \; (360°/365) + (17,478 \; x \; 15°) + 15'-(1x15')$$
$$= 269,792°$$
$$= 269° \; 47,5'$$

A l'évidence c'est une bonne idée que de se munir d'éphémérides de secours car multiplier et diviser jusqu'à 3 chiffres après la virgule à la main, prend du temps. Toutefois, quel que soient vos équipements de secours et les secours de ceux ci, il est encore possible que vous vous retrouviez avec rien d'autre que votre mémoire pour vous tirer de là. Vous seriez bien content si cette dernière contenait la déclinaison du soleil, l'Equation du Temps et les déclinaisons de quelques étoiles principales.

Pour déterminer l'Equation du Temps à partir d'éphémérides "longue durée", calculez d'abord l'angle horaire à Greenwich (GHA) du soleil à 12h00 GMT. Ce sera soit un petit angle de 4° ou moins (méridienne avant 12h00), soit un grand angle de 356° ou plus (méridienne après 12h00). L'Equation du Temps est le petit angle converti en temps au taux de 15° par heure (4 minutes pour 1°, 4 secondes pour 1') dans le premier cas, ou 360° moins le grand angle converti en temps dans l'autre cas.

14.8 Rien sauf l'heure GMT

Sans rien excepté l'heure GMT et la connaissance des méthodes décrites tout au long de cet ouvrage, vous devriez pouvoir trouver votre chemin vers la sécurité depuis n'importe quel point de la terre. L'heure GMT ou UTC (Temps Universel Coordonné) est en dernier ressort la seule information dont il faut disposer pour éviter de se perdre. Il est possible de déterminer la latitude sans référence horaire, mais pour déterminer la longitude il vous faut l'heure GMT (UTC). Avec l'heure GMT (UTC) et rien d'autre que la méthode de fortune de l'Equation du Temps, vous pouvez toujours déterminer votre position. Il est donc parfaitement évident qu'il est fondamental de posséder une bonne montre et de toujours tenir à jour la marche de cette dernière par rapport à l'heure GMT (UTC).

Bien qu'un travail de mémoire et de l'entraînement soient nécessaires pour pouvoir pleinement utiliser la connaissance de l'heure GMT (UTC), ce travail et l'ensemble des techniques de navigation d'urgence peuvent se révéler un passe-temps donnant de grandes satisfactions aux navigateurs hauturiers. C'est un bon entraînement à la navigation, même si vous deviez ne jamais en avoir besoin. De même, on obtient parfois de meilleurs résultats avec tous les moyens à disposition lorsque l'on sait ce qu'il est possible de faire sans.

Bibliographie

Bases de navigation maritime

Bowditch Nathaniel. *The American Practical Navigator: An Epitome of Navigation*. Pub 9, bicentennial ed. Washington D.C.: NIMA, 2002. Disponible dans le CD-ROM des Digital Nautical Publications en vente auprès du U.S. Government Printing Office (bookstore.gpo.gov). Constitue une encyclopédie de la navigation maritime en toutes eaux. Sont inclues des directives sur la navigation de secours ainsi que de précieuses informations sur l'océanographie et la météorologie. Pour un exemplaire complet de la dernière édition, visiter www.starpath.com/navpu.bs.

Burch, David. *Celestial Navigation: A Home Study Course*. Seattle: Starpath Publications, 2006. Un cours complet sur la navigation hauturière sur de petites embarcations présentant de nombreux exercices pratiques. Cet ouvrage comprend tous les documents nécessaires ainsi qu'une sélection de tables et inclut l'accès à un instructeur pour toutes questions et discussions. Disponible à starpath.com ou en téléphonant au 800-955-8328.

• *Fundamentals of Kayak Navigation*. 4th ed. Guildford, Connecticut: Globe Perrot Press, 2008. Ouvrage consacré à la navigation en kayak, et présentant de nombreuses techniques de secours applicables à d'autres types de navigation.

• *Inland and Coastal Navigation: A Home Study Course*. Seattle: Starpath Publications, 2006. La navigation pratique sur de petites embarcations expliquée simplement et présentant de nombreux exercices pratiques. Cet ouvrage, limité à l'essentiel de ce qu'il faut savoir avant de prendre la mer, comprend une carte marine ainsi qu'une formation optionnelle à l'utilisation des cartes électroniques et inclut l'accès à un instructeur pour toutes questions et discussions. Disponible à starpath.com ou en téléphonant au 800-955-8328.

• *Onboard Navigation Exercice Book*. Seattle: Starpath Publications, 2007. Suggère des exercices de navigation réels et en fournit les corrections. Disponible à starpath.com ou en téléphonant au 800-955-8328.

Cutler, Thomas J. *Dutton's Nautical Navigation.* 15th ed. Annapolis: Naval Institute Press, 2003. Une alternative au "Bowditch".

Eyges, Leonard. *The Practical Pilot: Coastal Navigation by Eye, Intuition and Common Sense.* Camden, Maine: International Marine 1989. Un ouvrage sur la navigation élémentaire et les approximations possibles (petits angles) ainsi que sur l'utilisation des instruments comme le kamal. Epuisé mais disponible en ligne sur Internet.

Lecky, Squire Thornton Stratford. *Wrinkles in Practical Navigation.* Londres: George Philip & Son, 1881-1942. L'un des ouvrages classiques "modernes" sur la navigation. La première édition remonte à 1881 avec des rééditions successives jusqu'en 1947 (17ième édition). Equivalent anglais du Bowditch américain. Toujours disponible en reproduction ou en édition originale à un prix modeste ou encore en ligne sur Internet.

Maloney, Elbert S. *Chapman Piloting and Seamanship.* 65th ed. New York: Hearst Books, 2006.

Rousmaniere, John. *The Annapolis Book of Seamanship.* 3rd rev. Ed. New York: Simon & Schuster, 1999.

Les éphémérides et données astronomiques

Astronomical Applications Department, US. Naval Observatory (aa.usno.navy.mil). Ce service constitue la source principale pour les éphémérides utilisables par les marins. Le lien Data Service donne accès à toutes les données habituellement fournies par les tables d'éphémérides. Il suffit de saisir l'heure, la date et le lieu désirés et le système renvoie la position de tous les objets célestes utilisés en navigation (Hc, Zn, GHA, dec) ainsi que toutes les corrections appropriées pour réduire les données d'un point astronomique.

Bureau des Longitudes. Depuis plus de 120 ans, les Ephémérides Nautiques françaises du Bureau des Longitudes de l'Institut de Mécanique Céleste et de Calcul des Ephémérides (IMCCE) apportent au marin tout ce qui lui est nécessaire pour ses calculs de navigation astronomique.

Bennet, George G. *The Complete On-Board Celestial Navigator.* 2007-2001 ed. Camden, Maine: International Marine, 2007. Ephémérides étendues pour tous les astres accompagnées de tables de réduction valables par tranches de cinq ans. Egalement utilisable pour résoudre des calculs de distances lunaires en téléchargeant les nouvelles tables de réduction proposées par l'auteur à gbennett.customer. netspace.net.au.

Duffet-Smith, Peter. *Practical Astronomy with Your Calculator. 3rd ed.* New York: Cambridge University Press, 1988. Il fournit des explications simples sur les équations permettant de calculer les éphémérides.

Kolbe, Geoffrey. *Long Term Almanac for Sun and Selected Stars.* Seattle: Starpath Publications, 2008. Ephémérides valables jusqu'en 2050, inclant des tables de réduction des NAO pour calcul du point astronomique. Disponible à starpath.com ou en téléphonant au 800-955-8328.

Meeus, Jean. *Astronomical Algorithms.* Richmond, Virginia: Willmann-Bell, 1991. La référence pour les calculs astronomiques classiques.

Seidelmann, P. Kenneth, ed. *Eplanatory Supplement to the Astronomical Almanac.* Sausalito: University Science Books, 1992. Explication des concepts mathématiques derrière les calculs d'éphémérides.

Starpath Publications. *Starpath Perpetual Almanac.* Seattle: Starpath Publications, 2003. Programme PC fournissant des éphémérides pour tous les astres de 1576 à 2050. Disponible à starpath.com ou en téléphonant au 800-955-8328.

www.time.gov. Le site du National Institute of Standards and Technology et du U.S. Naval Observatory fournissant des données extrêmement précises sur tout ce qui concerne le temps.

Les étoiles et leur identification

Allen, Richard H. S. *Star Names: Their Love and Meaning.* New York: Dover Publications, 1963. Consultable sur elibrabooks.com

Burch, David. *The Star Finder Book: A complete Guide to the Many Uses of the 2102-D Star Finder.* 2nd ed. Seattle: Starpath Publications, 2003. Un mode d'emploi très complet des multiples possibilités de ce "cherche étoiles" ainsi que de nombreux exemples pratiques. Nécessite la possession d'un Star Finder 2102-D. Disponible à starpath.com et ailleurs, et également consultable sur elibrabooks.com.

"The Heavens". Version électronique de la carte céleste consultable à nationalgeographic.com/stars/chart. Disponible à l'achat à chop.nationalgeographic.com, mot clé "heavens map".

Kyselka, Wil land Ray E.Lanterman. *North Star to Southern Cross.* Honolulu: University Press of Hawaï, 1976. Pour apprendre à reconnaître les étoiles suivant les mois de l'année.

Stellarium (stellarium.org) et Cartes du Ciel (stargazing.net/astropc). Ces deux freewares sont excellents pour pratiquer l'identification d'étoiles.

Déterminer la longitude sans montre

Bennett, George G. "Longitude from Lunar Altitudes Simplified" *Navigation: Journal of the Institute of Navigation* 53, no.2 (2006).

Chichester, F "Longitude without Time". *Journal of Navigation* 19 (1966): 105.Allen, Richard H. S. Star Names*:* Their Love and Meaning. New York: Dover Publications, 1963. Consultable sur elibrabooks.com.

Kerst, D.W. "Longitude without Time". *Navigation: Journal of the Institute of Navigation* 22, no.4 (1975-76)*:* 283; et 25, no.1 (Spring 1978): 87.

Letcher, John S. *Self-Contained Celestial Navigation with H.O. 208.* Camden, Maine*:* International Marine, 1977. Bien que les H.O. 208 n'aient jamais été très populaires, cet ouvrage n'en constitue pas moins une excellente référence en terme de navigation astronomique pratique. Epuisé depuis longtemps et difficile à trouver, mais très précieux si on met la main dessus.

Luce, J.W. "Longitude without Time". *Navigation: Journal of the Institute of Navigation* 24, no.2 (1977): 112.

NavList, forum de discussion en ligne (groups.google.com/group/NavList). Groupe de discussion très actif en ligne réunissant des dizaines d'experts de la navigation astronomique. Les archives des discussions remontant à 1986 sont consultables sur ce site.

Navigation sans instrument

Burch, David. "Emergency Navigation Card". Sausalito: Paradise Cay Publications, 1988. Contient des éphémérides solaires de secours, les tables de réduction les plus compactes au monde et bien d'autres méthodes.

Burch, David. Cours en ligne Starpath de navigation de secours. Une unique chance de pouvoir pratiquer des exercices sur des exemples tirés du texte de cet ouvrage. Description du cours disponible sur starpath.com/emergencynavbook.

Cotter, Charles H. *A History of the Navigator's Sextant.* Glasgow: Brown, Son & Ferguson, 1983. Décrit tous les instruments précurseurs du sextant qui peuvent être fabriqués dans une situation d'urgence. Du même auteur, *A History of Nautical Astronomy* (London*:* Hollis & Carter, 1968) plus spécialement orienté sur les techniques et les développements des éphémérides.

Creamer, Marvin. "Incredible Journey" et "A Star to Steer Her By". *Cruising World*, May and September, 1984. Un récit en deux parties d'une croisière autour du globe sans instrument qui s'étala du 21 décembre 1982 au 17 mai 1984. Reportez-vous également à "What Makes a Good Navigator" dans *Ocean Navigator* d'Aout 1985 où Marvin Creamer conte son voyage. Voir globestar.org pour plus de détails.

Finney, B. R., B. J. Kolonsky, S. Somsen, et E.D. Stroup. "Re-Learning a Vanishing Art". *Journal of Polynesian Society* (Auckland New Zealand) 95, no. 1 (March 1986)*:* 41-90. Décrit l'entraînement de Nainoa Thompson à la navigation sans instrument et sa traversée de Hawaï à Tahiti et retour dans son canoé Hokule'a. Voir aussi *Pacific Navigation and Voyaging* (assemblé par Ben Finney; Polynesian Society [University of Auckland New Zealand]*:* Memoir 39, 1975 et *Vaka Moana: Voyages of the Ancestors* (édité par K. R. Howe; Honolulu: University of Hawai Press, 2007). Visiter le site library. manoa.hawaii.edu pour plus dedétails.

Fisher, Dennis. *Latitude Hooks and Azimuth Rings: How to Build and Use 18 Traditionnal Navigationnal Tools.* Camden, Maine: International Marine 1985.

Gatty, Harold. *Nature Is Your Guide: How to Find Your Way on Land and Sea.* New York: Penguin Books, 1979.

Gatty, Harold. *The Raft Book: Lore of the Sea and Sky.* New York: George Grady Press, 1943.

Galdwin, Thomas. *East is a Big Bird and Logic on Puluwat Atoll.* Cambridge: Harvard University Press, 1974.

Karsen, Leif K. *Secrets of the Viking Navigators: How the Vikings Used Their Amazing Sunstones and Other Techniques to Cross the Open Ocean.* Seattle: One Earth Press, 2003. Cet ouvrage présente une explication très convaincante sur la façon dont les "pierres à soleil" ont été utilisées de concert avec d'autres procédures et outils. Consultable sur elibrabooks.com

Knox-Johnston, Robin. *The Columbus Venture.* London: BBC Books, 1991. L'auteur a navigué de Gomera aux Iles Canaries jusqu'à San Salvador aux Bahamas (3000 milles en trente trois jours) en suivant la route de Christophe Colomb sans l'aide d'un sextant. Pour déterminer sa latitude il utilisa un petit astrolabe du 15ième siècle.

Lewis, David H. "An experiment in Polynesian Navigation." *Journal of Navigation* 19 (1966): 154. Fournit des détails sur ses navigations sans instrument de Hawaï vers la Nouvelle Zélande.

Lewis, David H. *We, the Navigators: The Ancient Art of Landfinding in the Pacific.* 2nd ed. Honolulu: University of Hawai Press, 1994. Une étude classique sur la navigation des anciens polynésiens.

Owendoff, Robert S. *Better Ways of Pathfinding.* Harrisburg, Pennsylvania: The Stackpole Company, 1964. Traite de l'orientation sur terre en détaillant la méthode de "l'ombre portée"

Schenk, Bobby. *Transatlantik in die Sonne: Ocean ohne Compass und Co.* Bielefeld: Delius Klasing, 1995. Le récit (en langue allemande) de la traversée sans instrument de Bobby Schenk des Iles Canaries à la Barbade en 1989. Durant ce voyage l'équipage a construit plusieurs instruments de fortune pour contrôler sa latitude.

Sens marin en cas d'urgence

Bruce. Peter. *Adlard Coles' Heavy Weather Sailing.* 6th ed. Camden, Maine: International Marine, 2008. Traite et analyse de nombreux récits de navigateurs pris dans des tempêtes en mer et la façon dont ils ont fait face.

Dowd, John. *Sea Kayaking: A Manual for long-Distance Touring.* Rev. 5th ed. Vancouver; Berkeley: Greystone Books, 2004. L'auteur a couvert des milliers de milles au large en kayak.

Rousmaniere, John. Fastnet, Force 10. Rev. Ed. New York: W. W. Norton 2000. L'auteur a couru la Fastnet 1979 durant laquelle 15 vies et 34 voiliers ont été perdus. Des leçons extrêmement précieuses ont été déduites de ce drame en matière d'équipements et de procédures de secours. Des événements similaires se sont reproduits durant la course Sydney-Hobart 1978. Voir également www.bom.gov.au/inside/services_policy/marine/sydney_hobart/contents.shtml pour le rapport d'enquête préliminaire sur les aspects météorologiques de la course.

Périodiques d'intérêts pour la navigation de fortune

Celestial Navigation from the pages of the Journal of the Institute of Navigation (navigationfoundation. org/IONcelnav.htm). Un CD compilant 286 articles parus entre 1946 et 2002 traitant de la navigation astronomique. Le coût du CD complet est de 25$, le même que celui d'un seul article récent du même journal. C'est une source précieuse d'informations pour quiconque s'intéresse à la navigation astronomique.

Institute of Navigation Newsletter (ion.org/newsletter). Publication trimestrielle (réservée aux membres) et disponible en ligne (pour le public) fournissant des informations sur tous les aspects de la navigation mais plus spécialisée dans la navigation électronique.

International Association of Institutes of Navigation (iainav.org).

Journal Of Navigation (rin.org.uk/resources/journal-archive). Publié par le Royal Institute of Navigation. C'est l'équivalent anglais de son homologue américain, mais avec plus d'articles d'intérêt général. Un DVD regroupant tous les articles parus depuis 1948 est disponible pour 200$ pour le public et 150$ pour les membres. L'institut diffuse en ligne une newsletter, Navigation News (ring.org. uk/resources/navigation-news) couvrant tous les aspects de la navigation.

The Navigator's Newsletter (navigationfoundation.org/newsletter.htm). Cette publication trimestrielle de la Foundation for Promotion of the Art of Navigation est disponible pour ses membres. Source très précieuse d'informations sur les détails pratiques de la navigation astronomique et des sujets connexes. Toutes les publications passées sont archivées et disponibles.

Métérologie et océanographie

Bigelow, Henry B., and W. T. Edmonson. *Wind Waves at Sea, Breakers and Surf.* Pub. 602. Washington, D.C.: U.S. Naval Oceanographic Office, 1977. Une approche non-mathématique mais néanmoins complète de la théorie des vagues. Un livre électronique (Ebook) est disponible à elibrabooks.com.

Britton, Graham P. *An Introduction to Sea State Forecasting.* Edité par Kenneth E.Lilly.Washington, D.C.: National Weather Service, 1981. Publication technique destinée aux spécialistes et prévisionnistes de l'état de la mer. Un livre électronique (Ebook) est disponible à elibrabooks.com.

Burch, David. *Modern Marine Weather.* Seattle: Starpath Publications, 2008. Comment prendre la météorologie en compte dans la préparation d'une sortie locale ou d'une navigation hauturière en utilisant aussi bien les dernières technologies que les bonnes vieilles méthodes de navigation traditionnelles. Disponible à starpath.com ou en téléphonant au 800-955-8328.

Burch, David. "Starpath Weather Trainer" Un programme de formation basé sur ordinateur couvrant tous les aspects de la météorologie marine pour la navigation hauturière ou lacustre et aussi bien pour les adeptes du kayak que pour les skippers. Une section particulière est dédiée aux tactiques de course. Disponible à starpath.com ou en téléphonant au 800-955-8328.

Kotsch, William J. *Weather for the Mariner.* 3rd ed. Annapolis: Naval Institute Press, 1983.

Mariner's Weather Log (téléchargement gratuit à vos.noaa.gov/mwl.shtml; vente d'exemplaires physiques sur bookstore.gpo.gov). Ce document du National Weather Service est publié trois fois par an. Il comprend une synthèse de la météorologie marine ainsi que des articles sur ce sujet. C'est la meilleure source documentaire sur les statistiques récentes d'orages et de cyclones.

NOAA informations météorologiques (nws.noaa.gov/om/marine/pub.htm). Reportez-vous ci-après à la section Publications d'Aides à la Navigation. Visitez les sites suivants pour vous informer sur la météorologie en temps réel: Ocean Prediction Center (www.opc.ncep.noaa.gov), National Hurricane Center (www.nhc.noaa.gov), National Data Buoy Center (ndbc.noaa.gov).

Pierson, Willard J., Jr., Gerhard Neumann, and Richard W. James. *Practical Methods for Observing and Forecasting Ocean Waves by Means of Wave Spectra and Statistics.* Pub. 603. Washington, DC.: U.S. Naval Oceanographic Office, 1955. Cet ouvrage explique la théorie de la prédiction de l'état de la mer ainsi que des graphiques associés. Ouvrage très technique. Un livre électronique (Ebook) est disponible à elibrabooks.com.

Thomson, Richard E. *Oceanography of the British Columbia Coast.* Ottawa: Department of Fisheries and Oceans, 1981. Bien que les exemples traitent tous de la Colombie Britannique et de la côte nord-ouest du Pacifique, cet ouvrage n'en constitue pas moins une référence sur l'océanographie côtière pour les lecteurs du monde entier. Un livre formidable.

Van Dorn, William G. *Oceanography and Seamanship.* 2nd ed. Centreville, Maryland: Cornell Maritime Press, 1993. De nombreux exemples numériques sans être trop technique. Ouvrage hautement recommandé.

Walker, Stuart. *Wind and Strategy.* New York: Norton, 1973. Orienté vers les courses et très technique.

Watts, Alan. *Weather Forecasting Ashore and Afloat.* London: Adlard Coles, 1968. Ecrit pour le marin. Un excellent livre pas trop technique sur la météorologie et la prédiction du temps à bord par l'étude des nuages et des vents. Instant Weather Forecasting (New York: Dodd, Mead, 1968) et Instant Wind Forecasting (New York: Dodd, Mead, 1975) en sont des versions abrégées.

Publications d'aides a la navigation

Vous trouverez ci-après une liste de publications que tout navigateur devrait connaître et dont il devrait disposer en fonction des eaux où il entend naviguer. Il existe souvent d'excellentes publications homologues aux publications américaines au Canada, au Royaume Unis, en France et dans d'autres pays.

Reportez-vous, par exemple, à charts.gc.ca (Canadian Hydrographique Service), ukho.gov.uk (UK Hydrographic Office) et www.shom.fr (Service Hydrographique et Océanographique de la Marine). Les publications américaines sont maintenant toutes disponibles en ligne. Nous fournissons un lien facile à utiliser (et à mémoriser) à starpath.com/navpubs. Le adresses web des services gouvernementaux des Etats-Unis sont: nws.noaa.gov/om/marine/pub.htm, www.nga.mil/portal/site/maritime ou chartmaker. ncd.noaa.gov. Toutes les cartes marines électroniques américaines sont maintenant dans le domaine public. Ces publications sont fondamentales pour la préparation et l'exécution des navigations. Certaines d'entre elles sont onéreuses en format papier même si elles sont gratuites au téléchargement. Il est également possible de se procurer dans le commerce un CD ou DVD de compilation de ces publications qui inclut également d'autres documents (voir Bowditch Plus! A Complete Navigator's Library [la bibliothèque complète du marin] à starpath.com).

Toutes eaux

Chart No. 1. Un fascicule qui fournit la légende et la définition de tous les symboles des cartes marines U.S.

Coast Pilots (U.S. Coast Guard). Informations cruciales sur la navigation ne figurant pas sur les cartes. Ceci inclut la météorologie et les données sur les courants. Eaux américaines uniquement.

Light Lists (U.S. Coast Guard). Informations mises à jour annuellement sur toutes les aides à la navigation. Plus à jour et plus détaillé que les cartes.

Marine Service Charts. Les eaux américaines sont couvertes par treize cartes, indiquant toutes les stations météorologiques disponibles dans un format pratique. Pas aussi bien connu que d'autres publications mais extrêmement utiles.

Cartes marines. Etablies par le NOAA pour les eaux américaines et par la NGA pour les eaux internationales.

Navigation Rules, International-Inland (U.S. Coast Guard). Le livre le plus important en navigation! Il traite des règles internationales et des règles applicables sur les eaux intérieures des Etats-Unis.

Sight Reduction Tables for Air Navigation (NGA). Pub. 249. Trois volumes de tables de réduction rapide de point astronomique très étendues permettant d'obtenir l'altitude et l'azimut calculé de l'astre visé.

Sight Reduction for Marine Navigation (NGA). Pub. 229. Six volumes conçus pour faciliter la pratique de la navigation astronomique en mer par l'application de la méthode de l'intercept.

Eaux internationales

List of Lights, Radio Aids, and Fog Signals. Publié en sept volumes. Ces volumes décrivent les phares et les autres aides à la navigation mises en œuvre et entretenues sous l'autorité de gouvernements étrangers aux Etats-Unis (pour la France les informations figurent dans les Pub. 113 et 114)

Pilots Charts. Renouvelés tous les mois, une carte par océan. Y figurent les vents, les courants, la déclinaison magnétique, les routes maritimes, la température des eaux, la fréquence des tempêtes et bien d'autres choses encore.

Radio Navigational Aids. Pub. 117. Fournit les horaires et les fréquences des émissions radio relatives aux informations maritimes, aux tops horaires et à la météorologie.

Sailings Directions. Semblables aux Coast Pilots pour les eaux internationales Voir également les Planning Guides océaniques.

Index

24-**25**, 34-35, **36**
compréhension de, 17-18
courants et, 17-**18, 28,** 135, 139, **156**-157
dominant, 34-35, **36, 116**-**117**
données sources, 5, **6, 36**
en altitude, 35, **116**-119
lire la direction de, **32**-34, 35-**38**
mesurer la direction de, 23-**24**
nuages, lire la direction dans, 116-119, **117, 118**
surface vs. en altitude, **117**
surface, **116**-**117**
vérification du compas et, 21
vent apparent, 32-34, **32**
vent de travers, 33
vent en surface, **116**, 117
vent dominant, 34-35, **36**

vent réel (vent vrai), 32-34, **33**
*Vénu*s, **25,** 72, 112, **113, 114**, 115, 253
VHF (radios), 243
Vikings (navigateurs), 103, 128-129
visées de grande hauteur, 260-**261**, **262**
vitesse du bateau
dérive et, 153-155
détermination, **144**, 145
erreurs dans, 146-149, **147**
estime (DR) et, **142**-146
précision de, 148-149
vitesse du vent et, 33-34
vitesse sur le fond, **156**-157

W
Wake (île de), 47
Weems, P.V.H., 256

Y
yeux, distance entre les, **166**

Z
zénithales (étoiles)
barrer (se diriger) aux, 67-**74**
comme chemin d'étoiles, 75
définition, 67-68, 171
déterminer (trouver) la latitude avec, 171-175, **172, 173**
identification, **173**-175
zéro hydrographique chart datum, 263, 264
zone de mer calme, **224**